Thomas Theis

Einstieg in C# mit
Visual Studio 2017

Rheinwerk
Computing

Liebe Leserin, lieber Leser,

Sie möchten C# lernen? Eine gute Wahl, denn wegen ihrer großen Vielseitigkeit und Leistungsfähigkeit ist C# eine der wichtigsten Programmiersprachen unserer Zeit. Wenn Sie auf schnelle und praktische Weise lernen möchten, eigene Windows-Programme mit C# zu entwickeln, ist dieses Buch genau das Richtige für Sie!

Unser Autor Thomas Theis vermittelt Ihnen anhand zahlreicher kleiner Beispielprogramme zunächst die Grundlagen der C#-Programmierung. Schritt für Schritt lernen Sie alles, was Sie für Ihre weitere Arbeit wissen müssen. Vorkenntnisse sind nicht erforderlich. Bereits nach kurzer Zeit werden Sie Ihr erstes Programm entwickeln, auch wenn Sie Programmieranfänger sein sollten. Nach und nach werden Sie dann mit den fortgeschrittenen Themen wie der objektorientierten Programmierung oder der Entwicklung von Datenbank- und Internetanwendungen vertraut gemacht. Am Ende beherrschen Sie C# so gut, dass Sie mühelos auch größere Windows-Programme wie z. B. einen Taschenrechner oder das Spiel Tetris entwickeln werden.

An zahlreichen Übungsaufgaben können Sie Ihr neu gewonnenes Wissen direkt testen und vertiefen. Die dazugehörenden Musterlösungen finden Sie sowohl in Anhang B als auch zusammen mit dem Code der Beispiele auf *www.rheinwerk-verlag.de/4351* unter »Materialien zum Buch« bzw. im Downloadpaket, das den elektronischen Ausgaben dieses Buchs beigegeben ist.

Dieses Buch wurde mit großer Sorgfalt geschrieben, geprüft und produziert. Sollte dennoch einmal etwas nicht so funktionieren, wie Sie es erwarten, freue ich mich, wenn Sie sich mit mir in Verbindung setzen. Ihre Kritik und konstruktiven Anregungen sind uns jederzeit herzlich willkommen!

Viel Spaß beim Entwickeln Ihrer Programme wünscht Ihnen nun

Ihre Anne Scheibe
Lektorat Rheinwerk Computing

anne.scheibe@rheinwerk-verlag.de
www.rheinwerk-verlag.de
Rheinwerk Verlag · Rheinwerkallee 4 · 53227 Bonn

Auf einen Blick

Wir hoffen, dass Sie Freude an diesem Buch haben und sich Ihre Erwartungen erfüllen. Bitte teilen Sie uns doch Ihre Meinung mit. Eine E-Mail mit Ihrem Lob oder Tadel senden Sie direkt an die Lektorin des Buches: *anne.scheibe@rheinwerk-verlag.de*. Im Falle einer Reklamation steht Ihnen gerne unser Leserservice zur Verfügung: *service@rheinwerk-verlag.de*. Informationen über Rezensions- und Schulungsexemplare erhalten Sie von: *hendrik.wevers@rheinwerk-verlag.de*.

Informationen zum Verlag und weitere Kontaktmöglichkeiten finden Sie auf unserer Verlagswebsite *www.rheinwerk-verlag.de*. Dort können Sie sich auch umfassend und aus erster Hand über unser aktuelles Verlagsprogramm informieren und alle unsere Bücher versandkostenfrei bestellen.

An diesem Buch haben viele mitgewirkt, insbesondere:

Lektorat Anne Scheibe
Herstellung Norbert Englert
Typografie und Layout Vera Brauner
Einbandgestaltung Barbara Thoben, Köln
Titelbild Johannes Kretzschmar, Jena
Satz SatzPro, Krefeld
Druck und Bindung C.H. Beck, Nördlingen

Dieses Buch wurde gesetzt aus der TheAntiquaB (9,35/13,7 pt) in FrameMaker.
Gedruckt wurde es auf chlorfrei gebleichtem Offsetpapier (90 g/m²).

Bibliografische Information der Deutschen Nationalbibliothek:
Die Deutsche Nationalbibliothek verzeichnet diese Publikation in der Deutschen Nationalbibliografie; detaillierte bibliografische Daten sind im Internet über *http://dnb.d-nb.de* abrufbar.

ISBN 978-3-8362-4493-0
© Rheinwerk Verlag GmbH, Bonn 2018
5., aktualisierte Auflage 2017; 1., korrigierter Nachdruck 2018

Inhalt

3   Fehlerbehandlung   115

4   Erweiterte Grundlagen   129

6 Wichtige Klassen in .NET

7   Weitere Elemente eines Windows-Programms   303

8   Datenbankanwendungen mit ADO.NET

9   Internetanwendungen mit ASP.NET   413

10 Zeichnen mit GDI+ 439

11 Beispielprojekte 455

12   Windows Presentation Foundation

Kapitel 1
Einführung

In diesem Kapitel erlernen Sie anhand eines ersten Projekts den Umgang mit der Entwicklungsumgebung und den Steuerelementen. Anschließend werden Sie in der Lage sein, Ihr erstes eigenes Windows-Programm zu erstellen.

C# ist eine objektorientierte Programmiersprache, die von Microsoft im Zusammenhang mit dem .NET Framework eingeführt wurde. Mithilfe der Entwicklungsumgebung Visual Studio 2017 können Sie u. a in der Sprache C# programmieren. Visual Studio 2017 ist der Nachfolger von Visual Studio 2015. Innerhalb von Visual Studio stehen Ihnen noch weitere Sprachen zur Programmentwicklung zur Verfügung.

C#

1.1 Aufbau dieses Buchs

Dieses Buch vermittelt Ihnen zunächst einen einfachen Einstieg in die Programmierung mit C# und Visual Studio 2017. Die Bearbeitung der Beispiele und das selbstständige Lösen der vorliegenden Übungsaufgaben helfen dabei. Dadurch werden Sie schnell erste Erfolgserlebnisse haben, die Sie zum Weitermachen motivieren. In späteren Kapiteln werden Ihnen anschließend auch komplexere Themen vermittelt.

Beispiele

Von Anfang an wird mit anschaulichen Windows-Anwendungen gearbeitet. Die Grundlagen der Programmiersprache und die Standardelemente einer Windows-Anwendung, wie Sie sie bereits von anderen Windows-Programmen her kennen, werden gemeinsam vermittelt. Die Anschaulichkeit einer Windows-Anwendung hilft dabei, den eher theoretischen Hintergrund der Programmiersprache leichter zu verstehen.

Grundlagen

1.2   Visual Studio 2017

Für dieses Buch wird die frei verfügbare Entwicklungsumgebung *Visual Studio Community 2017* eingesetzt. Sie können sie unter Windows 7 bis einschließlich Windows 10 nutzen. Diese Version von Visual Studio können Sie bei Microsoft herunterladen (*www.visualstudio.com/de-de*) und auf Ihrem PC installieren. Eine Installationsanleitung finden Sie im Anhang. Die Projekte in diesem Buch wurden unter Windows 10 bearbeitet. Auch die Screenshots sind unter dieser Windows-Version entstanden.

Visual Studio 2017 bietet eine komfortable Entwicklungsumgebung. Sie umfasst einen Editor zur Erstellung des Programmcodes, einen Compiler zur Erstellung der ausführbaren Programme, einen Debugger zur Fehlersuche und vieles mehr.

Noch eine Anmerkung in eigener Sache: Für die Hilfe bei der Erstellung dieses Buchs bedanke ich mich beim Team des Rheinwerk Verlags, besonders bei Anne Scheibe.

Thomas Theis

1.3   Mein erstes Windows-Programm

Anhand eines ersten Projekts werden Sie nun die verschiedenen Schritte durchlaufen, die zur Erstellung eines einfachen Programms mit C# in Visual Studio notwendig sind. Das Programm soll nach dem Aufruf zunächst so aussehen wie in Abbildung 1.1 gezeigt.

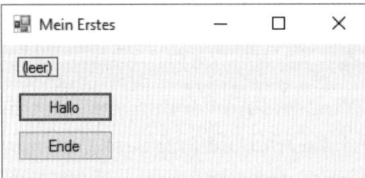

Abbildung 1.1 Erstes Programm nach dem Aufruf

Nach Betätigung des Buttons HALLO soll sich der Text in der obersten Zeile entsprechend verändern (siehe Abbildung 1.2).

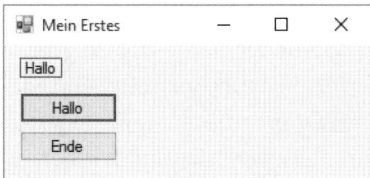

Abbildung 1.2 Nach einem Klick auf den Button »Hallo«

1.4   Visual Studio-Entwicklungsumgebung

Während der Projekterstellung werden Sie die Visual Studio-Entwicklungs-
umgebung Schritt für Schritt kennenlernen.

1.4.1   Ein neues Projekt

Nach dem Aufruf des Programms *Visual Studio Community 2017* müssen
Sie zur Erstellung eines neuen C#-Projekts den Menüpunkt DATEI • NEU •
PROJEKT ausführen. Anschließend wählen Sie in der Kategorie INSTAL-
LIERT • VORLAGEN • VISUAL C# die Vorlage WINDOWS FORMS-APP aus. Als
Projektname bietet die Entwicklungsumgebung den Namen *Windows-
FormsApp1* an, dieser sollte geändert werden, zum Beispiel in *MeinErstes*.

Nach Betätigung der Schaltfläche OK erscheinen nun einige Elemente der
Entwicklungsumgebung. Folgende sind besonders wichtig:

▶ Das Benutzerformular (engl. *Form*) enthält die Oberfläche für den Benut-   **Form**
  zer des Programms (siehe Abbildung 1.3).

Abbildung 1.3 Benutzerformular

▶ Der WERKZEUGKASTEN (engl. *Toolbox*) enthält die Steuerelemente für   **Toolbox**
  den Benutzer, mit denen er den Ablauf des Programms steuern kann. Sie

17

werden vom Programmentwickler in das Formular eingefügt (siehe Abbildung 1.4). Sollten in der Toolbox keine Steuerelemente angezeigt werden, klicken Sie einmal auf das Benutzerformular und anschließend wieder auf die Toolbox. Weitere Registerkarten, zum Beispiel SERVER-EXPLORER und DATENQUELLEN, werden nicht benötigt und können jeweils über das Kreuz oben rechts ausgeblendet werden.

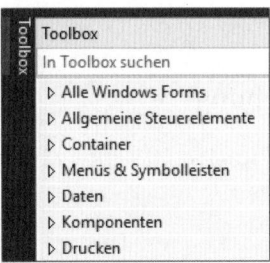

Abbildung 1.4 Der »Werkzeugkasten« mit verschiedenen Kategorien von Steuerelementen

Eigenschaften-Fenster

▶ Das EIGENSCHAFTEN-Fenster (engl. *Properties Window*) dient dem Anzeigen und Ändern der Eigenschaften von Steuerelementen innerhalb des Formulars durch den Programmentwickler (siehe Abbildung 1.5). Ich empfehle Ihnen, sich die Eigenschaften in alphabetischer Reihenfolge anzeigen zu lassen. Betätigen Sie dazu einfach unter FORM1 das zweite Symbol von links.

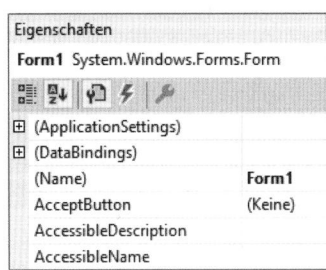

Abbildung 1.5 Eigenschaften-Fenster

Projektmappen-Explorer

▶ Der PROJEKTMAPPEN-EXPLORER (engl. *Solution Explorer*) zeigt das geöffnete Projekt und die darin vorhandenen Elemente (siehe Abbildung 1.6).

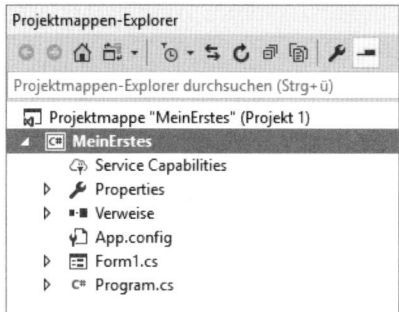

Abbildung 1.6 Projektmappen-Explorer

Sollte der WERKZEUGKASTEN, das EIGENSCHAFTEN-Fenster oder der PRO- | **Elemente anzeigen**
JEKTMAPPEN-EXPLORER nicht angezeigt werden, können Sie das betreffen-
de Element über das Menü ANSICHT einblenden. Ist das Formular nicht
sichtbar, blenden Sie es einfach über einen Doppelklick auf den Namen
(*Form1.cs*) im PROJEKTMAPPEN-EXPLORER ein. Sollten die Eigenschaften
eines Steuerelements nicht im bereits sichtbaren EIGENSCHAFTEN-Fenster
angezeigt werden, markieren Sie zunächst den Namen der Formulardatei
(FORM1.CS) im PROJEKTMAPPEN-EXPLORER und anschließend das betreffende Steuerelement.

Anfangs schreiben Sie nur einfache Programme mit wenigen Elementen,
daher benötigen Sie den PROJEKTMAPPEN-EXPLORER jetzt noch nicht. Es
empfiehlt sich, das EIGENSCHAFTEN-Fenster nach oben zu vergrößern.

1.4.2   Einfügen von Steuerelementen

Zunächst sollen drei Steuerelemente in das Formular eingefügt werden: | **Label, Button**
ein Bezeichnungsfeld (Label) und zwei Befehlsschaltflächen (Buttons). Ein
Bezeichnungsfeld dient im Allgemeinen dazu, feste oder veränderliche
Texte auf der Benutzeroberfläche anzuzeigen. In diesem Programm soll
das Label einen Text anzeigen. Ein Button dient zum Starten bestimmter
Programmteile oder, allgemeiner ausgedrückt, zum Auslösen von Ereignissen. In diesem Programm sollen die Buttons dazu dienen, den Text anzuzeigen bzw. das Programm zu beenden.

Um ein Steuerelement einzufügen, ziehen Sie es mithilfe der Maus aus | **Allgemeine**
dem WERKZEUGKASTEN an die gewünschte Stelle im Formular. Alle Steuer- | **Steuerelemente**
elemente finden sich im WERKZEUGKASTEN unter ALLE WINDOWS FORMS.

Übersichtlicher ist jedoch der Zugriff über ALLGEMEINE STEUERELEMENTE (engl. *Common Controls*), siehe Abbildung 1.7.

Abbildung 1.7 »Allgemeine Steuerelemente« im »Werkzeugkasten«

Steuerelement auswählen

Ein Doppelklick auf ein Steuerelement im WERKZEUGKASTEN fügt es ebenfalls in die Form ein. Position und Größe des Elements können anschließend noch verändert werden. Dazu wählen Sie das betreffende Steuerelement vorher durch Anklicken aus (siehe Abbildung 1.8). Ein überflüssiges Steuerelement können Sie durch Auswählen und Drücken der Taste ⌷Entf⌷ entfernen.

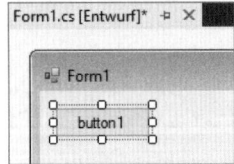

Abbildung 1.8 Ausgewählter Button

Die Größe und andere Eigenschaften des Formulars selbst können Sie ebenfalls verändern. Dazu wählen Sie es vorher durch Anklicken einer freien Stelle im Formular aus.

1.4.3   Arbeiten mit dem Eigenschaften-Fenster

Die eingefügten Steuerelemente haben zunächst einheitliche Namen und Aufschriften, diese sollten Sie allerdings zur einfacheren Programmentwicklung ändern. Es gibt bestimmte Namenskonventionen, die die Lesbarkeit erleichtern: Die Namen beinhalten den Typ (mit drei Buchstaben abgekürzt) und die Aufgabe des Steuerelements (jeweils mit großem Anfangsbuchstaben). Aus den Namen der Steuerelemente ergeben sich auch die Namen der sogenannten Ereignisprozeduren, ebenfalls mit großem Anfangsbuchstaben, siehe Abschnitt 1.4.5. Seit Visual Studio 2017 wird stärker auf die Einhaltung der Namenskonventionen geachtet.

Ein Button (eigentlich *Command Button*), der die Anzeige der Zeit auslösen soll, wird beispielsweise mit CmdZeit bezeichnet. Weitere Vorsilben sind Txt (Textfeld/TextBox), Lbl (Bezeichnungsfeld/Label), Opt (Optionsschaltfläche/RadioButton), Frm (Formular/Form) und Chk (Kontrollkästchen/CheckBox).

Cmd, Txt, Lbl, …

Zur Änderung des Namens eines Steuerelements muss es zunächst ausgewählt werden. Das können Sie entweder durch Anklicken des Steuerelements auf dem Formular oder durch Auswahl desselben aus der Liste am oberen Ende des EIGENSCHAFTEN-Fensters tun.

Im EIGENSCHAFTEN-Fenster werden alle Eigenschaften des ausgewählten Steuerelements angezeigt. Die Liste ist zweispaltig: In der linken Spalte steht der Name der Eigenschaft, in der rechten ihr aktueller Wert. Die Eigenschaft (NAME) steht am Anfang der Liste der Eigenschaften. Die betreffende Zeile wählen Sie durch Anklicken aus und geben hier den neuen Namen ein. Nach Bestätigung mit der Taste ⏎ ist die Eigenschaft geändert (siehe Abbildung 1.9).

Eigenschaften-Fenster

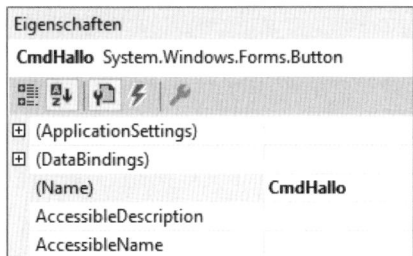

Abbildung 1.9 Button nach der Namensänderung

Die Aufschrift von Buttons, Labels und Formularen ist in der Eigenschaft Text angegeben. Sobald diese Eigenschaft verändert wird, erscheint die veränderte Aufschrift in dem betreffenden Steuerelement. Auch der Name und die Aufschrift des Formulars sollten geändert werden. Im Folgenden sind die gewünschten Eigenschaften für die Steuerelemente dieses Programms in Tabellenform angegeben, siehe Tabelle 1.1.

Text

Typ	Eigenschaft	Einstellung
Formular	Text	Mein erstes Programm
Button	Name	CmdHallo
	Text	Hallo
Button	Name	CmdEnde
	Text	Ende
Label	Name	LblAnzeige
	Text	(leer)
	BorderStyle	FixedSingle

Tabelle 1.1 Steuerelemente mit Eigenschaften

Startzustand   Hiermit legen Sie den Startzustand fest, also die Eigenschaften, welche die Steuerelemente zu Beginn des Programms bzw. eventuell während des gesamten Programms haben sollen. Viele Eigenschaften können Sie auch noch während der Laufzeit des Programms durch den Programmcode verändern.

Bei einem Label ergibt die Einstellung der Eigenschaft BorderStyle auf FixedSingle einen Rahmen. Zur Änderung auf FixedSingle klappen Sie die Liste bei der Eigenschaft auf und wählen den betreffenden Eintrag aus, siehe Abbildung 1.10. Zur Änderung einiger Eigenschaften müssen Sie gegebenenfalls ein Dialogfeld aufrufen.

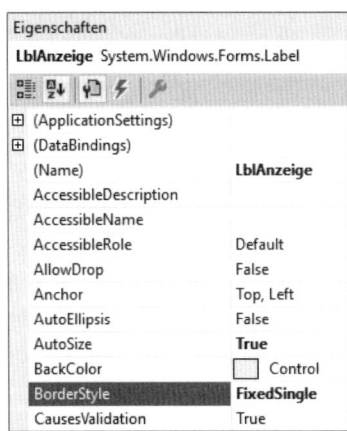

Abbildung 1.10 Label nach der Änderung von Name und BorderStyle

1

Im Label soll zunächst der Text *(leer)* erscheinen. Hierzu wählen Sie den vorhandenen Text durch Anklicken aus und ändern ihn.

Sie finden alle in diesem Formular vorhandenen Steuerelemente in der Liste, die sich am oberen Ende des EIGENSCHAFTEN-Fensters öffnen lässt. Dabei zeigt sich ein Vorteil der einheitlichen Namensvergabe: Die Steuerelemente des gleichen Typs stehen immer direkt untereinander.

Liste der Steuerelemente

1.4.4   Speichern eines Projekts

Die Daten eines C#-Projekts werden innerhalb von Visual Studio in verschiedenen Dateien gespeichert. Zum Speichern des gesamten Projekts verwenden Sie den Menüpunkt DATEI • ALLES SPEICHERN. Diesen Vorgang sollten Sie in regelmäßigen Abständen durchführen, damit keine Änderungen verloren gehen können.

Alles speichern

Die in diesem Skript angegebenen Namen erleichtern eine schnelle und eindeutige Orientierung und das spätere Auffinden von älteren Programmen.

1.4.5   Das Codefenster

Der Ablauf eines Windows-Programms wird im Wesentlichen durch das Auslösen von Ereignissen durch den Benutzer gesteuert. Er löst z. B. die Anzeige des Texts *Hallo* aus, indem er auf den Button HALLO klickt. Der Entwickler muss dafür sorgen, dass aufgrund dieses Ereignisses auch tatsächlich der gewünschte Text angezeigt wird. Zu diesem Zweck schreibt er Programmcode und ordnet diesen Code dem Ereignis zu. Der Code wird in einer so genannten *Ereignismethode* abgelegt.

Ereignis

Zum Schreiben einer Ereignismethode führen Sie am besten einen Doppelklick auf dem betreffenden Steuerelement aus. Daraufhin erscheint das Codefenster. Zwischen der Formularansicht und der Codeansicht können Sie anschließend über die Menüpunkte ANSICHT • CODE bzw. ANSICHT • DESIGNER hin- und herschalten. Das ist auch über die Registerkarten oberhalb des Formulars bzw. des Codefensters möglich (siehe Abbildung 1.11).

Ereignismethode

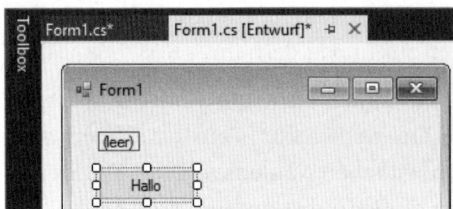

Abbildung 1.11 Registerkarten

Nach erfolgtem Doppelklick auf den Button HALLO erscheinen im Code-fenster die folgenden Einträge:

```
using System;
using System.Windows.Forms;

namespace MeinErstes
{
    public partial class Form1 : Form
    {
        public Form1()
        {
            InitializeComponent();
        }

        private void CmdHallo_Click(object sender, EventArgs e)
        {
        }
    }
}
```

Listing 1.1 Projekt »MeinErstes«, Button »Hallo«, ohne Code

Zur Erläuterung:

▶ Grundsätzlich gilt, dass Sie sich nicht von der Vielzahl der automatisch erzeugten Zeilen und den noch unbekannten Inhalten abschrecken lassen sollten.

▶ Zunächst das Wichtigste: Innerhalb der geschweiften Klammern { } der Ereignismethode CmdHallo_Click() wird später Ihr eigener Programmcode hinzugefügt.

Zu den anderen Bestandteilen (die erst später für das eigene Programmieren wichtig werden):

► C# ist eine objektorientierte Sprache. Ein wichtiges Element objektorientierter Sprachen sind die so genannten Klassen. Klassen eröffnen weitere Programmiermöglichkeiten. Namensräume wiederum beinhalten zusammengehörige Klassen.

Namensraum

► In obigem Listing können Sie erkennen, dass einige Programmzeilen, die mit using beginnen, bereits entfernt wurden. Das Schlüsselwort using dient zum Einbinden von Namensräumen in das aktuelle Projekt. Da wir die Klassen in diesen Namensräumen nicht benötigen, wurden die betreffenden Zeilen entfernt.

using

► Seit der Version 2015 von Visual Studio werden solche überflüssigen Elemente in grauer Schriftfarbe dargestellt. Falls sich der Cursor in einer der betreffenden Zeilen befindet, erscheint links von der Zeile eine gelbe Glühbirne. Platzieren Sie den Mauszeiger über dieser Glühbirne, können Sie sich Hinweise dazu anzeigen lassen, wie die überflüssigen Elemente ganz entfernt werden können.

► Oberhalb von public partial class ... und von private void ... erscheinen außerdem seit Visual Studio 2015 automatisch weitere Informationen zur Klasse Form1 und ihren Elementen in kleiner grauer Schrift, wie zum Beispiel *0 references* oder *3 references*. Auch diese können wir zunächst noch ignorieren.

namespace

► Dieses erste Projekt verfügt über einen eigenen Namensraum (engl. *namespace*), daher namespace MeinErstes.

► Alle Elemente des aktuellen Formulars Form1 stehen innerhalb der öffentlich zugänglichen Klasse Form1, daher public class Form1. Ein Teil der Elemente steht in dieser Datei, ein anderer Teil, der ebenfalls automatisch erzeugt wurde, steht in einer anderen, hier nicht sichtbaren Datei, daher der Zusatz partial (dt. teilweise).

public partial class

► Die Methode InitializeComponent() beinhaltet Programmzeilen, die das Aussehen und Verhalten der Steuerelemente des Programms bestimmen.

► Der Zusatz private bedeutet, dass die Ereignismethode CmdHalloClick() nur in dieser Klasse bekannt ist. Mit void wird gekennzeichnet, dass diese Methode lediglich etwas ausführt, aber kein Ergebnis zurückliefert.

private void

▶ Auf weitere Einzelheiten dieser automatisch erzeugten Bestandteile wird zu einem späteren Zeitpunkt eingegangen, da es hier noch nicht notwendig ist und eher verwirren würde.

Der anfänglich ausgeführte Doppelklick führt immer zu dem Ereignis, das am häufigsten mit dem betreffenden Steuerelement verbunden wird.

Click Das ist beim Button natürlich das Ereignis Click. Zu einem Steuerelement gibt es aber auch noch andere mögliche Ereignisse.

Bei den nachfolgenden Programmen werden nicht mehr alle Teile des Programmcodes im Buch abgebildet, sondern nur noch

▶ die Teile, die vom Entwickler per Codeeingabe erzeugt werden,
▶ und die Teile des automatisch erzeugten Codes, die wichtig für das allgemeine Verständnis sind.

Den vollständigen Programmcode können Sie aber jederzeit betrachten, wenn Sie die Beispielprojekte laden bzw. ausprobieren.

1.4.6 Schreiben von Programmcode

In der Methode CmdHallo_Click() soll eine Befehlszeile eingefügt werden, sodass sie anschließend wie folgt aussieht:

```
private void CmdHallo_Click(object sender, EventArgs e)
{
    LblAnzeige.Text = "Hallo";
}
```

Listing 1.2 Projekt »MeinErstes«, Button »Hallo«, mit Code

Der Text muss in Anführungszeichen gesetzt werden, da C# sonst annimmt, dass es sich um eine Variable mit dem Namen Hallo handelt.

Anweisung Der Inhalt einer Methode setzt sich aus einzelnen Anweisungen zusammen, die nacheinander ausgeführt werden. Die vorliegende Methode enthält nur eine Anweisung; in ihr wird mithilfe des Gleichheitszeichens eine Zuweisung durchgeführt.

Zuweisung Bei einer Zuweisung wird der Ausdruck rechts vom Gleichheitszeichen ausgewertet und der Variablen, der Objekteigenschaft oder der Steuerelementeigenschaft links vom Gleichheitszeichen zugewiesen. Die Zeichenkette *Hallo* wird der Eigenschaft Text des Steuerelements LblAnzeige mittels folgender Schreibweise Steuerelement.Eigenschaft = Wert zugewiesen. Das führt zur Anzeige des Werts.

Nach dem Wechsel auf die Formularansicht können Sie das nächste Steuerelement auswählen, für das eine Ereignismethode geschrieben werden soll.

Innerhalb des Codefensters kann Text mit den gängigen Methoden der Textverarbeitung editiert, kopiert, verschoben und gelöscht werden.

Code editieren

In der Ereignismethode CmdEnde_Click() soll der folgende Code stehen:

```
private void CmdEnde_Click(object sender, EventArgs e)
{
    Close();
}
```

Listing 1.3 Projekt »MeinErstes«, Button »Ende«

Die Methode Close() dient dem Schließen eines Formulars. Da es sich um das einzige Formular dieses Projekts handelt, wird dadurch das Programm beendet und die gesamte Windows-Anwendung geschlossen.

Close()

Dies waren einige Beispiele zur Änderung der Eigenschaften eines Steuerelements zur Laufzeit des Programms durch Programmcode. Sie erinnern sich: Zu Beginn hatten wir bereits die Starteigenschaften der Steuerelemente im EIGENSCHAFTEN-Fenster eingestellt.

1.4.7   Kommentare

Bei längeren Programmen mit vielen Anweisungen gehört es zum guten Programmierstil, Kommentarzeilen zu schreiben. In diesen Zeilen werden einzelne Anweisungen oder auch längere Blöcke von Anweisungen erläutert, damit Sie selbst oder auch ein anderer Programmierer sie später leichter nachvollziehen können. Alle Zeichen innerhalb eines Kommentars werden nicht übersetzt oder ausgeführt.

Ein Kommentar beginnt mit der Zeichenkombination /*, endet mit der Zeichenkombination */ und kann sich über mehrere Zeilen erstrecken.

/* Kommentar */

Eine andere Möglichkeit ergibt sich durch die Zeichenkombination //. Ein solcher Kommentar erstreckt sich nur bis zum Ende der Zeile.

// Kommentar

Der folgende Programmcode wird um einen Kommentar ergänzt:

```
private void CmdEnde_Click(object sender, EventArgs e)
{
    /* Diese Anweisung beendet
       das Programm */
    Close();
}
```

Listing 1.4 Projekt »MeinErstes«, Button »Ende«, mit Kommentar

Code auskommentieren

Hier noch ein kleiner Trick: Sollen bestimmte Programmzeilen für einen Test des Programms kurzfristig nicht ausgeführt werden, können Sie sie *auskommentieren*, indem Sie die Zeichenkombination // vor die betreffenden Zeilen setzen. Das geht sehr schnell, indem Sie die betreffende(n) Zeile(n) markieren und anschließend das entsprechende Symbol in der Symbolleiste anklicken, siehe Abbildung 1.12. Rechts daneben befindet sich das Symbol, welches die Auskommentierung nach dem Test wieder rückgängig macht.

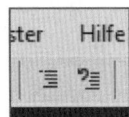

Abbildung 1.12 Kommentar ein/aus

1.4.8   Starten, Ausführen und Beenden des Programms

Programm starten

Nach dem Einfügen der Steuerelemente und dem Erstellen der Ereignismethoden ist das Programm fertig und kann gestartet werden. Dazu betätigen Sie den Start-Button in der Symbolleiste (dreieckiger grüner Pfeil nach rechts). Alternativ starten Sie das Programm über die Funktionstaste F5 oder den Menüpunkt DEBUGGEN • DEBUGGING STARTEN. Das Formular erscheint, und das Betätigen der Buttons führt zum programmierten Ergebnis.

Programm beenden

Zur regulären Beendigung eines Programms ist der Button mit der Aufschrift ENDE vorgesehen. Möchten Sie ein Programm während des Verlaufs vorzeitig abbrechen, können Sie auch den Ende-Button in der Symbolleiste (rotes Quadrat) betätigen.

Tritt während der Ausführung eines Programms ein Fehler auf, werden Sie hierauf hingewiesen, und das Codefenster zeigt die entsprechende Ereignismethode sowie die fehlerhafte Zeile an. In diesem Fall beenden Sie das Programm, korrigieren den Code und starten das Programm wieder.

Fehler

Es ist empfehlenswert, das Programm bereits während der Entwicklung mehrmals durch einen Aufruf zu testen und nicht erst, wenn das Programm vollständig erstellt worden ist. Ein geeigneter Zeitpunkt dazu ergibt sich zum Beispiel

Programm testen

▶ nach dem Einfügen der Steuerelemente und dem Zuweisen der Eigenschaften, die Sie zu Programmbeginn benötigen, oder

▶ nach dem Erstellen jeder Ereignismethode.

1.4.9   Ausführbares Programm

Nach erfolgreichem Test des Programms können Sie die ausführbare Datei (*.exe*-Datei) auch außerhalb der Entwicklungsumgebung aufrufen. Haben Sie an den Grundeinstellungen nichts verändert und die vorgeschlagenen Namen verwendet, findet sich die zugehörige *.exe*-Datei des aktuellen Projekts im Verzeichnis *Dokumente\Visual Studio 2017\Projects\MeinErstes\MeinErstes\bin\Debug*. Das Programm kann also ganz normal im Windows-Explorer direkt über Doppelklick gestartet werden.

.exe-Datei

Die Weitergabe eines eigenen Windows-Programms auf einen anderen PC ist etwas aufwendiger. Dieser Vorgang wird im Anhang beschrieben.

1.4.10   Schließen und Öffnen eines Projekts

Um ein Projekt zu schließen, wählen Sie den Menüpunkt DATEI • PROJEKT-MAPPE SCHLIESSEN. Falls Sie Veränderungen vorgenommen haben, werden Sie vorher gefragt, ob Sie diese Änderungen speichern möchten.

Projekt schließen

Wollen Sie die Projektdaten sicherheitshalber zwischendurch speichern, ist das über den Menüpunkt DATEI • ALLES SPEICHERN möglich. Das ist bei längeren Entwicklungsphasen sehr zu empfehlen.

Zum Öffnen eines vorhandenen Projekts wählen Sie den Menüpunkt DATEI • ÖFFNEN • PROJEKT. Im darauffolgenden Dialogfeld PROJEKT ÖFFNEN wählen Sie zunächst das gewünschte Projektverzeichnis aus und anschließend die gleichnamige Datei mit der Endung *.sln*.

Projekt öffnen

Alle Beispielprojekte finden Sie auf *www.rheinwerk-verlag.de/4351* unter »Materialien zum Buch« zum Download. Sollte eines der Projekte einmal nicht gestartet werden können, sollten Sie es über den Menüpunkt ERSTEL-LEN • PROJEKTMAPPE NEU ERSTELLEN neu erstellen.

1.4.11 Übung

Übung UName

Erzeugen Sie ein Windows-Programm mit einem Formular, das zwei Buttons und ein Label beinhaltet (siehe Abbildung 1.13). Bei Betätigung des ersten Buttons erscheint im Label Ihr Name. Bei Betätigung des zweiten Buttons wird das Programm beendet. Namensvorschläge: Projektname *UName*, Buttons *CmdMeinName* und *CmdEnde*, Label *LblMeinName*.

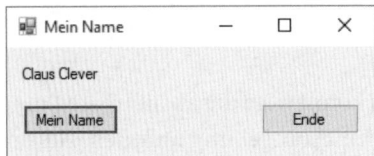

Abbildung 1.13 Übung UName

1.4.12 Empfehlungen für Zeilenumbrüche

Zeilenumbruch

Zeilenumbrüche erhöhen die Lesbarkeit des Programmcodes. Sie können jedoch nicht an jeder Stelle innerhalb einer Anweisung durchgeführt werden. Nachfolgend werden einige Stellen empfohlen:

► nach einer öffnenden Klammer (wie bereits gezeigt),

► vor einer schließenden Klammer,

► nach einem Komma,

► nach einem Operator und

► nach einem Punkt hinter einem Objektnamen.

Falls Sie einen Zeilenumbruch innerhalb einer Zeichenkette durchführen, werden seit Visual Studio 2017 zur Fehlervermeidung beide Teile der Zeichenkette automatisch durch Anführungszeichen begrenzt und durch den Verkettungsoperator + (siehe Abschnitt 2.2.4) miteinander verbunden.

1.5   Arbeiten mit Steuerelementen

1.5.1   Steuerelemente formatieren

Zur besseren Anordnung der Steuerelemente auf dem Formular können Sie sie mithilfe der Maus nach Augenmaß verschieben. Dabei erscheinen automatisch Hilfslinien, falls das aktuelle Element horizontal oder vertikal parallel zu einem anderen Element steht.

Hilfslinien

Weitere Möglichkeiten bieten die Menüpunkte im Menü FORMAT. In vielen Fällen müssen vorher mehrere Steuerelemente auf einmal markiert werden (siehe Abbildung 1.14).

Mehrere Steuerelemente markieren

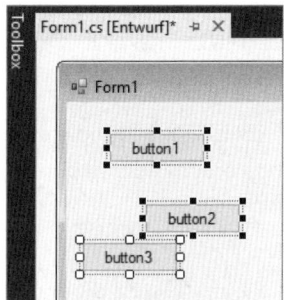

Abbildung 1.14 Mehrere markierte Elemente

Das geschieht entweder

▶ durch Umrahmung der Elemente mit einem Rechteck, nachdem Sie zuvor das Steuerelement Zeiger ausgewählt haben, oder

▶ durch Mehrfachauswahl, indem Sie ab dem zweiten auszuwählenden Steuerelement die ⟨⇧⟩-Taste (wie für Großbuchstaben) oder die ⟨Strg⟩-Taste gedrückt halten.

Über das Menü FORMAT haben Sie anschließend folgende Möglichkeiten zur Anpassung der Steuerelemente:

Menü »Format«

▶ Die ausgewählten Steuerelemente können horizontal oder vertikal zueinander ausgerichtet werden (Menü FORMAT · AUSRICHTEN).

▶ Auch die horizontalen und/oder vertikalen Dimensionen der ausgewählten Steuerelemente können angeglichen werden (Menü FORMAT · GRÖSSE ANGLEICHEN).

Einheitliche Abstände
- Zudem können die horizontalen und vertikalen Abstände zwischen den ausgewählten Steuerelementen angeglichen, vergrößert, verkleinert oder entfernt werden (Menü FORMAT • HORIZONTALER ABSTAND/VERTIKALER ABSTAND).

- Die Steuerelemente können außerdem horizontal oder vertikal innerhalb des Formulars zentriert werden (Menü FORMAT • AUF FORMULAR ZENTRIEREN).

- Sollten sich die Steuerelemente teilweise überlappen, können Sie einzelne Steuerelemente in den Vorder- bzw. Hintergrund schieben (Menü FORMAT • REIHENFOLGE).

- Sie können alle Steuerelemente gleichzeitig gegen versehentliches Verschieben absichern (Menü FORMAT • STEUERELEMENTE SPERREN). Diese Sperrung gilt nur während der Entwicklung des Programms.

Abbildung 1.15 zeigt ein Formular mit drei Buttons, die alle linksbündig ausgerichtet sind und den gleichen vertikalen Abstand voneinander haben.

Übung

Laden Sie das Projekt *MeinErstes* aus Abschnitt 1.3, markieren Sie darin mehrere Steuerelemente, und testen Sie anschließend die einzelnen Möglichkeiten des FORMAT-Menüs aus.

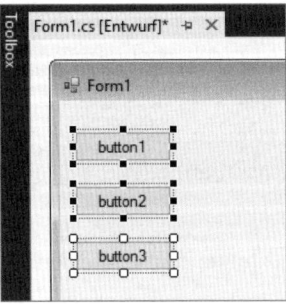

Abbildung 1.15 Nach der Formatierung

1.5.2 Steuerelemente kopieren

Steuerelemente kopieren
Zur schnelleren Erzeugung eines Projekts können vorhandene Steuerelemente einschließlich aller ihrer Eigenschaften kopiert werden. Markieren Sie hierzu die gewünschten Steuerelemente, und kopieren Sie sie entweder

▶ über das Menü BEARBEITEN · KOPIEREN und das Menü BEARBEITEN · EINFÜGEN oder

▶ mit den Tastenkombinationen ⌈Strg⌉ + ⌈C⌉ und ⌈Strg⌉ + ⌈V⌉.

Anschließend sollten Sie die neu erzeugten Steuerelemente direkt umbenennen und an den gewünschten Positionen anordnen.

Übung

Laden Sie das Projekt *MeinErstes* aus Abschnitt 1.3 und kopieren Sie einzelne Steuerelemente. Kontrollieren Sie anschließend die Liste der vorhandenen Steuerelemente im EIGENSCHAFTEN-Fenster auf eine einheitliche Namensgebung.

1.5.3 Eigenschaften zur Laufzeit ändern

Steuerelemente haben die Eigenschaften Size (mit den Komponenten Width und Height) und Location (mit den Komponenten X und Y) zur Angabe von Größe und Position. X und Y geben die Koordinaten der oberen linken Ecke des Steuerelements an, gemessen von der oberen linken Ecke des umgebenden Elements (meist das Formular). Sämtliche Werte werden in Pixeln angegeben.

Size, Location

Alle diese Eigenschaften können sowohl während der Entwicklungszeit als auch während der Laufzeit eines Projekts verändert werden. Zur Änderung während der Entwicklungszeit können Sie die Eigenschaftswerte wie gewohnt im EIGENSCHAFTEN-Fenster eingeben. Als Beispiel für Änderungen während der Laufzeit soll hingegen das folgende Programm (Projekt *Steuerelemente*) dienen (siehe Abbildung 1.16).

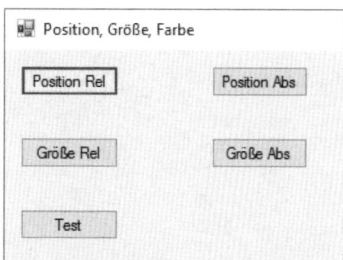

Abbildung 1.16 Position und Größe bestimmen

Zunächst ein Hinweis zu den benötigten Namensräumen, die oberhalb der Klasse eingebunden werden:

```
using System;
using System.Drawing;
using System.Windows.Forms;
...
```

Listing 1.5 Projekt »Steuerelemente«, Namensräume

Gegenüber dem vorherigen Projekt ist noch der Namensraum System.Drawing hinzugekommen, der beim Zugriff auf Positions-, Größen- oder Farbangaben benötigt wird. Die drei genannten Namensräume reichen bei vielen Projekten aus.

Es wird nachfolgend generell nur der Teil des Programmcodes angezeigt, der verändert wurde:

```
private void CmdPositionRel_Click(...)
{
    CmdTest.Location = new Point(
        CmdTest.Location.X + 20, CmdTest.Location.Y);
}
private void CmdPositionAbs_Click(...)
{
    CmdTest.Location = new Point(100, 200);
}
private void CmdGroesseRel_Click(...)
{
    CmdTest.Size = new Size(
        CmdTest.Size.Width + 20, CmdTest.Size.Height);
}
private void CmdGroesseAbs_Click(...)
{
    CmdTest.Size = new Size(50, 100);
}
```

Listing 1.6 Projekt »Steuerelemente«

Zur Erläuterung:

▶ Der Kopfteil der einzelnen Methoden wird aus Gründen der Übersichtlichkeit jeweils in verkürzter Form abgebildet. Das wird bei den meisten nachfolgenden Beispielen ebenfalls so sein, außer wenn es genau auf die Inhalte des Methodenkopfs ankommt.

Verkürzte Darstellung

▶ Das Formular enthält fünf Buttons. Die oberen vier Buttons dienen der Veränderung von Position und Größe des fünften Buttons.

▶ Die Position eines Elements kann relativ zur aktuellen Position oder auf absolute Werte eingestellt werden. Das Gleiche gilt für die Größe eines Elements.

▶ Bei beiden Angaben handelt es sich um Wertepaare (X/Y bzw. Breite/Höhe).

▶ Zur Einstellung der Position dient die Struktur Point. Ein Objekt dieser Struktur liefert ein Wertepaar. In diesem Programm wird mit new jeweils ein neues Objekt der Struktur Point erzeugt, um das Wertepaar bereitzustellen.

new Point

▶ Bei Betätigung des Buttons POSITION ABS wird die Position des fünften Buttons auf die Werte X=100 und Y=200 gestellt, jeweils gemessen von der linken oberen Ecke des Formulars.

X, Y

▶ Bei Betätigung des Buttons POSITION REL wird die Position des fünften Buttons auf die Werte X = CmdTest.Location.X + 20 und Y = CmdTest.Location.Y gestellt. Bei X wird also der alte Wert der Komponente X um 20 erhöht, das Element bewegt sich nach rechts. Bei Y wird der alte Wert der Komponente Y nicht verändert, das Element bewegt sich somit nicht nach oben oder unten.

▶ Zur Einstellung der Größe dient die Struktur Size.

Size

▶ Bei Betätigung des Buttons GRÖSSE ABS wird die Größe des fünften Buttons auf die Werte Width = 50 und Height = 100 gestellt.

Width, Height

▶ Bei Betätigung des Buttons GRÖSSE REL wird die Größe des fünften Buttons auf die Werte Width = CmdTest.Size.Width + 20 und Height = CmdTest.Size.Height gestellt. Bei Width wird also der alte Wert der Komponente Width um 20 erhöht, das Element wird breiter. Bei Height wird der frühere Wert der Komponente Height nicht verändert, das Element verändert seine Höhe daher nicht.

Nach einigen Klicks sieht das Formular aus wie das in Abbildung 1.17.

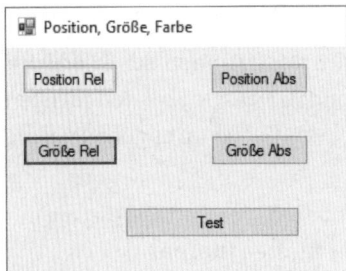

Abbildung 1.17 Veränderung von Eigenschaften zur Laufzeit

1.5.4 Vergabe und Verwendung von Namen

Beachten Sie in allen Programmen, dass jedes Steuerelement seinen eigenen, eindeutigen Namen hat und immer mit diesem Namen angesprochen werden muss. Besonders am Anfang passiert es erfahrungsgemäß häufig, dass ein Programm nur deshalb nicht zum gewünschten Erfolg führt, weil ein nicht vorhandener Name verwendet wird. In diesem Zusammenhang möchte ich noch einmal auf die Namenskonventionen hinweisen:

▶ Buttons sollten Namen wie z. B. CmdEnde, CmdAnzeigen, CmdBerechnen usw. haben.

▶ Labels sollten Namen wie z. B. LblAnzeige, LblName, LblUhrzeit, LblBeginnDatum haben.

Diese Namen liefern eine eindeutige Information über Typ und Funktion des Steuerelements. Falls Sie beim Schreiben von Programmcode anschließend diese Namen z. B. vollständig in Kleinbuchstaben eingeben, werden Sie nach Verlassen der Zeile darauf aufmerksam gemacht. Sie können so schnell erkennen, ob Sie tatsächlich ein vorhandenes Steuerelement verwendet haben.

1.5.5 Verknüpfung von Texten, mehrzeilige Texte

+ zur Verkettung   Mithilfe des Zeichens + können mehrere Texte miteinander verknüpft werden. Falls ein einzelner Zahlenwert zwischen den Texten steht, wird er vorher in einen Text umgewandelt. Aufgepasst: Falls mehrere Zahlenwerte direkt nacheinander mithilfe des Zeichens + verknüpft werden, werden sie zunächst mathematisch addiert.

Falls Sie eine mehrzeilige Ausgabe wünschen, können Sie einen Zeilenvor-
schub mithilfe der Zeichenfolge "\n" (für *new line*) erzeugen.

\n

Nachfolgend wird das Formular des Projekts *Steuerelemente* vergrößert,
zum Beispiel auf 500 × 400. Anschließend wird es um ein Label ergänzt, in
dem die aktuelle Position und Größe des Buttons angezeigt werden. Das
soll nach Betätigung des Buttons ANZEIGE geschehen:

```
private void CmdAnzeige_Click(...)
{
    LblAnzeige.Text = "Position: X: " + CmdTest.Location.X +
        ", Y: " + CmdTest.Location.Y + "\n" + "Größe: Breite: " +
        CmdTest.Size.Width + ", Höhe: " + CmdTest.Size.Height;
}
```

Listing 1.7 Projekt »Steuerelemente«, mit Anzeige

Nach einigen Klicks und der Betätigung des Buttons ANZEIGE sieht das Formular aus wie das in Abbildung 1.18.

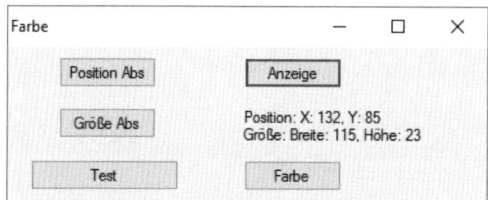

Abbildung 1.18 Anzeige der Eigenschaften

1.5.6   Eigenschaft BackColor, Farben allgemein

Die Hintergrundfarbe eines Steuerelements wird mit der Eigenschaft Back-
Color festgelegt. Dabei können Sie die Farbe zur Entwicklungszeit leicht
mithilfe einer Farbpalette oder aus Systemfarben auswählen.

BackColor

Hintergrundfarben und andere Farben können Sie auch zur Laufzeit einstellen. Dabei bedienen Sie sich der Farbwerte, die Sie über die Struktur Color auswählen.

Color

Ein Beispiel, ebenfalls im Projekt *Steuerelemente*:

```
private void CmdFarbe_Click(...)
{
    BackColor = Color.Yellow;
    LblAnzeige.BackColor = Color.FromArgb(192, 255, 0);
}
```

Listing 1.8 Projekt »Steuerelemente«, mit Farben

Zur Erläuterung:

▶ Diese Struktur bietet vordefinierte Farbnamen als Eigenschaften, z. B. Yellow. Der Wert kann der Eigenschaft BackColor des Steuerelements zugewiesen werden, hier aber handelt es sich um das Formular selbst.

FromArgb()
▶ Außerdem bietet die Struktur die Methode FromArgb(). Diese können Sie auf verschiedene Arten aufrufen. Eine dieser Arten erwartet genau drei Parameter, nämlich die Werte für Rot, Grün und Blau jeweils zwischen 0 und 255.

Das Formular sieht nach der Änderung der Eigenschaft Farbe aus wie das in Abbildung 1.19.

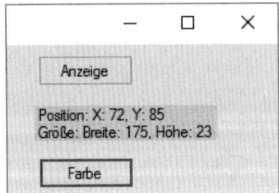

Abbildung 1.19 Nach Änderung der Eigenschaft »Farbe«

Kapitel 2
Grundlagen

In diesem Kapitel erlernen Sie auf anschauliche Weise die Sprachgrundlagen von C# in Verbindung mit den gängigen Steuerelementen von Windows-Programmen.

In den folgenden Abschnitten lernen Sie wichtige Elemente der Programmierung, wie Variablen, Operatoren, Verzweigungen und Schleifen, gemeinsam mit wohlbekannten, häufig verwendeten Steuerelementen kennen.

2.1 Variablen und Datentypen

Variablen dienen der vorübergehenden Speicherung von Daten, die sich während der Laufzeit eines Programms ändern können. Eine Variable besitzt einen eindeutigen Namen, unter dem sie angesprochen werden kann.

2.1.1 Namen, Werte

Für die Namen von Variablen gelten in C# die folgenden Regeln:

Namensregeln

▶ Sie beginnen mit einem Buchstaben.

▶ Sie können nur aus Buchstaben, Zahlen und einigen wenigen Sonderzeichen (wie z. B. dem Unterstrich _) bestehen.

▶ Sie dürfen Umlaute oder auch das scharfe ß enthalten. Allerdings kann das zu Fehlern im Einsatz unter anderssprachigen Umgebungen führen. Daher rate ich davon ab.

▶ Innerhalb eines Gültigkeitsbereichs darf es keine zwei Variablen mit dem gleichen Namen geben (siehe Abschnitt 2.1.4).

Variablen erhalten ihre Werte durch Zuweisung per Gleichheitszeichen. Falls eine Variable als Erstes auf der rechten Seite des Gleichheitszeichens genutzt wird, muss ihr vorher ein Wert zugewiesen werden. Anderenfalls wird ein Fehler gemeldet.

2.1.2 Deklarationen

Neben dem Namen besitzt jede Variable einen Datentyp, der die Art der Information bestimmt, die gespeichert werden kann. Der Entwickler wählt den Datentyp danach aus, ob er Texte, Zahlen ohne Nachkommastellen, Zahlen mit Nachkommastellen oder z. B. logische Werte speichern möchte.

Auswahl des Datentyps

Außerdem muss er sich noch Gedanken über die Größe des Bereichs machen, den die Zahl oder der Text annehmen könnte, und über die gewünschte Genauigkeit bei Zahlen. Im folgenden Abschnitt finden Sie eine Liste der gängigsten Datentypen.

Variablen müssen in C# immer mit einem Datentyp deklariert werden. Das beugt Fehlern vor, die aufgrund einer falschen Verwendung der Variablen entstehen könnten.

2.1.3 Datentypen

Die wichtigsten von C# unterstützten Datentypen können in einige große Gruppen unterteilt werden:

Es gibt Datentypen zur Speicherung von ganzen Zahlen:

- den Datentyp **byte**, mit Werten von 0 bis 255
- den Datentyp **short**, mit Werten von −32.768 bis 32.767

int

- den Datentyp **int**, mit Werten von −2.147.483.648 bis 2.147.483.647
- und den Datentyp **long**, mit Werten von −9.223.372.036.854.775.808 bis 9.223.372.036.854.775.807

Außerdem gibt es Datentypen zur Speicherung von Zahlen mit Nachkommastellen:

- den Datentyp **float**, mit einfacher Genauigkeit und Werten von ca. $-3{,}4 \times 10^{38}$ bis ca. $3{,}4 \times 10^{38}$

double

- den Datentyp **double**, mit doppelter Genauigkeit und Werten von ca. $-1{,}7 \times 10^{308}$ bis ca. $1{,}7 \times 10^{308}$
- und den Datentyp **decimal**, mit variabler Genauigkeit und Werten von ca. $-7{,}9 \times 10^{28}$ bis ca. $7{,}9 \times 10^{28}$

Einige weitere nützliche Datentypen sind:

- der Datentyp **bool**, mit den Werten true oder false (*wahr* oder *falsch*)

▶ der Datentyp **char**, für einzelne Zeichen

▶ der Datentyp **string**, für Zeichenketten mit variabler Länge   string

Im folgenden Beispiel werden Variablen dieser Typen deklariert, mit Werten versehen und in einem Label angezeigt (Projekt *Datentypen*).

```
private void CmdAnzeige_Click(...)
{
    /* Ganze Zahlen */
    byte By;
    short Sh;
    int It, Hex;
    long Lg;

    /* Zahlen mit Nachkommastellen */
    float Fl;
    double Db1, Db2, Exp1, Exp2;
    decimal De;

    /* Boolesche Variable, Zeichen, Zeichenkette */
    bool Bo;
    char Ch;
    string St;

    /* Ganze Zahlen */
    By = 200;
    Sh = 30000;
    It = 2000000000;
    Lg = 3000000000;
    Hex = 0x3a;

    /* Zahlen mit Nachkommastellen */
    Fl = 1.0f / 7;
    Db1 = 1 / 7;
    Db2 = 1.0 / 7;
    De = 1.0m / 7;
    Exp1 = 1.5e3;
    Exp2 = 1.5e-3;

    /* Boolesche Variable, Zeichen, Zeichenkette */
    Bo = true;
```

```
Ch = 'a';
St = "Zeichenkette";

LblAnzeige.Text =
    "byte: " + By + "\n" + "short: " + Sh + "\n" +
    "int: " + It + "\n" + "long: " + Lg + "\n" +
    "(hexadezimale Zahl): " + Hex + "\n\n" +

    "float: " + Fl + "\n" + "double 1: " + Db1 + "\n" +
    "double 2: " + Db2 + "\n" + "decimal: " + De + "\n" +
    "(Exponent positiv): " + Exp1 + "\n" +
    "(Exponent negativ): " + Exp2 + "\n\n" +

    "bool: " + Bo + "\n" +
    "char: " + Ch + "\n" + "string: " + St;
}
```

Listing 2.1 Projekt »Datentypen«

Nach Betätigung des Buttons stellt das Programm die Ausgabe wie in Abbildung 2.1 dar.

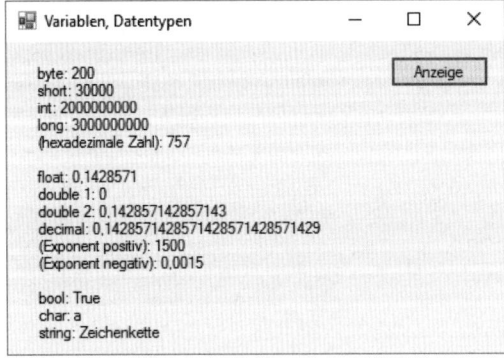

Abbildung 2.1 Wichtige Datentypen

Zur Erläuterung:

Deklaration

▶ Variablen werden mithilfe der Anweisung <Datentyp> <Variablenname>; deklariert. Mehrere Variablen desselben Datentyps können, durch Kommata getrennt, innerhalb einer Anweisung deklariert werden (z. B. int x, y;).

▶ Variablen können bereits bei der Deklaration einen Wert erhalten, zum Beispiel: `short Sh = 30000;`.

▶ Bei den Datentypen für ganze Zahlen führt die Zuweisung einer zu großen Zahl zu einer Überschreitung des Wertebereichs und zu einer Fehlermeldung.

Wertebereich

▶ Ganze Zahlen können auch in hexadezimaler Form zugewiesen werden, mithilfe von 0x zu Beginn der Zahl, gefolgt von den hexadezimalen Ziffern. Diese gehen von 0 bis 9, es folgen a (= dezimal 10), b (=11), c (=12), d (=13), e (=14) und f (=15). Ein Beispiel: 0x2f5 entspricht $2 \times 16^2 + 15 \times 16^1 + 5 \times 16^0 = 512 + 240 + 5 = 757$.

Hexadezimal

▶ Die Datentypen für Zahlen mit Nachkommastellen unterscheiden sich in ihrer Genauigkeit. Nachkommastellen müssen im Programmcode durch einen Dezimalpunkt abgetrennt werden. In der Ausgabe wird dagegen ein Dezimalkomma dargestellt. Die Zuweisung einer zu großen Zahl führt zu einer Fehlermeldung. Die Zuweisung einer zu kleinen Zahl wiederum führt zur Anzeige von »Unendlich« (!) bzw. zu einer ungenauen Speicherung.

Zahlen mit Nachkommastellen

▶ Bei der Division von zwei ganzen Zahlen sollten Sie beachten, dass die Nachkommastellen abgeschnitten werden. Möchten Sie das nicht, müssen Sie zumindest eine der beiden Zahlen als Zahl mit Nachkommastellen kennzeichnen, z. B. durch das Anhängen von `.0`: Statt 1 schreiben Sie `1.0`.

Division ganzer Zahlen

▶ `float`-Werte sollten mit einem f gekennzeichnet werden, `decimal`-Werte mit einem m. Damit erhält die gesamte Division im vorliegenden Programm einen `float`- bzw. `decimal`-Wert.

Kürzel f und m

▶ Sehr große oder sehr kleine Zahlen können im Programmcode auch in der Exponentialschreibweise zugewiesen werden. Zwei Beispiele: `1.5e3` für 1500.0 oder `1.5e-3` für 0.0015.

Exponential-schreibweise

▶ Werte für den Datentyp `bool` werden mit `true` und `false` zugewiesen, aber mit `True` und `False` ausgegeben.

true, false

▶ Werte für Zeichen müssen in einfachen Anführungszeichen und für Zeichenketten in doppelten Anführungszeichen angegeben werden.

Anführungszeichen

▶ Die Datentypen `int`, `double`, `bool` und `string` werden am Häufigsten eingesetzt.

Übung

Übung
UDatentypen

Schreiben Sie ein Programm, in welchem Ihre Adresse, Ihr Nach- und Vorname, Alter und Gehalt jeweils in Variablen eines geeigneten Datentyps gespeichert und anschließend wie in Abbildung 2.2 ausgegeben werden.

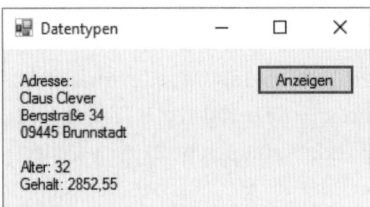

Abbildung 2.2 Übung UDatentypen

2.1.4 Gültigkeitsbereich

Lokal Variablen, die innerhalb einer Methode vereinbart werden, haben ihre Gültigkeit nur in der Methode. Außerhalb der Methode sind sowohl Name als auch Wert der Variable unbekannt. Solche Variablen bezeichnet man daher auch als lokale Variablen. Sobald die Methode abgearbeitet wurde, steht der Wert auch nicht mehr zur Verfügung. Beim nächsten Aufruf der gleichen Methode werden diese Variablen neu deklariert und erhalten neue Werte.

Klassenweit gültig Variablen, die außerhalb von Methoden vereinbart werden, sind innerhalb der gesamten Klasse gültig, hier also innerhalb der Klasse des Formulars. Ihr Wert kann in jeder Methode gesetzt oder abgerufen werden und bleibt solange erhalten, wie das Formular im laufenden Programm existiert.

private Diese klassenweit gültigen Variablen werden mit dem Schlüsselwort private deklariert. Weitere Einzelheiten zu klassenweit gültigen Variablen finden Sie in Abschnitt 5.2. Sie sind außerhalb der Klasse nicht gültig.

public Variablen, die mit dem Schlüsselwort public vereinbart werden, sind *öffentlich*. Damit sind sie auch außerhalb der jeweiligen Klasse, also z. B. auch in anderen Formularen gültig. Mehr dazu ebenfalls in Abschnitt 5.2.

Gibt es in einem Programmabschnitt mehrere Variablen mit dem gleichen Namen, gelten die folgenden Regeln:

▶ Lokale Variablen mit gleichem Namen in der gleichen Methode sind nicht zulässig.

▶ Eine klassenweit gültige Variable wird innerhalb einer Methode von einer lokalen Variablen mit dem gleichen Namen ausgeblendet. **Ausblenden**

Im folgenden Beispiel werden Variablen unterschiedlicher Gültigkeitsbereiche deklariert, an verschiedenen Stellen verändert und ausgegeben (Projekt *Gueltigkeitsbereich*):

```
public partial class Form1 : Form
{
    ...
    private int Mx = 0;

    private void CmdAnzeigen1_Click(...)
    {
        int x = 0;
        Mx = Mx + 1;
        x = x + 1;
        LblAnzeige.Text = "x: " + x + "  Mx: " + Mx;
    }

    private void CmdAnzeigen2_Click(...)
    {
        int Mx = 0;
        Mx = Mx + 1;
        LblAnzeige.Text = "Mx: " + Mx;
    }
}
```

Listing 2.2 Projekt »Gueltigkeitsbereich«

Zur Erläuterung:

▶ In der ersten Methode wird der Wert der klassenweit gültigen Variablen Mx bei jedem Aufruf erhöht. Die lokale Variable x wird immer wieder auf 1 gesetzt (siehe Abbildung 2.3).

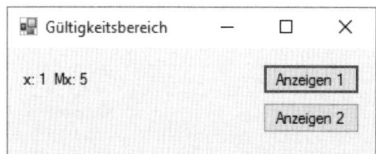

Abbildung 2.3 Lokale und klassenweit gültige Variablen

▶ In der zweiten Methode blendet die lokale Variable Mx die gleichnamige klassenweit gültige Variable aus. Die lokale Variable wird immer wieder auf 1 gesetzt (siehe Abbildung 2.4).

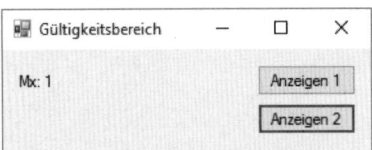

Abbildung 2.4 Lokale Variable

Startwert setzen

Hinweis: Die Variablen werden vor ihrer ersten Benutzung initialisiert, d. h., sie werden mit einem Startwert besetzt.

Übung

Übung
UGueltigkeits-
bereich

Erstellen Sie ein Programm, in dem zwei Buttons, ein Label und drei Variablen eines geeigneten Datentyps eingesetzt werden:

▶ die klassenweit gültige Variable x

▶ die Variable y, die nur lokal in der Methode zum Click-Ereignis des ersten Buttons gültig ist

▶ die Variable z, die nur lokal in der Methode zum Click-Ereignis des zweiten Buttons gültig ist

In der ersten Methode werden x und y jeweils um 0,1 erhöht und angezeigt (siehe Abbildung 2.5).

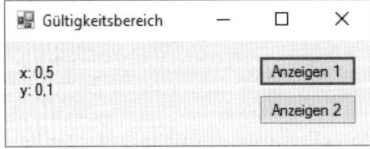

Abbildung 2.5 Ausgabe der ersten Methode nach einigen Klicks

In der zweiten Methode werden x und z jeweils um 0,1 erhöht und angezeigt (siehe Abbildung 2.6).

Abbildung 2.6 Ausgabe der zweiten Methode nach weiteren Klicks

2.1.5 Konstanten

Konstanten sind vordefinierte Werte, die während der Laufzeit nicht verändert werden können. Am besten geben Sie Konstanten aussagekräftige Namen, damit sie leichter zu behalten sind als die Werte, die sie repräsentieren. Konstanten werden an einer zentralen Stelle definiert und können an verschiedenen Stellen des Programms genutzt werden. Somit muss eine eventuelle Änderung einer Konstanten zur Entwurfszeit nur an einer Stelle erfolgen. Der Gültigkeitsbereich von Konstanten ist analog zum Gültigkeitsbereich von Variablen.

Konstanten repräsentieren Werte

Zu den Konstanten zählen auch die integrierten Konstanten. Auch sie repräsentieren Zahlen, die aber nicht so einprägsam sind wie die Namen der Konstanten.

Integrierte Konstanten

Im folgenden Beispiel werden mehrere Konstanten vereinbart und genutzt (Projekt *Konstanten*):

```
public partial class Form1 : Form
{
    ...
    private const int MaxWert = 75;
    private const string Eintrag = "Picture";

    private void CmdKonstanten_Click(...)
    {
        const int MaxWert = 55;
        const int MinWert = 5;
        LblAnzeige.Text = (MaxWert - MinWert) / 2 + "\n" + Eintrag;
    }
}
```

Listing 2.3 Projekt »Konstanten«, Teil 1

Zur Erläuterung:

const ▶ Konstanten werden mithilfe des Schlüsselworts const definiert.

▶ Die Konstanten MaxWert und Eintrag werden mit klassenweiter Gültigkeit festgelegt.

▶ Innerhalb der Methode werden die beiden lokalen Konstanten MaxWert
und MinWert festgelegt. MaxWert blendet die klassenweit gültige Konstante gleichen Namens aus, wie Sie in Abbildung 2.7 sehen können.

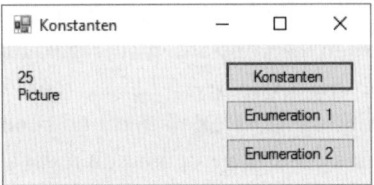

Abbildung 2.7 Konstanten

2.1.6 Enumerationen

Konstanten
aufzählen
Enumerationen sind Aufzählungen von Konstanten, die thematisch zu-
sammengehören. Alle Enumerationen haben den gleichen Datentyp, der
ganzzahlig sein muss. Bei der Deklaration werden ihnen Werte zugewiesen,
am besten explizit. Innerhalb von Visual Studio gibt es für C# zahlreiche
vordefinierte Enumerationen. Ähnlich wie bei den integrierten Konstanten sind die Namen der Enumerationen und deren Elemente besser lesbar
als die durch sie repräsentierten Zahlen.

Ein Beispiel: Die Enumeration DialogResult ermöglicht dem Programmie-
rer, die zahlreichen möglichen Antworten des Benutzers beim Einsatz von
Windows-Standarddialogfeldern (JA, NEIN, ABBRECHEN, WIEDERHOLEN,
IGNORIEREN, ...) anschaulich einzusetzen.

Im folgenden Programm wird mit einer eigenen und einer vordefinierten
Enumeration gearbeitet (ebenfalls im Projekt *Konstanten*):

```
public partial class Form1 : Form
{
    ...
    private enum Farbe : int
    {
        Rot = 1, Gelb = 2, Blau = 3
    }
```

```
private void CmdEnumeration1_Click(...)
{
    LblAnzeige.Text = "Farbe: " + Farbe.Gelb +
        " " + (int)Farbe.Gelb;
}

private void CmdEnumeration2_Click(...)
{
    LblAnzeige.Text = "Sonntag: " + DayOfWeek.Sunday + " " +
        (int)DayOfWeek.Sunday + "\n" + "Samstag: " +
        DayOfWeek.Saturday + " " + (int)DayOfWeek.Saturday;
}
}
```

Listing 2.4 Projekt »Konstanten«, Teil 2

Zur Erläuterung:

▶ Es wird die Enumeration Farbe vom Datentyp int vereinbart. Da es sich   **Klassenweit gültig**
um einen Typ handelt und nicht um eine Variable oder Konstante, muss
sie außerhalb von Methoden vereinbart werden. Damit ist sie automatisch für die gesamte Klasse gültig.

▶ In der ersten Ereignismethode wird ein Element der eigenen Enumera-   **Cast (int)**
tion Farbe verwendet. Zunächst wird der Name des Elements ausgege-
ben: Gelb. Die Zahl, welche das Element repräsentiert, kann erst nach
einer Umwandlung in den entsprechenden Datentyp ausgegeben werden. Diese Umwandlung wird mithilfe eines Casts vorgenommen: (int)
(siehe Abbildung 2.8).

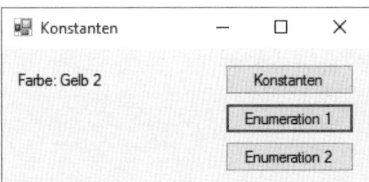

Abbildung 2.8 Erste Enumeration

▶ In der zweiten Ereignismethode werden zwei Elemente der vordefinier-   **DayOfWeek**
ten Enumeration DayOfWeek verwendet, siehe Abbildung 2.9. Sie können
sie zur Ermittlung des Wochentags eines gegebenen Datums verwenden.

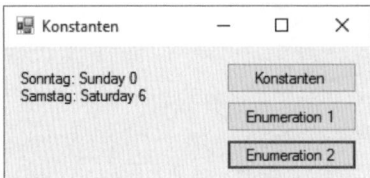

Abbildung 2.9 Zweite Enumeration

2.2 Operatoren

Zum Zusammensetzen von Ausdrücken werden in C#, wie in jeder anderen Programmiersprache auch, Operatoren verwendet. In diesem Buch wurden bereits die Operatoren = für Zuweisungen und + für Verkettungen genutzt.

Priorität Es gibt verschiedene Kategorien von Operatoren. Vorrangregeln (Prioritäten) sind für die Reihenfolge der Abarbeitung zuständig, falls mehrere Operatoren innerhalb eines Ausdrucks verwendet werden. Diese Vorrangregeln finden Sie weiter unten in diesem Abschnitt. Falls Sie sich bei der Verwendung dieser Regeln nicht sicher sind, empfiehlt es sich, die Reihenfolge durch eigene Klammersetzung explizit festzulegen.

2.2.1 Rechenoperatoren

Rechenoperatoren Rechenoperatoren dienen der Durchführung von Berechnungen, siehe Tabelle 2.1.

Operator	Beschreibung
+	Addition
-	Subtraktion oder Negation
*	Multiplikation
/	Division
%	Modulo
++	Erhöhung um 1
--	Verminderung um 1

Tabelle 2.1 Rechenoperatoren

Bei der Division von zwei ganzen Zahlen sollten Sie beachten, dass die Nachkommastellen abgeschnitten werden. Wenn Sie das nicht möchten, müssen Sie zumindest eine der beiden Zahlen als Zahl mit Nachkommastellen kennzeichnen, z. B. durch Anhängen von .0: Statt 5 schreiben Sie also 5.0.

Ganzzahldivision

Der Modulo-Operator % berechnet den Rest einer Division. Einige Beispiele sehen Sie in Tabelle 2.2.

Modulo

Ausdruck	Ergebnis	Erklärung
19 % 4	3	19 durch 4 ist 4 Rest 3
19.5 % 4.2	2.7	19,5 durch 4,2 ist 4 Rest 2,7

Tabelle 2.2 Modulo-Operator

Die Operatoren ++ und -- dienen als Schreibabkürzung und sollen mithilfe des Projekts *Rechenoperatoren* erläutert werden:

++, --

```
private void CmdAnzeigen1_Click(...)
{
    int x = 5;
    x++;
    ++x;
    x = x + 1;
    LblAnzeige.Text = "Ergebnis: " + x;
}

private void CmdAnzeigen2_Click(...)
{
    int x = 5;
    LblAnzeige.Text = "Ergebnis: " + x++;
}

private void CmdAnzeigen3_Click(...)
{
    int x = 5;
    LblAnzeige.Text = "Ergebnis: " + ++x;
}
```

Listing 2.5 Projekt »Rechenoperatoren«

Zur Erläuterung:

▶ In der ersten Methode hat x zunächst den Wert 5. Der Wert kann mit ++x oder mit x++ oder mit x = x + 1 jeweils um 1 erhöht werden. Anschließend hat x den Wert 8.

x++ ▶ In der zweiten Methode wird x zunächst ausgegeben und anschließend um 1 erhöht. Das liegt daran, dass der Operator ++ hinter x steht. In der Ausgabe sehen Sie noch den alten Wert 5, nach der Anweisungszeile erhält x den Wert 6.

++x ▶ In der dritten Methode wird x zunächst um 1 erhöht und anschließend ausgegeben. In diesem Fall steht der Operator ++ vor x. In der Ausgabe sehen Sie den neuen Wert 6, nach der Anweisungszeile behält x ebenfalls den Wert 6.

x=x+1 ▶ Die Schreibweise x = x + 1; als eigene Anweisungszeile schafft hier Klarheit.

▶ Für den Operator -- gilt sinngemäß das Gleiche.

Von links nach rechts Multiplikation und Division innerhalb eines Ausdrucks sind gleichrangig und werden von links nach rechts in der Reihenfolge ihres Auftretens ausgewertet. Dasselbe gilt für Additionen und Subtraktionen, wenn sie zusammen in einem Ausdruck auftreten. Multiplikation und Division werden dabei vor Addition und Subtraktion ausgeführt.

Klammern Mit Klammern kann diese Rangfolge jedoch außer Kraft gesetzt werden, damit bestimmte Teilausdrücke vor anderen Teilausdrücken ausgewertet werden. In Klammern gesetzte Operationen haben grundsätzlich immer Vorrang. Innerhalb der Klammern gilt jedoch wieder die normale Rangfolge der Operatoren.

Projekt Im Projekt *Rechenoperatoren* können Sie auch die beiden Berechnungen mit dem Operator % leicht selber nachvollziehen.

Übung

Übung URechenoperatoren Berechnen Sie die beiden folgenden Ausdrücke, speichern Sie das Ergebnis in einer Variablen eines geeigneten Datentyps, und zeigen Sie es anschließend an:

▶ 1. Ausdruck: 3 * −2.5 + 4 * 2

▶ 2. Ausdruck: 3 * (−2.5 + 4) * 2

2.2.2 Vergleichsoperatoren

Vergleichsoperatoren (siehe Tabelle 2.3) dienen dazu, festzustellen, ob bestimmte Bedingungen zutreffen oder nicht. Das Ergebnis kann beispielsweise zur Ablaufsteuerung von Programmen genutzt werden. In Abschnitt 2.3 wird hierauf noch genauer eingegangen.

Vergleich

Operator	Beschreibung
<	kleiner als
<=	kleiner als oder gleich
>	größer als
>=	größer als oder gleich
==	gleich
!=	ungleich

Tabelle 2.3 Einige Beispiele sehen Sie in Tabelle 2.4.

Ausdruck	Ergebnis
5 > 3	true
3 == 3.2	false
5 + 3 * 2 >= 12	false
"Maier" == "Mayer"	false

Tabelle 2.4 Nutzung von Vergleichsoperatoren

Alle Vergleiche innerhalb dieses Abschnitts können Sie auch mithilfe des Codes im Projekt *Vergleichsoperatoren* selber nachvollziehen.

Projekt

Übung

Ermitteln Sie das Ergebnis der beiden folgenden Ausdrücke, speichern Sie es in einer Variablen eines geeigneten Datentyps, und zeigen Sie es an:

Übung
UVergleichs-
operatoren

▶ 1. Ausdruck: 12 − 3 >= 4 * 2.5
▶ 2. Ausdruck: "Maier" != "Mayer"

2.2.3　Logische Operatoren

Logik

Logische Operatoren dienen dazu, mehrere Bedingungen zusammenzufassen. Das Ergebnis kann ebenfalls etwa zur Ablaufsteuerung von Programmen genutzt werden (siehe hierzu auch Abschnitt 2.3). Die logischen Operatoren sehen Sie in Tabelle 2.5.

Operator	Beschreibung	Das Ergebnis ist true, wenn ...
!	Nicht	... der Ausdruck false ist.
&&	Und	... beide Ausdrücke true sind.
||	inklusives Oder	... mindestens ein Ausdruck true ist.
^	exklusives Oder	... genau ein Ausdruck true ist.

Tabelle 2.5 Logische Operatoren

! && || ^

Es seien die Variablen A = 1, B = 3 und C = 5 gesetzt. Die Ausdrücke in der ersten Spalte von Tabelle 2.6 ergeben jeweils die Ergebnisse in der zweiten Spalte.

Ausdruck	Ergebnis
!(A < B)	false
(B > A) && (C > B)	true
(B < A) || (C < B)	false
(B < A) ^ (C > B)	true

Tabelle 2.6 Ausdrücke mit logischen Operatoren

Projekt

Alle Berechnungen und Erläuterungen innerhalb dieses Abschnitts können Sie auch mithilfe des Codes im Projekt *LogischeOperatoren* nachvollziehen.

Übung

Übung
ULogische-
Operatoren

Ermitteln Sie das Ergebnis der beiden folgenden Ausdrücke, speichern Sie es in einer Variablen eines geeigneten Datentyps, und zeigen Sie es an:

▶ 1. Ausdruck: 4 > 3 && −4 > −3
▶ 2. Ausdruck: 4 > 3 || −4 > −3

Sie können auch die logischen bitweisen Operatoren & (statt &&) und | (statt &, | ||) verwenden. Hierbei werden alle Teile des Vergleichsausdrucks ausgewertet. Im Gegensatz dazu wird bei den Operatoren && und || die Auswertung abgebrochen, sobald sich der Wert des Ausdrucks nicht mehr verändern kann. Die Ergebnisse unterscheiden sich allerdings nur, falls innerhalb des Vergleichsausdrucks Werte verändert werden, z. B. mit den Operatoren ++ oder --.

2.2.4 Verkettungsoperator

Der Operator + dient der Verkettung von Zeichenketten. Ist einer der Ausdrücke keine Zeichenfolge, sondern eine Zahl, wird er (wenn möglich) in
eine Zeichenfolge verwandelt. Das Gesamtergebnis ist wiederum eine Zeichenfolge. Beispiel:

*Umwandlung in
Zeichenketten*

```
private void CmdAnzeige_Click(...)
{
    string a, b;
    double d;
    int x;

    b = "Hallo";
    d = 4.6;
    x = -5;
    a = b + " Welt " + d + " " + x + " " + 12;
    LblAnzeige.Text = a;
    // LblAnzeige.Text = x;
}
```

Listing 2.6 Projekt »Verkettungsoperator«

Zur Erläuterung:

▸ Die Zeichenkette a wird aus Variablen und Werten unterschiedlicher Datentypen zusammengesetzt.

▸ Die letzte Anweisung ist auskommentiert, weil sie zu einem Fehler
führt. Die int-Variable x kann nicht direkt als Wert für die Eigenschaft
Text verwendet werden. Sie muss zunächst umgewandelt werden.

▶ Das Ergebnis ist in Abbildung 2.10 zu sehen.

▶ Ein weiteres Beispiel hierfür ist übrigens bereits in Abschnitt 1.4.5 zu finden.

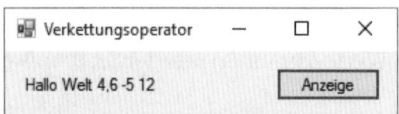

Abbildung 2.10 Verkettung

2.2.5 Zuweisungsoperatoren

Zeichen =   Den einfachsten Zuweisungsoperator, das Gleichheitszeichen, haben Sie bereits genutzt. Zur Verkürzung von Anweisungen gibt es aber noch weitere Zuweisungsoperatoren. Eine Auswahl sehen Sie in Tabelle 2.7.

Operator	Beispiel	Ergebnis
=	x = 7	x erhält den Wert 7.
+=	x += 5	Der Wert von x wird um 5 erhöht.
-=	x -= 5	Der Wert von x wird um 5 verringert.
*=	x *= 3	Der Wert von x wird auf das Dreifache erhöht.
/=	x /= 3	Der Wert von x wird auf ein Drittel verringert.
%=	x %= 3	x wird durch 3 geteilt, der Rest der Division wird x zugewiesen.
+=	z += "abc"	Die Zeichenkette z wird um den Text abc verlängert.

Tabelle 2.7 Zuweisungsoperatoren

2.2.6 Rangfolge der Operatoren

Priorität   Enthält ein Ausdruck mehrere Operationen, werden die einzelnen Teilausdrücke in einer bestimmten Rangfolge ausgewertet und aufgelöst, die als Rangfolge bzw. Priorität der Operatoren bezeichnet wird. Dabei gilt die in Tabelle 2.8 dargestellte Rangfolge.

Operator	Beschreibung
- !	negatives Vorzeichen, logisches Nicht
* / %	Multiplikation, Division, Modulo
+ -	Addition, Subtraktion
< > <= >=	Vergleichsoperatoren für kleiner und größer
== !=	Vergleichsoperatoren für gleich und ungleich
&&	logisches Und
||	logisches Oder

Tabelle 2.8 Je weiter oben die Operatoren in der Tabelle stehen, desto höher ist ihre Priorität.

Wie bereits bei den Rechenoperatoren erwähnt: Mit Klammern kann diese Rangfolge außer Kraft gesetzt werden, damit bestimmte Teilausdrücke vor anderen Teilausdrücken ausgewertet werden. In Klammern gesetzte Operationen haben grundsätzlich Vorrang. Innerhalb der Klammern gilt jedoch wieder die normale Rangfolge der Operatoren.

Klammern

Übung

Sind die Bedingungen in Tabelle 2.9 wahr oder falsch? Lösen Sie die Aufgabe möglichst ohne Zuhilfenahme des PC.

Übung UOperatoren

Nr.	Werte	Bedingung
1	a=5 b=10	a>0 && b!=10
2	a=5 b=10	a>0 || b!=10
3	z=10 w=100	z!=0 || z>w || w-z==90
4	z=10 w=100	z==11 && z>w || w-z==90
5	x=1.0 y=5.7	x>=.9 && y<=5.8
6	x=1.0 y=5.7	x>=.9 && !(y<=5.8)
7	n1=1 n2=17	n1>0 && n2>0 || n1>n2 && n2!=17
8	n1=1 n2=17	n1>0 && (n2>0 || n1>n2) && n2!=17

Tabelle 2.9 Übung UOperatoren

2.3 Einfache Steuerelemente

Windows-Programmierung mit C# innerhalb von Visual Studio besteht prinzipiell aus zwei Teilen: der Arbeit mit visuellen Steuerelementen und der Programmierung mit der Sprache. Beides soll in diesem Buch parallel vermittelt werden, um so die eher theoretischen Abschnitte zur Programmiersprache durch anschauliche Praxisbeispiele zu vertiefen.

Daher wird in diesem Abschnitt mit vier weiteren Steuerelementen gearbeitet, bevor im nächsten Abschnitt die Verzweigungen zur Programmsteuerung vorgestellt werden: den Steuerelementen Panel, Zeitgeber, Textfeld und Zahlenauswahlfeld.

2.3.1 Panel

Container Ein Panel dient normalerweise als Container für andere Steuerelemente. In unserem Beispiel wird es zur visuellen Darstellung eines Rechtecks und für eine kleine Animation genutzt.

Die Eigenschaften BackColor (Hintergrundfarbe), Location (Position) und Size (Größe) sind Ihnen bereits von anderen Steuerelementen her bekannt.

Mithilfe des nachfolgenden Programms im Projekt *Panel* wird ein Panel durch Betätigung von vier Buttons um 10 Pixel nach oben, unten, links oder rechts verschoben. Es hat die Größe 100 × 100 Pixel, die Startposition X=145 und Y=80 sowie eine eigene Hintergrundfarbe. Die Bewegung wird mithilfe der Struktur Point durchgeführt.

In Abbildung 2.11 und Abbildung 2.12 ist das Panel im Startzustand bzw. nach einigen Klicks zu sehen.

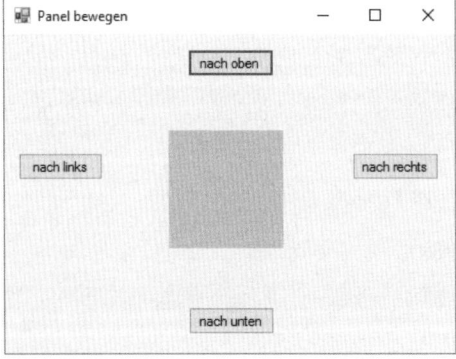

Abbildung 2.11 Panel, Startzustand

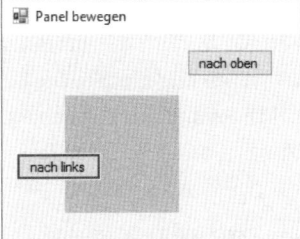

Abbildung 2.12 Panel, nach ein paar Klicks

Der Programmcode:

```
private void CmdNachOben_Click(...)
{
    p.Location = new Point(p.Location.X, p.Location.Y - 10);
}


private void CmdNachLinks_Click(...)
{
    p.Location = new Point(p.Location.X - 10, p.Location.Y);
}


private void CmdNachRechts_Click(...)
{
    p.Location = new Point(p.Location.X + 10, p.Location.Y);
}


private void CmdNachUnten_Click(...)
{
    p.Location = new Point(p.Location.X, p.Location.Y + 10);
}
```

Listing 2.7 Projekt »Panel«

2.3.2 Zeitgeber

Ein Zeitgeber (Timer) erzeugt in festgelegten Abständen Zeittakte. Diese Zeittakte sind Ereignisse, die der Entwickler mit verschiedenen Aktionen verbinden kann. Das zugehörige Ereignis heißt Tick. Ein Zeitgeber kann wie jedes andere Steuerelement zum Formular hinzugefügt werden. Da es sich aber beim Zeitgeber um ein nicht sichtbares Steuerelement handelt, wird

Timer-Intervall
Enabled

er unterhalb des Formulars angezeigt. Auch zur Laufzeit ist er nicht sichtbar. Seine wichtigste Eigenschaft ist das Zeitintervall, in dem das Ereignis auftreten soll. Dieses Zeitintervall wird in Millisekunden angegeben. Die Eigenschaft Enabled dient der Aktivierung bzw. Deaktivierung des Zeitgebers. Sie können sie zur Entwicklungszeit oder zur Laufzeit auf true oder false stellen.

Im nachfolgenden Programm im Projekt *Zeitgeber* erscheint zunächst ein Formular mit zwei Buttons. Betätigen Sie den START-Button, erscheint ein *x* in einem Bezeichnungsfeld. Alle 0,5 Sekunden erscheint automatisch ein weiteres *x*, siehe Abbildung 2.13. Dies wird durch den Timer gesteuert, bei welchem der Wert für die Eigenschaft Interval auf 500 steht. Nach Betätigung des STOP-Buttons kommt kein weiteres *x* mehr hinzu.

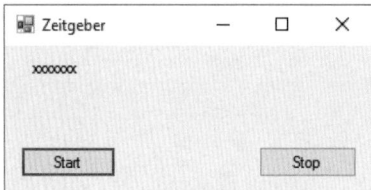

Abbildung 2.13 Nach einigen Sekunden

Der zugehörige Code:

```
private void CmdStart_Click(...)
{
    TimAnzeige.Enabled = true;
}

private void CmdStop_Click(...)
{
    TimAnzeige.Enabled = false;
}

private void TimAnzeige_Tick(...)
{
    LblAnzeige.Text += "x";
}
```

Listing 2.8 Projekt »Zeitgeber«

Übung

Erstellen Sie eine Windows-Anwendung. In der Mitte eines Formulars sollen zu Beginn vier Panels verschiedener Farbe der Größe 20 × 20 Pixel platziert werden, siehe Abbildung 2.14.

Übung
UPanelZeitgeber

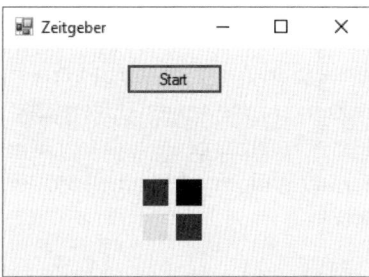

Abbildung 2.14 Startzustand

Sobald ein START-Button betätigt wird, sollen sich diese vier Panels diagonal in ca. fünf bis zehn Sekunden zu den Ecken des Formulars bewegen, jedes Panel in eine andere Ecke (siehe Abbildung 2.15).

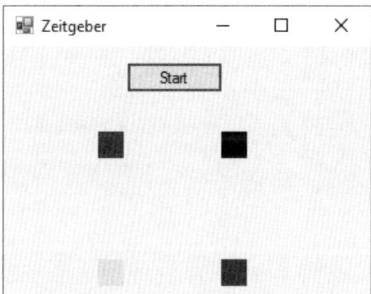

Abbildung 2.15 Nach einigen Sekunden

Übung

Diese Übung gehört nicht zum Pflichtprogramm. Sie ist etwas umfangreicher, verdeutlicht aber die Möglichkeiten einer schnellen Visualisierung von Prozessen durch C# innerhalb von Visual Studio durch einige wenige Programmzeilen.

Übung UKran

Konstruieren Sie aus mehreren Panels einen Kran (Fundament, senkrechtes Hauptelement, waagerechter Ausleger, senkrechter Haken am Ausleger). Der Benutzer soll die Möglichkeit haben, über insgesamt acht Buttons die folgenden Aktionen auszulösen:

- ▶ Haken um 10 Pixel ausfahren bzw. einfahren
- ▶ Ausleger um 10 Pixel ausfahren bzw. einfahren
- ▶ Kran um 10 Pixel nach rechts bzw. links fahren
- ▶ Kran um 10 Pixel in der Höhe ausfahren bzw. einfahren

Denken Sie daran, dass bei vielen Bewegungen mehrere Steuerelemente bewegt werden müssen, da der Kran sonst seinen Zusammenhalt verliert. Manche Aktionen resultieren nur aus Größenveränderungen (Eigenschaften Width und Height), andere nur aus Ortsveränderungen (Location), wieder andere aus beidem. In Abbildung 2.16 und Abbildung 2.17 sehen Sie den Kran im Startzustand bzw. nach einigen Klicks.

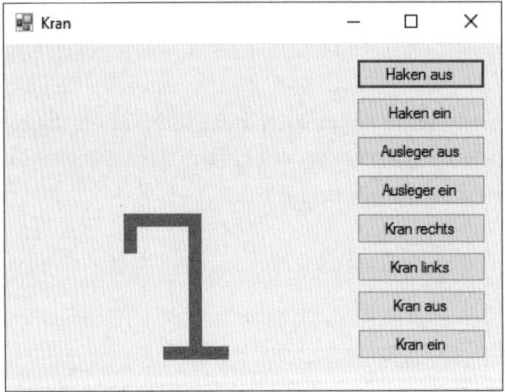

Abbildung 2.16 Startzustand

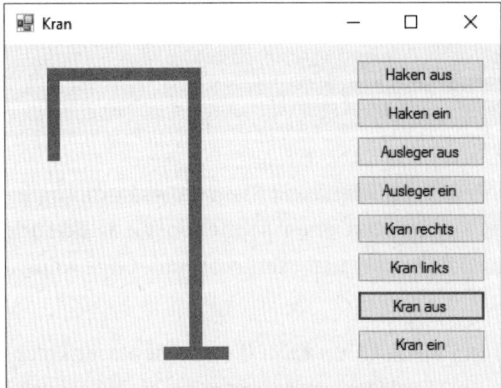

Abbildung 2.17 Nach einigen Aktionen

Manche Bewegungen des Krans werden vermutlich wenig natürlich wirken. Mit zunehmendem Programmierwissen werden Sie dieses Problem später aber beheben können.

2.3.3 Textfelder

Ein Textfeld dient in erster Linie dazu, die Eingabe von Text oder Zahlen vom Benutzer entgegenzunehmen. Diese Eingaben werden in der Eigenschaft Text des Textfelds gespeichert. Das Aussehen und das Verhalten eines Textfelds werden u. a. durch folgende Eigenschaften bestimmt:

Eingabefeld

▶ MultiLine: Steht MultiLine auf true, können Sie bei der Eingabe und bei der Anzeige mit mehreren Textzeilen arbeiten.

▶ ScrollBars: Sie können ein Textfeld mit vertikalen und/oder horizontalen Bildlaufleisten zur Eingabe und Anzeige längerer Texte versehen.

▶ MaxLength: Mit dieser Eigenschaft können Sie die Anzahl der Zeichen des Textfelds beschränken. Ist keine Beschränkung vorgesehen, kann das Textfeld insgesamt 32768 Zeichen aufnehmen.

▶ PasswordChar: Falls Sie für diese Eigenschaft im Entwurfsmodus ein Platzhalterzeichen eingegeben haben, wird während der Laufzeit für jedes eingegebene Zeichen nur dieser Platzhalter angezeigt. Diese Eigenschaft wird vor allem bei Passwortabfragen verwendet.

Passwort

Der Inhalt eines Textfelds kann mit den gewohnten Mitteln (z. B. Strg + C und Strg + V) in die Zwischenablage kopiert bzw. aus der Zwischenablage eingefügt werden.

Im nachfolgenden Programm im Projekt *Textfelder* kann der Benutzer in einem Textfeld einen Text eingeben. Nach Betätigung des Buttons AUSGABE wird der eingegebene Text in einem zusammenhängenden Satz ausgegeben (siehe Abbildung 2.18).

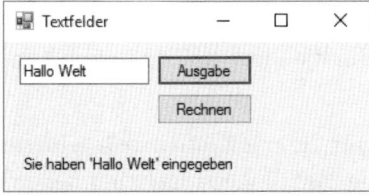

Abbildung 2.18 Eingabe ins Textfeld

Der Code lautet wie folgt:

```
private void CmdAusgabe_Click(...)
{
    LblAusgabe.Text = "Sie haben '" + TxtEingabe.Text +
        "' eingegeben";
}
```

Listing 2.9 Projekt »Textfelder«

Zur Erläuterung:

▶ In der Eigenschaft Text des Textfelds wird die Eingabe gespeichert. Die Eigenschaft wird in einen längeren Ausgabetext eingebettet.

Zahlen eingeben Bei der Eingabe und Auswertung von Zahlen sind einige Besonderheiten zu beachten. Im nachfolgenden Programm, ebenfalls im Projekt *Textfelder*, kann der Benutzer in einem Textfeld eine Zahl eingeben. Nach Betätigung des Buttons RECHNEN wird der Wert dieser Zahl verdoppelt, das Ergebnis wird in einem Label darunter ausgegeben:

```
private void CmdRechnen_Click(...)
{
    double wert;
    wert = Convert.ToDouble(TxtEingabe.Text);
    wert = wert * 2;
    LblAusgabe.Text = "Ergebnis: " + wert;
}
```

Listing 2.10 Projekt »Textfelder«, Zahleneingabe

Zur Erläuterung:

ToDouble() Es soll dafür gesorgt werden, dass der Inhalt des Textfelds explizit in eine Zahl (mit möglichen Nachkommastellen) umgewandelt wird. Das erreichen Sie mithilfe der Methode ToDouble() aus der Klasse Convert. Die Klasse Convert bietet eine Reihe von Methoden für die Umwandlung (sprich Konvertierung) in andere Datentypen.

▶ Wenn eine Zeichenkette eingegeben wird, die eine Zahl darstellt, wird sie auf die oben angegebene Weise in eine Zahl umgewandelt, mit der anschließend gerechnet werden kann.

▶ Stellt die eingegebene Zeichenkette keine Zahl dar, kommt es zu einem Laufzeitfehler. Diese Situation sollten Sie natürlich vermeiden:

– Sie können dafür vorher überprüfen, ob es sich bei der Zeichenkette um eine gültige Zahl handelt, und entsprechend reagieren. Das wird Ihnen möglich sein, sobald Sie die in Abschnitt 2.3 beschriebenen Verzweigungen zur Programmsteuerung beherrschen.

– Allgemein können Sie Programme so schreiben, dass ein Programmabbruch abgefangen wird. Dazu werden Sie in der Lage sein, sobald Sie die Ausnahmebehandlung (siehe hierzu Kapitel 3) anwenden können.

Ausnahme-
behandlung

Einige Beispiele:

Abbildung 2.19 zeigt die Eingabe einer Zahl mit Nachkommastellen.

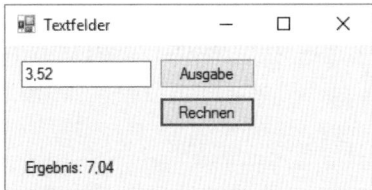

Abbildung 2.19 Eingabe einer Zahl mit Nachkommastellen

Die Eingabe einer Zeichenkette, wie zum Beispiel »abc«, führt zur Anzeige einer nicht behandelten Ausnahme. Die Zeile, in welcher der Fehler auftritt, wird im Code markiert, damit der Fehler beseitigt werden kann (siehe Abbildung 2.20).

Debugging beenden

```
private void CmdRechnen_Click(object sender, EventArgs e)
{
    double wert;
    wert = Convert.ToDouble(TxtEingabe.Text); ⊗
    wert = wert * 2;
    LblAusgabe.Text = "Ergebnis: " + wert;
}
```

Unbehandelte Ausnahme   ⊽ ✕

System.FormatException: "Die
Eingabezeichenfolge hat das falsche Format."

Details anzeigen │ Details kopieren

▷ Ausnahmeeinstellungen

Abbildung 2.20 Markierung der Fehlerzeile

Sie können die aktuellen Werte von Variablen in diesem Moment der Unterbrechung kontrollieren, indem Sie die Maus über diesen Variablen

platzieren. Anschließend muss das Programm über den Menüpunkt DE-
BUGGEN • DEBUGGING BEENDEN beendet werden, bevor es neu gestartet
werden kann.

Die Eingabe einer Zahl, bei der ein Punkt anstelle eines Kommas zur Ab-
trennung von Nachkommastellen eingegeben wird, führt zu einem ganz
anderen Rechenergebnis, siehe Abbildung 2.21.

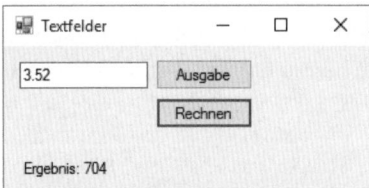

Abbildung 2.21 Punkt vor den Nachkommastellen

Der Punkt wird ignoriert und die Zahl 3,52 wird daher als 352 interpretiert,
was zu dem Ergebnis 704 führt.

2.3.4 Zahlenauswahlfeld

NumericUpDown

Das Steuerelement *Zahlenauswahlfeld* (NumericUpDown) stellt eine andere
Möglichkeit dar, Zahlenwerte an ein Programm zu übermitteln. Die Zahlenwerte können innerhalb selbst gewählter Grenzen und in selbst defi-
nierten Schritten über zwei kleine Pfeiltasten ausgewählt werden. Sie
können aber auch weiterhin wie bei einem Textfeld eingegeben werden.

Wichtige Eigenschaften des Steuerelements sind:

Value

▶ Value: bezeichnet zur Entwicklungszeit den Startwert und zur Laufzeit
den vom Benutzer aktuell eingestellten Wert.

▶ Maximum, Minimum: bestimmen den größtmöglichen Wert und den kleinst-
möglichen Wert der Eigenschaft Value. Es handelt sich also um die Werte, die durch die Auswahl mit den Pfeiltasten ganz oben und ganz unten
erreicht werden können.

▶ Increment: Mit Increment wird die Schrittweite eingestellt, mit der sich
der Wert (Eigenschaft Value) ändert, wenn der Benutzer eine der kleinen
Pfeiltasten betätigt.

▶ DecimalPlaces: bestimmt die Anzahl der Nachkommastellen in der Anzeige des Zahlenauswahlfelds.

Das wichtigste Ereignis dieses Steuerelements ist ValueChanged. Es tritt bei der Veränderung der Eigenschaft Value ein und sollte anschließend zur Programmsteuerung verwendet werden.

ValueChanged

Im nachfolgenden Programm im Projekt *ZahlenAufAb* werden alle diese Eigenschaften und das eben angesprochene Ereignis genutzt. Der Benutzer kann hierbei Zahlenwerte zwischen –5,0 und +5,0 in Schritten von 0,1 über ein Zahlenauswahlfeld einstellen. Der ausgewählte Wert wird unmittelbar in einem Label angezeigt (siehe Abbildung 2.22).

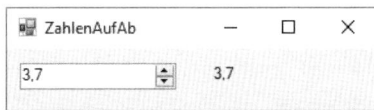

Abbildung 2.22 Zahlenauswahlfeld

Die Eigenschaften werden im Eigenschaftenfenster wie folgt festgelegt:

▶ Value: Wert 2, die Anwendung startet also bei dem Wert 2,0 für das Zahlenauswahlfeld

▶ Maximum, Minimum: Werte –5 und +5

▶ Increment: Wert 0,1

▶ DecimalPlaces: Wert 1 zur Anzeige einer einzelnen Nachkommastelle

Der Code lautet:

```
private void NumEingabe_ValueChanged(...)
{
    LblAusgabe.Text = "Wert: " + NumEingabe.Value;
}
```

Listing 2.11 Projekt »ZahlenAufAb«

2.4 Verzweigungen

Der Programmcode wird bisher rein sequenziell abgearbeitet, also eine Anweisung nach der anderen. Kontrollstrukturen ermöglichen eine Steuerung dieser Reihenfolge. Diese Kontrollstrukturen unterteilen sich in Verzweigungen und Schleifen. Verzweigungen gestatten es dem Programm, sich in verschiedene alternative Anweisungsblöcke zu verzweigen.

Es gibt die beiden Verzweigungsstrukturen if...else und switch...case. Diese Auswahlmöglichkeiten übergeben anhand von Bedingungen die Programmausführung an einen bestimmten Anweisungsblock. Bedingungen werden mithilfe der bereits vorgestellten Vergleichsoperatoren erstellt.

2.4.1   if...else

Eine Verzweigung mit if...else hat folgenden Aufbau:

```
if (Bedingung)
{
    Anweisungen1
}
[ else
{
    Anweisungen2
} ]
```

if...else Die Bedingung wird ausgewertet, sie ist entweder wahr oder falsch (true oder false). Ist die Bedingung wahr, wird der erste Teil (Anweisungen1) ausgeführt. Ist die Bedingung nicht wahr und gibt es einen else-Teil, wird dieser Teil (Anweisungen2) ausgeführt. Der else-Teil ist optional. Das wird mithilfe der rechteckigen Klammern [ ] verdeutlicht.

Ohne Klammern Falls es sich bei AnweisungenX nur um eine einzelne Anweisung handelt, können in diesem Teil der Verzweigung die geschweiften Klammern weggelassen werden. Seit Visual Studio 2017 wird vorgeschlagen, auch an diesen Stellen die Klammern zu setzen. Ich lasse sie allerdings aus Gründen der Übersichtlichkeit häufig weg.

Geschachtelt Verzweigungen können auch ineinander verschachtelt werden, falls es mehr als zwei Möglichkeiten für den weiteren Programmverlauf gibt.

Mehrere Vergleiche Eine Bedingung kann aus einem einfachen Ausdruck mit Vergleichsoperatoren bestehen oder aus mehreren Vergleichsausdrücken.

Es folgen einige Beispiele im Projekt *IfElse*, siehe Abbildung 2.23. Die untersuchten Zahlenwerte können über Zahlenauswahlfelder eingestellt werden. Testen Sie die Möglichkeiten durch unterschiedliche Einstellungen der Zahlenauswahlfelder, bevor Sie einen der Buttons betätigen.

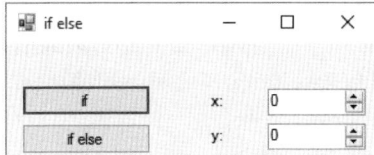

Abbildung 2.23 Projekt »IfElse«

Zunächst ein if ohne else:

if ohne else

```
private void CmdAnzeige1_Click(...)
{
    int x = (int)NumX.Value;
    LblAnzeige.Text = "";

    if (x > 0)
    {
        LblAnzeige.Text = "x ist größer als 0";
        NumX.BackColor = Color.LightGreen;
    }
}
```

Listing 2.12 Projekt »IfElse«, Teil 1

Zur Erläuterung:

▶ Die int-Variable x erhält den Wert, der im Zahlauswahlfeld NumX eingestellt ist. Da dieses Feld eine Variable vom Typ decimal liefert, muss der
Wert zunächst mithilfe des Casts (int) umgewandelt werden.

▶ Das Label wird geleert.

▶ Nun zur eigentlichen Verzweigung: Falls der Wert von x größer als 0 ist,
wird ein entsprechender Text ausgegeben. Außerdem wird das Zahlenauswahlfeld hellgrün eingefärbt (siehe Abbildung 2.24).

▶ Da es sich um zwei Anweisungen handelt, müssen sie in geschweifte
Klammern gesetzt werden.

▶ Falls der Wert von x kleiner oder gleich 0 ist, passiert nichts. Das Label
bleibt leer. Es gibt keinen else-Teil, in dem etwas ausgeführt werden
könnte.

Einrückung ▶ Die Anweisungen innerhalb des if-Blocks werden eingerückt. Dadurch ist das Programm leichter lesbar. Dies ist prinzipiell eine empfehlenswerte Vorgehensweise, insbesondere bei weiteren Verschachtelungen innerhalb des Programms.

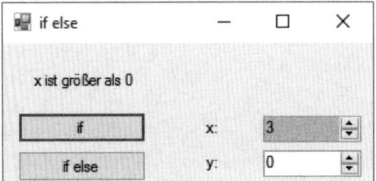

Abbildung 2.24 Bedingung trifft zu

if-else Nun folgt ein if mit else. Es wird also in jedem Fall etwas ausgeführt:

```
private void CmdAnzeige2_Click(...)
{
    int x = (int)NumX.Value;

    if (x > 0)
    {
        LblAnzeige.Text = "x ist größer als 0";
        NumX.BackColor = Color.LightGreen;
    }
    else
    {
        LblAnzeige.Text = "x ist kleiner als 0 oder gleich 0";
        NumX.BackColor = Color.LightBlue;
    }
}
```

Listing 2.13 Projekt »IfElse«, Teil 2

Zur Erläuterung:

▶ Falls der Wert von x jetzt kleiner oder gleich 0 ist, wird auch etwas ausgegeben. Außerdem wird das Zahlenauswahlfeld nunmehr hellblau eingefärbt (siehe Abbildung 2.25).

▶ Da es sich auch im else-Teil um zwei Anweisungen handelt, müssen sie ebenfalls in geschweifte Klammern gesetzt werden.

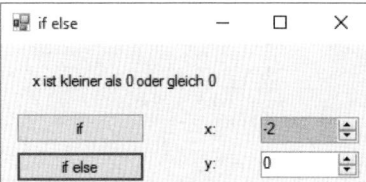

Abbildung 2.25 Zweig mit else

Der ternäre Operator ? : stellt eine alternative, verkürzte Schreibweise für   **Ternärer Operator**
eine Verzweigung mit if-else dar. Nachfolgend dasselbe Beispiel wie im
zweiten Teil des Projekts, diesmal jedoch mit dem ternären Operator:

```
private void CmdAnzeige3_Click(...)
{
    int x = (int)NumX.Value;

    LblAnzeige.Text = x > 0 ? "x > 0" : "x <= 0";
    NumX.BackColor = x > 0 ? Color.LightGreen : Color.LightBlue;
}
```

Listing 2.14 Projekt »IfElse«, Teil 3

Zur Erläuterung:

▸ Der Eigenschaft Text des Labels wird etwas zugewiesen. Falls x größer als
  0 ist, ist das der Text x > 0, ansonsten x <= 0.

▸ Ähnliches passiert bei der Hintergrundfarbe: Falls der Wert von x größer
  als 0 ist, wird Color.LightGreen zugewiesen, ansonsten Color.LightBlue.

▸ Es findet also immer eine Zuweisung statt. Vor dem Fragezeichen steht
  die Bedingung. Zwischen dem Fragezeichen und dem Doppelpunkt
  steht der zugewiesene Wert, falls die Bedingung zutrifft. Nach dem Doppelpunkt steht der zugewiesene Wert, falls die Bedingung nicht zutrifft.

Es folgt ein Beispiel mit drei möglichen Ausführungswegen: **Drei Möglichkeiten**

```
private void CmdAnzeige4_Click(...)
{
    int x = (int)NumX.Value;

    if (x > 0)
    {
```

```
        LblAnzeige.Text = "x ist größer als 0";
        NumX.BackColor = Color.LightGreen;
    }
    else
    {
        NumX.BackColor = Color.LightBlue;

        if (x < 0)
            LblAnzeige.Text = "x ist kleiner als 0";
        else
            LblAnzeige.Text = "x ist gleich 0";
    }
}
```

Listing 2.15 Projekt »IfElse«, Teil 4

Zur Erläuterung:

Geschachtelt
- Falls der Wert von x jetzt kleiner oder gleich 0 ist, wird zunächst das Zahlenauswahlfeld hellblau eingefärbt. Außerdem wird eine weitere Untersuchung durchgeführt, da es noch zwei Möglichkeiten gibt.
- Falls der Wert kleiner als 0 ist, erscheint die entsprechende Meldung.
- Falls das nicht der Fall ist, kann der Wert nur noch gleich 0 sein, da alle anderen Fälle ausgeschlossen sind (siehe Abbildung 2.26).
- Da im sogenannten inneren if...else jeweils nur eine Anweisung ausgeführt wird, können hier die geschweiften Klammern weggelassen werden.

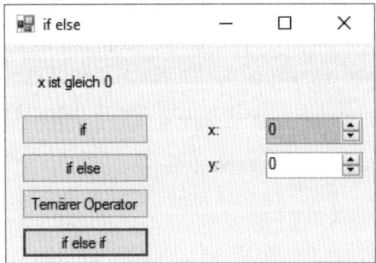

Abbildung 2.26 Drei Möglichkeiten

Logisches Und Es folgt ein Beispiel mit dem logischen Und-Operator &&:

```
private void CmdAnzeige5_Click(...)
{
    int x = (int)NumX.Value;
    int y = (int)NumY.Value;
    NumX.BackColor = Color.White;

    if (x > 0 && y > 0)
        LblAnzeige.Text = "x und y sind größer als 0";
    else
        LblAnzeige.Text = "Mind. eine der beiden" +
            " Zahlen ist nicht größer als 0";
}
```

Listing 2.16 Projekt »IfElse«, Teil 5

Zur Erläuterung:

- ▶ Nun werden beide Zahlenauswahlfelder ausgewertet.
- ▶ Falls beide Werte größer als 0 sind, wird der erste Text angezeigt.   **Logisches Und**
- ▶ Falls einer der beiden Werte kleiner oder gleich 0 ist, wird der zweite Text angezeigt (siehe Abbildung 2.27).
- ▶ Da jeweils nur eine Anweisung ausgeführt wird, können die geschweiften Klammern weggelassen werden.

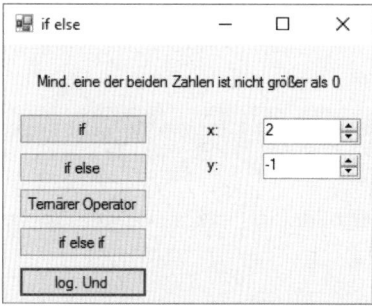

Abbildung 2.27 Logisches Und

Der logische Oder-Operator || liefert ein anderes Ergebnis: **Logisches Oder**

```
private void CmdAnzeige6_Click(...)
{
    int x = (int)NumX.Value;
```

```
    int y = (int)NumY.Value;
    NumX.BackColor = Color.White;

    if (x > 0 || y > 0)
        LblAnzeige.Text = "x oder y oder beide sind größer als 0";
    else
        LblAnzeige.Text = "Keine der Zahlen ist größer als 0";
}
```

Listing 2.17 Projekt »IfElse«, Teil 6

Zur Erläuterung:

Logisches Oder

▸ Falls einer der Werte oder beide Werte größer als 0 sind, wird der erste Text angezeigt (siehe Abbildung 2.28).

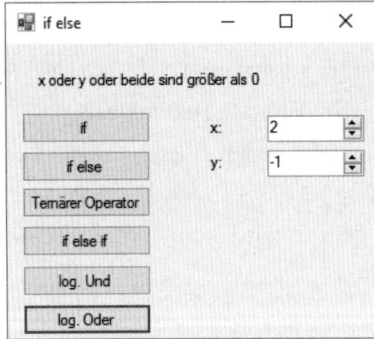

Abbildung 2.28 Logisches Oder

▸ Falls beide Werte kleiner oder gleich 0 sind, wird der zweite Text angezeigt.

Einen Unterschied zum »normalen« Oder bildet der Exklusiv-Oder-Operator ^:

```
private void CmdAnzeige7_Click(...)
{
    int x = (int)NumX.Value;
    int y = (int)NumY.Value;
    NumX.BackColor = Color.White;
    LblAnzeige.Text = "";
```

```
    if (x > 0 ^ y > 0)
        LblAnzeige.Text = "Nur x oder nur y ist größer als 0";
}
```

Listing 2.18 Projekt »IfElse«, Teil 7

Zur Erläuterung:

▶ Falls nur x oder nur y größer als 0 ist, wird etwas angezeigt (siehe Abbildung 2.29).   **Logisches Exklusiv-Oder**

▶ Falls beide Werte kleiner oder gleich 0 sind oder beide Werte größer als 0 sind, wird nichts angezeigt.

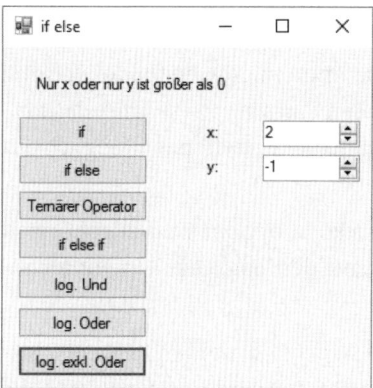

Abbildung 2.29 Logisches Exklusiv-Oder

2.4.2 switch...case

Eine Verzweigung kann in bestimmten Fällen auch mit switch...case gebildet werden. Diese Struktur vereinfacht eine Mehrfachauswahl, wenn nur ein Wert untersucht werden muss, und ist wie folgt aufgebaut: **Mehrfachauswahl**

```
switch (Testausdruck)
{
    [ case Möglichkeit1:
        Anweisungen1
        [break | goto case MöglichkeitX] ]
    [ case Möglichkeit2:
        Anweisungen2
        [break | goto case MöglichkeitX] ]
    ...
```

```
    [ default:
        Anweisungen
        break | goto case MöglichkeitX]
}
```

Testausdruck Die Struktur `switch...case` verwendet einen Testausdruck, der am Beginn des Blocks ausgewertet wird. Sein Wert wird anschließend der Reihe nach mit den gegebenen Möglichkeiten verglichen. Der Testausdruck kann z. B. eine ganze Zahl, ein einzelnes Zeichen oder eine Zeichenkette sein, aber keine Zahl mit Nachkommastellen.

Alle Anweisungen Bei der ersten Übereinstimmung einer Möglichkeit mit dem Testausdruck werden die zugehörigen Anweisungen bis zum nächsten `break` oder `goto case` ausgeführt.

break, goto case Beim Erreichen eines `break` fährt das Programm mit der ersten Anweisung nach dem `switch`-Block fort. Beim Erreichen eines `goto case` fährt das Programm hingegen mit der ersten Anweisung der betreffenden Möglichkeit fort.

default Die `default`-Möglichkeit am Ende des Blocks ist optional. Die zugehörigen Anweisungen werden ausgeführt, falls keine der Möglichkeiten vorher zutraf.

Im nachfolgenden Programm im Projekt *SwitchCase* werden zwei verschiedene Einsatzmöglichkeiten gezeigt. Im ersten Teil wird eine ganze Zahl, die aus einem Zahlenauswahlfeld stammt, untersucht. Es wird festgestellt, ob sie einstellig ungerade, einstellig gerade oder zweistellig ist:

```
private void CmdAnzeige1_Click(...)
{
    int x = (int)NumX.Value;

    switch (x)
    {
        case 1:
        case 3:
        case 5:
        case 7:
        case 9:
            LblAnzeige.Text = "einstellig, ungerade";
            break;
        case 2:
```

```
        case 4:
        case 6:
        case 8:
            LblAnzeige.Text = "einstellig, gerade";
            break;
        default:
            LblAnzeige.Text = "zweistellig";
            break;
    }
}
```

Listing 2.19 Projekt »SwitchCase«, Teil 1

Zur Erläuterung:

▶ Wird eine der Zahlen 1, 3, 5, 7, 9 ausgewählt, trifft eine der ersten fünf Möglichkeiten zu, und es wird *einstellig, ungerade* ausgegeben. Erst danach beendet ein break den Ablauf innerhalb des switch-Blocks.

▶ Die Zahlen 2, 4, 6 oder 8 führen zur Ausgabe von *einstellig, gerade*. Danach folgt ebenfalls ein break.

▶ Es gibt außerdem einen default-Fall. Falls keine einstellige Zahl ausgewählt wird, wird *zweistellig* ausgegeben.

▶ Auf diese Weise führt eine Reihe zusammengehöriger Fälle zu einem gemeinsamen Ausführungsweg.

Im zweiten Teil wird eine vorgegebene Zeichenkette untersucht:

```
private void CmdAnzeige2_Click(...)
{
    string s = "Nizza";
    LblAnzeige.Text = "";

    switch (s)
    {
        case "France":
            LblAnzeige.Text += "Frankreich\n";
            break;
        case "Bordeaux":
            LblAnzeige.Text += "Atlantik\n";
            goto case "France";
```

```
        case "Nizza":
            LblAnzeige.Text += "Cote d'Azur\n";
            goto case "France";
        default:
            LblAnzeige.Text += "restliche Fälle\n";
            break;
    }
}
```

Listing 2.20 Projekt »SwitchCase«, Teil 2

Zur Erläuterung:

▶ Der gegebene Wert der Zeichenkette ist Nizza. Es werden *Cote d'Azur* und *Frankreich* ausgegeben, da es nach der ersten Anweisung mit einem goto case zum Fall France weitergeht.

▶ Falls der gegebene Wert France ist, wird nur *Frankreich* ausgegeben.

▶ Falls der gegebene Wert Bordeaux ist, werden *Atlantik* und *Frankreich* ausgegeben, wiederum wegen eines goto case.

▶ Bei anderen Werten wird der Text *restliche Fälle* ausgegeben.

▶ Auch auf diese Weise lassen sich Fälle also teilweise zusammenführen.

2.4.3 Übungen

Übung USteuerbetrag

Übung
USteuerbetrag

Schreiben Sie ein Programm, das zu einem eingegebenen Gehalt den Steuerbetrag berechnet und ausgibt, siehe Abbildung 2.30.

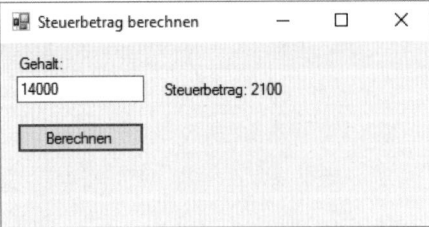

Abbildung 2.30 Übung USteuerbetrag

In Tabelle 2.10 sind die Steuersätze angegeben. Es wird davon ausgegangen, dass das gesamte Gehalt zum angegebenen Satz versteuert wird.

Gehalt	Steuersatz
von 0 € bis einschl. 12.000 €	12%
von über 12.000 € bis einschl. 20.000 €	15%
von über 20.000 € bis einschl. 30.000 €	20%
über 30.000 €	25%

Tabelle 2.10 Übung USteuerbetrag

Übung UKranVerzweigung

Erweitern Sie die Übung *UKran* aus Abschnitt 2.2.3. Die Bewegung des Krans soll kontrolliert werden. Kein Teil des Krans darf zu groß oder zu klein werden. Der Kran darf sich nicht über die sinnvollen Begrenzungen hinausbewegen. Nutzen Sie Bedingungen und Verzweigungen, um das zu verhindern.

Übung
UKranVerzweigung

2.5   Verzweigungen und Steuerelemente

In diesem Abschnitt werden als weiterer Schritt Kontrollkästchen und Optionsschaltflächen bzw. Gruppen von Optionsschaltflächen eingeführt. Damit können Zustände unterschieden bzw. Eigenschaften eingestellt werden. Dazu werden Verzweigungen benötigt, welche Sie bereits im vorigen Abschnitt 2.3 kennengelernt haben.

2.5.1   Kontrollkästchen

Das Kontrollkästchen (CheckBox) bietet dem Benutzer die Möglichkeit, zwischen zwei Zuständen zu wählen, z. B. *an* oder *aus*, wie bei einem Schalter. Man kann damit auch kennzeichnen, ob man eine bestimmte optionale Erweiterung wünscht oder nicht. Der Benutzer bedient ein Kontrollkästchen, indem er ein Häkchen setzt oder entfernt.

CheckBox

Das wichtigste Ereignis beim Kontrollkästchen ist nicht der `Click`, sondern das Ereignis `CheckedChanged`. Dieses Ereignis zeigt nicht nur an, dass das Kontrollkästchen vom Benutzer bedient wurde, sondern auch, dass es seinen Zustand geändert hat. Das kann beispielsweise auch durch Programmcode geschehen.

CheckedChanged

Eine Ereignismethode zu CheckedChanged löst in jedem Fall etwas aus, sobald das Kontrollkästchen (vom Benutzer oder vom Programmcode) geändert wurde.

An/Aus   Allerdings wird der Programmablauf meist so gestaltet, dass bei einem anderen Ereignis der aktuelle Zustand des Kontrollkästchens (an/aus) abgefragt und anschließend entsprechend reagiert wird.

Die wichtigen Eigenschaften des Kontrollkästchens sind:

Checked   ▸ Checked: der Zustand der CheckBox mit den Werten true und false

▸ Text: die Beschriftung neben dem Kontrollkästchen

Im Projekt *Kontrollkaestchen* werden alle oben genannten Möglichkeiten genutzt (siehe Abbildung 2.31).

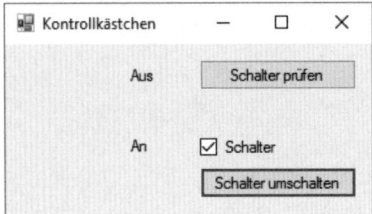

Abbildung 2.31 Zustand nach Klick auf das Kontrollkästchen

Der Programmcode:

```
private void CmdPruefen_Click(...)
{
    if (ChkSchalter.Checked)
        LblTest1.Text = "An";
    else
        LblTest1.Text = "Aus";
}

private void ChkSchalter_CheckedChanged(...)
{
    if (ChkSchalter.Checked)
        LblTest2.Text = "An";
    else
        LblTest2.Text = "Aus";
}
```

```
private void CmdUmschalten_Click(...)
{
    ChkSchalter.Checked = !ChkSchalter.Checked;
}
```

2

Listing 2.21 Projekt »Kontrollkästchen«

Zur Erläuterung:

- ▶ Der Zustand eines Kontrollkästchens (Häkchen gesetzt oder nicht) kann im Programm mithilfe einer einfachen Verzweigung ausgewertet werden.

- ▶ Normalerweise werden bei einer Bedingung in einer Verzweigung zwei Werte durch Vergleichsoperatoren miteinander verglichen, und eines der beiden Ergebnisse true oder false wird ermittelt. Da die Eigenschaft Checked aber bereits einem solchen Wahrheitswert entspricht, kann die Bedingung auch verkürzt formuliert werden. if (ChkSchalter.Checked == true) hätte also das gleiche Ergebnis erzeugt.
  Wahrheitswert

- ▶ Die Methode CmdPruefen_Click() wird aufgerufen, wenn der Benutzer den Button SCHALTER PRÜFEN betätigt. Erst in diesem Moment wird der Zustand des Kontrollkästchens (Eigenschaft Checked gleich true oder false) abgefragt und im ersten Label ausgegeben. Es kann also sein, dass das Kontrollkästchen vor längerer Zeit oder noch nie benutzt wurde.

- ▶ Dagegen wird die Methode ChkSchalter_CheckedChanged() sofort aufgerufen, wenn der Benutzer das Kontrollkästchen betätigt, also ein Häkchen setzt oder entfernt. Die Methode wird auch aufgerufen, falls der Benutzer den Zustand des Kontrollkästchens durch Programmcode ändert. Hier wird der Zustand des Kontrollkästchens also unmittelbar nach der Änderung ausgegeben (im zweiten Label).

- ▶ Die Methode CmdUmschalten_Click() dient dem Umschalten des Kontrollkästchens per Programmcode. Das kommt in Windows-Anwendungen häufig vor, wenn es logische Zusammenhänge zwischen mehreren Steuerelementen gibt. Die Eigenschaft Checked wird mithilfe des logischen Operators ! auf true bzw. false gesetzt. Dies führt wiederum zum Ereignis ChkSchalter_CheckedChanged und dem Ablauf der zugehörigen, oben erläuterten Ereignismethode.
  Umschalten mit !

2.5.2 Optionsschaltflächen

RadioButton

Optionsschaltflächen (RadioButtons) treten immer in Gruppen auf und bieten dem Benutzer zwei oder auch mehrere Möglichkeiten zu wählen, etwa zwischen den Farben Rot, Grün und Blau. Bei zusammengehörigen Optionsschaltflächen kann der Benutzer genau eine davon per Klick auswählen. Alle anderen werden anschließend als *Nicht ausgewählt* gekennzeichnet.

CheckedChanged

Analog zum Kontrollkästchen ist das wichtigste Ereignis bei einer Optionsschaltfläche CheckedChanged. Dieses Ereignis zeigt an, dass die betreffende Optionsschaltfläche ihren Zustand geändert hat. Das kann auch durch Programmcode geschehen.

Der Programmablauf wird hier meist so gestaltet, dass bei einem anderen Ereignis die aktuelle Auswahl innerhalb der Gruppe abgefragt und anschließend je nach Zustand unterschiedlich reagiert wird.

Standardwert

Es gilt als guter Programmierstil und verringert Folgefehler, wenn Sie eine der Optionsschaltflächen der Gruppe bereits zur Entwicklungszeit auf true setzen. Das muss nicht notwendigerweise die erste Optionsschaltfläche der Gruppe sein.

Checked

Die wichtigsten Eigenschaften der Optionsschaltflächen sind Checked (mit den Werten true und false) und Text (zur Beschriftung). Im nachfolgenden Programm im Projekt *Optionen* werden alle beschriebenen Möglichkeiten genutzt. Es wird der Zustand angezeigt, nachdem der Benutzer

► Blau gewählt,

► den Button PRÜFEN betätigt und

► Grün gewählt hat (siehe Abbildung 2.32).

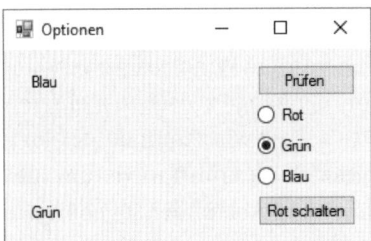

Abbildung 2.32 Zustand nach den genannten Aktionen

Der Programmcode:

```
private void CmdPruefen_Click(...)
{
    if (OptFarbeRot.Checked)
        LblTest1.Text = "Rot";
    else if (OptFarbeGruen.Checked)
        LblTest1.Text = "Grün";
    else
        LblTest1.Text = "Blau";
}
private void OptFarbeRot_CheckedChanged(...)
{
    if (OptFarbeRot.Checked)
        LblTest2.Text = "Rot";
}
private void OptFarbeGruen_CheckedChanged(...)
{
    if (OptFarbeGruen.Checked)
        LblTest2.Text = "Grün";
}
private void OptFarbeBlau_CheckedChanged(...)
{
    if (OptFarbeBlau.Checked)
        LblTest2.Text = "Blau";
}
private void CmdSchalter_Click(...)
{
    OptFarbeRot.Checked = true;
}
```

Listing 2.22 Projekt »Optionen«

Zur Erläuterung:

▶ Der Zustand einer einzelnen Optionsschaltfläche wird im Programm mithilfe einer einfachen Verzweigung ausgewertet. Dabei muss festgestellt werden, ob diese Optionsschaltfläche ausgewählt oder abgewählt wurde. In beiden Fällen tritt das Ereignis CheckedChanged auf. **Auswahl oder Abwahl**

▶ Der Zustand einer Gruppe von Optionsschaltflächen wird im Programm hingegen mittels einer mehrfachen Verzweigung ausgewertet. **Mehrfache Verzweigung**

▶ Die Methode `CmdPruefen_Click()` wird aufgerufen, wenn der Benutzer den Button PRÜFEN betätigt. Erst in diesem Moment wird der Zustand der Gruppe abgefragt und im ersten Label ausgegeben.

▶ Dagegen wird eine der Methoden `OptFarbeRot_CheckedChanged()` (bzw. `...Gruen...` oder `...Blau...`) aufgerufen, wenn der Benutzer eine der Optionsschaltflächen auswählt. Diese Methoden werden auch dann aufgerufen, wenn der Benutzer den Zustand der zugehörigen Optionsschaltfläche durch Programmcode ändert. Hier wird der Zustand der Gruppe also unmittelbar nach der Änderung ausgegeben (im zweiten Label).

▶ Die Methode `CmdSchalter_Click()` dient der Auswahl einer bestimmten Optionsschaltfläche per Programmcode. In Windows-Anwendungen kommt dies häufig vor, wenn es logische Zusammenhänge zwischen mehreren Steuerelementen gibt. Die Eigenschaft `Checked` wird auf `true` gesetzt. Das führt wiederum zum Ereignis `CheckedChanged` der jeweiligen Optionsschaltfläche und zum Ablauf der zugehörigen, oben erläuterten Ereignismethode.

Innerhalb eines Formulars oder einer GroupBox (siehe Abschnitt 2.5.4) kann immer nur bei einer Optionsschaltfläche die Eigenschaft `Checked` den Wert `true` haben. Sobald eine andere Optionsschaltfläche angeklickt wird, ändert sich der Wert der Eigenschaft bei der bisher gültigen Optionsschaltfläche.

2.5.3 Mehrere Ereignisse in einer Methode behandeln

Im folgenden Projekt *MehrereEreignisse* wird eine häufig verwendete Technik vorgestellt. Gibt es mehrere Ereignisse, die auf die gleiche oder auf eine ähnliche Weise behandelt werden sollen, ist es vorteilhaft, diese Ereignisse mit einer gemeinsamen Ereignismethode aufzurufen.

Dazu gibt es zwei Möglichkeiten:

Methode erzeugen
▶ Erste Möglichkeit, Teil 1: Sie erzeugen zunächst eine Ereignismethode für das erste Steuerelement auf die gewohnte Art und Weise, nämlich per Doppelklick auf das Steuerelement. Diese Ereignismethode beinhaltet anschließend namentlich das erste Steuerelement.

Methode zweimal nutzen
▶ Erste Möglichkeit, Teil 2: Danach markieren Sie das zweite Steuerelement und schalten im EIGENSCHAFTEN-Fenster auf die Ansicht EREIGNISSE (Blitzsymbol) um.

Anschließend gehen Sie in die Zeile mit dem betreffenden Ereignis, klappen auf der rechten Seite eine Liste auf und wählen darin die soeben erzeugte Ereignismethode aus (siehe Abbildung 2.33). Für alle weiteren Steuerelemente, denen dieselbe Ereignismethode zugeordnet werden soll, gehen Sie analog vor.

▶ Zweite Möglichkeit, Teil 1: Sie markieren das erste Steuerelement und schalten im EIGENSCHAFTEN-Fenster auf die Ansicht EREIGNISSE um.

Neuer Methodenname

Anschließend gehen Sie in die Zeile mit dem betreffenden Ereignis, tragen darin einen *neutralen* Methodennamen ein (siehe Abbildung 2.34), der für alle betroffenen Steuerelemente passend ist, und betätigen die ⏎-Taste. Im Codefenster erscheint die Methode mit dem neutralen Namen.

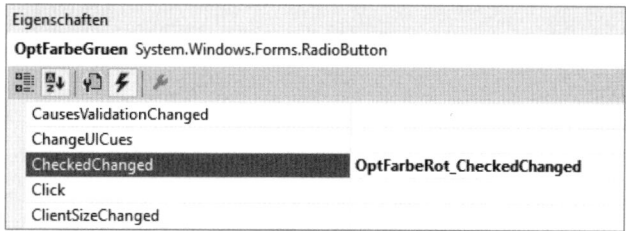

Abbildung 2.33 Auswahl einer vorhandenen Ereignisprozedur

▶ Zweite Möglichkeit, Teil 2: Für das zweite Steuerelement (und alle weiteren) gehen Sie genau so vor wie bei der ersten Möglichkeit.

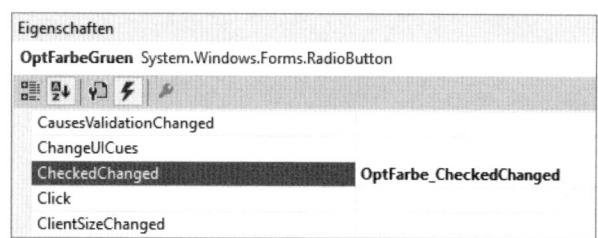

Abbildung 2.34 Eintrag eines eigenen Methodennamens

Unterhalb der Ereignisliste steht eine Erläuterung zu dem jeweiligen Ereignis (siehe Abbildung 2.35).

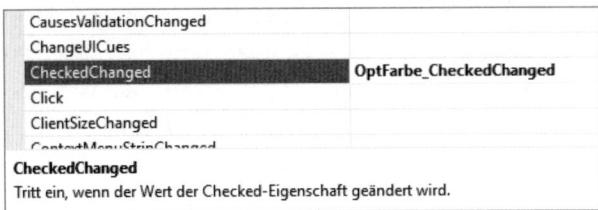

Abbildung 2.35 Erläuterung zum Ereignis

Im nachfolgenden Programm wird die zweite Möglichkeit mit dem neutralen Namen OptFarbe_CheckedChanged() verwendet. Der Zustand einer Gruppe von Optionsschaltflächen wird sofort angezeigt, wenn der Benutzer eine davon auswählt:

```
private void OptFarbe_CheckedChanged(...)
{
    if (OptFarbeRot.Checked)
        LblAnzeige.Text = "Rot";
    else if (OptFarbeGruen.Checked)
        LblAnzeige.Text = "Grün";
    else
        LblAnzeige.Text = "Blau";
}
```

Listing 2.23 Projekt »MehrereEreignisse«

Zur Erläuterung:

▶ Die Methode OptFarbe_CheckedChanged() wird durch alle drei Checked-Changed-Ereignisse aufgerufen.

2.5.4 Mehrere Gruppen von Optionsschaltflächen

Falls in den beiden letzten Programmen weitere Optionsschaltflächen hinzugekommen sind, gilt nach wie vor: Nur eine der Optionsschaltflächen ist ausgewählt.

Container Benötigen Sie aber innerhalb eines Formulars mehrere voneinander unabhängige Gruppen von Optionsschaltflächen, wobei in jeder der Gruppen jeweils nur eine Optionsschaltfläche ausgewählt sein soll, müssen Sie jede Gruppe einzeln in einen Container packen. Ein Formular ist bereits ein Container, wir benötigen also einen weiteren Container.

Als ein solcher Container kann beispielsweise das Steuerelement Gruppe (GroupBox) dienen. Mit der Zuweisung der Eigenschaft Text der GroupBox geben Sie eine Beschriftung an.

GroupBox

Falls eine GroupBox markiert ist, wird eine neu erzeugte Optionsschaltfläche dieser GroupBox zugeordnet und reagiert gemeinsam mit den anderen Optionsschaltflächen in dieser GroupBox.

Zuordnung

Anderenfalls wird sie dem Formular zugeordnet und reagiert gemeinsam mit den anderen Optionsschaltflächen, die im Formular außerhalb von GroupBoxen stehen. Sie können eine bereits erzeugte Optionsschaltfläche auch im Nachhinein ausschneiden, das Ziel markieren und sie wieder einfügen, um die Zuordnung zu ändern.

Im Projekt *Optionsgruppen* werden zwei voneinander unabhängige Gruppen von Optionen verwendet (siehe Abbildung 2.36).

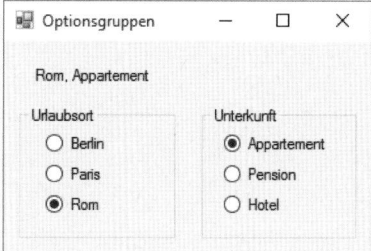

Abbildung 2.36 Zwei Gruppen von RadioButtons

Der Programmcode:

```
public partial class Form1 : Form
{
    ...
    private string AusgabeUrlaubsort = "Berlin";
    private string AusgabeUnterkunft = "Pension";

    private void OptUrlaubsort_CheckedChanged(...)
    {
        // Urlaubsort
        if (OptBerlin.Checked)
            AusgabeUrlaubsort = "Berlin";
        else if (OptParis.Checked)
            AusgabeUrlaubsort = "Paris";
        else
```

```
        AusgabeUrlaubsort = "Rom";

    LblAnzeige.Text = AusgabeUrlaubsort +
        ", " + AusgabeUnterkunft;
}

private void OptUnterkunft_CheckedChanged(...)
{
    // Unterkunft
    if (OptAppartement.Checked)
        AusgabeUnterkunft = "Appartement";
    else if (OptPension.Checked)
        AusgabeUnterkunft = "Pension";
    else
        AusgabeUnterkunft = "Hotel";

    LblAnzeige.Text = AusgabeUrlaubsort +
        ", " + AusgabeUnterkunft;
}
}
```

Listing 2.24 Projekt »Optionsgruppen«

Zur Erläuterung:

▶ Bei einer Urlaubsbuchung können Zielort und Art der Unterkunft unabhängig voneinander gewählt werden. Es gibt also zwei Gruppen von Optionsschaltflächen, jede in einer eigenen GroupBox.

▶ Bei Auswahl einer der drei Optionsschaltflächen in einer Gruppe wird jeweils die gleiche Methode aufgerufen. In den Methoden wird den klassenweit gültigen Variablen AusgabeUrlaubsort und AusgabeUnterkunft ein Wert zugewiesen. Anschließend werden die beiden Variablen ausgegeben.

▶ Die Variablen müssen klassenweit gültig deklariert werden, damit sie auch in der jeweils anderen Methode zur Verfügung stehen.

Übung

Übung UKranOptionen

Erweitern Sie die Übung *UKranVerzweigung* aus Abschnitt 2.3. Die Bewegung des Krans soll per Zeitgeber (Timer) gesteuert werden. Der Benutzer wählt zunächst über eine Gruppe von Optionsschaltflächen aus, welche Bewegung der Kran ausführen soll. Anschließend betätigt er den START-Button (siehe Abbildung 2.37).

Die Bewegung wird so lange ausgeführt, bis der STOP-Button gedrückt oder eine Begrenzung erreicht wird.

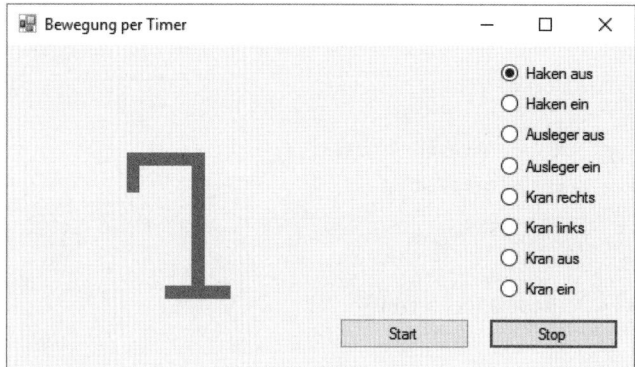

Abbildung 2.37 Übung UKranOptionen

2.5.5   Methode ohne Ereignis, Modularisierung

Bisher wurden nur Methoden behandelt, die mit einem Ereignis zusammenhingen. Darüber hinaus können Sie aber auch unabhängige, allgemeine Methoden schreiben, die von anderen Stellen des Programms aus aufgerufen werden. Diese Methoden können Sie direkt im Codefenster eingeben.

Allgemeine Methode

Nachfolgend das Programm im Projekt *MethodeOhneEreignis*, es handelt sich dabei um eine geänderte Version des Programms im Projekt *Optionsgruppen*:

```
public partial class Form1 : Form
{
    ...
    private void OptUnterkunft(...)
    {
        // Unterkunft
        if (OptAppartement.Checked)
            AusgabeUnterkunft = "Appartement";
```

```
        else if (OptPension.Checked)
            AusgabeUnterkunft = "Pension";
        else
            AusgabeUnterkunft = "Hotel";

        Anzeigen();
    }

    private void Anzeigen()
    {
        LblAnzeige.Text = AusgabeUrlaubsort +
            ", " + AusgabeUnterkunft;
    }
}
```

Listing 2.25 Projekt »MethodeOhneEreignis«

Zur Erläuterung:

▶ Abgebildet wird hier nur der zweite Teil der Klasse.

▶ Am Ende der beiden Ereignismethoden OptUnterkunft_CheckedChanged() und OptUrlaubsort_CheckedChanged() steht jeweils die Anweisung Anzeigen(). Dabei handelt es sich um einen Aufruf der Methode Anzeigen().

▶ Diese Methode steht weiter unten. Sie ist nicht direkt an ein Ereignis gekoppelt.

Modularisierung   Vorteil dieser Vorgehensweise: Gemeinsam genutzte Programmteile können ausgelagert und müssen nur einmal geschrieben werden. Man nennt diesen Vorgang bei der Programmierung auch Modularisierung. In Abschnitt 4.5 wird dieses Thema noch genauer behandelt werden.

2.5.6   Schieberegler

Trackbar   Das Steuerelement Schieberegler (engl. *Trackbar*) dient zur komfortablen Einstellung eines Zahlenwerts. Im nachfolgenden Projekt *Schieberegler* werden drei dieser Steuerelemente dazu genutzt, die Hintergrundfarbe eines Panels einzustellen, siehe auch Abbildung 2.38.

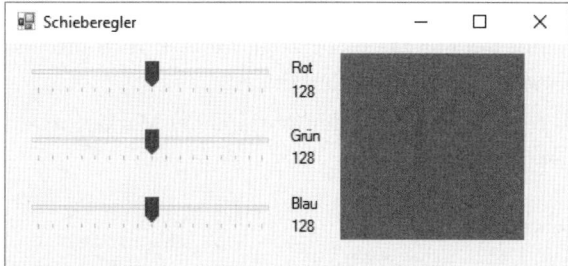

Abbildung 2.38 Projekt »Schieberegler«

Das Ereignis `ValueChanged` eines Schiebereglers zeigt an, dass der Wert geän-   **ValueChanged**
dert wurde. In diesem Projekt führt dieses Ereignis bei allen drei Schiebereglern zur selben Prozedur.

Zunächst der Code des Programms:

```
private void Schieberegler_ValueChanged(...)
{
    PanFarbe.BackColor = Color.FromArgb(
        TrkRot.Value, TrkGruen.Value, TrkBlau.Value);
    LblRotWert.Text = "" + TrkRot.Value;
    LblGruenWert.Text = "" + TrkGruen.Value;
    LblBlauWert.Text = "" + TrkBlau.Value;
}
```

Listing 2.26 Projekt »Schieberegler«

Zur Erläuterung:

▶ Die Betätigung eines der drei Schieberegler führt zum Aufruf der Proze-   **Color.FromArgb()**
dur `Schieberegler_ValueChanged()`. Darin wird die Methode `FromArgb()`
der Struktur `Color` aufgerufen, welche drei Werte (Rot, Grün, Blau) zur
Einstellung der Hintergrundfarbe des Panels benötigt. Diese drei Werte
werden mithilfe der Eigenschaft `Value` von den Schiebereglern geliefert.
Ein Startwert von 0 für alle drei Schieberegler ergibt die Farbe Schwarz.

▶ Neben jedem Schieberegler ist ein zusätzliches Label platziert, in dem
der aktuelle Wert als Zahl angezeigt wird.

▶ Die Eigenschaften `Minimum` und `Maximum` stehen für den Zahlenbereich des   **Minimum,**
Schiebereglers, hier von 0 bis 255.   **Maximum**

▶ Falls der Benutzer rechts oder links neben dem Schieberegler klickt, wird   **LargeChange,**
der Wert um den Eigenschaftswert von `LargeChange` verändert (hier: 32).   **SmallChange**

Falls der Schieberegler den Fokus hat, also das aktuelle Steuerelement ist, und der Benutzer eine der Pfeiltasten betätigt, wird der Wert um den Eigenschaftswert von SmallChange verändert (hier: 8).

TickFrequency
▶ Die Eigenschaft TickFrequency steht für den Abstand der Markierungen am Schieberegler (hier: 16).

2.6 Schleifen

Schleifen werden in Programmen häufig benötigt. Sie ermöglichen den mehrfachen Durchlauf von Anweisungen. Darin liegt ganz allgemein eine besondere Stärke der Programmierung: die schnelle und wiederholte Bearbeitung ähnlicher Vorgänge.

Es gibt die Schleifenstrukturen for, while, do...while und foreach...in. Mithilfe der Strukturen steuern Sie die Wiederholungen eines Anweisungsblocks (die Anzahl der Schleifendurchläufe). Dabei wird der Wahrheitswert eines Ausdrucks (der Schleifenbedingung) oder der Wert eines numerischen Ausdrucks (Wert des Schleifenzählers) benötigt.

Auflistung
Die Schleife foreach...in wird bei Feldern oder Auflistungen (engl.: *Collections*) eingesetzt.

2.6.1 for-Schleife

for
Falls die Anzahl der Schleifendurchläufe bekannt oder vor Beginn der Schleife berechenbar ist, sollten Sie die for-Schleife verwenden.

Ihr Aufbau sieht wie folgt aus:

```
for (Startausdruck; Laufbedingung; Änderung)
{
    Anweisungen
    [ break ]
    [ continue ]
}
```

Zur Erläuterung:

▶ Es wird eine *Schleifenvariable* benutzt, die den Ablauf der Schleife steuert. Diese Schleifenvariable wird häufig erst im Kopf der Schleife deklariert. Damit ist ihre Gültigkeit auf die Schleife begrenzt, was aber ausreicht.

▶ Im *Startausdruck* wird der Startwert der Schleifenvariablen gesetzt.

▶ Die Schleife läuft, solange die *Laufbedingung* wahr ist. Sie wird im Allgemeinen mit einem Vergleichsoperator gebildet.

▶ Nach jedem Durchlauf der Schleife wird die Schleifenvariable geändert.

Das Schlüsselwort break kann eingesetzt werden, um die Schleife aufgrund einer speziellen Bedingung sofort zu verlassen. Das Schlüsselwort continue kann eingesetzt werden, um den nächsten Durchlauf der Schleife unmittelbar zu beginnen, ohne den aktuellen Durchlauf zu beenden.

break, continue

Falls es sich bei Anweisungen nur um eine einzelne Anweisung handelt, können die geschweiften Klammern weggelassen werden. Seit Visual Studio 2017 wird vorgeschlagen, auch an diesen Stellen die Klammern zu setzen. Ich lasse sie allerdings aus Gründen der Übersichtlichkeit häufig weg.

Ohne Klammern

In dem folgenden Programm im Projekt *ForSchleife* werden durch Aufruf von fünf Buttons fünf unterschiedliche Schleifen durchlaufen (siehe Abbildung 2.39).

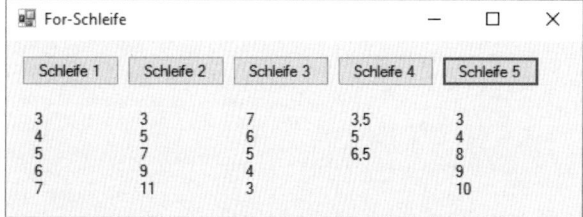

Abbildung 2.39 Verschiedene for-Schleifen

Der Programmcode:

```
private void CmdSchleife1_Click(...)
{
    int i;
    LblAnzeige1.Text = "";

    for (i = 3; i <= 7; i++)
    {
        LblAnzeige1.Text += i + "\n";
    }
}
```

```csharp
private void CmdSchleife2_Click(...)
{
    LblAnzeige2.Text = "";
    for (int i = 3; i <= 11; i = i + 2)
        LblAnzeige2.Text += i + "\n";
}

private void CmdSchleife3_Click(...)
{
    LblAnzeige3.Text = "";
    for (int i = 7; i >= 3; i--)
        LblAnzeige3.Text += i + "\n";
}

private void CmdSchleife4_Click(...)
{
    LblAnzeige4.Text = "";
    for (double d = 3.5; d <= 7.5; d = d + 1.5)
        LblAnzeige4.Text += d + "\n";
}

private void CmdSchleife5_Click(...)
{
    LblAnzeige5.Text = "";
    for (int i = 3; i <= 20; i++)
    {
        if (i >= 5 && i <= 7)
            continue;
        if (i >= 11)
            break;
        LblAnzeige5.Text += i + "\n";
    }
}
```

Listing 2.27 Projekt »ForSchleife«

Zur Erläuterung der ersten Schleife:

▶ Als Schleifenvariable dient i.

▶ Die Schleife wird erstmalig mit i = 3 und letztmalig mit i = 7 durchlaufen.

▶ Nach jedem Durchlauf wird i um 1 erhöht.

Zur Erläuterung der restlichen Schleifen:

▶ Die Schleifenvariablen i bzw. d werden erst innerhalb der Schleife deklariert. Damit ist ihre Gültigkeit auf die Schleife begrenzt.

▶ Die zweite, dritte und vierte Schleife beinhalten jeweils nur eine Anweisung, daher können die geschweiften Klammern weggelassen werden.
Allerdings wird diese Anweisung zur besseren Lesbarkeit eingerückt.

▶ Bei der zweiten Schleife wird die Schrittweite 2 gewählt.

▶ Die dritte Schleife läuft abwärts, daher muss die Schleifenvariable ver-
mindert werden.

▶ In der vierten Schleife wird gezeigt, dass eine Schleife auch nicht ganz-
zahlige Werte durchlaufen kann.

▶ In der fünften Schleife werden die Werte 5 bis 7 nicht ausgegeben. Das   continue
Schlüsselwort continue sorgt dafür, dass der Rest der Anweisungen in
der Schleife übersprungen und direkt mit dem nächsten Durchlauf fortgefahren wird.

▶ Eigentlich läuft diese fünfte Schleife bis 20. Aufgrund des Schlüsselworts   break
break wird sie allerdings vorzeitig beendet.

Sie sollten darauf achten, dass *Startausdruck*, *Laufbedingung* und *Änderung*   Endlos-Schleife
so gestaltet werden, dass keine Endlos-Schleife konstruiert wird. Die Schleife for(int i=5; i<=10; i--) läuft endlos, da i kleiner wird und die Laufbedingung daher immer wahr ist.

2.6.2   while- und do...while-Schleife

Ist die Anzahl der Schleifendurchläufe nicht bekannt bzw. vor Beginn der   Steuerung über
Schleife nicht berechenbar, sollten Sie die while-Schleife oder die do...   Bedingung
while-Schleife verwenden.

Eine while-Schleife ist folgendermaßen aufgebaut:

```
while (Laufbedingung)
{
    Anweisungen
    [ break ]
    [ continue ]
}
```

Es folgt der Aufbau der do...while-Schleife:

```
do
{
    Anweisungen
    [ break ]
    [ continue ]
}
while (Laufbedingung);
```

Zur Erläuterung:

▶ Die Schleifen werden solange durchlaufen, wie die Laufbedingung wahr ist.

▶ Der Unterschied: Die do...while-Schleife wird mindestens einmal durchlaufen, da die Laufbedingung erst am Ende geprüft wird.

Ohne Klammern Falls es sich bei Anweisungen nur um eine einzelne Anweisung handelt, können Sie wie gewohnt die geschweiften Klammern weglassen.

Die Schlüsselwörter break und continue haben die gleiche Wirkung wie bei der for-Schleife.

Zufallsgenerator Im folgenden Programm im Projekt *WhileDoWhileSchleifen* werden Zahlen addiert, solange die Summe der Zahlen kleiner als 20 bleibt, siehe Abbildung 2.40. Da die Zahlen durch einen Zufallsgenerator erzeugt werden, ist die Anzahl der Schleifendurchläufe nicht vorhersagbar.

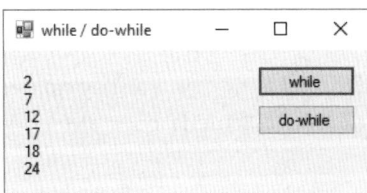

Abbildung 2.40 Bedingungsgesteuerte Schleifen

Random, Next() Der Zufallszahlengenerator wird mittels eines Objekts der Klasse Random realisiert, welches klassenweit gültig deklariert wird. Die Methode Next() der Klasse Random liefert quasi-zufällige ganze Zahlen. An die Methode Next() werden zwei Zahlen in Klammern übergeben. Die erste Zahl steht für die kleinste mögliche Zufallszahl, die zweite Zahl minus 1 kennzeichnet die größte mögliche Zufallszahl.

```
public partial class Form1 : Form
{
    ...
    private Random r = new Random();

    private void CmdWhile_Click(...)
    {
        int summe = 0, z;
        LblAnzeige.Text = "";

        while (summe < 20)
        {
            z = r.Next(1, 7);
            summe = summe + z;
            LblAnzeige.Text += summe + "\n";
        }
    }

    private void CmdDoWhile_Click(...)
    {
        int summe = 0, z;
        LblAnzeige.Text = "";

        do
        {
            z = r.Next(1, 7);
            summe = summe + z;
            LblAnzeige.Text += summe + "\n";
        }
        while (summe < 20);
    }
}
```

Listing 2.28 Projekt »WhileDoWhileSchleifen«

Zur Erläuterung der while-Schleife: **while**

▶ Die Variable summe wird zunächst mit dem Wert 0 initialisiert.

▶ Zu Beginn der Schleife (kopfgesteuerte Schleife) wird geprüft, ob die
  Summe der Zahlen kleiner als 20 ist. Trifft das zu, kann die Schleife
  durchlaufen werden.

Summe berechnen

▶ Der Wert der Variablen summe wird um eine Zufallszahl zwischen 1 und 6 erhöht, also um das Ergebnis eines Würfels.

▶ Der Inhalt des Labels wird um den aktuellen Wert der summe und einen Zeilenumbruch verlängert.

▶ Nach Durchlauf einer Schleife wird das Programm wieder am Beginn der Schleife fortgesetzt. Wiederum wird geprüft, ob die Summe der Zahlen kleiner als 20 ist.

do...while

Zur Erläuterung der do...while-Schleife:

▶ Die Schleife wird mindestens einmal durchlaufen, selbst wenn die Summe der Zahlen größer oder gleich 20 ist. Für diesen Fall ist die do...while-Schleife also nicht so gut geeignet.

▶ Erst am Ende (fußgesteuerte Schleife) wird geprüft, ob die Summe der Zahlen kleiner als 20 ist. Trifft das zu, wird das Programm wieder am Beginn der Schleife fortgesetzt.

Hinweis: Bei einer while-Schleife könnte es vorkommen, dass sie niemals durchlaufen wird.

Endlos-Schleife

Sie sollten wie bei der for-Schleife darauf achten, dass keine Endlos-Schleife konstruiert wird. Falls in einer der beiden oben genannten Schleifen die Variable summe ihren Wert nicht ändern würde, wäre das Ergebnis eine solche Endlos-Schleife.

2.6.3 Übungen

Anhand einer Reihe von Übungsaufgaben zu Schleifen (und Verzweigungen) können Sie im Folgenden den Umgang mit einigen typischen Problemen der Programmierung in C# innerhalb von Visual Studio trainieren.

Der visuelle Teil der Lösung enthält in der Regel nur ein einfaches Textfeld zur Eingabe, einen oder zwei Buttons zum Durchführen der Aufgabe und ein einfaches Label zur Ausgabe.

Übung UForSchleife, Teil 1

Übung
UForSchleife, Teil 1

for-Schleife: Schreiben Sie ein Programm mit einer einfachen Schleife, das nacheinander die folgenden Zahlen ausgibt: 35; 32,5; 30; 27,5; 25; 22,5; 20.

Übung UForSchleife, Teil 2

for-Schleife: Erweitern Sie die vorige Aufgabe. Am Ende der Zeile sollen Summe und Mittelwert aller Zahlen angezeigt werden (siehe Abbildung 2.41).

Übung
UForSchleife, Teil 2

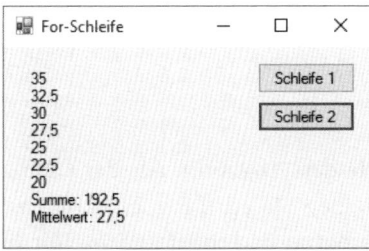

Abbildung 2.41 Übung UForSchleife

Übung UHalbierung

while- oder do...while-Schleife: Schreiben Sie ein Programm, mit dessen Hilfe eine eingegebene Zahl wiederholt halbiert und ausgegeben wird. Das Programm soll beendet werden, wenn das Ergebnis der Halbierung kleiner als 0,001 ist (siehe Abbildung 2.42). Falls die Zahl bereits zu Beginn kleiner als 0,001 ist, soll sie nicht halbiert werden.

Übung UHalbierung

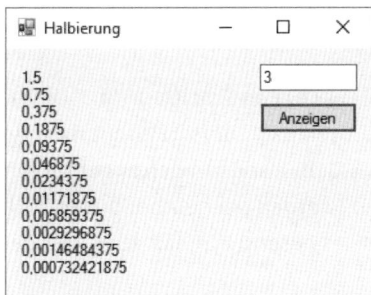

Abbildung 2.42 Übung UHalbierung

Übung UZahlenraten

if...else: Schreiben Sie ein Programm, mit dem das Spiel *Zahlenraten* gespielt werden kann: Per Zufallsgenerator wird eine ganze Zahl zwischen 1 und 100 erzeugt, aber nicht angezeigt. Der Benutzer soll so lange Zahlen eingeben, bis er die Zahl erraten hat. Als Hilfestellung soll jedes Mal ausgegeben werden, ob die eingegebene Zahl größer oder kleiner als die zu ratende Zahl ist (siehe Abbildung 2.43).

Übung
UZahlenraten

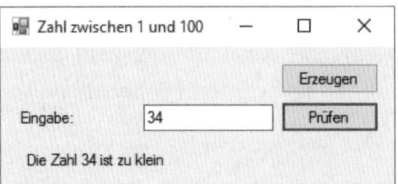

Abbildung 2.43 Übung UZahlenraten

Übung USteuertabelle

Übung
USteuertabelle

for-Schleife und if...else: Erweitern Sie das Programm aus der Übung *USteuerbetrag* aus Abschnitt 2.4.3. Schreiben Sie ein Programm, das zu einer Reihe von Gehältern u. a. den Steuerbetrag berechnet und ausgibt. In Tabelle 2.11 sind die geltenden Steuersätze angegeben.

Gehalt	Steuersatz
von 0 € bis einschl. 12.000 €	12%
von über 12.000 € bis einschl. 20.000 €	15%
von über 20.000 € bis einschl. 30.000 €	20%
über 30.000 €	25%

Tabelle 2.11 Übung USteuertabelle

Es sollen für jedes Gehalt von 5.000 € bis 35.000 € in Schritten von 3.000 € folgende vier Werte ausgegeben werden: Gehalt, Steuersatz, Steuerbetrag, sowie Gehalt abzüglich Steuerbetrag. Jedes Gehalt soll mit den zugehörigen Werten in einer eigenen Zeile ausgegeben werden (siehe Abbildung 2.44). Auch hier wird davon ausgegangen, dass das gesamte Gehalt zum angegebenen Satz versteuert wird.

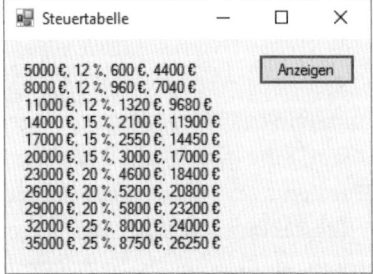

Abbildung 2.44 Übung USteuertabelle

2.7 Schleifen und Steuerelemente

In diesem Abschnitt werden die beiden Steuerelemente *Listenfeld* und *Kombinationsfeld* eingeführt. Mit diesen kann eine einfache oder mehrfache Auswahl aus mehreren Möglichkeiten getroffen werden. Im Zusammenhang mit diesen Steuerelementen werden häufig Schleifen benötigt, wie sie bereits im vorigen Abschnitt behandelt wurden.

2.7.1 Listenfeld

Ein Listenfeld (ListBox) zeigt eine Liste mit Einträgen an, aus denen der Benutzer einen oder mehrere auswählen kann. Enthält das Listenfeld mehr Einträge, als gleichzeitig angezeigt werden können, erhält es automatisch einen Scrollbalken.

ListBox

Die wichtigste Eigenschaft des Steuerelements ListBox ist die Auflistung Items. Sie enthält die einzelnen Listeneinträge. Listenfelder können Sie zur Entwurfszeit füllen, indem Sie der Eigenschaft Items in einem eigenen kleinen Dialogfeld die entsprechenden Einträge hinzufügen. In der Regel werden Sie ein Listenfeld aber zur Laufzeit füllen.

Items

2.7.2 Listenfeld füllen

Bisher werden die Eigenschaften und Ereignisse von Steuerelementen behandelt. Darüber hinaus gibt es jedoch auch spezifische Methoden, die auf diese Steuerelemente bzw. auf deren Eigenschaften angewendet werden können. Beim Listenfeld könnte das beispielsweise die Methode Add() der Eigenschaft Items sein.

Items.Add()

Diese Methode nutzen Sie am sinnvollsten einmalig zum Zeitpunkt des Ladens des Formulars. Dieser Zeitpunkt wird durch das Ereignis Load gekennzeichnet. Den Rahmen der zugehörigen Ereignismethode erstellen Sie, indem Sie einen Doppelklick auf einer freien Stelle des Formulars ausführen. Die Klasse des Formulars heißt, insofern Sie das nicht ändern, Form1, die Methode hat demnach den Namen Form1_Load().

Im nachfolgenden Programm im Projekt *ListenfeldFuellen* wird ein Listenfeld für italienische Speisen zu Beginn des Programms mit den folgenden Werten gefüllt: *Spaghetti*, *Grüne Nudeln*, *Tortellini*, *Pizza*, *Lasagne* (siehe Abbildung 2.45).

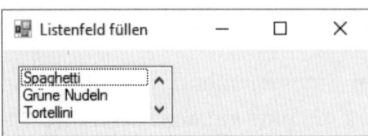

Abbildung 2.45 Listenfeld mit Scrollbalken

Der Programmcode:

```
private void Form1_Load(...)
{
    LstSpeisen.Items.Add("Spaghetti");
    LstSpeisen.Items.Add("Grüne Nudeln");
    LstSpeisen.Items.Add("Tortellini");
    LstSpeisen.Items.Add("Pizza");
    LstSpeisen.Items.Add("Lasagne");
}
```

Listing 2.29 Projekt »ListenfeldFuellen«

Zur Erläuterung:

▶ Das Ereignis Load wird ausgelöst, wenn das Formular geladen wird.

▶ Die einzelnen Speisen werden der Reihe nach dem Listenfeld hinzugefügt. *Lasagne* steht anschließend ganz unten.

2.7.3   Wichtige Eigenschaften

Die folgenden Eigenschaften eines Listenfelds bzw. der Auflistung Items werden in der Praxis besonders häufig benötigt:

▶ Items.Count gibt die Anzahl der Elemente in der Liste an.

SelectedItem   ▶ SelectedItem beinhaltet das aktuell vom Benutzer ausgewählte Element der Liste. Wird kein Element ausgewählt, ergibt SelectedItem auch nichts.

▶ SelectedIndex gibt die laufende Nummer des aktuell vom Benutzer ausgewählten Elements an, beginnend bei 0 für das oberste Element. Wird kein Element ausgewählt, ergibt SelectedIndex den Wert –1.

Items[i]   ▶ Über Items (Index) können Sie die einzelnen Elemente ansprechen, das oberste Element ist Items(0).

Das folgende Programm im Projekt *ListenfeldEigenschaften* veranschaulicht alle diese Eigenschaften (siehe Abbildung 2.46).

Der Programmcode:

```
private void CmdAnzeige_Click(...)
{
    LblAnzeige1.Text = "Anzahl: " + LstSpeisen.Items.Count;
    LblAnzeige2.Text = "Ausgewählter Eintrag: " +
        LstSpeisen.SelectedItem;
    LblAnzeige3.Text = "Nummer des ausgewählten Eintrags: " +
        LstSpeisen.SelectedIndex;

    LblAnzeige4.Text = "Alle Einträge:" + "\n";
    for (int i = 0; i < LstSpeisen.Items.Count; i++)
        LblAnzeige4.Text += LstSpeisen.Items[i] + "\n";
}
```

Listing 2.30 Projekt »ListenfeldEigenschaften«

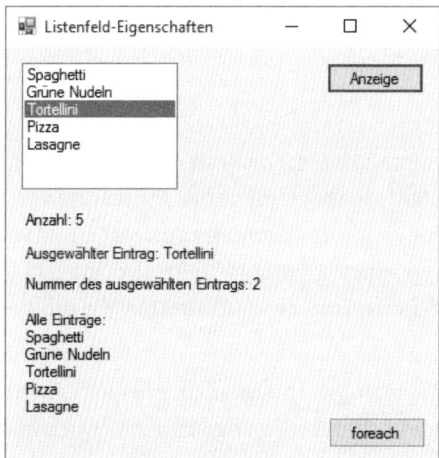

Abbildung 2.46 Anzeige nach Auswahl eines Elements

Zur Erläuterung:

▶ Das Listenfeld ist bereits gefüllt, siehe Projekt *ListenfeldFuellen*.

▶ Die Anzahl der Elemente wird über LstSpeisen.Items.Count ausgegeben, **Count** in diesem Fall sind es fünf.

- Der ausgewählte Eintrag steht in `LstSpeisen.SelectedItem`, seine Nummer in `LstSpeisen.SelectedIndex`.

- Eine `for`-Schleife dient zur Ausgabe aller Elemente. Sie läuft von 0 bis `LstSpeisen.Items.Count − 1`. Das liegt daran, dass bei einer Liste mit fünf Elementen die Elemente mit 0 bis 4 nummeriert sind.

Items[i]
- Die einzelnen Elemente werden mit `LstSpeisen.Items[i]` angesprochen. Die Variable i beinhaltet bei der Schleife die aktuell laufende Nummer.

2.7.4 foreach-Schleife

Zur Ausgabe der Elemente einer Auflistung ist auch die `foreach`-Schleife geeignet. Nach Betätigung des Buttons FOREACH im Projekt *ListenfeldEigenschaften* wird die folgende Prozedur durchlaufen:

```
private void CmdForeach_Click(...)
{
    LblAnzeige4.Text = "Alle Einträge:" + "\n";
    foreach(string s in LstSpeisen.Items)
        LblAnzeige4.Text += s + "\n";
}
```

Listing 2.31 foreach-Schleife

Durchlauf
Den Kopf einer `foreach`-Schleife verstehen Sie am Besten, wenn Sie ihn dem Sinn nach übersetzen: »Durchlaufe jedes Element der Auflistung `LstSpeisen.Items`. Lege dabei jeweils eine Kopie des Elements an. Der Datentyp der Kopie entspricht dem Datentyp eines Elements (hier also `string`).« Innerhalb der Schleife wird jede Zeichenkette s einzeln zur Ausgabe hinzugefügt.

Kopie
Beachten Sie, dass eine Änderung des Strings s innerhalb der Schleife nicht zur Änderung des zugehörigen Elements der Auflistung führt, da es sich bei s um eine Kopie handelt.

2.7.5 Wechsel der Auswahl

SelectedIndex-Changed
Ähnlich wie beim Kontrollkästchen oder bei der Optionsschaltfläche ist das wichtigste Ereignis einer ListBox nicht der `Click`, sondern das Ereignis `SelectedIndexChanged`. Dieses Ereignis zeigt nicht nur an, dass die ListBox

vom Benutzer bedient wurde, sondern auch, dass sie ihren Zustand geändert hat. Das kann z. B. auch durch Programmcode geschehen. Eine Ereignismethode zu `SelectedIndexChanged` wird in jedem Fall durchlaufen, sobald die ListBox (vom Benutzer oder vom Programmcode) geändert wird.

Allerdings wird der Programmablauf meist so gestaltet, dass bei einem anderen Ereignis die aktuelle Auswahl der ListBox abgefragt wird und anschließend je nach Zustand unterschiedlich reagiert wird. Das nachfolgende Programm im Projekt *ListenfeldEreignis* veranschaulicht diesen Zusammenhang (siehe Abbildung 2.47).

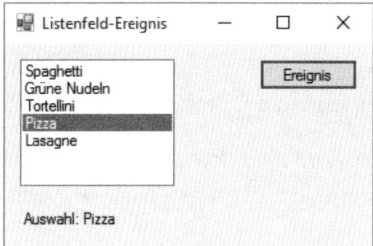

Abbildung 2.47 Anzeige nach dem Ereignis

Der Programmcode lautet wie folgt:

```
private void CmdEreignis_Click(...)
{
    LstSpeisen.SelectedIndex = 3;
}

private void LstSpeisen_SelectedIndexChanged(...)
{
    LblAnzeige.Text = "Auswahl: " + LstSpeisen.SelectedItem;
}
```

Listing 2.32 Projekt »ListenfeldEreignis«

Zur Erläuterung:

▶ Das Listenfeld ist bereits gefüllt, siehe Projekt *ListenfeldFuellen*.

▶ In der Ereignismethode `CmdEreignis_Click()` wird die Nummer des ausgewählten Elements auf 3 gesetzt. Dadurch wird in der ListBox *Pizza* ausgewählt. Im Label wird die geänderte Auswahl sofort angezeigt, da das Ereignis `LstSpeisen_SelectedIndexChanged` ausgelöst wird.

▸ In der Ereignismethode LstSpeisen_SelectedIndexChanged() wird die Anzeige des ausgewählten Elements ausgelöst. Dieses wird unmittelbar nach der Auswahl angezeigt. Die Auswahl kann entweder durch einen Klick des Benutzers in der Liste oder aber auch durch Programmcode ausgelöst werden.

2.7.6 Wichtige Methoden

Die Methoden Insert() und RemoveAt() können Sie zur Veränderung der Inhalte des Listenfelds nutzen:

Insert()

▸ Mithilfe der Methode Insert() können Sie Elemente zum Listenfeld an einer gewünschten Stelle hinzufügen.

RemoveAt()

▸ Die Methode RemoveAt() löscht ein Element an der gewünschten Stelle.

Im nachfolgenden Programm im Projekt *ListenfeldMethoden* werden die beiden Methoden eingesetzt, um ein Listenfeld zu verwalten (siehe Abbildung 2.48).

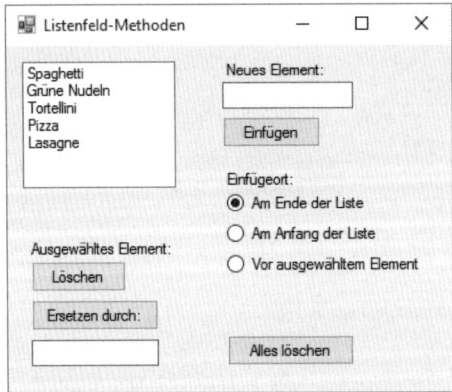

Abbildung 2.48 Verwaltung eines Listenfelds

Sie können Elemente einfügen, löschen und ändern. Um sicherzustellen, dass es sich hierbei um sinnvolle Operationen handelt, sollten Sie jeweils bestimmte Bedingungen beachten:

```
private void CmdLoeschen_Click(...)
{
    int x = LstSpeisen.SelectedIndex;
    if (x != -1)
        LstSpeisen.Items.RemoveAt(x);
```

```
}

private void CmdEinfuegen_Click(...)
{
    if (TxtNeu.Text == "")
        return;

    if (OptAnfang.Checked)
        LstSpeisen.Items.Insert(0, TxtNeu.Text);
    else if (OptAuswahl.Checked)
    {
        if (LstSpeisen.SelectedIndex != -1)
            LstSpeisen.Items.Insert(
                LstSpeisen.SelectedIndex, TxtNeu.Text);
    }
    else
        LstSpeisen.Items.Add(TxtNeu.Text);

    TxtNeu.Text = "";
}

private void CmdErsetzen_Click(...)
{
    int x = LstSpeisen.SelectedIndex;

    if (TxtErsetzen.Text != "" && x != -1)
    {
        LstSpeisen.Items.RemoveAt(x);
        LstSpeisen.Items.Insert(x, TxtErsetzen.Text);
        TxtErsetzen.Text = "";
    }
}

private void CmdAllesLoeschen_Click(...)
{
    LstSpeisen.Items.Clear();
}
```

Listing 2.33 Projekt »ListenfeldMethoden«

Zur Erläuterung:

▸ Das Listenfeld ist bereits gefüllt, siehe Projekt *ListenfeldFuellen*.

▸ In der Methode CmdLoeschen_Click() wird der Wert von SelectedIndex in der Variablen x gespeichert. Anschließend wird untersucht, ob ein Element ausgewählt ist, ob also der Wert von x ungleich –1 ist. Ist das der Fall, wird dieses Element mit der Methode RemoveAt() gelöscht. Ist kein Element ausgewählt, geschieht nichts.

return ▸ In der Methode CmdEinfuegen_Click() wird zunächst die TextBox untersucht. Falls diese leer ist, wird die Methode mit dem Schlüsselwort return unmittelbar verlassen. Steht etwas in der TextBox, wird untersucht, welcher Einfügeort über die Optionsschaltflächen ausgesucht wird:

Add() – Wird als Einfügeort das Ende der Liste gewählt, wird der Inhalt der TextBox mit der bekannten Methode Add() am Ende der Liste angefügt.

Insert() – In den beiden anderen Fällen wird die Methode Insert() zum Einfügen des Inhalts der TextBox vor einem vorhandenen Listeneintrag genutzt. Diese Methode benötigt den Index des Elements, vor dem eingefügt werden soll. Das ist entweder der Wert 0, falls am Anfang der Liste eingefügt werden soll, oder der Wert von SelectedIndex, sofern vor dem ausgewählten Element eingefügt werden soll und falls ein Element ausgewählt ist.

▸ Anschließend wird die TextBox gelöscht, damit nicht versehentlich zweimal das gleiche Element eingefügt wird.

▸ In der Methode CmdErsetzen_Click() wird untersucht, ob in der TextBox etwas zum Ersetzen steht und ob ein Element zum Ersetzen ausgewählt ist. Ist das der Fall, wird

RemoveAt() – das zugehörige Element mit der Methode RemoveAt() gelöscht,

– der neue Text an der gleichen Stelle mit der Methode Insert() eingefügt und

– die TextBox gelöscht, damit nicht versehentlich zweimal das gleiche Element eingefügt wird.

▸ In der Methode CmdAllesLoeschen_Click() dient die Methode Clear() zum Leeren der ListBox.

Nach einigen Änderungen sieht das Listenfeld wie das in Abbildung 2.49 aus.

2

Hinweis: Das Schlüsselwort `return` dient nicht nur dem unmittelbaren Beenden einer Methode, sondern auch dem Liefern des Rückgabewerts einer Methode, siehe Abschnitt 4.5.3.

return

Abbildung 2.49 Nach einigen Änderungen

2.7.7   Mehrfachauswahl

Sie können dem Benutzer ermöglichen, gleichzeitig mehrere Einträge aus einer Liste auszuwählen, so wie er es auch aus anderen Windows-Programmen kennen dürfte. Dazu wird zur Entwicklungszeit die Eigenschaft `SelectionMode` auf den Wert `MultiExtended` gesetzt. Der Benutzer kann anschließend mithilfe der [Strg]-Taste mehrere einzelne Elemente auswählen oder mittels der [⇧]-Taste (wie für Großbuchstaben) einen zusammenhängenden Bereich von Elementen markieren.

SelectionMode

Hinweis: Nach dem Einfügen einer neuen ListBox in ein Formular steht die Eigenschaft `SelectionMode` zunächst auf dem Standardwert `One`, was bedeutet, dass nur ein Element ausgewählt werden kann.

Die Eigenschaften `SelectedIndices` und `SelectedItems` beinhalten die Nummern bzw. die Einträge der ausgewählten Elemente. Sie ähneln in ihrem Verhalten der Eigenschaft `Items`. Das nachfolgende Programm im Projekt *ListenfeldMehrfachauswahl* soll dies verdeutlichen (siehe Abbildung 2.50).

SelectedIndices

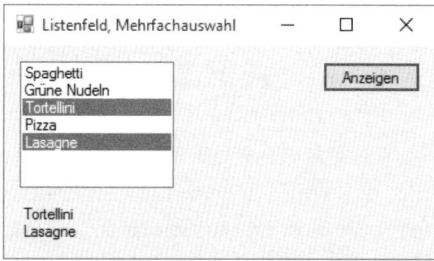

Abbildung 2.50 Mehrere ausgewählte Elemente

Der Programmcode lautet:

```
private void CmdAnzeigen_Click(...)
{
    LblAnzeige.Text = "";
    foreach (string s in LstSpeisen.SelectedItems)
        LblAnzeige.Text += s + "\n";
}
```

Listing 2.34 Projekt »ListenfeldMehrfachauswahl«

Zur Erläuterung:

SelectedItems[i]
▸ Das Listenfeld ist bereits gefüllt, siehe Projekt *ListenfeldFuellen*.

▸ In der Methode CmdAnzeigen_Click() werden alle ausgewählten Elemente mithilfe einer foreach-Schleife durchlaufen.

2.7.8   Kombinationsfelder

Das Steuerelement *Kombinationsfeld* (ComboBox) vereinigt die Merkmale eines Listenfelds mit denen eines Textfelds. Der Benutzer kann entweder einen Eintrag aus dem Listenfeldbereich auswählen oder ihn in den Textfeldbereich eingeben. Das Kombinationsfeld hat im Wesentlichen die Eigenschaften und Methoden des Listenfelds.

DropDownStyle
Sie können mithilfe der Eigenschaft DropDownStyle zwischen drei Typen von Kombinationsfeldern wählen:

▸ DropDown: Das ist die Standardauswahl aus einer Liste (Aufklappen der Liste mit der Pfeiltaste) oder die Eingabe in das Textfeld. Das Kombinationsfeld hat die Größe einer TextBox.

▸ DropDownList: Die Auswahl ist begrenzt auf die Einträge der aufklappbaren Liste, also ohne eigene Eingabemöglichkeit. Dieser Typ Kombinationsfeld verhält sich demnach wie ein Listenfeld, ist allerdings so klein wie eine TextBox. Ein Listenfeld könnte zwar auch auf diese Größe verkleinert werden, aber die Scrollpfeile wären in diesem Fall sehr klein.

▸ Simple: Die Liste ist immer geöffnet und wird bei Bedarf mit einer Bildlaufleiste versehen. Wie beim Typ DropDown ist die Auswahl aus der Liste oder die Eingabe in das Textfeld möglich. Beim Erstellen eines solchen Kombinationsfelds kann die Höhe wie bei einer ListBox eingestellt werden.

Die Eigenschaft SelectionMode gibt es bei Kombinationsfeldern nicht. Das folgende Programm im Projekt *Kombinationsfeld* führt alle drei Typen von Kombinationsfeldern vor (siehe Abbildung 2.51).

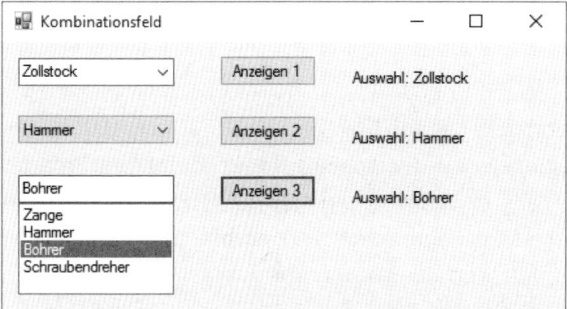

Abbildung 2.51 Drei verschiedene Kombinationsfelder

Der Programmcode:

```
private void Form1_Load(...)
{
    CmbWerkzeug1.Items.Add("Zange");
    CmbWerkzeug1.Items.Add("Hammer");
    CmbWerkzeug1.Items.Add("Bohrer");
    CmbWerkzeug1.Items.Add("Schraubendreher");
```

[... das Gleiche für die beiden anderen Kombinationsfelder ...]

```
}

private void CmdAnzeige1_Click(...)
{
    LblAnzeige1.Text = "Auswahl: " + CmbWerkzeug1.Text;
}

private void CmdAnzeige2_Click(...)
{
    LblAnzeige2.Text = "Auswahl: " + CmbWerkzeug2.SelectedItem;
}

private void CmdAnzeige3_Click(...)
```

```
{
    LblAnzeige3.Text = "Auswahl: " + CmbWerkzeug3.Text;
}
```

Listing 2.35 Projekt »Kombinationsfeld«

Zur Erläuterung:

▸ Das erste Kombinationsfeld hat den DropDownStyle DropDown. Hat der Benutzer einen Eintrag ausgewählt, erscheint dieser in der TextBox des Kombinationsfelds. Falls er selbst einen Eintrag eingibt, wird dieser ebenfalls dort angezeigt. Die Eigenschaft Text enthält den Inhalt dieser TextBox, also immer den Wert des Kombinationsfelds.

▸ Das zweite Kombinationsfeld hat den DropDownStyle DropDownList. Es gibt hier also keine TextBox. Wie beim Listenfeld ermitteln Sie die Auswahl des Benutzers über die Eigenschaft SelectedItem.

▸ Das dritte Kombinationsfeld hat den DropDownStyle Simple. Im Programm kann es genauso wie das erste Kombinationsfeld behandelt werden. Die Eigenschaft Text beinhaltet also immer den Wert des Kombinationsfelds.

Übung

Übung UListenfeld

Schreiben Sie ein Programm, das zwei Listenfelder beinhaltet, in denen jeweils mehrere Elemente markiert werden können. Zwischen den beiden Listenfeldern befinden sich zwei Buttons, jeweils mit einem Pfeil nach rechts bzw. nach links (siehe Abbildung 2.52). Bei Betätigung eines der beiden Buttons sollen die ausgewählten Elemente in Pfeilrichtung aus der einen in die andere Liste verschoben werden (siehe Abbildung 2.53).

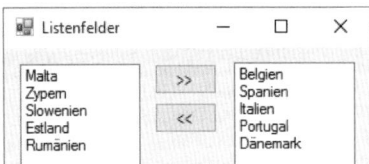

Abbildung 2.52 Liste vor dem Verschieben

SelectedIndices

Zur Lösung kann neben der Eigenschaft SelectedItems z. B. auch die Eigenschaft SelectedIndices genutzt werden. Eine solche Auflistung beinhaltet aber nicht die ausgewählten Einträge, sondern deren Indizes. Mit dem

Löschen mehrerer Einträge aus einem Listenfeld sollten Sie vom Ende der Liste her beginnen. Der Grund hierfür ist folgender: Löschen Sie eines der vorderen Elemente zuerst, stimmen die Indizes in der Auflistung `SelectedIndices` nicht mehr.

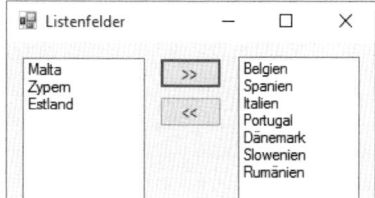

Abbildung 2.53 Liste nach dem Verschieben

Kapitel 3
Fehlerbehandlung

Vieles lernt man nur aus Fehlern, so auch das Programmieren. In diesem Kapitel werden verschiedene Arten von Fehlern und ihre Behandlung vorgestellt.

In den folgenden Abschnitten lernen Sie verschiedene Arten von Programmierfehlern kennen. Visual Studio bietet Ihnen zahlreiche Hilfsmittel, um Fehler nach Möglichkeit zu vermeiden, aufgetretene Fehler zu erkennen und die Folgen der Fehler zu beheben.

3.1   Entwicklung eines Programms

Bei der Entwicklung Ihrer eigenen Programme sollten Sie Schritt für Schritt vorgehen. Stellen Sie zuerst einige grundlegende Überlegungen darüber an, wie das gesamte Programm und seine Benutzeroberfläche aufgebaut sein sollten, und zwar auf Papier. Welche Aufgabe soll das Programm erfüllen? Welche Steuerelemente können eingesetzt werden? Was soll passieren, wenn eines davon genutzt wird? Versuchen Sie anschließend nicht, das gesamte Programm mit all seinen komplexen Bestandteilen auf einmal zu entwickeln! Das ist der größte Fehler, den Einsteiger (und manchmal auch Fortgeschrittene) machen können.

Entwickeln Sie stattdessen zunächst eine einfache Version mit nur wenigen Steuerelementen und wenigen Codezeilen. Anschließend testen Sie diese Version. Erst nach einem erfolgreichen Test fügen Sie weitere Steuerelemente und weiteren Code hinzu. Nach jeder Änderung wird erneut getestet. Sollte sich ein Fehler zeigen, wissen Sie, dass er aufgrund der letzten Änderung aufgetreten ist. Nach dem letzten Hinzufügen haben Sie bereits eine einfache Version Ihres gesamten Programms.

Nun ändern Sie den Code für ein Steuerelement in eine komplexere Version ab. Auf diese Weise machen Sie Ihr Programm Schritt für Schritt komplexer, bis Sie schließlich das gesamte Programm so erstellt haben, dass es Ihren anfänglichen Überlegungen auf Papier entspricht.

Manchmal ergibt sich während der praktischen Entwicklung auch noch die eine oder andere Änderung gegenüber Ihrem Entwurf. Das ist kein Problem, solange sich dadurch nicht der gesamte Aufbau ändert. Sollte das allerdings der Fall sein, kehren Sie besser noch einmal kurz zum Papier zurück und überdenken den Aufbau. Das bedeutet nicht, dass Sie die bisherigen Programmbestandteile löschen müssen, möglicherweise brauchen Sie sie lediglich ein wenig zu ändern und anders anzuordnen.

Schreiben Sie Ihre Programme übersichtlich. Sollten Sie gerade überlegen, wie Sie drei oder vier bestimmte Schritte Ihres Programms auf einmal machen können: Machen Sie daraus einfach einzelne Anweisungen, die der Reihe nach ausgeführt werden. Das vereinfacht eine eventuelle Fehlersuche. Falls Sie (oder eine andere Person) Ihr Programm später einmal ändern oder erweitern möchten, gelingt der Einstieg in den Aufbau des Programms wesentlich schneller.

Sie können Bildschirmausgaben zur Kontrolle von Werten und zur Suche von logischen Fehlern einsetzen. Außerdem können Sie zusätzlich einzelne Teile Ihres Programms in Kommentarklammern setzen, um festzustellen, welcher Teil des Programms fehlerfrei läuft und welcher Teil demnach fehlerbehaftet sein muss. In diesem Kapitel werden Sie noch weitere Methoden zum Finden von Fehlern kennenlernen.

3.2   Fehlerarten

Während man ein Programm entwickelt und testet, treten normalerweise zunächst häufig Fehler auf. Diese Fehler lassen sich in drei Gruppen untergliedern: Syntaxfehler, Laufzeitfehler und logische Fehler.

Exceptions Syntaxfehler können mithilfe des Editors und der Entwicklerunterstützung IntelliSense vermieden werden. Laufzeitfehler, also Fehler zur Laufzeit des Programms, die einen Programmabsturz zur Folge haben, gibt es streng genommen in C# nicht. Stattdessen werden Ausnahmen (*Exceptions*) erzeugt, die mit einer Ausnahmebehandlung (*Exception Handling*) umgangen werden sollten. Logische Fehler sind erfahrungsgemäß am schwersten zu finden. Hier bietet das Debugging eine gute Hilfestellung.

3.3   Syntaxfehler und IntelliSense

Syntaxfehler treten zur Entwicklungszeit des Programms auf und haben ihre Ursache in falsch oder unvollständig geschriebenem Programmcode. Bereits beim Schreiben des Codes werden Sie von Visual Studio auf Syntaxfehler aufmerksam gemacht. Ein nicht korrekt geschriebenes Schlüsselwort, ein `else` ohne `if` oder andere Fehler werden sofort erkannt und markiert.

Fehler werden markiert

Der Programmierer erhält häufig bereits eine Information mit Hilfestellung zur Fehlerkorrektur. Wird der Fehler nicht behoben, wird eine Übersetzung und Ausführung des Programms abgelehnt.

Die Entwicklerunterstützung IntelliSense trägt in hohem Maße dazu bei, solche Syntaxfehler gar nicht erst auftreten zu lassen. Während des Schreibens einer Anweisung werden dazu zahlreiche Hilfestellungen angeboten.

IntelliSense

Einige Beispiele:

▶ Sobald Sie einen Punkt hinter den Namen eines Objekts, z. B. eines Steuerelements, gesetzt haben, erscheint eine Liste der Eigenschaften und Methoden dieses Objekts. Bewegen Sie sich durch diese Liste, wird jeweils ein passendes QuickInfo eingeblendet. Das ausgewählte Listenelement wird in den Code eingefügt, wenn Sie die ⟨⇆⟩-Taste betätigen.

▶ Beginnen Sie, einen beliebigen Namen zu schreiben, wird sofort eine Hilfsliste mit Anweisungen oder Objekten angeboten, welche im Zusammenhang mit der aktuellen Anwendung stehen und die gleichen Anfangsbuchstaben haben.

Hilfsliste

▶ Befindet sich die Maus über einem Programmierelement (Klasse, Objekt, Eigenschaft, Methode usw.), wird eine QuickInfo eingeblendet, die den Entwickler über die Einsatzmöglichkeiten des jeweiligen Elements informiert.

▶ Sobald Sie den Cursor auf eine öffnende Klammer setzen, wird sie zusammmen mit der zugehörigen schließenden Klammer hervorgehoben und umgekehrt.

Klammern

▶ Setzen Sie den Cursor hingegen auf ein Objekt oder eine Variable, werden sämtliche Objekte bzw. Variablen dieser Art in der gleichen Methode hervorgehoben.

Variable

▶ Kontrollstrukturen, also z. B. Verzweigungen und Schleifen, werden bei einem Zeilenwechsel automatisch richtig eingerückt. Der Entwickler kann sie dadurch leichter erkennen und Fehler vermeiden.

Einrückung

Hilfslinien ▶ Seit Visual Studio 2017 sind die eingerückten Strukturen dank grau gestrichelter senkrechter Hilfslinien besser zu erkennen.

Haben Sie sich einmal an diese Mechanismen gewöhnt, bietet IntelliSense eine wertvolle Hilfe zur Codierung und Fehlervermeidung.

Syntaxfehler und IntelliSense sollen mithilfe des nachfolgenden Programms im Projekt *Syntaxfehler* verdeutlicht werden. Im Programm soll geprüft werden, ob eine eingegebene Zahl positiv, negativ oder gleich 0 ist. Der Programmcode beinhaltet allerdings absichtlich eine Reihe typischer Fehler. Diese werden zum Teil bereits während der Codierung automatisch kenntlich gemacht, wie in Abbildung 3.1 zu sehen.

```csharp
private void CmdAnzeige_Click(object sender, EventArgs e)
{
    int i;
    if (TxtEingabe.Txt = "")
        return;

    i = Convert.ToInt(TxtEingabe.Text);

    if (i > 0)
        LblAnzeige.Text = "positiv";
    else if  i < 0
        LblAnzeige.Text = "negativ"
    else
        LblAnzeige = "gleich 0";
}
```

Abbildung 3.1 Programmcode mit Fehlern

Zur Erläuterung:

▶ In der zweiten Zeile ist die Eigenschaft Text der TextBox falsch geschrieben.

▶ Die Methode zur Konvertierung heißt korrekt ToInt32() und nicht ToInt().

▶ Die Bedingung i < 0 ist nicht in Klammern gesetzt.

▶ Nach dem Text "negativ" fehlt das Semikolon.

▶ In der letzten Zeile wird der Text "gleich 0" markiert, da er einem Objekt (LblAnzeige) und nicht der Eigenschaft des Objekts (Text) zugewiesen werden soll.

QuickInfo Bewegen Sie die Maus über eine der Fehlerstellen im Code, erscheint eine QuickInfo mit einer Fehlermeldung. Nach einer Korrektur der oben genannten Fehler wird ein weiterer Fehler erkannt, siehe Abbildung 3.2:

▶ *Der Typ "string" kann nicht implizit in "bool" konvertiert werden.* Da die
  Anweisung nur ein einzelnes Gleichheitszeichen beinhaltet, wird sie als
  Zuweisung interpretiert. Das Ergebnis der Zuweisung ist eine Zeichenkette, also ein Wert des Datentyps string. Die if-Anweisung erwartet allerdings einen Wert des Datentyps bool, also true oder false.

Erst nach der Beseitigung des letzten Fehlers kann das Programm übersetzt
und ausgeführt werden. Die Eingabe eines Texts statt einer Zahl führt allerdings immer noch zu einem Laufzeitfehler. Dessen Behandlung ist Thema
des nächsten Abschnitts.

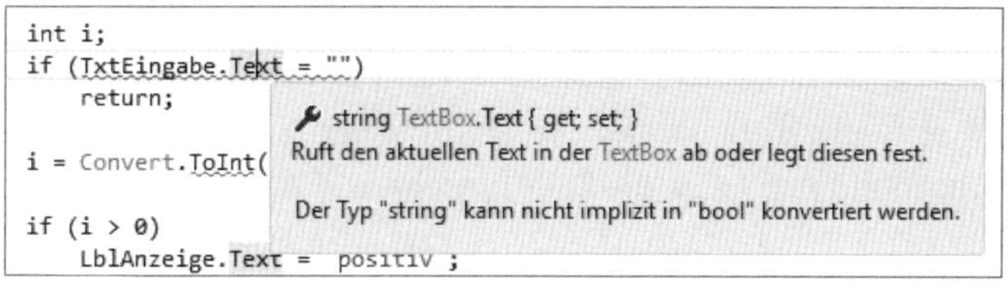

```
int i;
if (TxtEingabe.Text = "")
    return;
                        🔧 string TextBox.Text { get; set; }
i = Convert.ToInt(     Ruft den aktuellen Text in der TextBox ab oder legt diesen fest.

if (i > 0)              Der Typ "string" kann nicht implizit in "bool" konvertiert werden.
    LblAnzeige.Text =  positiv ;
```

Abbildung 3.2 Weiterer Fehler

3.4   Laufzeitfehler und Exception Handling

Das Exception Handling dient dem Abfangen von Laufzeitfehlern und dem   **Ausnahmen**
Behandeln von Ausnahmen. Diese treten auf, wenn das Programm ver-
sucht, eine unzulässige Operation durchzuführen, beispielsweise eine Division durch 0 oder das Öffnen einer nicht vorhandenen Datei.

Es ist natürlich besser, Laufzeitfehler von Anfang an zu unterbinden. Das
ist allerdings unmöglich, da es Vorgänge gibt, auf die der Programmentwickler keinen Einfluss hat, etwa die fehlerhafte Eingabe eines Benutzers
oder einen beim Druckvorgang ausgeschalteten Drucker.

3.4.1   Programm mit Laufzeitfehlern

Im nachfolgenden Beispiel im Projekt *Laufzeitfehler* werden verschiedene
Arten von Ausnahmen hervorgerufen und mit dem Exception Handling
von C# behandelt.

Der Benutzer soll zwei Zahlen eingeben. Nach Betätigen des Buttons Rechnen wird die erste Zahl durch die zweite geteilt und das Ergebnis der Division in einem Label ausgegeben.

```
private void CmdRechnen_Click(...)
{
    int x, y, z;
    x = Convert.ToInt32(TxtEingabe1.Text);
    y = Convert.ToInt32(TxtEingabe2.Text);
    z = x / y;
    LblAusgabe.Text = "Ergebnis: " + z;
}
```

Listing 3.1 Projekt »Laufzeitfehler«

DivideByZero-
Exception

Gibt der Benutzer die Zahlen 12 und 3 ein, erscheint als Ergebnis erwartungsgemäß die Zahl 4 (siehe Abbildung 3.3). Wenn er dagegen die Zahlen 12 und 0 eingibt, tritt eine unbehandelte Ausnahme des Typs *DivideByZeroException* auf. In Abbildung 3.3 ist die Zeile zu sehen, in welcher der Fehler auftritt.

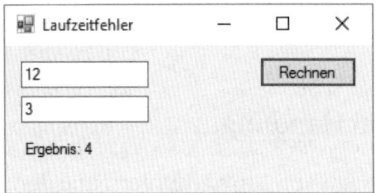

Abbildung 3.3 Eingabe korrekter Zahlen

```
private void CmdRechnen_Click(object sender, EventArgs e)
{
    int x, y, z;
    x = Convert.ToInt32(TxtEingabe1.Text);
    y = Convert.ToInt32(TxtEingabe2.Text);
    z = x / y;  ⊗
    LblAusgabe.Text = "Ergebnis: " + z;
}
```

Unbehandelte Ausnahme   ⤴ ✕

System.DivideByZeroException: "Es wurde versucht, durch 0 (null) zu teilen."

Details anzeigen | Details kopieren

▷ Ausnahmeeinstellungen

Abbildung 3.4 DivideByZeroException in der markierten Zeile

FormatException

Gibt der Benutzer eine der beiden Zahlen gar nicht ein, tritt eine unbehandelte Ausnahme des Typs *FormatException* auf. In Abbildung 3.5 ist wiederum die Zeile zu sehen, in welcher der Fehler auftritt. Das Gleiche passiert, wenn eine Zeichenkette eingegeben wird, die nicht in eine ganze Zahl umgewandelt werden kann.

Nach der Anzeige einer unbehandelten Ausnahme muss das Programm mithilfe des Menüpunkts DEBUGGEN • DEBUGGING BEENDEN beendet werden, bevor es erneut gestartet werden kann.

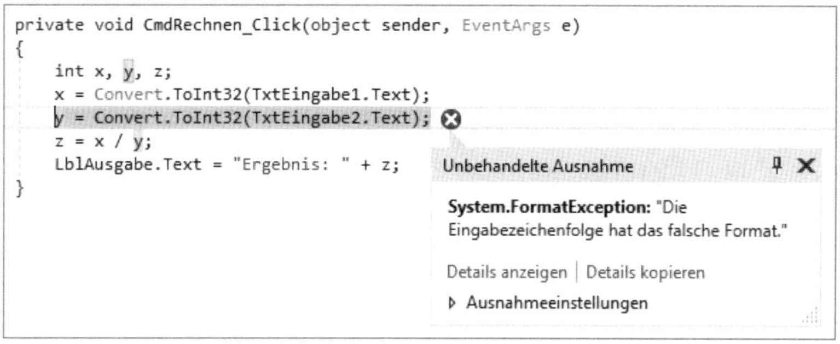

Debuggen beenden

```
private void CmdRechnen_Click(object sender, EventArgs e)
{
    int x, y, z;
    x = Convert.ToInt32(TxtEingabe1.Text);
    y = Convert.ToInt32(TxtEingabe2.Text); ⊗
    z = x / y;
    LblAusgabe.Text = "Ergebnis: " + z;
}
```

Unbehandelte Ausnahme   ⏷ ✖

System.FormatException: "Die Eingabezeichenfolge hat das falsche Format."

Details anzeigen │ Details kopieren

▷ Ausnahmeeinstellungen

Abbildung 3.5 FormatException in der markierten Zeile

3.4.2   Einfaches Exception Handling

Es folgt nun eine verbesserte Version des Projekts *Laufzeitfehler* im Projekt *ExceptionHandling*.

```
private void CmdRechnen_Click(...)
{
    int x, y, z;

    try
    {
        x = Convert.ToInt32(TxtEingabe1.Text);
        y = Convert.ToInt32(TxtEingabe2.Text);
        z = x / y;
        LblAusgabe.Text = "Ergebnis: " + z;
    }
    catch (Exception ex)
    {
        LblAusgabe.Text = "Fehler: " + ex.Message;
    }
}
```

Listing 3.2 Projekt »ExceptionHandling«

Zur Erläuterung:

try ▶ Das Schlüsselwort `try` leitet das Exception Handling ein. Ab diesem Punkt versucht das Programm, einen Anweisungsblock auszuführen.

catch ▶ Tritt während der nachfolgenden Anweisungen eine Exception auf, wird sie mithilfe von `catch` abgefangen: Das Programm wechselt bei Auftreten der Ausnahme sofort in einen `catch`-Block und führt die dort angegebenen Anweisungen aus.

▶ Im `catch`-Block steht ein Objekt der Klasse `Exception` zur Verfügung, hier ist das `ex`. Dieses Objekt beinhaltet weitere Informationen zu dem Fehler, u. a. die Fehlermeldung in der Eigenschaft `Message`. Diese Fehlermeldung wird im vorliegenden Fall ausgegeben.

Falls der Benutzer die Zahlen 12 und 3 eingibt, erscheint nach wie vor die Zahl 4. Im `try`-Block ist keine Ausnahme aufgetreten. Bei Eingabe der Zahlen 12 und 0 erscheint die folgende Fehlermeldung im Label (siehe Abbildung 3.6):

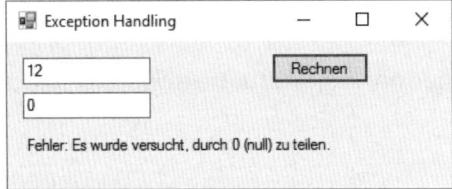

Abbildung 3.6 Division durch 0 abgefangen

Gibt der Benutzer eine der beiden Zahlen gar nicht ein, erscheint eine andere Fehlermeldung im Label (siehe Abbildung 3.7).

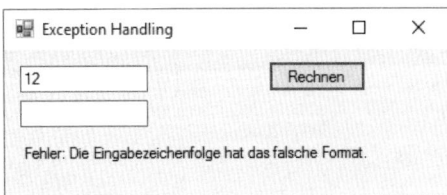

Abbildung 3.7 Formatfehler abgefangen

Anders als in der ersten Version kann das Programm trotz der Fehlermeldungen weiterlaufen.

3.4.3   Erweitertes Exception Handling

Die Klasse Exception ist die Basis mehrerer Exception-Klassen. Das bedeutet, dass ein Fehler wesentlich spezifischer abgefangen und behandelt werden kann. Eine weitere Verbesserung des bekannten Programms folgt im
Projekt *ExceptionHandlingErweitert*:

Exception-Klassen

```
private void CmdRechnen_Click(...)
{
    int x, y, z;

    try
    {
        x = Convert.ToInt32(TxtEingabe1.Text);
        y = Convert.ToInt32(TxtEingabe2.Text);
        z = x / y;
        LblAusgabe.Text = "Ergebnis: " + z;
    }
    catch (FormatException ex)
    {
        LblAusgabe.Text = "Fehler: falsches Eingabeformat";
    }
    catch (DivideByZeroException ex)
    {
        LblAusgabe.Text = "Fehler: Division durch 0";
    }
    catch (Exception ex)
    {
        LblAusgabe.Text = "Fehler: allgemein";
    }
}
```

Listing 3.3 Projekt »ExceptionHandlingErweitert«

Zur Erläuterung:

▶ Es gibt nunmehr drei catch-Blöcke, die in der Lage sind, drei verschiedene Fehler durch unterschiedliche Anweisungen zu behandeln.

▶ Im ersten catch-Block wird der Konvertierungsfehler mithilfe eines Objekts der Klasse FormatException abgefangen.

> ► Im zweiten catch-Block wird die Division durch 0 mithilfe eines Objekts der Klasse DivideByZeroException abgefangen.

Exception
> ► Im dritten catch-Block werden alle nicht spezifisch abgefangenen Fehler mithilfe eines Objekts der allgemeinen Klasse Exception behandelt.

Die Reihenfolge der catch-Blöcke ist wichtig, da die Blöcke bei Auftreten eines Fehlers der Reihe nach durchlaufen werden. Der erste zutreffende catch-Block wird genutzt. Hätten Sie also den dritten Block mit der allgemeinen Klasse Exception nach vorne gesetzt, wäre in jedem Fehlerfall die Meldung *Fehler: allgemein* erschienen.

IntelliSense
Die Entwicklerunterstützung IntelliSense bemerkt und markiert eine falsche Reihenfolge der catch-Blöcke aber bereits zur Entwicklungszeit und ermöglicht so die rechtzeitige Korrektur.

3.5 Logische Fehler und Debugging

Logische Fehler treten auf, wenn eine Anwendung zwar ohne Syntaxfehler übersetzt und ohne Laufzeitfehler ausgeführt wird, aber nicht das geplante Ergebnis liefert. In einem solchen Fall ist die Programmlogik falsch aufgebaut.

Debugging
Die Ursache logischer Fehler zu finden, ist oft schwierig und kann nur durch intensives Testen und Analysieren der Abläufe und Ergebnisse durchgeführt werden. Visual Studio stellt im Zusammenhang mit dem Debugging einige wertvolle Hilfen zur Verfügung.

3.5.1 Einzelschrittverfahren

Taste F11
Sie können ein Programm im Einzelschrittverfahren ablaufen lassen, um sich bei jedem einzelnen Schritt die aktuellen Inhalte von Variablen und Steuerelementen anzuschauen. Dabei beginnen Sie mit dem Menüpunkt DEBUGGEN • EINZELSCHRITT (Funktionstaste F11).

Als Beispiel dient wiederum das Programm im Projekt *Laufzeitfehler* zur Division zweier Zahlen. Nach dem Start des Einzelschrittverfahrens startet die Anwendung zunächst mit einigen automatisch erzeugten Teilen des Programmcodes.

Es geht los mit der Methode `Main()`, mit der jedes C#-Programm beginnt. Ein gelber Pfeil vor einer gelb markierten Zeile kennzeichnet den Punkt, an dem das Programm gerade angehalten wurde und auf die Reaktion des Entwicklers wartet.

Nach einigen weiteren Einzelschritten (Funktionstaste F11) wechselt das Programm in die Klasse `Form1` des Formulars. Dort durchläuft es u. a. die Methode `InitializeComponent()`, in der die Eigenschaften und das Verhalten der Steuerelemente festgelegt werden.

Anschließend erscheint das Formular, in dem die zwei Zahlen (hier 12 und 3) eingegeben werden können. Betätigen Sie den Button, wird nun die Ereignismethode angezeigt. Nach zwei weiteren Einzelschritten steht das Programm in der Zeile mit `y = Convert.ToInt32(...` (siehe Abbildung 3.8).

```
12
13          private void CmdRechnen_Click(object sender, EventArgs e)
14          {
15              int x, y, z;
16              x = Convert.ToInt32(TxtEingabe1.Text);
17              y = Convert.ToInt32(TxtEingabe2.Text);   ≤1 ms verstrichen
18              z = x / y;
19              LblAusgabe.Text = "Ergebnis: " + z;
20          }
21      }
22  }
```

Abbildung 3.8 Debuggen

Platzieren Sie die Maus über einer Variablen oder einer Steuerelementeigenschaft (z. B. über der Variablen `x`), sehen Sie den aktuellen Wert. Sie können so auch erkennen, dass die Variable `y` noch den Wert 0 hat, da die aktuell markierte Anweisung noch nicht ausgeführt wurde.

Wert anzeigen

Bereits nach dem nächsten Einzelschritt hat die Variable `y` den Wert 3. Nach Durchführung aller Einzelschritte erscheint das Ergebnis des Programms wie gewohnt in der Anwendung.

Nach der regulären Beendigung des Programms werden noch einige Programmzeilen »zum Aufräumen« durchlaufen. Sie können den Ablauf aber auch vorzeitig über den Menüpunkt DEBUGGEN • DEBUGGING BEENDEN abbrechen.

Debugging beenden

Dieses einfache Beispiel zeigt, dass Sie mit dem Einzelschrittverfahren bereits den Ablauf eines Programms stückweise verfolgen und so den Ursprung eines logischen Fehlers leichter lokalisieren können.

Allerdings würden Sie dabei möglicherweise gern die automatisch erzeugten Teile des Programmcodes auslassen. Wie das geht, wird im nächsten Abschnitt erläutert.

3.5.2   Haltepunkte

Dauert das Einzelschrittverfahren bei einem bestimmten Programm zu lang, können Sie auch mit Haltepunkten (Breakpoints) arbeiten. Das Programm durchläuft alle Anweisungen bis zu einem solchen Haltepunkt. Sie setzen einen Haltepunkt in die Nähe der Stelle, an der Sie den Ursprung eines Fehlers vermuten.

Taste F9   Das Setzen eines Haltepunkts geschieht mithilfe des Menüpunkts DEBUGGEN • HALTEPUNKT UMSCHALTEN (Funktionstaste F9). Es wird ein Haltepunkt in der Zeile gesetzt, in der sich der Cursor befindet. Im Beispiel bietet sich hierfür die Zeile x = Convert.ToInt32(... an, in der x eingelesen und umgerechnet wird (siehe Abbildung 3.9).

```
13  ⊟          private void CmdRechnen_Click(object sender, EventArgs e)
14             {
15                 int x, y, z;
16                 x = Convert.ToInt32(TxtEingabe1.Text);
17                 y = Convert.ToInt32(TxtEingabe2.Text);
18                 z = x / y;
19                 LblAusgabe.Text = "Ergebnis: " + z;
20             }
21         }
22  }
```

Abbildung 3.9 Haltepunkt gesetzt

Das Programm starten Sie nun über die Funktionstaste F5. Es unterbricht vor der Ausführung der Zeile mit dem Haltepunkt. Ab diesem Punkt können Sie das Programm wiederum im Einzelschrittverfahren ablaufen lassen und die Werte der Variablen wie oben beschrieben kontrollieren.

Sie können auch mehrere Haltepunkte setzen. Um einen Haltepunkt wieder zu entfernen, setzen Sie den Cursor in die betreffende Zeile und betätigen wiederum die Funktionstaste F9.

3.5.3   Überwachungsfenster

Das Überwachungsfenster stellt während des Debuggens eine weitere komfortable Lösung zur Variablenkontrolle dar. Sie können es während des Debuggens über den Menüpunkt DEBUGGEN • FENSTER • ÜBERWA-CHEN einblenden.

Dort können Sie die Namen von Variablen oder von Steuerelementeigen-schaften in der Spalte NAME eingeben. In der Spalte WERT erscheint der jeweils aktuelle Wert beim Ablauf der Einzelschritte, siehe Abbildung 3.10. Auf diese Weise lässt sich die Entwicklung mehrerer Werte gleichzeitig und komfortabel verfolgen.

Werte anzeigen

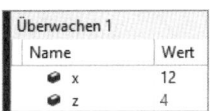

Abbildung 3.10 Überwachung von Werten

Kapitel 4
Erweiterte Grundlagen

Dieses Kapitel widmet sich einigen fortgeschrittenen Themen: dem Umgang mit Ereignissen und Feldern sowie der Modularisierung von Programmen.

Bei der Bedienung von Windows-Programmen finden immer wieder Ereignisse statt, deren Erkennung, Behandlung und Steuerung Thema dieses Kapitels ist. Hinzu kommen wichtige Programmierelemente wie Felder, Strukturen, Prozeduren und Funktionen.

4.1 Steuerelemente aktivieren

Neben so offensichtlichen Eigenschaften und Ereignissen wie `Text` oder `Click` gibt es weitere Eigenschaften, Methoden und Ereignisse von Steuerelementen, die den Ablauf und die Benutzerführung innerhalb eines Windows-Programms verbessern können. Einige von ihnen sollen im Folgenden vorgestellt werden.

Benutzerführung

4.1.1 Ereignis Enter

Das Ereignis `Enter` eines Steuerelements tritt auf, falls der Benutzer das betreffende Steuerelement angewählt hat, also zum aktuellen Steuerelement gemacht hat.

Steuerelemente können per Maus oder per Tastatur angewählt werden. Wird z. B. ein Kontrollkästchen per Maus angewählt, ändert sich auch sein Zustand (Häkchen an/aus). Wird es jedoch per Tastatur angewählt, so ändert sich der Zustand nicht. In beiden Fällen wurde es aber zum aktuellen Steuerelement, es ist also das Ereignis `Enter` eingetreten.

Enter

Im nachfolgenden Programm im Projekt *EreignisEnter* soll mithilfe des Ereignisses `Enter` zu einzelnen Elementen eines Eingabeformulars jeweils eine passende Hilfestellung erscheinen (siehe Abbildung 4.1).

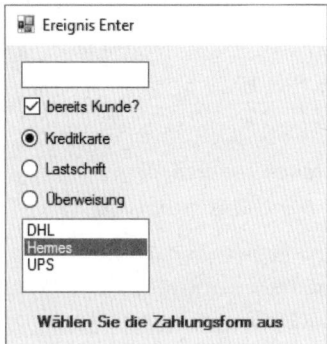

Abbildung 4.1 Ereignis Enter

Der Programmcode:

```
private void Form1_Load(...)
{
    LstPaketdienst.Items.Add("DHL");
    LstPaketdienst.Items.Add("Hermes");
    LstPaketdienst.Items.Add("UPS");
}


private void Form1_Activated(...)
{
    LblHilfe.Text = "";
}


private void TxtName_Enter(...)
{
    LblHilfe.Text = "Bitte geben Sie Nachname, Vorname ein";
}


private void ChkKunde_Enter(...)
{
    LblHilfe.Text = "Kreuzen Sie an, ob Sie bereits Kunde sind";
}


private void LstPaketdienst_Enter(...)
{
    LblHilfe.Text = "Wählen Sie den Paketdienst aus";
}
```

```
private void OptZahlungsform_CheckedChanged(...)
{
    LblHilfe.Text = "Wählen Sie die Zahlungsform aus";
}
```

Listing 4.1 Projekt »EreignisEnter«

Zur Erläuterung:

▶ Das Listenfeld wird wie gewohnt beim Ereignis `Form1_Load` gefüllt.

▶ Das Ereignis `Activated` des Formulars tritt kurze Zeit darauf ein, sobald das Formular zur Benutzung bereitsteht. In diesem Moment wird das Label mit dem Hilfetext geleert. Dadurch wird gewährleistet, dass es leer ist, unabhängig davon, welches Steuerelement zu Beginn das aktuelle ist.

Activated

▶ Die Methode zum Ereignis `Activated` wird per Doppelklick in der betreffenden Zeile derjenigen Liste erzeugt, die Sie im EIGENSCHAFTEN-Fenster nach Auswahl der Ansicht EREIGNISSE sehen (siehe Abbildung 4.2 und Abschnitt 2.5.3).

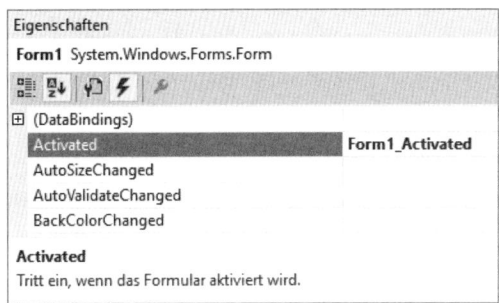

Abbildung 4.2 Ereignis »Formular aktiviert«

▶ Zum Ereignis `Enter` der einzelnen Steuerelemente (Textfeld, Kontrollkästchen, Optionsschaltflächen und Listenfeld) gibt es jeweils eine eigene Ereignismethode. Sie sorgt dafür, dass der zugehörige Hilfetext angezeigt wird.

▶ Der Hilfetext zu den drei Optionsschaltflächen wird in einer gemeinsamen Ereignismethode erzeugt. Deren Name `OptZahlungsform_Checked-Changed()` wird per Hand in der betreffenden Zeile der Ereignisliste eingetragen (siehe Abbildung 4.3).

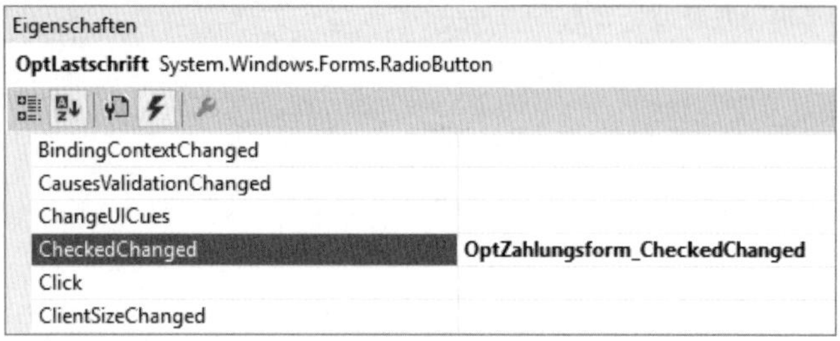

Abbildung 4.3 Gemeinsame Ereignismethode

4.1.2   Eigenschaften Enabled und Visible

Fast jedes Steuerelement verfügt über die Eigenschaften Enabled (= anwähl-bar, benutzbar) und Visible (= sichtbar). Weisen Sie der Eigenschaft Enabled eines Steuerelements zur Entwicklungszeit den Wert False bzw. zur Lauf-zeit den Wert false zu, wird es vorübergehend gesperrt, wenn seine Benut-zung nicht sinnvoll oder riskant ist.

Benutzerführung — Ein gesperrtes Steuerelement ist nur noch abgeblendet sichtbar. Dadurch kann eine bessere Benutzerführung erreicht werden, da der Benutzer je-weils immer nur diejenigen Steuerelemente verwenden kann, die zu einem sinnvollen Ergebnis führen.

In diesem Zusammenhang wird gelegentlich auch die Eigenschaft Visible auf den Wert false gesetzt, um ein Steuerelement ganz unsichtbar zu ma-chen.

Im nachfolgenden Programm im Projekt *EnabledVisible* hat der Benutzer die Möglichkeit, in zwei Textfelder jeweils eine Zahl einzugeben. Erst wenn beide Textfelder nicht mehr leer sind,

▸ wird der zuvor abgeblendete erste Button zum Addieren der beiden Zah-len aktiviert

▸ und der zuvor unsichtbare zweite Button zum Addieren der beiden Zah-len sichtbar gemacht.

```
private void TxtEingabe_TextChanged(...)
{
    if (TxtEingabe1.Text != "" && TxtEingabe2.Text != "")
    {
        CmdRechnen1.Enabled = true;
```

```
            CmdRechnen2.Visible = true;
    }
    else
    {
            CmdRechnen1.Enabled = false;
            CmdRechnen2.Visible = false;
    }
}

private void CmdRechnen_Click(...)
{
    try
    {
        LblAusgabe.Text = "Ergebnis: " +
            (Convert.ToInt32(TxtEingabe1.Text) +
            Convert.ToInt32(TxtEingabe2.Text));
    }
    catch
    {
        LblAusgabe.Text = "0";
    }
}
```

Listing 4.2 Projekt »EnabledVisible«

Zur Erläuterung:

▶ Zu Beginn ist nur ein deaktivierter Button sichtbar (siehe Abbildung 4.4).

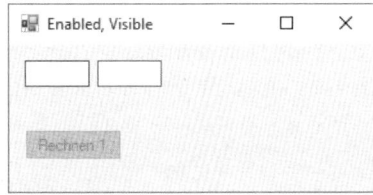

Abbildung 4.4 »Enabled« und »Visible« vor der Eingabe

▶ Das Ereignis TextChanged eines Textfelds zeigt an, dass sich der Inhalt geändert hat. Da beide Textfelder zu Beginn leer sind, wird dieses Ereignis aufgerufen, sobald in einem der beiden Textfelder eine Eingabe vorgenommen wird.

► Beide TextChanged-Ereignisse werden der Methode TxtEingabe_TextChanged() zugeordnet. Innerhalb der Methode wird der Inhalt beider Textfelder geprüft.

► Sind beide Textfelder gefüllt, werden die Eigenschaft Enabled des ersten Buttons und die Eigenschaft Visible des zweiten Buttons auf true gesetzt. Der erste Button wird also aktiviert und der zweite Button sichtbar gemacht (siehe Abbildung 4.5).

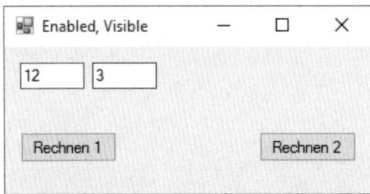

Abbildung 4.5 »Enabled« und »Visible« nach der Eingabe

► Der Vorgang wird wieder rückgängig gemacht, falls mindestens eines der beiden Textfelder leer ist.

► Die Click-Ereignisse beider Buttons werden der Methode CmdRechnen_Click() zugeordnet.

Übung

Übung UEnabled

Erstellen Sie eine Anwendung mit einem deaktivierten Button sowie einem Listenfeld, das mit einigen Elementen gefüllt ist (siehe Abbildung 4.6). Der Button soll nur aktiviert sein, falls ein Element markiert ist (siehe Abbildung 4.7).

Sobald der Benutzer den Button drückt, wird das aktuell markierte Element aus dem Listenfeld gelöscht. Ist die Liste leer, wird der Button deaktiviert. Er wird auch deaktiviert, wenn kein Element im Listenfeld mehr markiert ist.

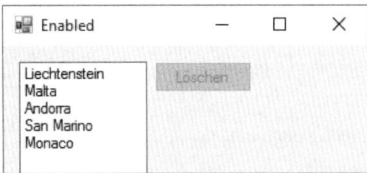

Abbildung 4.6 Oberfläche vor dem Markieren

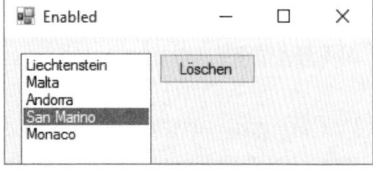

Abbildung 4.7 Oberfläche nach dem Markieren

4.2   Bedienung per Tastatur

In manchen Situationen kann ein Windows-Programm schneller per Tastatur als per Maus bedient werden. Der Benutzer muss in diesem Fall nicht immer zwischen Maus und Tastatur hin- und herwechseln.

4.2.1   Eigenschaften TabIndex und TabStop

Bei der Bedienung eines Windows-Programms mit der Tastatur ist die Aktivierungsreihenfolge wichtig. Das ist die Reihenfolge, in der Sie mit der ⇆-Taste von einem Steuerelement zum nächsten gelangen.

Tabulatortaste

Die Eigenschaft TabIndex legt die Position eines Elements in der Aktivierungsreihenfolge fest, um das aktivierte Steuerelement unmittelbar über die Tastatur ansprechen zu können. Ein Button kann danach z. B. direkt durch die Taste ⏎ betätigt werden; in ein Textfeld kann unmittelbar eingegeben werden, ohne dass man es vorher anklicken muss. Den aktiven Button erkennen Sie am gestrichelten Rahmen, das aktive Textfeld am blinkenden Cursor.

TabIndex

Beim Einfügen in ein neues Formular erhalten die Steuerelemente zunächst automatisch die Nummern 0 bis n−1 für die Eigenschaft TabIndex (bei insgesamt n Steuerelementen). Der Entwickler kann die Eigenschaft TabIndex für Steuerelemente auch auf andere Werte setzen und dadurch die Aktivierungsreihenfolge ändern.

Die Eigenschaft TabStop legt fest, ob ein Steuerelement überhaupt in die Aktivierungsreihenfolge eingebunden wird. Wird der Wert dieser Eigenschaft auf false gesetzt, wird das betreffende Steuerelement beim Betätigen der ⇆-Taste übersprungen. Setzen Sie den Wert stattdessen auf true, nimmt es wieder seine ursprüngliche Position in der Aktivierungsreihenfolge ein.

TabStop

Das nachfolgende Beispiel im Projekt *BedienungTastatur* beinhaltet vier Textfelder. Die Eigenschaften werden vom Entwickler eingestellt, so wie in Tabelle 4.1 vorgegeben.

Name	TabIndex	TabStop
TxtEingabe1	0	true
TxtEingabe2	3	true

Tabelle 4.1 Eigenschaften TabIndex, TabStop

Name	TabIndex	TabStop
TxtEingabe3	1	false
TxtEingabe4	2	true

Tabelle 4.1 Eigenschaften TabIndex, TabStop (Forts.)

Wenn der Benutzer die ⇆-Taste drückt, werden der Reihe nach aktiviert: TxtEingabe1, TxtEingabe4, TxtEingabe2. Falls keine weiteren Elemente vorhanden sind, beginnt die Reihenfolge wieder bei TxtEingabe1. Das Element TxtEingabe3 wird nie per ⇆-Taste erreicht, kann jedoch mit der Maus angewählt werden.

4.2.2   Tastenkombination für Steuerelemente

Taste Alt

Bei einem Steuerelement kann in der Eigenschaft Text vor einem beliebigen Buchstaben das Zeichen & gesetzt werden. Der Buchstabe, der diesem Zeichen folgt, wird unterstrichen. Durch Betätigung der Alt-Taste werden die anwählbaren Buchstaben sichtbar. Nach der Eingabe des betreffenden Buchstabens wird das Click-Ereignis dieses Steuerelements ausgeführt.

Sie sollten vermeiden, dass auf einem Formular mehrere Steuerelemente den gleichen Auswahlbuchstaben haben. Sollte das dennoch der Fall sein, werden sie in der Aktivierungsreihenfolge ausgewählt.

Das Programm im Projekt *BedienungTastatur* wird um einige Steuerelemente erweitert, die die Starteigenschaften aus Tabelle 4.2 haben.

In Abbildung 4.8 sehen Sie den Zustand der Benutzeroberfläche nach Drücken der Taste Alt.

Typ	(Name)	Checked	Text	Tasten-kombination
Button	CmdBestellen		&Bestellen	Alt + B
Options-schaltfläche	OptBerlin	true	Berl&in	Alt + I
Options-schaltfläche	OptParis	false	&Paris	Alt + P

Tabelle 4.2 Beschriftung und Tastenkombination

Typ	(Name)	Checked	Text	Tasten-kombination
Options-schaltfläche	OptPrag	false	P&rag	⌐Alt⌐ + ⌐R⌐
Kontroll-kästchen	ChkMietwagen	false	Miet&wagen	⌐Alt⌐ + ⌐W⌐

Tabelle 4.2 Beschriftung und Tastenkombination (Forts.)

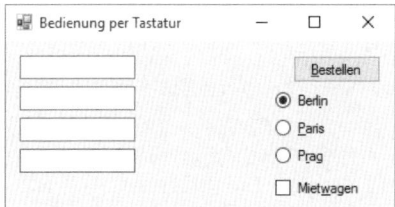

Abbildung 4.8 Mit unterstrichenen Buchstaben

4.3   Ereignisgesteuerte Programmierung

In diesem Abschnitt wird das Verständnis für die ereignisgesteuerte Programmierung weiter vertieft. In Windows-Programmen löst der Benutzer Ereignisse aus, die der Entwickler mit Ereignismethoden besetzt hat. In diesen Ereignismethoden wird der Programmcode zum jeweiligen Ereignis ausgeführt.

4.3.1   Eine Ereigniskette

Es besteht auch die Möglichkeit, Ereignisse statt durch den Benutzer durch Programmcode auszulösen, indem die Ereignismethode mit ihrem Namen aufgerufen wird. Sie simulieren damit sozusagen die Tätigkeit des Benutzers. Das kann die Programmentwicklung vereinfachen, weil dadurch die Folgen mehrerer Ereignisse zusammengefasst werden können, die aber nach wie vor auch einzeln ausgelöst werden können.

Ereignis simulieren

Das Programm im nachfolgenden Projekt *Ereigniskette* beinhaltet drei Buttons und zwei Label. Bei Betätigung des Buttons EREIGNIS 1 erscheint ein Text im ersten Label, bei Betätigung des Buttons EREIGNIS 2 hingegen im zweiten Label. Bei Betätigung des Buttons EREIGNIS 1+2 soll beides gleichzeitig passieren, siehe Abbildung 4.9. Ein weiterer Button soll zum Löschen der Label-Inhalte führen.

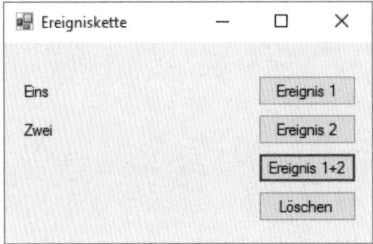

Abbildung 4.9 Zwei Ereignisse gleichzeitig auslösen

Der zugehörige Programmcode lautet:

```csharp
private void CmdEreignis1_Click(object sender, EventArgs e)
{
    LblAnzeige1.Text = "Eins";
}

private void CmdEreignis2_Click(object sender, EventArgs e)
{
    LblAnzeige2.Text = "Zwei";
}

private void CmdEreignis3_Click(object sender, EventArgs e)
{
    CmdEreignis1_Click(sender, e);
    CmdEreignis2_Click(sender, e);
}

private void CmdLoeschen_Click(object sender, EventArgs e)
{
    LblAnzeige1.Text = "";
    LblAnzeige2.Text = "";
}
```

Listing 4.3 Projekt »Ereigniskette«

Zur Erläuterung:

▶ In der Methode CmdEreignis3_Click() werden die Methoden CmdEreignis1_Click() und CmdEreignis2_Click() per Programmcode aufgerufen. Die beiden Parameter sender und e werden dabei weitergegeben. In beiden Labels wird anschließend Text angezeigt.

4.3.2 Endlose Ereignisketten

Durch Aufrufen von Ereignismethoden können Sie allerdings auch (unbeabsichtigt) endlose Ereignisketten auslösen. Dabei stapeln sich die Methodenaufrufe, und das Programm liefert keine Rückmeldung mehr an den Benutzer. Solche endlosen Ereignisketten sollten Sie natürlich vermeiden. Nachfolgend erhalten Sie dazu zwei Beispiele.

Keine Rückmeldung

Das erste Beispiel sehen Sie im Projekt *ButtonEndlos*: Zwei Buttons rufen sich gegenseitig auf:

```csharp
public partial class Form1 : Form
{
    ...
    private int x = 0;

    private void CmdEreignis1_Click(object sender, EventArgs e)
    {
        CmdEreignis2_Click(sender, e);
    }

    private void CmdEreignis2_Click(object sender, EventArgs e)
    {
        x++;
        if (x < 1000)
            CmdEreignis1_Click(sender, e);
        else
            LblAnzeige.Text = ":" + x;
    }
}
```

Listing 4.4 Projekt »ButtonEndlos«

Zur Erläuterung:

▶ Die Betätigung eines der Buttons *simuliert* die Betätigung des jeweils anderen Buttons.

▶ In der Ereignismethode des zweiten Buttons steht eine Verzweigung, die zu einer Begrenzung der Anzahl der Methodenaufrufe führt.

▶ Ohne diese Verzweigung würde das Programm endlos laufen – ohne weitere Rückmeldung an den Benutzer.

Es folgt das zweite Beispiel im Projekt *TextfeldEndlos*: Zwei Textfelder ändern sich gegenseitig:

```csharp
public partial class Form1 : Form
{
    ...
    private int x;

    private void TxtEingabe1_TextChanged(object sender, EventArgs e)
    {
        TxtEingabe2_TextChanged(sender, e);
    }

    private void TxtEingabe2_TextChanged(object sender, EventArgs e)
    {
        x++;
        if (x < 1000)
            TxtEingabe1_TextChanged(sender, e);
        else
            LblAnzeige.Text = ":" + x;
    }
}
```

Listing 4.5 Projekt »TextfeldEndlos«

Zur Erläuterung:

▶ Die Eingabe in eines der Textfelder *simuliert* die Änderung des Inhalts des jeweils anderen Textfelds. Das *simuliert* wiederum die Änderung des Inhalts des ersten Textfelds usw.

▶ Wiederum sorgt nur eine Verzweigung dafür, dass das Programm nicht endlos läuft.

4.3.3   Textfelder koppeln

Eine nützliche Simulation eines Ereignisses ist dagegen das Kopieren von einem Textfeld in ein anderes Textfeld während der Eingabe. Sie können dieses Verhalten beobachten, wenn Sie in Visual Studio ein Projekt speichern.

Im Dialogfeld PROJEKT SPEICHERN ist das Textfeld PROJEKTMAPPENNAME zunächst an das Textfeld NAME gekoppelt. Geben Sie im Textfeld NAME etwas ein, wird der eingegebene Text parallel in das andere Textfeld übernommen. Dieses Verhalten ändert sich allerdings, sobald Sie den Cursor in das Textfeld PROJEKTMAPPENNAME setzen: Nun sind die beiden Textfelder wieder entkoppelt.

Textfelder simultan

Das beschriebene Verhalten soll mithilfe des folgenden Programms im Projekt *TextfeldKoppeln* vorgeführt werden:

```
public partial class Form1 : Form
{
    ...
    private bool Kopplung;
    private void Form1_Activated(...)
    {
        TxtName.Focus();
        TxtName.SelectAll();
        Kopplung = true;
    }
    private void TxtName_TextChanged(...)
    {
        if (Kopplung)
            TxtProjektmappenname.Text = TxtName.Text;
    }
    private void TxtProjektmappenname_Click(...)
    {
        Kopplung = false;
    }
}
```

Listing 4.6 Projekt »TextfeldKoppeln«

Zur Erläuterung:

▶ Es wird eine klassenweit gültige Variable vom Typ `bool` deklariert. Diese Variable repräsentiert den Zustand der Kopplung. Sie wird beim Ereignis `Form1_Activated` auf `true` gesetzt, da dies dem Anfangszustand entspricht: Die beiden Textfelder sind gekoppelt (siehe Abbildung 4.10).

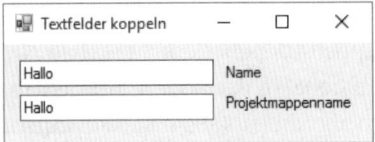

Abbildung 4.10 Gekoppelte Textfelder

Focus(), SelectAll() ▶ Außerdem wird mithilfe der Methode `Focus()` der Cursor in das Textfeld gesetzt und anschließend mithilfe der Methode `SelectAll()` der gesamte voreingetragene Inhalt des Textfelds (das Wort *Standardtext*) markiert. Dadurch erreichen Sie, dass der Inhalt durch eine Eingabe des Benutzers unmittelbar überschrieben werden kann.

▶ Ändert sich der Inhalt des Textfelds Name, wird in der Ereignismethode `TxtName_TextChanged()` geprüft, ob die beiden Textfelder noch gekoppelt sind. Ist das der Fall, wird der Inhalt unmittelbar in das Textfeld Projektmappenname kopiert.

▶ Klickt der Benutzer in das Textfeld Projektmappenname, wird die Kopplung gelöst (siehe Abbildung 4.11). Die Variable `Kopplung` wird auf `false` gestellt.

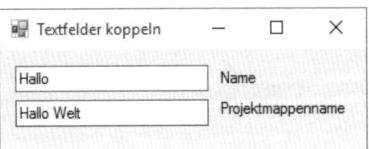

Abbildung 4.11 Entkoppelte Textfelder

4.3.4 Tastatur und Maus

Im Projekt *TastaturMaus* werden Ereignisse und Informationen erläutert, die bei der Eingabe mithilfe von Tastatur und Maus zur Verfügung gestellt werden. Das Projekt beinhaltet ein Textfeld und ein Panel, siehe Abbildung 4.12. Im Textfeld wurde die Taste A betätigt, im Panel wurde die linke Maustaste gedrückt.

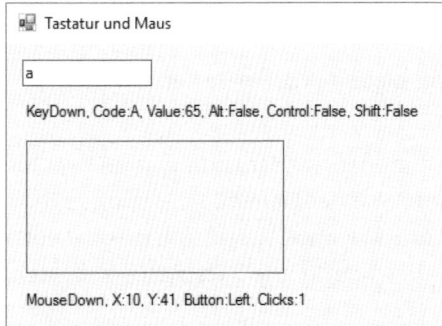

Abbildung 4.12 Informationen zu Tastatur und Maus

Es folgt der Code:

```
private void TxtEingabe_KeyDown(object sender, KeyEventArgs e)
{
    LblEingabe.Text = "KeyDown, Code:" + e.KeyCode + ", Value:"
        + e.KeyValue + ", Alt:" + e.Alt + ", Control:" + e.Control
        + ", Shift:" + e.Shift;
    if (e.KeyCode == Keys.Return)
        LblEingabe.Text += ", Return";
    else if (e.KeyCode == Keys.Delete)
        LblEingabe.Text += ", Delete";
}
private void PanMaus_MouseDown(object sender, MouseEventArgs e)
{
    LblMaus.Text = "MouseDown, X:" + e.X + ", Y:" + e.Y
        + ", Button:" + e.Button + ", Clicks:" + e.Clicks;
}
```

Listing 4.7 Projekt »TastaturMaus«

Das Ereignis KeyDown tritt ein, wenn Sie das Textfeld editieren und dabei eine Taste herunterdrücken. Es gibt auch das Ereignis KeyUp, das eintritt, wenn Sie eine Taste wieder loslassen. Der zweite Parameter der KeyDown-Prozedur (und auch der KeyUp-Prozedur) liefert einen Verweis auf ein Ereignisobjekt der Klasse KeyEventArgs. Das Objekt beinhaltet Informationen über die betätigte Taste.

KeyDown, KeyEventArgs

KeyCode, KeyValue

Die Eigenschaften `KeyCode` und `KeyValue` des Objekts geben den Namen und den Zahlenwert der Taste an. Die Eigenschaften `Alt`, `Control` und `Shift` liefern die boolesche Information, ob gleichzeitig die Tasten `Alt`, `Strg` oder `⇧` betätigt wurden.

Keys

Die Werte der Eigenschaft `KeyCode` stammen aus der Enumeration `Keys`. Sie können durch einen Vergleich mit einem der Elemente der Enumeration prüfen, ob eine bestimmte Taste gedrückt wurde. Das ist zum Beispiel nützlich, wenn Sie während der Eingabe in einem Textfeld feststellen möchten, ob die Taste `↵` gedrückt wurde.

MouseDown, MouseEventArgs

Das Ereignis `MouseDown` tritt ein, wenn Sie eine der Maustasten innerhalb des betreffenden Steuerelements herunterdrücken. Es gibt auch das Ereignis `MouseUp`, das eintritt, wenn Sie eine Maustaste wieder loslassen. Der zweite Parameter der `MouseDown`-Prozedur (und auch der `MouseUp`-Prozedur) liefert einen Verweis auf ein Ereignisobjekt der Klasse `MouseEventArgs`. Das Objekt beinhaltet Informationen über die Mausaktion.

X, Y

Die Eigenschaften `X` und `Y` des Objekts liefern die Koordinaten des Punkts innerhalb des Steuerelements, an dem die Maustaste gedrückt wurde. Wie üblich befindet sich links oben der Punkt mit den Koordinaten X=0 und Y=0. Die Eigenschaft `Button` gibt an, ob die linke, die mittlere oder die rechte Maustaste betätigt wurde. Mithilfe der Eigenschaft `Clicks` können Sie zwischen einem einfachen und einem doppelten Klick unterscheiden.

4.4   Datenfelder

Zusammengehörige Daten

Datenfelder werden verwendet, um eine größere Menge zusammengehöriger Daten des gleichen Datentyps mit dem gleichen Variablennamen anzusprechen und zu speichern. Sie können ein- oder mehrdimensional sein. Im Zusammenhang mit Feldern werden häufig Schleifen eingesetzt. Diese ermöglichen es, alle Elemente eines Felds anzusprechen.

4.4.1   Eindimensionale Datenfelder

Im nachfolgenden Beispiel im Projekt *DatenfeldEindimensional* werden sieben Werte aus einer Reihe von Temperaturmessungen in einem Datenfeld vom Typ `int` gespeichert und in einem Listenfeld ausgegeben (siehe Abbildung 4.13).

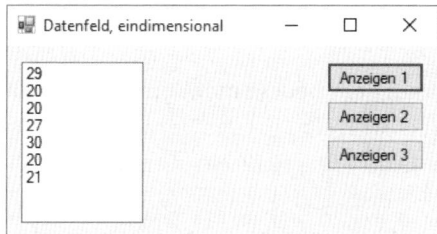

Abbildung 4.13 Eindimensionales Feld

Der Programmcode:

```
public partial class Form1 : Form
{
    ...
    private Random r = new Random();

    private void CmdAnzeigen1_Click(...)
    {
        int[] a;
        a = new int[7];

        LstFeld.Items.Clear();
        for (int i = 0; i < 7; i++)
        {
            a[i] = r.Next(20, 31);
            LstFeld.Items.Add(a[i]);
        }
    }
}
```

Listing 4.8 Projekt »DatenfeldEindimensional«, Feld erzeugen

Zur Erläuterung:

▸ Der Zufallszahlengenerator wird mithilfe eines Objekts der Klasse Random **Random**
realisiert, das klassenweit gültig deklariert wird.

▸ Mit der Anweisung int[] a wird a zu einem Verweis auf ein eindimensio- **Verweis auf Feld**
nales Feld vom Typ int. Ein Verweis dient dazu, auf ein Objekt zu verwei-

sen, das die eigentlichen Daten beinhaltet. Mehr zu Verweisen und Objekten erfahren Sie in Kapitel 5.

Feld
▶ Die Anweisung a = new int[7] erzeugt ein neues eindimensionales Feld mit sieben Elementen und macht dieses Feld über den Verweis a zugreifbar. Jedes einzelne Element des Felds entspricht einer einzelnen int-Variablen.

Index
▶ Die einzelnen Elemente werden durch eine laufende Nummer, den sogenannten Index, voneinander unterschieden. Der Index beginnt immer bei 0. Das erste Element des Felds hat die Bezeichnung a[0], das nächste a[1] usw. bis hin zu a[6].

▶ Es können Felder aller bereits genannten Datentypen deklariert werden.

▶ Das Listenfeld wird zunächst gelöscht. Das ist sinnvoll, falls man den Button mehrmals hintereinander betätigt.

▶ Innerhalb einer for-Schleife wird jedem Element des Felds ein Wert zugewiesen. Innerhalb der Schleife wird das aktuelle Element mit a[i] angesprochen, da die Schleifenvariable i die Werte von 0 bis 6 durchläuft, die als Index benötigt werden.

Next()
▶ Die Methode Next() des Zufallsgenerators liefert mit den Parametern 20 und 31 zufällige ganze Zahlen zwischen 20 und 30.

▶ Mit der Methode Add() der Eigenschaft Items des Listenfelds werden diese Zahlen einem Listenfeld hinzugefügt, sodass nach dem Ablauf der Ereignismethode alle Elemente des Felds im Listenfeld angezeigt werden.

Index außerhalb des Felds
Hinweis: Ein typischer Laufzeitfehler im Zusammenhang mit Feldern ist die Benutzung eines Index, der außerhalb des Felds liegt. In diesem Fall folgt eine Ausnahme vom Typ IndexOutOfRangeException.

4.4.2   Ein Feld durchsuchen

Im folgenden Beispiel geht es um eine typische Operation mit einem Feld: Sie möchten wissen, welches das größte und welches das kleinste Element des Felds ist (Maximum bzw. Minimum). Das soll mithilfe des nachfolgenden Programms (auch im Projekt *DatenfeldEindimensional*) ermittelt werden (siehe Abbildung 4.14).

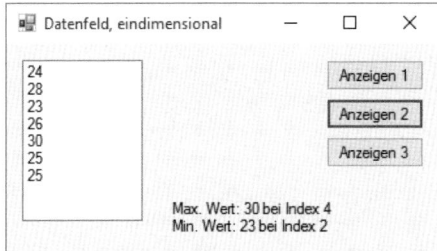

Abbildung 4.14 Maximum und Minimum

Der Programmcode lautet wie folgt:

```
private void CmdAnzeigen2_Click(...)
{
    int[] a = new int[7];
    int MaxWert, MinWert, MaxWertIndex, MinWertIndex;

    LstFeld.Items.Clear();
    for (int i = 0; i < a.Length; i++)
    {
        a[i] = r.Next(20, 31);
        LstFeld.Items.Add(a[i]);
    }

    /* Max/Min initialisieren */
    MaxWert = a[0];
    MinWert = a[0];
    MaxWertIndex = 0;
    MinWertIndex = 0;

    /* Max/Min suchen */
    for (int i = 1; i < a.Length; i++)
    {
        if (a[i] > MaxWert)
        {
            MaxWert = a[i];
            MaxWertIndex = i;
        }

        if (a[i] < MinWert)
        {
```

```
            MinWert = a[i];
            MinWertIndex = i;
        }
    }

    /* Max/Min ausgeben */
    LblAnzeige.Text = "Max. Wert: " + MaxWert + " bei Index " +
        MaxWertIndex + "\n" + "Min. Wert: " + MinWert +
        " bei Index " + MinWertIndex;
}
```

Listing 4.9 Projekt »DatenfeldEindimensional«, Maximum, Minimum

Zur Erläuterung:

Verweis mit Feld

▶ Das Datenfeld wird gemeinsam mit dem zugehörigen Verweis deklariert. Meist wird diese etwas kompaktere Form gewählt.

▶ Es sind insgesamt vier Variablen vorgesehen, die den größten und den
kleinsten Wert sowie deren Feldindizes speichern sollen.

Length

▶ Die for-Schleifen im Programm verwenden die Eigenschaft Length des
Felds. Diese Eigenschaft liefert die Anzahl der Elemente eines Felds. Der
maximale Index ist Length - 1, da das erste Element den Index 0 hat.

▶ Nach dem Füllen und Anzeigen des Felds werden die oben angegebenen
vier Variablen initialisiert. Die Werte des ersten Feldelements werden als
größtes und als kleinstes Element vorbesetzt. Dessen Index (also 0) wird
als Index des größten Elements und als Index des kleinsten Elements
vorbesetzt.

▶ Anschließend wird das restliche Feld (ab Index 1) untersucht. Wenn
eines der Elemente größer ist als das bisherige Maximum, haben wir ein
neues Maximum. Wert und Index des neuen Maximums werden gespeichert. Dieselbe Operation wird analog für das Minimum durchgeführt.

▶ Zum Abschluss werden die ermittelten Werte und ihre Indizes ausgegeben.

4.4.3   Weitere Feldoperationen

Array

C# stellt für Datenfelder automatisch eine Reihe von Möglichkeiten (über
die Klasse Array) zur Verfügung. Diese werden teilweise über den Namen

des Felds, teilweise aber auch über den Klassennamen selbst (Array) aufgerufen.

Als Beispiel für die zahlreichen Möglichkeiten soll im nachfolgenden Programm (ebenfalls im Projekt *DatenfeldEindimensional*) ein Feld geklont werden. Anschließend wird das geklonte Feld sortiert und nach einem bestimmten Wert durchsucht (siehe Abbildung 4.15).

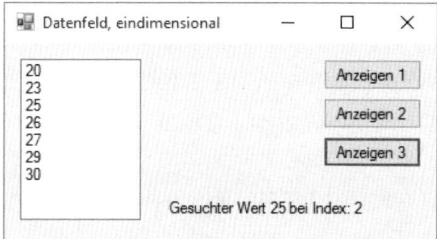

Abbildung 4.15 Wert gesucht und gefunden

Der Programmcode:

```
private void CmdAnzeigen3_Click(...)
{
    int[] a = new int[7], b = new int[7];
    int SuchIndex;

    for (int i = 0; i < a.Length; i++)
        a[i] = r.Next(20, 31);

    b = (int[])a.Clone();

    Array.Sort(b);

    LstFeld.Items.Clear();
    for (int i = 0; i < a.Length; i++)
        LstFeld.Items.Add(b[i]);

    SuchIndex = Array.IndexOf(b, 25);
    LblAnzeige.Text = "Gesuchter Wert 25 bei Index: " + SuchIndex;
}
```

Listing 4.10 Projekt »DatenfeldEindimensional«, Feldoperationen

Zur Erläuterung:

▶ Es wird ein zweites Feld b mit der gleichen Größe wie das Originalfeld a deklariert.

Clone()   ▶ Die Methode Clone() dient dem Kopieren eines ganzen Felds. Sie liefert zunächst einen Verweis auf ein Objekt der allgemeinen Klasse object. Dieser Verweis wird mithilfe des Casts (int []) in einen Verweis auf ein eindimensionales Feld vom Typ int umgewandelt. Anschließend stehen im Feld b die gleichen Werte wie im Feld a zur Verfügung.

▶ Hinweis: Die einfache Zuweisung b = a dient nicht dem Kopieren des Felds a. Stattdessen würde damit nur ein zweiter Verweis auf das Feld a zur Verfügung gestellt werden.

Sort()   ▶ Die Methode Sort() der Klasse Array wird zur aufsteigenden Sortierung des Felds b genutzt.

▶ Die Elemente des sortierten Felds werden ausgegeben.

IndexOf()   ▶ Die Methode IndexOf() der Klasse Array liefert zu einem Suchwert (25) den ersten Index im Suchfeld b. Das ist die Position, an welcher der gesuchte Wert erstmalig im Feld gefunden wird. Falls der Wert nicht existiert, wird –1 zurückgegeben (siehe Abbildung 4.16).

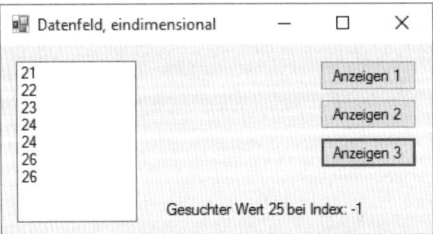

Abbildung 4.16 Wert gesucht und nicht gefunden

4.4.4   Mehrdimensionale Datenfelder

Haben Sie nicht nur sieben Temperaturwerte, die Sie speichern möchten, sondern werden die Temperaturwerte darüber hinaus an drei verschiedenen Orten aufgenommen, bietet sich ein zweidimensionales Feld an. Die Elemente eines solchen Felds werden über zwei Indizes angesprochen. Der erste Index steht für die laufende Nummer der Messung, der zweite für den Ort, an dem die Messung durchgeführt wird.

Das nachfolgende Programm im Projekt *DatenfeldMehrdimensional*, bei dem die Werte eines Orts jeweils in einem eigenen Listenfeld angezeigt werden, veranschaulicht das (siehe Abbildung 4.17).

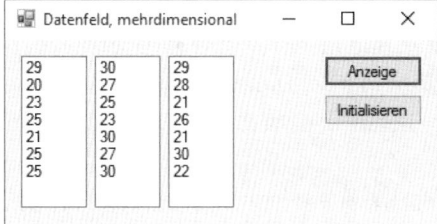

Abbildung 4.17 Zweidimensionales Feld

Hier der Programmcode:

```
public partial class Form1 : Form
{
    ...
    private Random r = new Random();

    private void CmdAnzeige_Click(...)
    {
        int[,] a;
        a = new int[7, 3];

        LstSpalte0.Items.Clear();
        LstSpalte1.Items.Clear();
        LstSpalte2.Items.Clear();

        for (int i = 0; i <= a.GetUpperBound(0); i++)
        {
            for (int k = 0; k <= a.GetUpperBound(1); k++)
                a[i, k] = r.Next(20, 31);
            LstSpalte0.Items.Add(a[i, 0]);
            LstSpalte1.Items.Add(a[i, 1]);
            LstSpalte2.Items.Add(a[i, 2]);
        }
    }
}
```

Listing 4.11 Projekt »DatenfeldMehrdimensional«, Feld erzeugen

Zur Erläuterung:

Verweis auf Feld
▶ Mit der Anweisung int[,] a wird a zu einem Verweis auf ein zweidimensionales Feld vom Typ int.

Feld, zwei Indizes
▶ Die Anweisung a = new int[7,3] erzeugt ein neues zweidimensionales Feld mit sieben mal drei Elementen und macht dieses Feld über den Verweis a zugreifbar. Der Index beginnt in jeder Dimension bei 0.

Length
▶ Die Eigenschaft Length des Felds liefert den Wert 21 für die Anzahl der Elemente.

▶ Die drei Listenfelder werden zunächst gelöscht. Das ist sinnvoll für den Fall, dass man den Button mehrmals hintereinander betätigt.

Geschachtelte Schleife
▶ Es folgen zwei geschachtelte for-Schleifen. Geschachtelte Schleifen bestehen aus einer äußeren und einer inneren Schleife. Die äußere Schleife arbeitet hier mit der Schleifenvariablen i, die von 0 bis 6 läuft. Die innere Schleife arbeitet hier hingegen mit der Schleifenvariablen k, die von 0 bis 2 läuft.

GetUpperBound()
▶ Die obere Grenze für den Index einer Felddimension lässt sich über die Methode GetUpperBound() ermitteln. Falls Sie als Parameter 0 angeben, wird die Grenze für die erste Dimension ermittelt, hier 6. Entsprechend wird für den Parameter 1 der Wert der zweiten Dimension geliefert, hier 2.

▶ Die geschachtelte Schleife hat folgenden Ablauf: i erhält zunächst den Wert 0, k durchläuft die Werte 0 bis 2, worauf i den Wert 1 erhält, und k wieder die Werte von 0 bis 2 usw.

▶ Auf diese Weise werden alle 21 Elemente des zweidimensionalen Felds erreicht. Das jeweils aktuelle Element a[i, k] erhält seinen Wert wieder über den Zufallsgenerator.

▶ Anschließend werden die drei neuen Werte ihren jeweiligen Listenfeldern mit Items.Add() hinzugefügt.

▶ Das Feld wird auf diese Weise vollständig erzeugt und angezeigt.

Wählt der Benutzer eines der Elemente per Mausklick an, werden dessen Indizes in einem Label angezeigt (siehe Abbildung 4.18).

Zur Anzeige der Indizes dient die folgende Methode (ebenfalls im Projekt *DatenfeldMehrdimensional*):

```
private void LstSpalte_Click(object sender, EventArgs e)
{
    ListBox lst = sender as ListBox;
```

```
    int x;
    if (lst == LstSpalte0)      x = 0;
    else if (lst == LstSpalte1) x = 1;
    else                        x = 2;
    LblAnzeige.Text = "Indizes: " + lst.SelectedIndex + ", " + x;
}
```

Listing 4.12 Projekt »DatenfeldMehrdimensional«, Indizes anzeigen

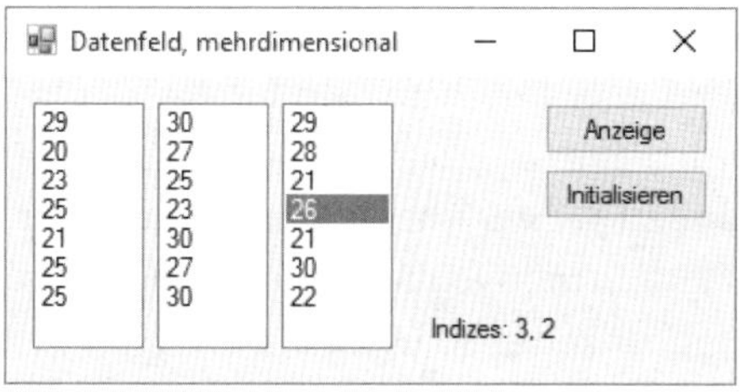

Abbildung 4.18 Indizes des ausgewählten Elements

Zur Erläuterung:

▶ Zunächst wird der Verweis auf das sendende Objekt in einen Verweis auf   **as**
  eine ListBox umgewandelt. Ansonsten hätten wir keinen Zugriff auf die
  Eigenschaft SelectedIndex. Der Operator as ermöglicht eine solche Umwandlung von einem »ungenauen« Typ (hier object) in einen »genau
  passenden« Typ (hier ListBox).

▶ Ein Klick in ein beliebiges der drei Listenfelder führt zu dieser Prozedur.   **Objektverweis**
  Mithilfe des Vergleichsoperators == wird festgestellt, welches Listenfeld
  der *Sender* des Ereignisses war. Mehr zum Vergleich von Objektverweisen finden Sie in Abschnitt 5.6.

▶ Anschließend werden der Index des markierten Elements innerhalb des
  Listenfelds und der Index des betreffenden Listenfelds (0, 1 oder 2) im
  Label angezeigt.

Weitere Möglichkeiten:

▶ Wie bereits erwähnt, können ein- oder mehrdimensionale Felder beliebiger Datentypen deklariert werden.

▶ Haben Sie nicht nur sieben Messungen an drei Orten, sondern beispiels-   **Dreidimensional**
  weise auch noch Messungen an 31 Tagen, benötigen Sie eine dritte
  Dimension. Die Deklaration sähe in diesem Fall wie folgt aus: int[, ,]

a = new int[7, 3, 31]. Es ergeben sich also 7 × 3 × 31 Elemente. Length liefert somit den Wert 651.

Vierdimensional

▶ Dieses Beispiel lässt sich leicht erweitern: Wie bisher haben wir sieben Messungen an drei Orten an 31 Tagen. Nun werden aber jeweils nicht mehr nur die Temperatur, sondern auch die Windrichtung, die Windgeschwindigkeit und die Luftfeuchtigkeit gemessen. Dazu benötigen Sie ein vierdimensionales Feld, das wie folgt deklariert wird: double[, , ,] b = new double[7, 3, 31, 4]. In diesem Falle liefert Length den Wert 2604.

▶ Sie sehen, dass Datenfelder nahezu unbegrenzte Möglichkeiten zur Speicherung und Verarbeitung größerer Datenmengen bieten. Der Begriff *Speicherung* ist hier natürlich nur eingeschränkt zu verstehen, nämlich für die Speicherung während der Verarbeitung. Für eine dauerhafte Speicherung auf der Festplatte benötigen Sie Dateien (siehe Abschnitt 6.3) oder besser noch Datenbanken (siehe Kapitel 8).

Übung UDatenfeldEindimensional

Übung UDatenfeld-Eindimensional

Schreiben Sie ein Programm, in welchem den Elementen eines eindimensionalen Felds, das 10 int-Werte beinhaltet, zufällige Werte zugewiesen werden. Anschließend sollen alle Positionen des kleinsten Feldelements ermittelt und ausgegeben werden, so wie in Abbildung 4.19 dargestellt.

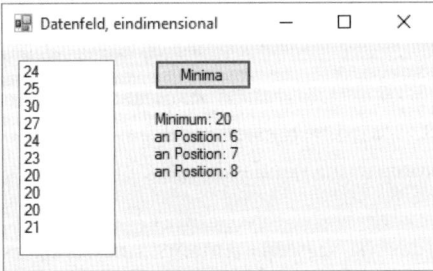

Abbildung 4.19 Übung UDatenfeldEindimensional

Übung UDatenfeldMehrdimensional

Übung UDatenfeld-Mehrdimensional

Schreiben Sie ein Programm, in welchem den Elementen eines dreidimensionalen Felds, das 6 × 3 × 4 int-Werte beinhaltet, zufällige Werte zugewiesen werden. Anschließend sollen alle Positionen des kleinsten Elements des Felds ermittelt und ausgegeben werden (siehe Abbildung 4.20).

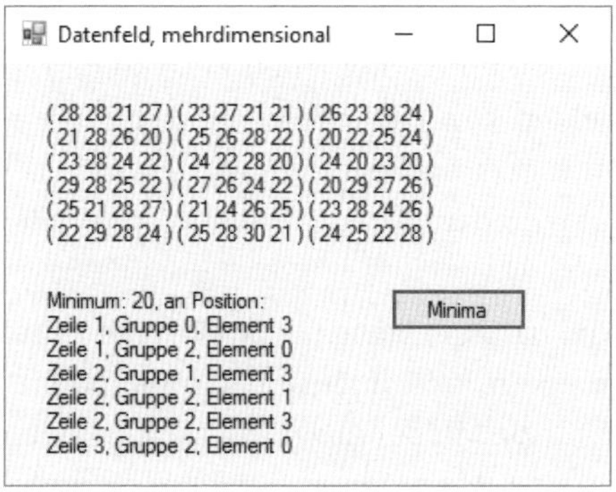

Abbildung 4.20 Übung UDatenfeldMehrdimensional

4.4.5   Datenfelder initialisieren

Datenfelder können auch direkt bei ihrer Erzeugung mit Werten besetzt werden. Statt der Größe der einzelnen Dimensionen geben Sie die Elemente an. Für jede Dimension wird dabei ein Paar geschweifter Klammern { } benötigt. Hierzu gibt es das folgende Beispiel (ebenfalls im Projekt *DatenfeldMehrdimensional*):

Geschweifte Klammern

```
private void CmdInit_Click(...)
{
    int[] a = { 0, 5, -2, 7 };

    double[,] b = { { 6.2, 2.0, -1.8 }, { 9.3, 3.6, -2.3 } };

    int[, ,] c = { {{9, -3, 2}, {2, 1, -5}},
                   {{3, 9, 8},  {6, 3, -8}} };

    LblAnzeige.Text = b[1, 2] + "    " + c[1, 1, 2];
}
```

Listing 4.13 Projekt »DatenfeldMehrdimensional«, Initialisierung

Zur Erläuterung:

▶ Das Feld a ist eindimensional und hat vier Elemente. Die einzelnen Elemente werden durch Kommata voneinander getrennt. Das gesamte Feld steht innerhalb eines Paars geschweifter Klammern. Das erste Element hat den Index 0 usw.

▶ Das Feld b ist zweidimensional und hat zwei Zeilen × drei Spalten mit insgesamt sechs Elementen. Die Elemente einer jeden Zeile stehen in geschweiften Klammern. Die beiden Zeilen des Felds sind durch ein Komma voneinander getrennt. Das gesamte Feld steht wiederum in geschweiften Klammern. Angezeigt wird der letzte Wert der letzten Zeile: −2.3.

▶ Das Feld c ist dreidimensional und hat zwei Ebenen × zwei Zeilen × drei Spalten mit insgesamt zwölf Elementen. Pro Dimension kommen weitere Paare geschweifter Klammern hinzu. Mit der Anzahl an Dimensionen wird die Zuordnung der Werte zu den Feldelementen auf diese Weise zunehmend schwieriger. Empfehlenswert ist daher eher die explizite Zuordnung durch einzelne Zuweisungen. Angezeigt wird der letzte Wert der letzten Zeile der letzten Ebene: −8.

4.4.6 Verzweigte Datenfelder

Die bisher genutzten mehrdimensionalen Datenfelder waren rechteckig. Es gab also in jeder Zeile die gleiche Anzahl an Spalten bzw. in jeder Ebene die gleiche Anzahl an Zeilen usw.

Feld mit Unterfeldern Es gibt in C# aber auch die Möglichkeit, verzweigte Felder anzulegen. Dabei handelt es sich um Felder mit Unterfeldern. Die Unterfelder sind voneinander unabhängig und können unterschiedlich groß sein. Je nach Problemstellung eignen sich diese Felder besser zur Lösung als rechteckige Felder. Hierzu folgt ein Beispiel im Projekt *DatenfeldVerzweigt*, siehe dazu auch Abbildung 4.21.

Der Programmcode:

```
public partial class Form1 : Form
{
    ...
    private Random r = new Random();

    private void CmdAnzeige_Click(...)
    {
        double[][] a = new double[5][];
        int anz = 0;

        a[0] = new double[2];
        a[1] = new double[4];
```

```
a[2] = new double[2];
a[3] = new double[3];
a[4] = new double[1];

LblAnzeige.Text = "";
for (int i = 0; i < a.Length; i++)
{
    for (int k = 0; k < a[i].Length; k++)
    {
        a[i][k] = Math.Round(r.NextDouble(), 3);
        LblAnzeige.Text += a[i][k] + "   ";
    }
    anz += a[i].Length;
    LblAnzeige.Text += "\n";
}

LblAnzeige.Text += "Anzahl: " + anz;
}
}
```

Listing 4.14 Projekt »DatenfeldVerzweigt«

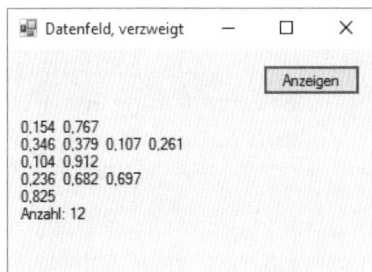

Abbildung 4.21 Verzweigtes Feld

Zur Erläuterung:

▶ Zunächst wird mit double[][] a ein Verweis auf ein Hauptfeld mit Unter-   **Hauptfeld**
feldern vom Datentyp double vereinbart. Dazu dienen zwei Paar eckige
Klammern.

▶ Anschließend wird mit new double[5][] festgelegt, dass das Hauptfeld
fünf Elemente hat. Jedes dieser Elemente ist ein Unterfeld vom Datentyp
double. Die Unterfelder haben noch keine festgelegte Größe.

Unterfelder ▶ Die Unterfelder werden einzeln dimensioniert. Die Angabe a[1] = new double[4] bedeutet, dass das zweite Unterfeld vier Elemente hat. Jedes dieser Elemente ist vom Datentyp double.

▶ Die Eigenschaft Length des Hauptfelds a liefert die Anzahl der Unterfelder, nicht die Anzahl der Elemente des gesamten verzweigten Felds.

▶ Für jedes Unterfeld a[i] wird mit Length dessen spezifische Länge geliefert.

NextDouble() ▶ Die Elemente bekommen mithilfe der Methode NextDouble() des Zufallsgenerators Werte zwischen 0.0 und 1.0 zugewiesen. Jedes Feldelement wird über a[i][k], also mit zwei Paaren eckiger Klammern angesprochen. Die Werte werden mithilfe der Methode Math.Round auf drei Nachkommastellen gerundet.

▶ Die Gesamtanzahl der Elemente des verzweigten Felds wird durch Summierung in der Variablen anz ermittelt.

4.4.7 Datenfelder sind dynamisch

Steht zum Zeitpunkt des Programmstarts noch nicht fest, wie viele Variablen in einem Feld gespeichert werden sollen, können Sie die Größe auch zur Laufzeit verändern.

Array.Resize() Die Größenveränderung kann für ein eindimensionales Feld auf einfache Weise mithilfe der Methode Resize() der Klasse Array durchgeführt werden. Bereits vorhandene Werte bleiben bei einer Vergrößerung des Felds erhalten. Bei einer Verkleinerung des Felds gehen nur die überzähligen Werte verloren.

Im folgenden Beispiel wird ein Feldverweis mit klassenweiter Gültigkeit deklariert. Die Größe des Felds wird einmal festgelegt (siehe Abbildung 4.22) und anschließend zweimal verändert (Projekt *DatenfeldDynamisch*), siehe Abbildung 4.23 und Abbildung 4.24.

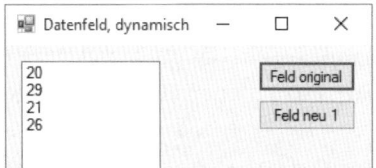

Abbildung 4.22 Feld in der ursprünglichen Größe

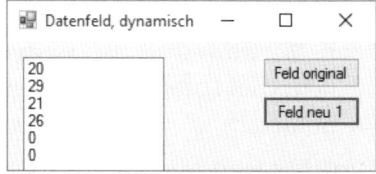

Abbildung 4.23 Vergrößerung auf sechs Elemente

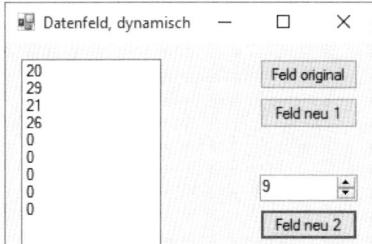

Abbildung 4.24 Vergrößerung auf die eingegebene
Anzahl der Elemente

Der Programmcode:

```
public partial class Form1 : Form
{
    ...
    private Random r = new Random();
    private int[] a;

    private void CmdOriginal_Click(...)
    {
        a = new int[4];
        LstFeld.Items.Clear();
        for(int i = 0; i < a.Length; i++)
        {
            a[i] = r.Next(20, 31);
            LstFeld.Items.Add(a[i]);
        }
    }

    private void CmdNeu1_Click(...)
    {
        Array.Resize(ref a, 6);
        LstFeld.Items.Clear();
        for(int i = 0; i < a.Length; i++)
            LstFeld.Items.Add(a[i]);
    }

    private void CmdNeu2_Click(...)
    {
        Array.Resize(ref a, (int)NumGroesse.Value);
```

```
                    LstFeld.Items.Clear();
                    for(int i = 0; i < a.Length; i++)
                        LstFeld.Items.Add(a[i]);
                }
            }
```

Listing 4.15 Projekt »DatenfeldDynamisch«

Zur Erläuterung:

▶ Das Feld a wird zunächst mit einer Größe von vier Elementen deklariert
und mit zufälligen Werten gefüllt.

ref ▶ In der Methode CmdNeu1_Click() wird das Feld neu auf die Größe 6
dimensioniert. Dabei bleiben die ersten vier Werte erhalten. Die
Methode Resize() bekommt mithilfe des Schlüsselworts ref eine Referenz auf das Feld zur Verfügung gestellt. Der zweite Parameter stellt die
gewünschte neue Größe des Felds dar. Mehr zu ref erfahren Sie in
Abschnitt 4.5.2.

▶ In der Methode CmdNeu2_Click() wird das Feld auf eine neue Größe dimensioniert, die der Benutzer zur Laufzeit des Programms festlegt. Da
das Zahlenauswahlfeld einen Wert vom Datentyp decimal liefert, muss
dieser mit dem Cast (int) umgewandelt werden.

▶ Die Anzahl der Elemente des Felds zur Steuerung der for-Schleife wird
am besten anhand der Eigenschaft Length ermittelt, da sie sich mehrmals ändert.

4.5 Methoden

In C# haben Entwickler die Möglichkeit, eigene Methoden zu schreiben.
Das hat folgende Vorteile:

▶ Gleiche oder ähnliche Vorgänge müssen nur einmal beschrieben werden und können anschließend beliebig oft ausgeführt werden.

Modularisierung ▶ Umfangreiche Programme werden modularisiert, d. h., sie werden in
kleinere Bestandteile zerlegt, die übersichtlicher sind und einfacher
gewartet werden können.

Methoden können auch einen Wert, beispielsweise das Ergebnis einer Berechnung, zurückliefern.

4.5.1 Einfache Methoden

In einer einfachen Methode sind jene Anweisungen zusammengefasst, die als logische Einheit zusammen ausgeführt werden sollen. Durch eine klare Aufgabenteilung zwischen verschiedenen Methoden wird der Programmcode übersichtlicher und kann so einfacher gewartet werden.

An eine Methode können Argumente übergeben werden. Diese werden in Klammern hinter dem Methodennamen, durch Kommata voneinander getrennt, angegeben.

Argumente

Das Schlüsselwort `return` können Sie einsetzen, um die Methode aufgrund einer speziellen Bedingung sofort und nicht erst am Ende zu verlassen.

return

Hinweis: Statt des Begriffs *Argument* wird auch häufig der Begriff *Parameter* verwendet.

Parameter

Im nachfolgenden Beispiel wird die Methode `ZeigeMaximum()` von zwei verschiedenen Stellen aus aufgerufen. Sie berechnet jeweils das Maximum der beiden übergebenen Argumente und gibt dieses aus (Projekt *Methoden*).

```
private void CmdAnzeige1_Click(...)
{
    double a, b;
    a = 4.5;
    b = 7.2;
    ZeigeMaximum(a, b);
}

private void CmdAnzeige2_Click(...)
{
    double c, d;
    c = 23.9;
    d = 5.6;
    ZeigeMaximum(c, d);
}

private void ZeigeMaximum(double x, double y)
{
    if (x > y)
        LblAnzeige.Text = "Maximum: " + x;
    else
```

```
        LblAnzeige.Text = "Maximum: " + y;
    return;                // nicht notwendig
}
```

Listing 4.16 Projekt »Methoden«

Zur Erläuterung:

▶ Die Methode ZeigeMaximum() hat zwei Argumente, die beiden double-Variablen x und y. Folglich muss die Methode auch mit zwei double-Variablen aufgerufen werden, da sie dies voraussetzt.

▶ In der ersten Ereignismethode wird die Methode ZeigeMaximum() mit den Variablen a und b, in der zweiten Ereignismethode mit den Variablen c und d aufgerufen. Genauer gesagt werden der Methode ZeigeMaximum() nicht die Variablen selbst, sondern nur deren Werte übergeben.

▶ In beiden Fällen werden also zwei Zahlenwerte an x und y übergeben. Innerhalb der Methode wird mithilfe einer Verzweigung das Maximum dieser beiden Zahlen ermittelt und ausgegeben. Anschließend endet die Methode ZeigeMaximum(), und der Programmablauf kehrt zur aufrufenden Ereignismethode zurück.

return   ▶ Das Schlüsselwort return kann zum vorzeitigen Beenden einer Methode genutzt werden. Das wäre hier aber eigentlich nicht notwendig gewesen.

▶ Die Variablen, mit denen eine Methode aufgerufen wird, müssen also nicht die gleichen Namen haben wie die Variablen, die zur Speicherung der übergebenen Werte bereitstehen. Methoden werden im Allgemeinen von beliebigen Stellen des Programms aus mit unterschiedlichen Argumenten wiederholt aufgerufen.

Anzahl, Reihenfolge
und Datentyp   ▶ Wichtig ist hierbei, dass Anzahl, Reihenfolge und Datentyp der Argumente übereinstimmen.

An dieser Stelle soll noch einmal auf das Thema *Gültigkeitsbereich von Variablen* eingegangen werden:

Lokal   ▶ Die beiden lokalen Variablen a und b sind nur innerhalb der ersten Ereignismethode bekannt und gültig. Auf die zweite Ereignismethode bezogen trifft das ebenso für die beiden lokalen Variablen c und d zu.

▶ Das Gleiche gilt für die beiden Parameter x und y, bezogen auf die allgemeine Methode ZeigeMaximum().

▶ Somit kann es nicht zu Verwechslungen kommen. Selbst wenn einzelne Variablennamen in mehr als einer Methode vorkommen, ist die Eindeutigkeit aufgrund des Gültigkeitsbereichs gegeben.

Die Methode `ZeigeMaximum()` ist nur innerhalb der Klasse `Form1` gültig. Dies wird durch das Schlüsselwort `private` gekennzeichnet.

private

4

4.5.2 Übergabe per Referenz

Falls mithilfe der Argumentliste Variablen eines Basisdatentyps wie zum Beispiel `int`, `double` oder `bool` an eine Methode übergeben werden, werden in der Methode Kopien der Variablen benutzt. Der Datentyp `string` zählt auch zu diesen sogenannten *Werttypen*. Eine Veränderung der Kopie hat keine Rückwirkung auf das Original.

Werttyp

Möchten Sie, dass Veränderungen der Variablen in der Methode eine Rückwirkung auf das Original haben sollen, müssen Sie sie per Referenz an die Methode übergeben. Das geschieht mit dem Schlüsselwort `ref`.

ref

Normalerweise muss eine Variable einen Wert besitzen, bevor sie an eine Methode übergeben werden kann. Es gibt eine Ausnahme: Falls sich der Wert der Variablen erst in der Methode ergibt, kann die Variable mit dem Parameter `out` an die Methode übergeben werden.

out

Datenfelder gehören zu den sogenannten *Verweistypen*. Variablen dieser Typen werden automatisch per Referenz übergeben. Veränderungen in der Methode wirken sich unmittelbar auf das Original aus.

Verweistyp

Im nachfolgenden Programm im Projekt *MethodenUebergabe* werden die verschiedenen Möglichkeiten gezeigt, zunächst Teil 1:

```
private void CmdKopie_Click(...)
{
    int x, y;
    x = 5;
    y = 12;
    LblAnzeige.Text = "Vorher: x: " + x + ", y: " + y;
    TauscheKopie(x, y);
    LblAnzeige.Text += "\nNachher: x: " + x + ", y: " + y;
}


private void CmdReferenz_Click(...)
{
```

```
        int x, y;
        x = 5;
        y = 12;
        LblAnzeige.Text = "Vorher: x: " + x + ", y: " + y;
        TauscheReferenz(ref x, ref y);
        LblAnzeige.Text += "\nNachher: x: " + x + ", y: " + y;
    }

    private void TauscheKopie(int a, int b)
    {
        int c;
        c = a;
        a = b;
        b = c;
    }

    private void TauscheReferenz(ref int a, ref int b)
    {
        int c;
        c = a;
        a = b;
        b = c;
    }
```

Listing 4.17 Projekt »MethodenUebergabe«, Teil 1

Zur Erläuterung:

▶ In den beiden Ereignismethoden CmdKopie() und CmdReferenz() werden jeweils zwei int-Variablen mit Startwerten belegt. Anschließend wird jeweils eine Methode aufgerufen (TauscheKopie() bzw. TauscheReferenz()). Die Werte der beiden Variablen werden vor und nach dem Methodenaufruf ausgegeben.

Ringtausch ▶ In beiden aufgerufenen Methoden werden jeweils die beiden übergebenen Variablen mithilfe einer dritten Variablen vertauscht (Ringtausch).

▶ Im Fall der Methode TauscheKopie() werden Kopien verwendet. Die Endwerte stimmen mit den Startwerten überein, denn der Tausch hat nur intern in der Methode TauscheKopie() stattgefunden, er hat keine Wirkung nach außen (siehe Abbildung 4.25).

▶ Im Kopf der Methode TauscheReferenz() und beim Aufruf dieser Methode wird das Schlüsselwort ref verwendet. Die Endwerte stimmen dadurch nicht mehr mit den Startwerten überein, der Tausch hat eine dauerhafte Auswirkung auf die beiden Originalvariablen (siehe Abbildung 4.26).

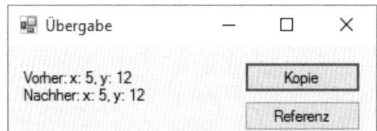

Abbildung 4.25 Übergabe per Kopie

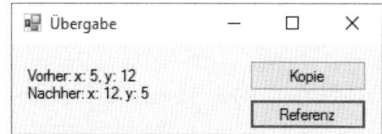

Abbildung 4.26 Übergabe per Referenz

Es folgt Teil 2 des Programms im Projekt *MethodenUebergabe*:

```
private void CmdEinDimFeld_Click(...)
{
    int[] p = { 6, 7, 2 };

    Verdoppeln(p);
    LblAnzeige.Text = "";
    foreach (int z in p)
        LblAnzeige.Text += z + " ";
}

private void Verdoppeln(int[] x)
{
    for (int i = 0; i < x.Length; i++)
        x[i] = x[i] * 2;
}

private void CmdDreiDimFeld_Click(...)
{
    Random r = new Random();
    double[, ,] x = new double[2, 5, 3];
    for (int i=0; i<=x.GetUpperBound(0); i++)
        for (int j=0; j<=x.GetUpperBound(1); j++)
            for (int k=0; k<=x.GetUpperBound(2); k++)
                x[i, j, k] = r.NextDouble();
    Mittelwert(x);
}
```

```
private void Mittelwert(double[, ,] z)
{
    double summe = 0;
    for (int i=0; i<=z.GetUpperBound(0); i++)
        for (int j=0; j<=z.GetUpperBound(1); j++)
            for (int k=0; k<=z.GetUpperBound(2); k++)
                summe += z[i, j, k];
    LblAnzeige.Text = "Mittelwert: " + summe / z.Length;
}
```

Listing 4.18 Projekt »MethodenUebergabe«, Teil 2

Zur Erläuterung:

Feld übergeben

▶ In der Ereignismethode CmdEinDimFeld() wird ein eindimensionales Feld von int-Variablen erzeugt, mit Werten gefüllt und an eine Methode übergeben.

▶ In der Methode Verdoppeln() wird jedes Element des Felds verdoppelt. Nach der Rückkehr in die Ereignismethode können Sie feststellen, dass sich diese Änderung auf die Originalwerte ausgewirkt hat. Der Parameter der Methode Verdoppeln() ist ein Verweis auf ein eindimensionales Feld.

▶ Hinweis: Zum Durchlauf des Feldes kann nur in der Methode CmdEin-DimFeld() eine foreach-Schleife verwendet werden und nicht in der Methode Verdoppeln(), da in letzterer die Elemente des Feldes verändert werden.

▶ Die Ereignismethode CmdDreiDimFeld() dient dem Füllen eines dreidimensionalen Felds von double-Variablen mit zufälligen Werten. Ein Verweis auf das Feld wird an die Methode Mittelwert() übergeben. In dieser Methode wird der Mittelwert der Elemente des Felds errechnet und ausgegeben.

Teil 3 des Programms im Projekt *MethodenUebergabe* dient der Verdeutlichung der Funktionsweise eines Ausgabeparameters:

```
private void CmdOut_Click(...)
{
    int a, b, c;
    a = 12;
    b = 3;
```

```
    Addieren(a, b, out c);
    LblAnzeige.Text = "Ergebnis: " + c;
}

private void Addieren(int x, int y, out int z)
{
    z = x + y;
}
```

Listing 4.19 Projekt »MethodenUebergabe«, Teil 3

Zur Erläuterung:

▶ In der Ereignismethode CmdOut_Click() werden zwei gefüllte int-Variablen an eine Methode übergeben. Außerdem wird eine leere int-Variable mit dem Schlüsselwort out übergeben.

▶ In der Methode Addieren() muss diese Variable einen Wert bekommen, bevor die Methode wieder verlassen wird.

4.5.3   Methoden mit Rückgabewerten

Die bisher eingesetzten Methoden hatten den Datentyp void. Das bedeutet, dass sie keinen Methodenwert zurückliefern. Sie können höchstens *indirekt* Werte über die Parameterliste liefern.

void

Eine Methode kann aber auch wie eine Variable einen Datentyp haben. Sie muss in diesem Fall in jedem möglichen Anweisungspfad einen Wert dieses Datentyps zurückliefern.

Wert liefern

Das Schlüsselwort return dient bei solchen Methoden dazu, den Methodenwert zu senden.

return

Im nachfolgenden Beispiel wird die Methode MaxWert() aufgerufen. Sie berechnet das Maximum der beiden übergebenen Argumente und gibt dieses an die aufrufende Stelle zurück (Projekt *MethodenRueckgabe*, siehe Abbildung 4.27).

Abbildung 4.27 Darstellung des Rückgabewerts

```
private void CmdAnzeigen_Click(...)
{
    int a, b, c;
    a = 12;
    b = 17;
    c = MaxWert(a, b);
    LblAnzeige.Text = "Maximum: " + c;
}

private int MaxWert(int x, int y)
{
    if (x > y)
        return x;
    else
        return y;
}
```

Listing 4.20 Projekt »MethodenRueckgabe«

Zur Erläuterung:

Die Anweisung c = MaxWert(a, b) bewirkt Folgendes:

▶ Zunächst wird die Methode MaxWert() aufgerufen, dabei werden zwei Zahlenwerte an die Methode übergeben.

Rückgabewert ▶ Innerhalb der Methode wird nun mithilfe einer Verzweigung das Maximum dieser beiden Zahlen ermittelt. Mittels des Schlüsselworts return wird die Methode beendet und der Rückgabewert der Methode geliefert. Der Programmablauf kehrt zu der Zeile mit dem Aufruf zurück.

▶ Dort wird der ermittelte Wert über die Zuweisung der Variablen c übergeben. Diese Variable wird anschließend ausgegeben.

▶ Hätte die Anweisung nur MaxWert(a, b) gelautet, hätten alle diese Schritte ebenso stattgefunden mit Ausnahme der Übergabe an c. Der Methodenaufruf wäre in diesem Fall vergeblich gewesen – ein häufiger Fehler bei Programmiereinsteigern.

▶ Die Methode MaxWert() hat den Datentyp int, es muss also eine int-Variable zurückgeliefert werden.

4.5.4 Optionale Argumente

Normalerweise muss die Zahl der Argumente in Aufruf und Deklaration einer Methode übereinstimmen. Sie können allerdings auch optionale Argumente verwenden. Diese müssen beim Aufruf nicht angegeben werden.

Optional

Optionale Argumente müssen immer am Ende der Argumentliste stehen. Außerdem müssen sie mit einem Wert initialisiert werden, erst dadurch werden sie als optionale Argumente gekennzeichnet.

Sinnvoll ist der Einsatz von optionalen Argumenten, wenn eine Methode viele häufig vorkommende Standardwerte hat.

Einsatz

Im nachfolgenden Beispiel wird die Methode Addiere() insgesamt dreimal aufgerufen, einmal mit zwei Argumenten, einmal mit drei Argumenten und einmal mit vier Argumenten. Sie berechnet jeweils die Summe der übergebenen Argumente und liefert diese zurück (Projekt *ArgumenteOptional*).

```
private void CmdAnzeigen1_Click(...)
{
    double a = 4.5, c = 10.3;
    int b = 7, d = 9;
    LblAnzeige.Text = "Ergebnis: " + Addiere(a, b, c, d);
}


private void CmdAnzeigen2_Click(...)
{
    double a = 4.5, c = 10.3;
    int b = 7;
    LblAnzeige.Text = "Ergebnis: " + Addiere(a, b, c);
}


private void CmdAnzeigen3_Click(...)
{
    double a = 4.5;
    int b = 7;
    LblAnzeige.Text = "Ergebnis: " + Addiere(a, b);
}


private double Addiere(double x, int y, double z = 0, int q = 0)
```

```
{
    return x + y + z + q;
}
```

Listing 4.21 Projekt »ArgumenteOptional«

Zur Erläuterung:

▶ Die Methode Addiere() erwartet insgesamt vier Parameter. Die beiden letzten Parameter sind optional und werden mit dem Wert 0 initialisiert.

Geeigneter Standardwert

▶ Werden also die beiden letzten Parameter bei einem Aufruf der Methode nicht angegeben, haben sie den Wert 0. Da innerhalb der Methode eine Addition der vier Parameter stattfindet, ist das der geeignete Wert; das Ergebnis der Methode kann so nicht verfälscht werden.

▶ Bei Methoden mit optionalen Argumenten, die andere Aufgaben zu erfüllen haben, können jedoch andere Werte zur Initialisierung sinnvoll sein.

▶ In den drei Ereignismethoden wird die Methode Addiere() mit vier, drei oder zwei Parametern aufgerufen. In allen Fällen führt das erfolgreich zur Addition und Ausgabe der Werte.

▶ Ein Aufruf mit nur einem Parameter hätte zu einer Fehlermeldung geführt, da der Parameter y nicht optional ist.

4.5.5   Benannte Argumente

Benannt

Normalerweise muss die Reihenfolge der Argumente in Aufruf und Deklaration einer Methode übereinstimmen. Sie können allerdings Argumente auch mit ihrem Namen aufrufen. In diesem Fall muss die Reihenfolge nicht eingehalten werden. Diese benannten Argumente müssen am Ende des Aufrufs stehen.

Einsatz

Sinnvoll ist der Einsatz von benannten Argumenten, falls eine Methode sehr viele Argumente hat, von denen pro Aufruf nur einzelne benötigt werden. Häufig werden benannte Argumente und optionale Argumente gemeinsam genutzt.

Im nachfolgenden Beispiel wird die Methode Rechteck() insgesamt viermal mit unterschiedlichen Argumenten aufgerufen. Sie stellt die Daten eines Rechtecks zusammen und gibt sie aus (Projekt *ArgumenteBenannt*).

```
private void CmdAnzeigen1_Click(...)
{
    Rechteck("rot", 4, 6, "Punkte");
}

private void CmdAnzeigen2_Click(...)
{
    Rechteck("rot", rand: "Striche", breite: 2, laenge: 5);
}

private void CmdAnzeigen3_Click(...)
{
    Rechteck("gelb", 7);
}

private void CmdAnzeigen4_Click(...)
{
    Rechteck("blau", rand: "Haarlinie");
}

private void Rechteck(string farbe, int laenge = 1,
    int breite = 1, string rand = "Linie")
{
    LblAnzeige.Text = "Farbe: " + farbe + ", Länge: " + laenge +
        ", Breite: " + breite + ", Rand: " + rand;
}
```

Listing 4.22 Projekt »ArgumenteBenannt«

Zur Erläuterung:

▶ Die Methode Rechteck() erwartet maximal vier Parameter. Die drei letzten Parameter sind optional und werden mit den Standardwerten initialisiert.

▶ Es folgen die vier verschiedenen Aufrufe in den jeweiligen Ereignismethoden:

  – Normal, mit allen vier Parametern in der richtigen Reihenfolge.

  – Nur der erste Parameter steht an der richtigen Stelle, die anderen drei werden über ihren Namen gekennzeichnet.

– Nur einer der drei optionalen Parameter wird an der korrekten Position geliefert.

– Nur einer der drei optionalen Parameter wird mit Namen geliefert.

4.5.6   Beliebig viele Argumente

params Mithilfe des Schlüsselworts params können Sie eine Methode formulieren, an die beliebig viele Parameter übergeben werden können. Allerdings müssen diese den gleichen Datentyp haben. Sie müssen wie optionale Argumente am Ende der Argumentliste stehen.

Im nachfolgenden Beispiel wird die Methode Mittelwert() insgesamt dreimal aufgerufen. Sie berechnet jeweils den Mittelwert der übergebenen Argumente und liefert ihn zurück (Projekt *ArgumenteBeliebig*):

```
private void CmdAnzeigen1_Click(...)
{
    double a = 4.5, b = 7.2, c = 10.3, d = 9.2;
    LblAnzeige.Text = "Ergebnis: " + Mittelwert(a, b, c, d);
}

private void CmdAnzeigen2_Click(...)
{
    double a = 4.5, b = 7.2;
    LblAnzeige.Text = "Ergebnis: " + Mittelwert(a, b);
}

private void CmdAnzeigen3_Click(...)
{
    LblAnzeige.Text = "Ergebnis: " + Mittelwert();
}

private double Mittelwert(params double[] x)
{
    double summe = 0;
    if (x.Length == 0)
        return 0;
    foreach (int z in x)
```

```
        summe += z;
    return summe / x.Length;
}
```

Listing 4.23 Projekt »ArgumenteBeliebig«

Zur Erläuterung:

▶ Die Methode `Mittelwert()` wird mit unterschiedlichen Mengen von Parametern aufgerufen (4, 2 und 0).

▶ Zur Aufnahme der Parameter steht das Parameter-Array x zur Verfügung. Dabei handelt es sich um ein Feld, dessen Größe nicht festgelegt ist.

▶ Für den (eigentlich unrealistischen) Fall, dass die Methode ohne Argumente aufgerufen wird, wird als Ergebnis der Wert 0 zurückgesendet. Die Anzahl der Argumente wird mittels der Eigenschaft Length ermittelt.

Length

▶ Innerhalb der Methode werden die Parameter durch eine `foreach`-Schleife summiert.

▶ Als Rückgabewert wird die ermittelte Summe geteilt durch die Anzahl der Argumente zurückgeliefert.

4.5.7   Rekursiver Aufruf

Methoden können jederzeit andere Methoden aufrufen. Man spricht hier von geschachtelten Aufrufen. Das Programm kehrt jeweils – aus einer beliebigen *Schachtelungstiefe* – zur aufrufenden Stelle zurück.

Methoden können sich auch selbst aufrufen. Dieser Vorgang wird als Rekursion bezeichnet. Eine rekursive Methode muss eine Verzweigung beinhalten, die die Rekursion wieder beendet, da es sonst zu einer endlosen Kette von Selbstaufrufen kommt, ähnlich wie bei einer endlosen Ereigniskette (siehe Abschnitt 4.3.2). Bestimmte Problemstellungen lösen Sie programmiertechnisch am elegantesten durch eine Rekursion.

Rekursion

Im nachfolgenden Programm (Projekt *RekursiverAufruf*) wird eine Zahl so lange halbiert, bis ein bestimmter Grenzwert erreicht oder unterschritten wird. Zur Verdeutlichung der unterschiedlichen Abläufe wird der Halbierungsvorgang einmal mittels einer Schleife (siehe Abbildung 4.28) und einmal mithilfe einer Rekursion (siehe Abbildung 4.29) durchgeführt.

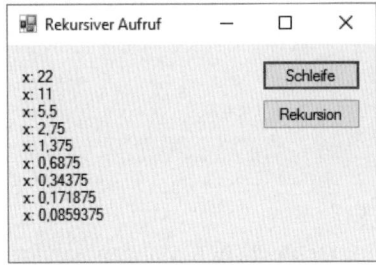

Abbildung 4.28 Halbierung per Schleife

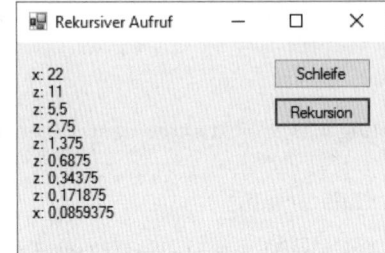

Abbildung 4.29 Halbierung per Rekursion

Der Programmcode:

```
private void CmdSchleife_Click(...)
{
    double x = 22;
    LblAnzeige.Text = "x: " + x + "\n";

    while (x > 0.1)
    {
        x = x / 2;
        LblAnzeige.Text += "x: " + x + "\n";
    }
}

private void CmdRekursion_Click(...)
{
    double x = 22;
    LblAnzeige.Text = "x: " + x + "\n";
    Halbieren(ref x);
    LblAnzeige.Text += "x: " + x + "\n";
}

private void Halbieren(ref double z)
{
    z = z / 2;
    if (z > 0.1)
    {
```

```
        LblAnzeige.Text += "z: " + z + "\n";
        Halbieren(ref z);
    }
}
```

Listing 4.24 Projekt »RekursiverAufruf«

Zur Erläuterung der Schleife:

▸ In der Ereignismethode CmdSchleife_Click() wird die Variable x mit 22 initialisiert. Anschließend wird sie in einer while-Schleife so lange halbiert, bis sie den Wert 0,1 erreicht oder unterschritten hat. Bei jedem Durchlauf der Schleife wird der aktuelle Wert angezeigt, sodass Sie die fortlaufende Halbierung verfolgen können.

Zur Erläuterung der Rekursion:

▸ In der Ereignismethode CmdRekursion_Click() wird die Variable x ebenfalls mit 22 initialisiert. Danach wird die Methode Halbieren() aufgerufen. Diese führt eine Halbierung durch.

▸ Anschließend wird geprüft, ob der Grenzwert erreicht oder unterschritten wird.

▸ Ist das der Fall, endet die Methode Halbieren(), und das Programm endet mit der letzten Anweisung in der Ereignismethode CmdRekursion_Click().

▸ Ist der Grenzwert noch nicht erreicht, ruft sich die Methode Halbieren() selbst wieder auf. Dieser Vorgang kann sich mehrmals wiederholen.

▸ Ist der Grenzwert erreicht oder unterschritten, wird die Methode Halbieren() beendet. Gegebenenfalls wird sie mehrmals nacheinander beendet. Das Programm endet mit der letzten Anweisung in der Ereignismethode CmdRekursion_Click().

▸ Würde sich der rekursive Aufruf nicht innerhalb einer Verzweigung befinden, würde sich die Methode endlos aufrufen.

▸ Die Variable x (in der Methode heißt sie z) wird jeweils per Referenz übergeben, daher wird immer die Originalvariable x halbiert. Das können Sie auch an der letzten Ausgabe erkennen.

4.5.8   Übungen zu Methoden

Übung UMethoden, Teil 1

Übung
UMethoden, Teil 1

Schreiben Sie eine Methode, die den Mittelwert der Werte eines eindimensionalen Felds von double-Variablen berechnet und als Rückgabewert zurückliefert. Testen Sie die Methode durch zwei Aufrufe mit unterschiedlich großen Feldern.

Übung UMethoden, Teil 2

Übung
UMethoden, Teil 2

Schreiben Sie eine Methode, die zwei eindimensionale Felder von double-Variablen in einem dritten Feld vereinigt. In dem neuen Feld sollen also alle Werte des ersten Felds, gefolgt von allen Werten des zweiten Felds stehen. An die Methode sollen die Verweise auf die ersten beiden Felder und (als Ausgabeparameter) ein Verweis auf das dritte Feld übergeben werden. Das dritte Feld wird erst in der Methode erschaffen. Testen Sie die Methode durch zwei unterschiedliche Aufrufe.

4.6   Konsolenanwendung

Einfache Ein-
und Ausgabe

Bisher werden in diesem Buch ausschließlich Windows-Anwendungen entwickelt, also Programme mit der gewohnten und komfortabel bedienbaren Benutzeroberfläche. Je nach Einsatzzweck kann aber auch eine sogenannte Konsolenanwendung genügen, bei der nur einfache Eingaben und Ausgaben in Textform vorkommen. Konsolenanwendungen benötigen wesentlich weniger Programmcode und Speicher.

Auch den Konsolenanwendungen stehen natürlich sämtliche Möglichkeiten der Sprache C# und des .NET Framework zur Verfügung, so z. B. der Zugriff auf Dateien oder Datenbanken.

4.6.1   Anwendung erzeugen

Andere Vorlage

Zur Erzeugung einer Konsolenanwendung gehen Sie zunächst wie gewohnt vor, also über das Menü DATEI, Menüpunkt NEUES PROJEKT. Im Dialogfeld NEUES PROJEKT wählen Sie nun allerdings statt der Vorlage WINDOWS FORMS-ANWENDUNG die Vorlage KONSOLEN-ANWENDUNG aus. Im Feld NAME tragen Sie einen Projektnamen ein, z. B. *KonsoleEinAus*.

Im Codefenster erscheint die Datei *Program.cs* mit folgendem Code:

```
using System;
namespace KonsoleEinAus
{
    class Program
    {
        static void Main(string[] args)
        {
        }
    }
}
```

Listing 4.25 Projekt »KonsoleEinAus« noch ohne eigenen Code

Zur Erläuterung:

▶ Die nicht notwendigen `using`-Anweisungen werden gelöscht. In diesem Projekt wird nur der Namensraum `System` benötigt.

▶ In der Klasse `Program` findet sich eine einzige statische Methode mit dem Namen `Main()`. Mit dem Code in dieser Methode startet jedes C#-Projekt. Bei Windows-Anwendungen wird der Code in dieser Datei automatisch erzeugt und normalerweise nicht von uns verändert.

Main()

▶ Die Methode `Main()` hat einen Parameter: einen Verweis auf ein Feld von Zeichenketten. Damit ist es möglich, eine Anwendung von der Kommandozeile aus mit Startparametern zu versorgen, siehe Abschnitt 4.6.6, »Aufruf von der Kommandozeile«.

4.6.2 Ein- und Ausgabe von Text

Die Methode `Main()` des Projekts *KonsoleEinAus* wird jetzt mit eigenem Code gefüllt:

```
using System;
namespace KonsoleEinAus
{
    class Program
    {
        static void Main(string[] args)
        {
            string s;
            Console.Write("Bitte einen Text eingeben: ");
```

```
                        s = Console.ReadLine();
                        Console.WriteLine("Text " + s + " eingegeben");
                }
            }
        }
```

Listing 4.26 Projekt »KonsoleEinAus«, Ein- und Ausgabe

Zur Erläuterung:

Console   ▶ Im Namensraum System steht die Klasse Console zur Ein- und Ausgabe auf einen Textbildschirm.

Write()   ▶ Die statische Methode Write() schreibt einen Text auf den Bildschirm.

ReadLine() ▶ Die statische Methode ReadLine() führt dazu, dass das Programm anhält und auf eine Eingabe wartet. Nach der Eingabe betätigt der Benutzer die Taste ⏎. Die Methode liefert als Rückgabewert die eingegebene Zeichenkette. Diese kann z. B. in einer Variablen vom Datentyp string gespeichert werden.

WriteLine() ▶ Auch die Methode WriteLine() schreibt einen Text auf den Bildschirm, diesmal gefolgt von einem Zeilenumbruch.

Die Bedienung des Programms:

Konsolenfenster ▶ Nach dem Start des Programms, wie gewohnt mit der Taste F5, öffnen Sie ein Konsolenfenster.

▶ Nach der Eingabe des Textes ist die anschließende Ausgabe allerdings nur sehr kurz zu sehen, bevor sich das Konsolenfenster wieder von selbst schließt.

Tastenkombination Strg+F5 ▶ Es empfiehlt sich daher, das Programm mit der Tastenkombination Strg + F5 zu starten. Das führt dazu, dass das Programm nach Ablauf auf einen Tastendruck wartet, wie nachfolgend zu sehen:

```
Bitte einen Text eingeben: Hallo
Text Hallo eingegeben
Drücken Sie eine beliebige Taste ...
```

4.6.3   Eingabe einer Zahl

Zur Verdeutlichung der besonderen Problematik bei der Eingabe von Zahlen wird die Methode Main() des Projekts *KonsoleEinAus* nun um weiteren Code ergänzt:

```
using System;
namespace KonsoleEinAus
{
    class Program
    {
        static void Main(string[] args)
        {
            double x;
            ...
            Console.WriteLine();
            try
            {
                Console.Write("Bitte eine Zahl eingeben: ");
                x = Convert.ToDouble(Console.ReadLine());
                Console.WriteLine("Zahl " + x + " eingegeben");
            }
            catch
            {
                Console.WriteLine("Keine Zahl eingegeben");
            }
        }
    }
}
```

Listing 4.27 Projekt »KonsoleEinAus«, Eingabe einer Zahl

Zur Erläuterung:

▶ Es soll eine Zahl eingegeben werden. Bei der Umwandlung der eingege-   **try-catch**
benen Zeichenkette in eine Zahl kann eine Ausnahme auftreten, daher
wird mit einer Ausnahmebehandlung gearbeitet.

▶ Der Rückgabewert der Methode ReadLine() wird mithilfe der Methode   **ToDouble()**
ToDouble() der Klasse Convert in eine double-Zahl verwandelt. Falls das
nicht gelingt, erscheint eine entsprechende Fehlermeldung.

▶ Soll es sich um eine ganze Zahl handeln, muss die Methode ToInt32()   **ToInt32()**
statt der Methode ToDouble() genutzt werden.

Nachfolgend die Ausgabe nach einer richtigen Eingabe:

```
...
Bitte eine Zahl eingeben: 2,4
Zahl 2,4 eingegeben
Drücken Sie eine beliebige Taste ...
```

Nach einer falschen Eingabe erscheint hingegen die folgende Ausgabe:

```
...
Bitte eine Zahl eingeben: 123abc
Keine Zahl eingegeben
Drücken Sie eine beliebige Taste ...
```

4.6.4   Erfolgreiche Eingabe einer ganzen Zahl

Wiederholte Eingabe

Im nachfolgenden Programmteil wird der Benutzer so lange aufgefordert, eine ganze Zahl einzugeben, bis das erfolgreich geschehen ist. Die Methode Main() des Projekts *KonsoleEinAus* wird dementsprechend um weiteren Code ergänzt:

```csharp
using System;
namespace KonsoleEinAus
{
    class Program
    {
        static void Main(string[] args)
        {
            int a;
            ...
            do
            {
                try
                {
                    Console.Write("Bitte ganze Zahl eingeben: ");
                    a = Convert.ToInt32(Console.ReadLine());
                    break;
                }
                catch
                {
                    Console.WriteLine("Fehler, bitte noch einmal");
                }
```

```
        }
        while (true);
        Console.WriteLine("Ganze Zahl " + a + " eingegeben");
    }
  }
}
```

Listing 4.28 Projekt »KonsoleEinAus«, wiederholte Eingabe

Zur Erläuterung:

▶ Die Ausnahmebehandlung für die Eingabe einer ganzen Zahl ist zusätzlich in eine endlose do-while-Schleife eingebettet.   **Endlos-Schleife**

▶ War die Eingabe erfolgreich, wird diese Schleife mithilfe von break verlassen.   **break**

▶ Wenn die Eingabe nicht erfolgreich war, wird ein Fehler gemeldet, und es ist eine erneute Eingabe erforderlich.

Nachfolgend die Ausgabe mit zwei falschen und einer richtigen Eingabe:

```
...
Bitte ganze Zahl eingeben: 123abc
Fehler, bitte noch einmal
Bitte ganze Zahl eingeben: 2,4
Fehler, bitte noch einmal
Bitte ganze Zahl eingeben: 5
Ganze Zahl 5 eingegeben
Drücken Sie eine beliebige Taste ...
```

Hinweis: Eine Konsolenanwendung kann mit der Tastenkombination $\boxed{\text{Strg}}$ + $\boxed{\text{C}}$ vorzeitig abgebrochen werden.   **Abbruch**

4.6.5   Ausgabe formatieren

Die Ausgabe eines Konsolenprogramms kann formatiert werden. Das ist vor allem bei der Ausgabe von Tabellen wichtig. Hierzu ein Beispiel im Projekt *KonsoleFormat*:   **Tabellenausgabe**

```
using System;
namespace KonsoleFormat
{
    class Program
```

```
{
    static void Main(string[] args)
    {
        string[] stadt = {"München", "Berlin",
            "Bonn", "Bremerhaven", "Ulm"};

        for (int i = 0; i < stadt.Length; i++)
        {
            Console.WriteLine(
                "{0,-15}{1,9:0.0000}{2,12:#,##0.0}",
                stadt[i], i / 7.0, i * 10000.0 / 7);
        }
    }
}
}
```

Listing 4.29 Projekt »KonsoleFormat«

Zur Erläuterung:

Formatierung
▶ Die Ausgabemethode WriteLine() kann mit einer Formatierungszeichenkette als erstem Parameter aufgerufen werden. Darin steht:

   – die Nummer der Variablen, beginnend mit der Ziffer 0

   – ein Doppelpunkt

   – die zugehörige Formatierung

Breite
▶ {0,-15}: Als Erstes wird eine Zeichenkette in der Mindestgesamtbreite 15 ausgegeben. Wegen des Minuszeichens vor der 15 erscheint sie linksbündig.

Nachkommastellen
▶ {1,9:0.0000}: Es folgt eine Zahl in der Mindestgesamtbreite 9, gerundet auf vier Nachkommastellen. Sie erscheint standardmäßig rechtsbündig.

Tausenderpunkt
▶ {2,12:#,##0.0}: Als Letztes folgt wiederum eine Zahl in der Mindestgesamtbreite 12, gerundet auf eine Nachkommastelle, rechtsbündig. Falls die Zahl mehr als drei Stellen vor dem Komma hat, wird ein Tausenderpunkt angezeigt.

0, #
▶ Zur Erinnerung: Das Formatierungszeichen 0 steht für eine Ziffer, die auf jeden Fall angezeigt wird, das Formatierungszeichen # steht für eine Ziffer, die nur dann angezeigt wird, wenn die Zahl diese Ziffer hat.

Die Ausgabe des Programms schaut folgendermaßen aus:

```
München          0,0000          0,0
Berlin           0,1429        1.428,6
Bonn             0,2857        2.857,1
Bremerhaven      0,4286        4.285,7
Ulm              0,5714        5.714,3
```

4.6.6   Aufruf von der Kommandozeile

Sie können jede Anwendung durch Eingabe des Namens auch von der Kommandozeile aus aufrufen. Besonders bei Konsolenanwendungen kommt es vor, dass sie mit Startparametern aufgerufen wird.

Startparameter

Diese Parameter können dazu dienen, eine Anwendung auf unterschiedliche Arten aufzurufen, ohne dass dazu der Code geändert werden muss. Ein Parameter könnte z. B. der Name einer Datei sein, die geöffnet und gelesen werden soll, wenn es bei jedem Aufruf der Anwendung eine andere Datei sein soll.

Die Übernahme der Startparameter in die Anwendung soll mithilfe des Projekts *KonsoleStartparameter* verdeutlicht werden:

Übernahme

```csharp
using System;
namespace KonsoleStartparameter
{
    class Program
    {
        static void Main(string[] args)
        {
            double summe = 0;

            for (int i = 0; i < args.Length; i++)
                Console.WriteLine(i + ": " + args[i]);

            for (int i = 0; i < args.Length; i++)
            {
                try
                {
                    summe += Convert.ToDouble(args[i]);
                }
```

```
                    catch{}
                }

                Console.WriteLine("Summe: " + summe);
            }
        }
    }
```

Listing 4.30 Projekt »KonsoleStartparameter«

Zur Erläuterung:

args
- ▶ Die einzelnen Startparameter sind Zeichenketten, sie werden bei einem Aufruf im Datenfeld args gespeichert.

- ▶ Die erste for-Schleife dient zur einfachen Ausgabe der Startparameter.

- ▶ Die zweite for-Schleife soll verdeutlichen, dass die Startparameter auch Zahlen sein können. Sie werden in diesem Fall einfach nur summiert.

Falls Sie diese Anwendung mit der Taste F5 aus der Entwicklungsumgebung heraus aufrufen, werden ohne besondere Einstellung (siehe unten) keine Startparameter mitgeliefert. Allerdings ist der einmalige Aufruf notwendig, da Ihnen ansonsten keine aufrufbare *exe*-Datei zur Verfügung steht.

Kommandozeile
Daher müssen Sie sie von der Kommandozeile aus aufrufen. Unter Windows 7 wählen Sie dazu im Startmenü den Menüpunkt ZUBEHÖR • EINGABEAUFFORDERUNG. Wechseln Sie danach in das Verzeichnis, das die *exe*-Datei beinhaltet, mit:

Aufruf
```
cd\Users\[Benutzername]\"Eigene Dateien"\"Visual Studio 2017"\
Projects\KonsoleStartparameter\KonsoleStartparameter\bin\Debug
```

Unter Windows 8 und Windows 10 rufen Sie auf dem Startbildschirm die App DEVELOPER-EINGABEAUFFORDERUNG FÜR VS2017 auf. Hier wechseln Sie wie folgt in das richtige Verzeichnis:

```
cd\Users\[Benutzername]\Documents\"Visual Studio 2017"\Projects\
KonsoleStartparameter\KonsoleStartparameter\bin\Debug
```

Nun können Sie die Anwendung aufrufen, z. B. mit:

```
KonsoleStartparameter 3 2,5 hallo 7
```

Es erscheint die Ausgabe:

```
0: 3
1: 2,5
2: hallo
3: 7
Summe: 12,5
```

Die Zeichenkette *hallo* wird nur ausgegeben und bei der Summenbildung ignoriert. Sie können das Kommandozeilenfenster anschließend ordnungsgemäß durch die Eingabe von exit schließen.

Die Startparameter können aber auch innerhalb von Visual Studio eingeben werden, und zwar über das Menü DEBUGGEN • [PROJEKTNAME]-EIGENSCHAFTEN • DEBUGGEN • STARTOPTIONEN • BEFEHLSZEILENARGUMENTE. Der Vorteil dieser Methode: Sie können die Anwendung debuggen.

Kapitel 5
Objektorientierte Programmierung

Die Sprache C# ist rein objektorientiert. Was das genau bedeutet, erfahren Sie in diesem Kapitel.

5

In den folgenden Abschnitten lernen Sie die objektorientierte Denkweise kennen und erzeugen eigene Klassen und Objekte.

5.1 Was ist Objektorientierung?

Die Objektorientierung ist ein Denkansatz, der dem Programmierer dabei hilft, die Abläufe der realen Welt in einem Programm nachzubilden. Sie dient zur Klassifizierung der Objekte und Daten, die in einem Programm behandelt werden sollen. Die Eigenschaften und Methoden ähnlicher Objekte werden durch gemeinsame Definitionen, die sogenannten Klassen, zusammengefasst und besser handhabbar gemacht.

C# ist eine rein objektorientierte Sprache. Eigentlich haben wir in diesem Buch bereits die ganze Zeit mit Objekten gearbeitet:

▶ Zum einen werden Steuerelemente und ihre Eigenschaften genutzt. Jeder Button, jedes Textfeld usw. ist ein Objekt einer speziellen Klasse, in welcher die Eigenschaften von Buttons bzw. Textfeldern festgelegt sind.   **Eigenschaften**

▶ Zum anderen wird sowohl mit einzelnen Variablen als auch mit Datenfeldern gearbeitet. Einzelne Variablen sind Objekte ihres Datentyps (`double`, `int`, …). Es können festgelegte Operationen mit ihnen ausgeführt werden (Addition, Subtraktion usw.). Objekten der Klasse `Array` (Datenfeld) stehen vordefinierte Methoden zur Verfügung (`Clone()`, `Sort()`, …).   **Methoden**

Der nächste Schritt, die Erzeugung eigener Klassen und der zugehörigen Objekte, sollte also nicht schwerfallen.

Hinweis: Die in diesem Kapitel dargestellten Programme stellen gewissermaßen eine Kompromisslösung dar, denn sie veranschaulichen zwar die sprachlichen Elemente der Objektorientierung in C#, sind aber nicht so umfangreich, dass sich der Vorteil der Objektorientierung in besonderer Weise auswirken würde.

Stattdessen werden eigene kleine und übersichtliche Klassen definiert und genutzt. Dadurch verbessert sich das Verständnis für die Objektorientierung allgemein und gleichzeitig für die Nutzung der bereits vorhandenen Klassen von C# innerhalb von Visual Studio.

5.2   Klasse, Eigenschaft, Methode, Objekt

In einer Klassendefinition werden die Eigenschaften und Methoden gleichartiger Objekte festgelegt. Die Eigenschaften kennzeichnen das Objekt. Methoden wiederum sind Aktionen, die für das Objekt ausgeführt werden können.

Diese Begriffe sollen anhand eines kleinen Programms illustriert werden. Darin wird eine Klasse für Fahrzeuge definiert. Die Fahrzeuge haben eine Geschwindigkeit, man kann sie beschleunigen, und man kann ihre Eigenschaft auf dem Bildschirm ausgeben.

Klassendatei
Zunächst erzeugen Sie wie gewohnt eine Windows-Anwendung (Projekt *KlasseObjekt*). Anschließend nutzen Sie eine eigene Datei für die Definition der Klasse. Das erleichtert die Übersicht und die spätere Wiederverwendbarkeit der Klasse.

Klassendefinition
Über den Menüpunkt PROJEKT · KLASSE HINZUFÜGEN gelangen Sie in ein Dialogfeld mit verschiedenen Vorlagen. Hier wählen Sie die bereits voreingestellte Vorlage KLASSE. Diese beinhaltet eine leere Klassendefinition. In das Feld NAME sollten Sie den Namen der zu erzeugenden Klasse (hier: Fahrzeug) eintragen. Die Datei erhält dadurch den Namen *Fahrzeug.cs* und die neue leere Klasse in der Datei den Namen Fahrzeug. Der Name einer Klasse sollte gemäß Konvention mit einem Großbuchstaben beginnen.

class
Daraufhin erscheint ein Codefenster mit einem leeren Klassenrahmen nach dem Schlüsselwort class. Die Klasse Fahrzeug soll nun wie folgt aussehen:

```
namespace KlasseObjekt
{
    class Fahrzeug
    {
```

```
    private int geschwindigkeit;

    public string Ausgabe()
    {
        return "Geschwindigkeit: " + geschwindigkeit;
    }

    public void Beschleunigen(int wert)
    {
        geschwindigkeit += wert;
        // this.geschwindigkeit += wert;
    }
}
}
```

Listing 5.1 Projekt »KlasseObjekt«, Definition der Klasse »Fahrzeug«

Zur Erläuterung:

▶ Die Klassendefinition steht in der Datei *Fahrzeug.cs*.

▶ Die neue Klasse befindet sich im gleichen Namensraum wie das eigentliche Programm: KlasseObjekt. Da Sie für die Klasse Fahrzeug keine weiteren Namensräume einbinden müssen, können Sie alle using-Anweisungen in der Datei *Fahrzeug.cs* löschen.

▶ Ein Fahrzeug hat die Eigenschaft geschwindigkeit, hier vom Datentyp int.

▶ In anderen Teilen dieses Buchs, in denen der Schwerpunkt nicht auf der Erklärung der objektorientierten Programmierung steht, werden Eigenschaften auch vereinfacht als klassenweit gültige Variablen bezeichnet.

▶ Eigenschaften sind meist innerhalb einer Klasse gekapselt. Dies wird durch das Schlüsselwort private gekennzeichnet. Kapselung bedeutet, dass das betreffende Element von einem Programmteil außerhalb der Klasse aus nicht direkt erreichbar ist. Das ist eines der wichtigen Konzepte der objektorientierten Programmierung: Bestimmte Elemente, wie z. B. Eigenschaften, sollen nur über definierte Zugänge erreichbar bzw. veränderbar sein.   **Kapselung**

▶ Die Deklaration public int geschwindigkeit würde diesem Prinzip der Datenkapselung demnach widersprechen.

▶ Die Methode Ausgabe() dient zur kommentierten Ausgabe des Werts der Eigenschaft geschwindigkeit. Daher wird ihrem Namen eine Zeichenkette zugewiesen, die u. a. den Wert der Eigenschaft beinhaltet.

Öffentliche Methode ▶ Die Methode Ausgabe() wird mit dem Schlüsselwort public öffentlich gemacht, d. h., sie ist von einem Programmteil aus erreichbar, der außerhalb der Klasse steht. Soll es klasseninterne Methoden geben, die nur von anderen Methoden innerhalb der Klasse erreichbar sind, können Sie sie mit dem Schlüsselwort private aber ebenso kapseln wie Eigenschaften.

▶ Die Methode Beschleunigen() soll dazu dienen, den Wert der Eigenschaft geschwindigkeit zu verändern. Beim Aufruf wird der Methode ein (positiver oder negativer) Wert übergeben, der zu dem bisherigen Wert der Eigenschaft geschwindigkeit hinzuaddiert wird.

this ▶ Das Schlüsselwort this kennzeichnet *dieses Objekt*. Später werden verschiedene Objekte der Klasse Fahrzeug erzeugt. Für jedes dieser Objekte kann die Methode Beschleunigen() aufgerufen werden. In diesem Fall wird genau *dieses Objekt* beschleunigt. Dieser Zusammenhang wird durch die Benutzung von this noch einmal hervorgehoben, obwohl das nicht unbedingt notwendig wäre. Auch in der Methode Ausgabe() könnten Sie this.geschwindigkeit schreiben.

Damit steht eine Klasse zur Benutzung bereit. In der Ereignismethode des eigentlichen Programms im Projekt *KlasseObjekt* wird nun ein Objekt dieser Klasse erzeugt. Seine Eigenschaft wird ausgegeben, verändert und wieder ausgegeben (siehe Abbildung 5.1).

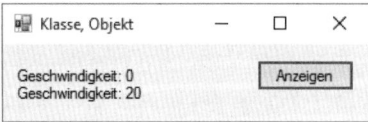

Abbildung 5.1 Objekt erzeugen, verändern, ausgeben

Der Programmcode der Ereignismethode:

```
namespace KlasseObjekt
{
    public partial class Form1 : Form
    {
        ...
```

```
    private void CmdAnzeigen_Click(...)
    {
        Fahrzeug vespa;
        vespa = new Fahrzeug();

        LblAnzeige.Text = vespa.Ausgabe();
        vespa.Beschleunigen(20);
        LblAnzeige.Text += "\n" + vespa.Ausgabe();
        // LblAnzeige.Text = vespa.geschwindigkeit;
    }
  }
}
```

Listing 5.2 Projekt »KlasseObjekt«, Benutzung der Klasse Fahrzeug

Zur Erläuterung:

▶ Die Klasse Fahrzeug wird im Hauptprogramm in der Klasse des Formulars genutzt.

▶ Die Anweisung Fahrzeug vespa erzeugt einen Verweis auf ein Objekt der Klasse Fahrzeug.

▶ Die Anweisung vespa = new Fahrzeug() erzeugt ein neues Objekt der **new** Klasse Fahrzeug, das über den Verweis vespa erreicht werden kann.

▶ Meist werden Verweis und Objekt in einer Anweisung gemeinsam erzeugt: Fahrzeug vespa = new Fahrzeug().

▶ Dieses Objekt verfügt über die Eigenschaften und Methoden, die in der **Instanziierung** Klassendefinition festgelegt sind. Man spricht auch von einer Instanz der Klasse Fahrzeug bzw. vom Instanziieren dieser Klasse.

▶ Mit der Anweisung LblAnzeige.Text = vespa.Ausgabe() wird die Methode Ausgabe() für das Objekt vespa aufgerufen. Diese Methode liefert gemäß Definition den Wert der Geschwindigkeit. Dieser Wert wird dem Label zugewiesen.

▶ Die Anweisung vespa.Beschleunigen(20) ruft die Methode Beschleunigen() für das Objekt vespa auf. In dieser Methode wird die Eigenschaft geschwindigkeit um den übergebenen Wert erhöht.

▶ Anschließend folgt wieder die Ausgabe. Sie sehen nun, wie sich das Objekt verändert hat.

▶ In der letzten Zeile steht (auskommentiert) eine Anweisung, die nicht durchgeführt werden kann. Das Objekt vespa hat zwar eine Eigenschaft geschwindigkeit, diese ist aber nicht öffentlich erreichbar. Daher wird das Programm mit diesem Fehler nicht übersetzt. Einen Hinweis darauf liefert bereits die Tatsache, dass diese Eigenschaft nicht in der Intelli-Sense-Liste enthalten ist, die sich im Editor nach Eingabe des Punkts hinter vespa öffnet.

5.3   Eigenschaftsmethode

Kontrolle   Eigenschaftsmethoden ermöglichen einen verbesserten Schutz von Klasseneigenschaften und eine weiter gehende Kontrolle bei den Veränderungen der Eigenschaften. Um das zu verdeutlichen, wird die Klasse Fahrzeug im folgenden Programm (Projekt *Eigenschaftsmethode*) verändert.

Zunächst die neue Klassendefinition:

```
class Fahrzeug
{
    private int geschwindigkeit;

    public int Geschwindigkeit
    {
        get
        {
            return geschwindigkeit;
        }
        private set
        {
            if (value > 100)
                geschwindigkeit = 100;
            else if (value < 0)
                geschwindigkeit = 0;
            else
                geschwindigkeit = value;
        }
    }

    public void Beschleunigen(int wert)
```

```
    {
        Geschwindigkeit += wert;
    }
}
```

Listing 5.3 Projekt »Eigenschaftsmethode«, Definition der Klasse

Zur Erläuterung:

▶ Nach wie vor gibt es die geschützte Eigenschaft geschwindigkeit.

▶ Zu dieser Eigenschaft wird die Eigenschaftsmethode (engl. *Property*)   **property**
Geschwindigkeit() hinzugefügt. Der Name einer Eigenschaftsmethode
sollte gemäß Konvention so lauten wie der Name der zugehörigen
Eigenschaft, allerdings mit einem Großbuchstaben zu Beginn.

▶ Eigenschaftsmethoden präsentieren sich wie eine Mischform aus Eigen-   **get, set**
schaft und Methode. Sie bestehen aus sogenannten Accessoren, einem
get-Accessor und einem set-Accessor. Der get-Accessor ist verantwortlich für das Lesen der Eigenschaft geschwindigkeit, der set-Accessor ist
verantwortlich für das Schreiben in die Eigenschaft geschwindigkeit.

▶ Im vorliegenden Programm wird die Eigenschaftsmethode mit public
öffentlich gemacht. Der set-Accessor wird dagegen mit private gekapselt. Somit kann die Eigenschaft geschwindigkeit außerhalb der Klasse
gelesen, aber nicht verändert werden. Sie können sie nur über die öffentliche Methode Beschleunigen() verändern.

▶ Ein Accessor muss mindestens so restriktiv sein wie die Eigenschafts-   **Restriktiv**
methode. Somit ist die Kombination *gekapselte Eigenschaftsmethode*
und *öffentlicher Accessor* nicht möglich.

▶ Dem set-Accessor steht über das Schlüsselwort value der gelieferte Wert   **value**
wie ein Parameter zur Verfügung.

▶ Im set-Accessor wird durch eine Verzweigung dafür gesorgt, dass der
Wert der Eigenschaft geschwindigkeit nicht kleiner als 0 und nicht
größer als 100 werden darf (es wird also eine Geschwindigkeitsbegren-
zung festgelegt). Eine solche Kontrolle ist einer der Einsatzzwecke einer
Eigenschaftsmethode.

▶ In der Methode Beschleunigen() wird der gelieferte Wert zu der Eigenschaftsmethode hinzuaddiert. Auf diese Weise wird dafür gesorgt, dass
sich auch bei Aufruf der Methode Beschleunigen() der Wert der Eigenschaft geschwindigkeit nur innerhalb der erlaubten Grenzen bewegt.

Es folgt eine Version des Programms, in welcher die veränderte Klasse benutzt wird:

```
private void CmdAnzeigen_Click(...)
{
    Fahrzeug vespa = new Fahrzeug();
    LblAnzeige.Text = "Geschwindigkeit: " + vespa.Geschwindigkeit;
    vespa.Beschleunigen(120);
    // vespa.Geschwindigkeit = 50;
    LblAnzeige.Text += "\nGeschwindigkeit: " +
        vespa.Geschwindigkeit;
}
```

Listing 5.4 Projekt »Eigenschaftsmethode«, Benutzung der Klasse

Zur Erläuterung:

▶ Zur Ausgabe wird der (öffentlich zugängliche) get-Accessor der Eigenschaftsmethode Geschwindigkeit() benutzt.

▶ Es wird versucht, das Fahrzeug um 120 zu beschleunigen. Das gelingt allerdings nicht, da der set-Accessor der Eigenschaftsmethode Geschwindigkeit() das verhindert (siehe Abbildung 5.2).

▶ In der vorletzten Zeile steht (auskommentiert) eine Anweisung, die nicht durchgeführt werden kann. Der set-Accessor der Eigenschaftsmethode Geschwindigkeit() ist gekapselt, daher führt die Anweisung vespa.Geschwindigkeit = 50 zu einem Fehler.

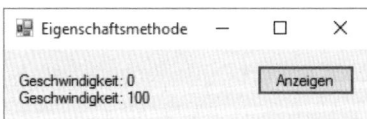

Abbildung 5.2 Kontrolle durch Eigenschaftsmethode

5.4   Konstruktor

Objekterzeugung   Konstruktoren dienen dazu, Objekte bei ihrer Erzeugung mit Werten zu versehen. Es kann pro Klasse mehrere Konstruktoren geben, wenn Sie es dem Benutzer der Klasse ermöglichen möchten, seine Objekte auf verschiedene Art und Weise zu erzeugen.

Ein Konstruktor wird in der Klasse wie eine Methode vereinbart. Er hat immer den Namen der Klasse. Im nachfolgenden Beispiel (Projekt *Konstruktor*) wird die Klasse Fahrzeug wiederum verändert mit besonderem Augenmerk auf Konstruktoren. Zudem wird die Ausgabemethode ToString() eingeführt und erläutert.

Name der Klasse

Zunächst die Klasse:

```csharp
class Fahrzeug
{
    private string bezeichnung;
    private int geschwindigkeit;

    public Fahrzeug(string b, int g)
    {
        bezeichnung = b;
        geschwindigkeit = g;
    }

    public Fahrzeug(string b)
    {
        bezeichnung = b;
        geschwindigkeit = 0;
    }

    public Fahrzeug(int g)
    {
        bezeichnung = "(leer)";
        geschwindigkeit = g;
    }

    public Fahrzeug() : this("(leer)", 0)
    {
    }

    public override string ToString()
    {
        return "Bezeichnung: " + bezeichnung + "\n" +
            "Geschwindigkeit: " + geschwindigkeit + "\n";
    }
```

```
public void Beschleunigen(int wert)
{
    geschwindigkeit += wert;
}
}
```

Listing 5.5 Projekt »Konstruktor«, Definition der Klasse

Zur Erläuterung:

▶ Fahrzeuge haben nun zwei Eigenschaften: eine Bezeichnung (mit dem Datentyp string) und eine Geschwindigkeit (mit dem Datentyp int).

Mehrere Konstruktoren ▶ Es sind vier Konstruktormethoden mit dem Namen Fahrzeug() vereinbart, diese unterscheiden sich in Anzahl und Datentyp der Parameter. Durch diese Unterscheidung kann das Programm bei der Objekterzeugung erkennen, welche der vier Konstruktormethoden verwendet werden soll.

Überladung ▶ Dies wird als Methodenüberladung bezeichnet. Neben der Konstruktormethode können auch andere Methoden auf diese Weise überladen werden. Das ist eine recht häufige Vorgehensweise: Sie *machen* etwas mit dem Objekt, senden dabei bestimmte Daten, und das Objekt weiß aufgrund der Klassendefinition und der verschiedenen Methodendefinitionen, wie es mit den Daten verfahren soll.

▶ Der erste Konstruktor erwartet eine Zeichenkette und eine ganze Zahl. Beide Eigenschaften werden mit den gewünschten Werten vorbesetzt.

▶ Der zweite Konstruktor erwartet eine Zeichenkette. Diese wird der Bezeichnung zugewiesen. Die Geschwindigkeit wird mit 0 vorbesetzt.

▶ Analog dazu erwartet der dritte Konstruktor eine ganze Zahl. Diese wird der Geschwindigkeit zugewiesen. Die Bezeichnung wird mit dem Text »leer« vorbesetzt.

this ▶ Konstruktoren können sich auch gegenseitig aufrufen. Das sehen Sie beim vierten Konstruktor. Dieser Konstruktor erwartet keine Parameter. Er ruft mithilfe des Schlüsselworts this, das immer auf das aktuelle Objekt verweist, den ersten Konstruktor auf, mit dem Text »leer« und der Zahl 0. Der erste Konstruktor muss bereits vorher definiert sein.

ToString() ▶ Jede vordefinierte oder eigene Klasse erbt die Methode ToString() von der Basisklasse object. Die Methode dient zur Ausgabe der Daten eines Objekts als Zeichenkette. Falls es eine spezifische Methode ToString() innerhalb einer Klasse geben soll, muss die Methode der Basisklasse mit `override` überschrieben werden. Hier dient `ToString()` als Alternative für die Methode `Ausgabe()`.

▸ Falls eine Methode mithilfe von `override` als *überschreibend* gekenn-zeichnet wird, kann sie eine gleichnamige Methode der Basisklasse überschreiben, die entweder mit `virtual`, mit `abstract` oder selber mit `override` gekennzeichnet ist.

override

Das Programm (Projekt *Konstruktor*) kann diese Klasse jetzt wie folgt nutzen:

```
private void CmdAnzeigen_Click(...)
{
    Fahrzeug vespa = new Fahrzeug();
    Fahrzeug schwalbe = new Fahrzeug("Moped");
    Fahrzeug yamaha = new Fahrzeug(50);
    Fahrzeug honda = new Fahrzeug("Motorrad", 75);

    LblAnzeige.Text = vespa + "\n" + schwalbe
        + "\n" + yamaha + "\n" + honda;
}
```

Listing 5.6 Projekt »Konstruktor«, Benutzung der Klasse

Zur Erläuterung:

▸ Es werden vier Objekte der Klasse `Fahrzeug` erzeugt und ausgegeben, sie-he Abbildung 5.3. Jedes der Objekte nutzt einen anderen Konstruktor.

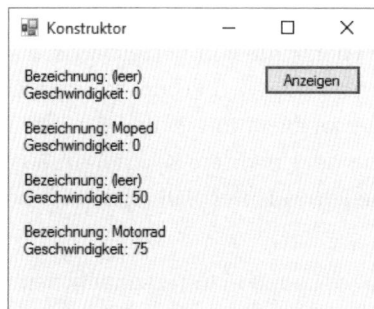

Abbildung 5.3 Vier Objekte nach der Konstruktion

▸ Aufgrund der Tatsache, dass für diese Klasse eine eigene Methode `ToString()` definiert wurde, ist eine einfache Ausgabe mithilfe des Objektnamens möglich. Beachten Sie in diesem Zusammenhang, dass

Verkettung

die Anweisung `LblAnzeige.Text = vespa;` zu einem Fehler führen würde. Erst die Verkettung des Objektnamens mit einer Zeichenkette (zum Beispiel `""` oder `"\n"`) führt zu einer automatischen Umwandlung sowie einer fehlerfreien Zuweisung an die Eigenschaft `Text`.

IntelliSense
▶ Während der Codierung erscheint nach Eingabe von `new Fahrzeug` eine IntelliSense-QuickInfo. Darin werden dem Entwickler die vier Möglichkeiten zur Objekterzeugung, also die vier Konstruktoren mit Anzahl und Typ der Parameter, zur Auswahl angeboten. Dieses Verhalten kennen wir bereits von der Benutzung der vordefinierten Methoden.

▶ Sobald Sie eigene Konstruktoren definieren, können Sie nur noch diese nutzen. Falls es keine eigenen Konstruktoren gibt, wird ein interner, parameterloser Konstruktor verwendet, wie im ersten Beispiel dieses Abschnitts.

5.5 Namensräume

namespace
Innerhalb von größeren Softwareprojekten wird meist nicht nur eine Klasse genutzt, sondern eine ganze Reihe von Klassen. Dabei handelt es sich zum einen um eigene Klassen, die innerhalb des Softwareprojekts definiert worden sind. Zum anderen handelt es sich um bereits vorgefertigte Klassen, die bestimmte Aufgaben innerhalb der eigenen Projekte erledigen sollen. Zu diesem Zweck werden sie in das jeweilige Projekt eingebunden. Zur eindeutigen Organisation von Klassen gibt es sogenannte *Namensräume* (engl. *Namespaces*).

Hierarchie
Ein Namensraum ist ähnlich wie eine Hierarchie von Verzeichnissen aufgebaut. Es gibt also einen Haupt-Namensraum, der eine oder mehrere Klassen beinhaltet. Innerhalb des Haupt-Namensraums kann es Unter-Namensräume geben, die wiederum eine oder mehrere Klassen umfassen. Die Unter-Namensräume können wiederum Unter-Namensräume beinhalten und so weiter.

Eindeutigkeit
Es kann mehrere Klassen mit demselben Namen in unterschiedlichen Namensräumen, aber nicht innerhalb desselben Namensraums geben. Auf diese Weise kann auf jede Klasse in eindeutiger Art und Weise zugegriffen werden.

Eigener Namensraum
Die Klassen unserer eigenen Projekte werden automatisch innerhalb eines Namensraums angeordnet, der den Namen des Projekts trägt. Ein Beispiel:

Im ersten Projekt dieses Kapitels, das den Namen *KlasseObjekt* trägt, gibt es den Namensraum `KlasseObjekt`, darin die beiden Klassen `Fahrzeug` und `Form1`. Der vollständige Name der beiden Klassen lautet, ähnlich wie die Pfadangabe einer Datei innerhalb einer Verzeichnishierarchie: `KlasseObjekt.Fahrzeug` und `KlasseObjekt.Form1`.

Zur Anzeige einer Nachricht auf dem Bildschirm haben wir die Methode `Show()` der Klasse `MessageBox` genutzt. Der zugehörige Namensraum wird bei einer Windows Forms-Anwendung *automatisch* eingebunden. Die Klasse `MessageBox` stammt aus dem Namensraum `Forms`, der innerhalb des Namensraums `Windows` liegt, der wiederum innerhalb des Namensraums `System` liegt. Ein vollständiger (allerdings zu umfangreicher) Aufruf der Methode würde also lauten: `System.Windows.Forms.MessageBox.Show()`.

Vollständiger Name

Das Schlüsselwort `using` dient zur *manuellen* Einbindung von weiteren Namensräumen mit Klassen, die im aktuellen Projekt benötigt werden. Wir haben es im Verlauf dieses Buchs bereits häufiger benötigt. Ein Beispiel: Die Anweisung `using System.IO;` zu Beginn eines Projekts bindet die Klassen des Namensraums `IO` aus dem Namensraum `System` ein, die zum Schreiben und Lesen von Dateien auf der Festplatte benötigt werden.

using

Seit der Version 2015 von Visual Studio werden überflüssige Elemente im Programmcode deutlicher gekennzeichnet, indem sie in grauer Schriftfarbe dargestellt werden. Falls sich der Cursor in der betreffenden Zeile befindet, erscheint links von der Zeile eine gelbe Glühbirne. Platzieren Sie die Maus über dieser Glühbirne, wird der Zugang zu Hinweisen bezüglich der überflüssigen Elemente ermöglicht. Beispiele für überflüssige Elemente sind:

▶ Das Schlüsselwort `this` zur Kennzeichnung des aktuellen Objekts vor einer Eigenschaft oder Methode der aktuellen Klasse.

▶ Umfangreiche Angaben für Namensräume beim Aufruf von Elementen: `System.Windows.Forms.MessageBox.Show()` statt `MessageBox.Show()`.

▶ Explizite Datentypkonvertierungen, falls sie nicht notwendig sind.

5.6   Referenzen, Vergleiche und Typen

In diesem Abschnitt wird mithilfe des Projekts *ReferenzenVergleicheTypen* das Verständnis für Objekte weiter vertieft. Zunächst geht es um Referenzen, also Objektverweise. Anschließend geht es um den Vergleich von Refe-

Objektverweis

renzen und den Vergleich von Objekten. Zu guter Letzt wird der Typ eines Objekts mithilfe verschiedener Methoden ermittelt.

5.6.1 Referenzen

Mithilfe einer Zuweisung kann einer Referenz (also einem Objektverweis) A ein gleichartiger Objektverweis B zugewiesen werden. Dabei ist allerdings zu beachten, dass nicht das Objekt, sondern nur eine Referenz zugewiesen wird. Die Objektverweise A und B verweisen nach der Zuweisung auf dasselbe Objekt. Wird im weiteren Verlauf des Programms eine Veränderung über einen der beiden Objektverweise vorgenommen, hat das Auswirkungen auf dasselbe Objekt.

Referenztyp Bei der Übergabe von Parametern an eine Methode haben wir bereits ein ähnliches Verhalten kennengelernt. Wenn ein Parameter mit ref übergeben wird, hat eine Änderung Auswirkungen auf die Originalvariable. Dieser Vorgang wird daher auch als *Übergabe per Referenz* bezeichnet.

Werttyp Anders verhält es sich bekanntlich bei der Zuweisung einer Variablen eines Basisdatentyps (z. B. int oder double). Nach der Zuweisung einer Variablen A an eine Variable B haben zwar beide zunächst den gleichen Wert. Es handelt sich aber dennoch um zwei verschiedene Variablen, die im weiteren Verlauf des Programms unabhängig voneinander agieren können. Bezüglich dieses Verhaltens spricht man auch von Verweistypen bzw. Referenztypen (Objekte) und Werttypen (Variablen der Basisdatentypen).

Es folgt ein Beispielprogramm (Projekt *ReferenzenVergleicheTypen*), das diese Zusammenhänge näher verdeutlicht. Die Definition der Klasse ähnelt derjenigen im vorigen Projekt *Konstruktor*, daher muss sie hier nicht mehr gesondert dargestellt werden:

```
private void CmdReferenzZuweisen_Click(...)
{
    Fahrzeug vespa = new Fahrzeug("Moped", 50);
    Fahrzeug schwalbe;
    schwalbe = vespa;
    MessageBox.Show(vespa + " / " + schwalbe);
    vespa.Beschleunigen(35);
    MessageBox.Show(vespa + " / " + schwalbe);
}
```

Listing 5.7 Projekt »ReferenzenVergleicheTypen«, Teil 1

Zur Erläuterung:

▶ Nach der Erzeugung eines Objekts (mit new) und eines Objektverweises (ohne new) der Klasse Fahrzeug erfolgt die Zuweisung des Objekts zum zweiten Objektverweis.

▶ Damit sind schwalbe und vespa Verweise auf dasselbe Objekt. Wird vespa beschleunigt, erfährt man diese Veränderung auch über schwalbe (siehe Abbildung 5.4).

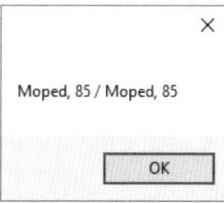

Abbildung 5.4 Zwei Verweise auf ein Objekt

5.6.2 Operator ==

Mithilfe des Operators == können Sie feststellen, ob zwei Referenzen auf dasselbe Objekt verweisen. Hierzu eine Beispielprozedur innerhalb des Projekts *ReferenzenVergleicheTypen*:

```
private void CmdReferenzenVergleichen_Click(...)
{
    Fahrzeug vespa = new Fahrzeug("Roller", 35);
    Fahrzeug schwalbe = new Fahrzeug("Roller", 35);

    if (vespa == schwalbe)
        MessageBox.Show("Die beiden Objektverweise" +
            " zeigen auf dasselbe Objekt");
    else
        MessageBox.Show("Die beiden Objektverweise" +
            " zeigen nicht auf dasselbe Objekt");
}
```

Listing 5.8 Projekt »ReferenzenVergleicheTypen«, Teil 1

Zur Erläuterung:

▶ Es werden zwei Objekte mit den gleichen Eigenschaftswerten erzeugt. Der Vergleich mithilfe des Operators == zeigt jedoch, dass es sich nicht um dasselbe Objekt handelt (siehe Abbildung 5.5).

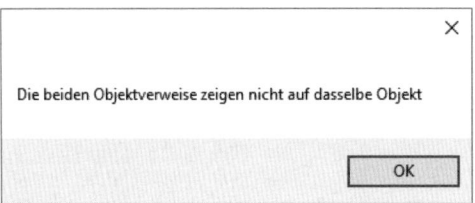

Abbildung 5.5 Zwei verschiedene Objekte

5.6.3   Objekte vergleichen

Equals()   In diesem Zusammenhang ist auch die Methode Equals() der Basisklasse object von Interesse. Diese Methode erbt jede Klasse, weil jede Klasse von der Basisklasse object abgeleitet wird. Das Thema *Vererbung* wird im gleichnamigen Abschnitt 5.9 noch vertieft werden.

Falls Sie die geerbte Methode Equals() auf zwei Objektverweise einer Klasse anwenden, wird damit festgestellt, ob die Verweise auf dasselbe Objekt verweisen. Es handelt sich also um das gleiche Verhalten wie beim Vergleich mithilfe des Operators ==.

Die Methode Equals() ist aber eigentlich dazu vorgesehen, festzustellen, ob zwei Objekte identisch sind. Dazu muss sie in der betreffenden Klasse überschrieben werden.

Die Klasse Fahrzeug im Projekt *ReferenzenVergleicheTypen* wird also wie folgt ergänzt:

```
class Fahrzeug
{
    ...
    public bool Equals(Fahrzeug x)
    {
        if (bezeichnung == x.bezeichnung &&
                geschwindigkeit == x.geschwindigkeit)
            return true;
        else
```

```
        return false;
    }
}
```

Listing 5.9 Projekt »ReferenzenVergleicheTypen«, Methode Equals()

Zur Erläuterung:

▶ Die Methode liefert true, wenn die Werte der beiden Eigenschaften bezeichnung und geschwindigkeit gleich sind.

Das folgende Beispielprogramm (auch im Projekt *ReferenzenVergleiche-Typen*) verwendet die veränderte Klasse Fahrzeug:

```
private void CmdObjekteVergleichen_Click(...)
{
    Fahrzeug vespa = new Fahrzeug("Roller", 35);
    Fahrzeug schwalbe = new Fahrzeug("Roller", 35);

    if (vespa.Equals(schwalbe))
        MessageBox.Show("Die beiden Objekte sind gleich");
    else
        MessageBox.Show("Die beiden Objekte sind nicht gleich");
}
```

Listing 5.10 Projekt »ReferenzenVergleicheTypen«, Nutzung der Methode Equals()

Zur Erläuterung:

▶ Beim Vergleich wird nun die eigene Methode Equals() der Klasse Fahrzeug aufgerufen.

▶ Die Werte der Eigenschaften werden miteinander verglichen. Da sie gleich sind, liefert die Methode Equals() den Wert true.

5.6.4   Typ eines Objekts ermitteln

Die Methode GetType() der Basisklasse object bezieht sich auf ein Objekt und liefert die Bezeichnung des Typs, also der Klasse eines Objekts. Diese Bezeichnung kann mithilfe der Methode ToString() ausgegeben werden.

GetType(), typeof

Das Gleiche liefert der Operator typeof, bezogen auf eine Klasse. Das folgende Beispielprogramm (ebenfalls im Projekt *ReferenzenVergleicheTypen*) zeigt es:

```
private void CmdKlasseErmitteln_Click(...)
{
    Fahrzeug vespa = new Fahrzeug("Roller", 35);

    MessageBox.Show("Objekt vespa ist vom Typ "
        + vespa.GetType().ToString());
    MessageBox.Show("Die Klasse heißt " + typeof(Fahrzeug));

    vespa = null;
    if(vespa == null)
        MessageBox.Show("Verweis vespa zeigt auf kein Objekt");

    MessageBox.Show("Der Button ist vom Typ "
        + CmdKlasseErmitteln.GetType().ToString());
    MessageBox.Show("Die Klasse heißt " + typeof(Button));
}
```

Listing 5.11 Projekt »ReferenzenVergleicheTypen«, Typ ermitteln

Zur Erläuterung:

► Zunächst wird das Objekt vespa vom Typ Fahrzeug erzeugt. Die Methode GetType() liefert die Bezeichnung ReferenzenVergleicheTypen.Fahrzeug, also den Namen der eigenen Klasse Fahrzeug innerhalb des Namensraums des Projekts. Das Gleiche liefert der Operator typeof.

► Mittels des Schlüsselworts null können Sie feststellen, ob ein Verweis auf ein Objekt oder auf »Nichts« zeigt. Falls eine Methode einen Verweis auf ein Objekt liefern soll, können Sie so mithilfe von null prüfen, ob die Methode erfolgreich war. Falls die Eigenschaft eines Objekts wiederum ein Objekt sein soll, können Sie auf diese Weise prüfen, ob ein Eigenschaftswert zugewiesen wird.

► Die Methode GetType() liefert für den Button die Bezeichnung System.Windows.Forms.Button, also den Namen der Klasse Button innerhalb des Namensraums System.Windows.Forms.

5.6.5   Typ eines Objekts durch Vergleich ermitteln

Falls Sie wissen möchten, ob ein Objekt von einem bestimmten Typ ist, **is**
können Sie den Operator is anwenden. Das folgende Beispielprogramm
(ebenfalls im Projekt *ReferenzenVergleicheTypen*) zeigt das:

```
private void CmdKlasseVergleichen_Click(...)
{
    Fahrzeug vespa = new Fahrzeug("Roller", 35);

    if (vespa is Fahrzeug)
        MessageBox.Show("Objekt vespa ist vom Typ Fahrzeug");

    if (CmdKlasseErmitteln is Button)
        MessageBox.Show(
            "Objekt CmdKlasseErmitteln ist vom Typ Button");
}
```

Listing 5.12 Projekt »ReferenzenVergleicheTypen«, Typ durch Vergleich ermitteln

Es wird das Objekt vespa vom Typ Fahrzeug erzeugt. Der Operator is liefert
in diesem Fall true. Entsprechend verhält es sich bei dem Button.

5.7   Delegates

Mithilfe von Delegates kann man Verweise auf Ereignismethoden erstel-   **Ereignismethoden**
len. Sie werden sich vielleicht fragen, wozu das nötig ist, da wir Methoden
zu den verschiedenen Ereignissen unserer Steuerelemente auch einfach
über das EIGENSCHAFTEN-Fenster erzeugen können. Was ist aber mit
Steuerelementen, die erst zur Laufzeit des Programms erzeugt werden?
Hier kommen die Delegates ins Spiel.

Im nachfolgenden Beispiel im Projekt *Delegates* können wir im Formular   **Steuerelemente**
per Klick auf den oberen Button beliebig viele zusätzliche Buttons erzeu-   **erzeugen und**
gen. Zu jedem dieser Buttons gibt es eine Ereignismethode. Im Beispiel   **löschen**
dient diese dazu, den Button wieder aus dem Formular zu löschen. In Abbildung 5.6 sehen Sie das Formular nach dem Erzeugen von vier zusätzlichen
Buttons und dem Löschen der ersten beiden zusätzlichen Buttons.

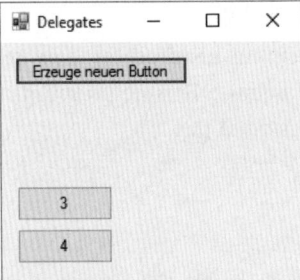

Abbildung 5.6 Buttons, zur Laufzeit erzeugt bzw. gelöscht

Zunächst das Programm:

```
public partial class Form1 : Form
{
    ...
    private int YPos = 44;
    private int Nr = 1;

    private void CmdErzeugen_Click(...)
    {
        Button neuerButton = new Button()
        {
            Location = new Point(12, YPos),
            Size = new Size(75, 26),
            Text = Nr + ""
        };
        neuerButton.Click += new EventHandler(NeuerButton_Click);
        Controls.Add(neuerButton);

        YPos = YPos + 32;
        Nr = Nr + 1;
    }

    private void NeuerButton_Click(object sender, EventArgs e)
    {
        Button cmd = sender as Button;
        Controls.Remove(cmd);
```

```
        MessageBox.Show("Button " + cmd.Text + " wurde gelöscht");
    }
}
```

Listing 5.13 Projekt »Delegates«

Zur Erläuterung:

▶ Die beiden Eigenschaften YPos und Nr der Klasse Form1 sorgen für die y-Position und die laufende Nummer der neuen Buttons. Der erste Button wird bei y = 44 erscheinen und die Nummer 1 tragen.

▶ In der Ereignismethode CmdErzeugen_Click() wird ein neues Objekt des Typs Button erzeugt. Über die Eigenschaften Location, Size und Text bekommt es Lage, Größe und Aufschrift zugewiesen. Dabei wird die Möglichkeit einer Objektinitialisierung genutzt: Nach den Klammern, die zur Objekterzeugung benötigt werden, folgt eine Liste von Eigenschaften mit Wertzuweisungen innerhalb von geschweiften Klammern.

▶ Dem Ereignis Click dieses neuen Buttons wird durch den Operator += ein neues Objekt des Typs EventHandler zugeordnet. Das ist die Methode NeuerButton_Click(). Das bedeutet: Wenn auf den neuen Button geklickt wird, startet der Code in NeuerButton_Click(). Lassen Sie sich nicht irritieren: Solange diese Methode noch nicht existiert, wird ein Fehler gemeldet.

▶ Die Methode Add() fügt der Auflistung Controls den neuen Button hinzu. Damit erscheint er im Formular. Die Auflistung Controls ist eine Eigenschaft des Formulars und umfasst alle darin vorhandenen Steuerelemente. **Controls.Add()**

▶ Die beiden Eigenschaften YPos und Nr der Klasse Form1 bekommen neue Werte für den nächsten Button.

▶ Es folgt die Methode NeuerButton_Click(), die für die Bearbeitung des Ereignisses Click aller zusätzlichen Buttons sorgt. Im Methodenkopf stehen, wie bisher, die beiden Objekte der Klasse object bzw. EventArgs.

▶ Der betreffende Button wird mithilfe der Methode Remove() aus der Auflistung Controls gelöscht, er verschwindet also wieder. **Controls.Remove()**

▶ Wir möchten eine Information darüber haben, welcher Button gelöscht wurde. Dazu wird der Verweis auf das sendende Objekt in einen Verweis auf einen Button umgewandelt. Ansonsten hätten wir keine Möglichkeit, den Button als Control zu behandeln, ihn zu entfernen oder seine Aufschrift über die Eigenschaft Text zu ermitteln. Der Operator as **as** ermöglicht eine solche Umwandlung von einem »ungenauen« Typ (hier object) in einen »genau passenden« Typ (hier Button).

5.8   Statische Elemente

Bisher haben wir nur Eigenschaften kennengelernt, die bestimmten Objekten zugeordnet sind, und Methoden, die für ein bestimmtes Objekt ausgeführt werden. Darüber hinaus gibt es aber auch klassenbezogene Eigenschaften und Methoden:

Statische Eigenschaften ▶ Klassenbezogene Eigenschaften, sogenannte statische Eigenschaften, sind thematisch mit der Klasse verbunden. Ihre Werte stehen allen Objekten der Klasse zur Verfügung. Falls sie öffentlich deklariert werden, stehen sie auch außerhalb der Klasse zur Verfügung.

Statische Methoden ▶ Klassenbezogene Methoden, sogenannte statische Methoden, sind ebenfalls thematisch mit der Klasse verbunden.

Im nachfolgenden Beispiel im Projekt *StatischeElemente* werden zwei statische Eigenschaften genutzt, eine ist in der Klasse gekapselt, die andere öffentlich. Außerdem kommt noch eine statische Methode zum Einsatz. Zunächst die Klassendefinition:

```
class Zahl
{
    private double wert;
    private int nummer;
    private static int anzahl = 0;
    public static double pi = 3.1415926;

    public Zahl(double x)
    {
        anzahl += 1;
        nummer = anzahl;
        wert = x;
    }

    public void MalDrei()
    {
        wert = wert * 3;
    }
```

```
public static double Verdoppeln(double x)
{
    return x * 2;
}

public override string ToString()
{
    return "Objekt Nr. " + nummer + ", Wert: " + wert;
}
}
```

Listing 5.14 Projekt »StatischeElemente«, Klassendefinition

Zur Erläuterung:

▸ Es wird die Klasse Zahl definiert, mit deren Hilfe einige einfache Zahlenoperationen ausgeführt werden sollen.

▸ Die beiden Variablen wert und nummer sind objektbezogene Eigenschaften. Jedes Objekt hat also seinen eigenen Wert und seine eigene laufende Nummer.

▸ Die Variable anzahl ist eine klassenbezogene und gekapselte Eigenschaft. Diese statische Eigenschaft gibt es insgesamt nur einmal, unabhängig von der Anzahl der erzeugten Objekte. Sie steht innerhalb der Klasse allen Objekten gemeinsam zur Verfügung, sie wird also von den Objekten gemeinsam genutzt. Das Schlüsselwort static kennzeichnet die Variable als eine statische Eigenschaft. **static**

▸ Innerhalb des Konstruktors der Klasse wird die statische Eigenschaft anzahl bei jeder Erzeugung eines Objekts um 1 erhöht. Diese Eigenschaft repräsentiert also die Anzahl der Objekte. Darüber hinaus wird sie genutzt, um jedem Objekt bei seiner Erzeugung eine individuelle laufende Nummer zu geben.

▸ Die Variable pi ist eine klassenbezogene und öffentliche Eigenschaft. Sie ist ebenfalls einmalig, steht aber nicht nur innerhalb, sondern auch außerhalb der Klasse zur Verfügung. Sie ist jedoch thematisch mit der Klasse Zahl verbunden, daher wird sie in der Klasse deklariert. **public static**

▸ Die Methode MalDrei() ist eine objektbezogene Methode. Sie kann auf ein Objekt angewendet werden und verändert dieses Objekt gegebenenfalls.

Statische Methode ▶ Die Methode Verdoppeln() ist eine klassenbezogene Methode. Sie wird also nicht auf ein individuelles Objekt angewendet. Sie ist aber thematisch mit der Klasse Zahl verbunden und wird daher in der Klasse definiert. Innerhalb der Methode steht keine objektbezogene Eigenschaft (wie wert oder nummer) zur Verfügung.

Im folgenden Programm im Projekt *StatischeElemente* werden alle genannten statischen Elemente genutzt (siehe Abbildung 5.7).

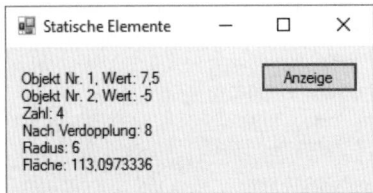

Abbildung 5.7 Statische Elemente

Der Programmcode:

```
private void CmdAnzeigen_Click(...)
{
    Zahl x = new Zahl(2.5);
    Zahl p = new Zahl(-5);
    double y, r;
    /* Objektbezogene Methoden */
    x.MalDrei();
    LblAnzeige.Text = x + "\n" + p;
    /* Klassenbezogene und öffentliche Methode */
    y = 4;
    LblAnzeige.Text += "\n" + "Zahl: " + y + "\n" +
        "Nach Verdopplung: " + Zahl.Verdoppeln(y);
    /* Klassenbezogene und öffentliche Eigenschaft */
    r = 6;
    LblAnzeige.Text += "\n" + "Radius: " + r + "\n" +
        "Fläche: " + r * r * Zahl.pi;
}
```

Listing 5.15 Projekt »StatischeElemente«, Hauptprogramm

Zur Erläuterung:

► Es werden die beiden Objekte x und p der Klasse Zahl erzeugt. Dabei wird jeweils der Konstruktor durchlaufen, die Objekte erhalten ihre Startwerte sowie eine laufende Nummer.

► Auf das Objekt x wird eine objektbezogene Methode angewendet. Anschließend werden beide Objekte mit ihren jeweiligen Eigenschaften ausgegeben.

► Die statische Methode Verdoppeln() wird auf eine double-Variable angewendet.

► Die statische und öffentliche Eigenschaft pi der Klasse wird genutzt, um aus dem Radius eines Kreises die Fläche zu berechnen.

Übrigens: Die bereits häufig genutzte Methode Show() der Klasse Message-Box ist ebenfalls statisch. Es muss daher kein Objekt der Klasse MessageBox erzeugt werden, um die Methode Show() aufzurufen.

Show()

5.9 Vererbung

Eine Klasse kann ihre Elemente an eine andere Klasse weiter vererben. Dieser Mechanismus wird häufig angewendet, um bereits vorhandene Definitionen zu übernehmen. Durch Vererbung erzeugen Sie eine Hierarchie von Klassen, welche die Darstellung von Objekten mit teils übereinstimmenden, teils unterschiedlichen Merkmalen ermöglichen.

Innerhalb von Visual Studio wird bereits eine große Menge an Klassen für C# zur Verfügung gestellt, die in eigenen Programmen geerbt werden können. Dadurch können Sie komplexe Objekte mit ihrem spezifischen Verhalten, ihren Eigenschaften und Möglichkeiten in Ihr eigenes Programm einfügen.

Erben

In den Beispielen dieses Buchs wurde das bereits vielfach praktiziert. So wird beim Einfügen eines Formulars von der Klasse für Formulare geerbt. Alle Eigenschaften eines Formulars (Text, BackColor, Size, …), alle Methoden eines Formulars (Close(), …) und alle Ereignisse eines Formulars (Click, Load, Activated, …) stehen nach dem Einfügen zur Verfügung.

Formular geerbt

Im nachfolgenden Beispiel im Projekt *Vererbung* wird eine Klasse PKW definiert, mit deren Hilfe die Eigenschaften und Methoden von Personenkraftwagen dargestellt werden sollen. Bei der Erzeugung bedienen Sie sich der existierenden Klasse Fahrzeug, in der ein Teil der gewünschten Eigenschaften und Methoden bereits vorhanden ist. Bei der Klasse PKW kommen noch einige Merkmale hinzu.

Basisklasse,
abgeleitete Klasse
In diesem Zusammenhang nennt man die Klasse PKW auch eine spezialisierte Klasse. Die Klasse Fahrzeug nennt man eine allgemeine Klasse. Von der Klasse PKW aus gesehen ist die Klasse Fahrzeug eine Basisklasse. Von der Klasse Fahrzeug aus gesehen ist die Klasse PKW eine abgeleitete Klasse.

Bei der Projekterzeugung werden beide Klassen in eigenen Klassendateien jeweils über den Menüpunkt PROJEKT · KLASSE HINZUFÜGEN gespeichert.

Zunächst die Basisklasse Fahrzeug:

```
class Fahrzeug
{
    private int geschwindigkeit;

    public void Beschleunigen(int wert)
    {
        geschwindigkeit += wert;
    }

    public override string ToString()
    {
        return "Geschwindigkeit: " + geschwindigkeit + "\n";
    }
}
```

Listing 5.16 Projekt »Vererbung«, Basisklasse Fahrzeug

Davon abgeleitet wird die Klasse PKW:

```
class PKW : Fahrzeug
{
    private int insassen;

    public void Einsteigen(int anzahl)
    {
        insassen += anzahl;
    }
```

```
    public override string ToString()
    {
        return "Insassen: " + insassen + "\n" + base.ToString();
    }
}
```

Listing 5.17 Projekt »Vererbung«, abgeleitete Klasse PKW

Zur Erläuterung:

▶ Nach dem Beginn der Klassendefinition (class PKW) folgt ein Doppelpunkt und der Name der Klasse Fahrzeug. Dadurch wird festgelegt, dass
die Klasse PKW alle Elemente von der Klasse Fahrzeug erbt.   **Doppelpunkt**

▶ Die Klasse PKW verfügt nun über zwei Eigenschaften: die geerbte Eigenschaft geschwindigkeit und die eigene Eigenschaft insassen.   **Geerbte Eigenschaft**

▶ Außerdem verfügt sie über vier Methoden: die geerbten Methoden
Beschleunigen() und ToString() sowie die eigenen Methoden Einstei-
gen() und ToString().   **Geerbte Methode**

▶ In der Methode ToString() der Klasse PKW wird weiterhin die gleichnamige Methode der Basisklasse benötigt, denn sie soll alle Eigenschaften
ausgeben und sich dabei möglichst der bereits vorhandenen Methode
ToString() der Basisklasse bedienen. Die Elemente der Basisklasse erreichen Sie in einer abgeleiteten Klasse über den Bezeichner base.   **base**

In dem Programm im Projekt *Vererbung*, das diese Klassen benutzt, werden
zwei Objekte erzeugt, ein Objekt der Basisklasse und ein Objekt der abgeleiteten Klasse (siehe Abbildung 5.8).

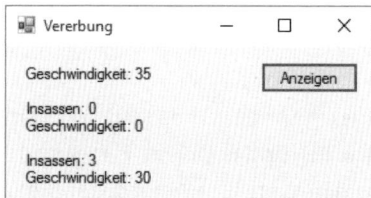

Abbildung 5.8 Objekte der Basisklasse und der abgeleiteten Klasse

Hier der Programmcode:

```
private void CmdAnzeigen_Click(...)
{
    Fahrzeug vespa = new Fahrzeug();
```

```
PKW fiat = new PKW();
vespa.Beschleunigen(35);
LblAnzeige.Text = vespa + "";
LblAnzeige.Text += "\n" + fiat;
fiat.Einsteigen(3);
fiat.Beschleunigen(30);
LblAnzeige.Text += "\n" + fiat;
}
```

Listing 5.18 Projekt »Vererbung«, Nutzung der Klassen

Zur Erläuterung:

▶ Im Programm werden zwei Objekte verschiedener Klassen erzeugt.

Methodensuche
▶ Falls eine Methode für ein Objekt einer abgeleiteten Klasse aufgerufen wird, wird diese Methode zunächst in dieser abgeleiteten Klasse gesucht. Wird sie dort gefunden, wird sie aufgerufen. Anderenfalls wird sie eine Ebene höher, also in der Klasse gesucht, von der die Klasse des Objekts abgeleitet ist. Wird sie dort ebenfalls nicht gefunden, wird wiederum die zugehörige Basisklasse durchsucht usw.

▶ Für das Objekt fiat der Klasse PKW werden die Methoden ToString() und Einsteigen() aufgerufen. Diese werden zuerst in der Klasse PKW gefunden und ausgeführt.

▶ Innerhalb der Methode ToString() der Klasse PKW wird die gleichnamige Methode der Basisklasse Fahrzeug über base aufgerufen und ausgeführt.

▶ Die Methode Beschleunigen() wird für das Objekt fiat zunächst ebenfalls in der Klasse PKW gesucht, aber nicht gefunden. Da PKW von Fahrzeug geerbt hat, wird die Methode nun in der Klasse Fahrzeug gesucht, dort gefunden und ausgeführt.

Die Methode GetType() würde für das Objekt fiat den Typ PKW liefern. Ein Typvergleich mithilfe des Operators is würde für das Objekt fiat sowohl beim Typ PKW als auch beim Typ Fahrzeug den Wert true liefern, denn das Objekt fiat ist ein PKW und damit auch ein Fahrzeug.

private
Hinweis: Eigenschaften der Basisklasse sind von der abgeleiteten Klasse aus normalerweise nicht erreichbar, da sie in der Basisklasse gekapselt sind. Sie werden mit dem Schlüsselwort private deklariert oder (gleichbedeutend) ganz ohne Zusatz vor dem Datentyp.

Möchten Sie sie aber dennoch erreichbar machen, haben Sie dazu zwei
Möglichkeiten:

▶ Sie deklarieren die Eigenschaften mit `public`. In diesem Fall sind sie öffentlich zugänglich und von überall aus zu erreichen. Das widerspricht
  aber dem Prinzip der Datenkapselung.

public

▶ Sie deklarieren die Eigenschaften mit `protected`. Nun sind sie von der
  Klasse, in der sie deklariert sind, und von allen aus dieser abgeleiteten
  Klassen aus erreichbar. Somit bleibt noch eine gewisse Datenkapselung
  gewährleistet.

protected

5

Hinweis: Spätestens jetzt erklärt sich auch die Hierarchie in der Kopfzeile
der Formularklasse, die in jedem bisherigen Programm genutzt wird: `pub-`
`lic partial class Form1 : Form`. Die Klasse `Form1` erbt von der vorhandenen
Klasse `Form`.

Formular erben

5.10   Konstruktoren bei Vererbung

Bei der Erzeugung eines Objekts einer abgeleiteten Klasse können Sie Konstruktoren einsetzen. Sie sollten dabei darauf achten, wie die Konstruktoren der Basisklasse aufgebaut sind, damit diese intern richtig aufgerufen
werden können.

**Konstruktor der
Basisklasse**

Zunächst eine Basisklasse mit zwei Konstruktoren im Projekt *Vererbung-
Konstruktoren*:

```
class Fahrzeug
{
    private string bezeichnung;
    private int geschwindigkeit;

    public Fahrzeug()
    {
        bezeichnung = "(leer)";
        geschwindigkeit = 0;
    }

    public Fahrzeug(string b, int g)
    {
        bezeichnung = b;
        geschwindigkeit = g;
```

```
        }
        ...
    }
```

Listing 5.19 Projekt »VererbungKonstruktoren«, Klasse Fahrzeug

Zur Erläuterung:

▶ Einer der beiden Konstruktoren benötigt keine Parameter. Die Eigenschaften werden mit *(leer)* bzw. 0 initialisiert.

▶ Der andere Konstruktor benötigt eine string-Variable und eine int-Variable. Mit den übergebenen Werten werden die Eigenschaften vorbesetzt.

Es folgt die abgeleitete Klasse, ebenfalls mit zwei Konstruktoren:

```
class PKW : Fahrzeug
{
    private int insassen;

    public PKW()
    {
        insassen = 0;
    }

    public PKW(string b, int g, int i) : base(b, g)
    {
        insassen = i;
    }
    ...
}
```

Listing 5.20 Projekt »VererbungKonstruktoren«, Klasse PKW

Zur Erläuterung:

▶ In dieser Klasse gibt es ebenfalls einen parameterlosen Konstruktor.

base() ▶ Der andere Konstruktor benötigt eine string-Variable und zwei int-Variablen. Zwei der übergebenen Werte werden mithilfe von base() an die Basisklasse weitergereicht, dabei muss der passende Konstruktor aufgerufen werden. Der dritte Wert wird in der Klasse PKW zum Vorbesetzen der eigenen Eigenschaft der Klasse PKW genutzt.

Das Programm (Ausgabe siehe Abbildung 5.9):

```
private void CmdAnzeigen_Click(...)
{
    PKW fiat = new PKW("Limousine", 50, 2);
    PKW peugeot = new PKW();
    LblAnzeige.Text = fiat + "\n" + peugeot;
}
```

Listing 5.21 Projekt »VererbungKonstruktoren«, Nutzung der Klasse

Zur Erläuterung:

▸ Die beiden Objekte fiat und peugeot werden unterschiedlich erzeugt.

▸ Das Objekt fiat wird mit drei Werten initialisiert; somit wird der passende Konstruktor gefunden. Dieser reicht die Werte für Geschwindigkeit und Bezeichnung weiter.

Eigenschaften weiterreichen

▸ Das Objekt peugeot wird ohne Werte initialisiert. Auch hier werden beide Konstruktoren durchlaufen und Standardwerte festgehalten.

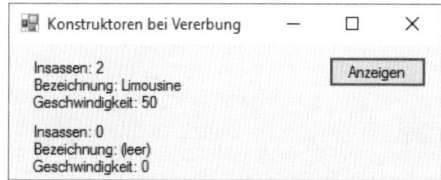

Abbildung 5.9 Nutzung verschiedener Konstruktoren

5.11 Polymorphie

Polymorphie bedeutet Vielgestaltigkeit. Innerhalb der objektorientierten Programmierung bedeutet dieser Begriff, dass ein Objektverweis auf Objekte unterschiedlicher Art verweisen kann. Er ist außerdem in der Lage, den Abruf der jeweils zugehörigen Objektelemente zu unterstützen. Das vergrößert die Flexibilität bei der Programmierung mit Objekten verwandter Klassen.

Vielgestaltigkeit

Im nachfolgenden Beispiel im Projekt *Polymorphie* werden Objekte zweier Klassen erzeugt. Eine der Klassen ist aus der anderen Klasse abgeleitet. Die

Feld von Objektverweisen

Objekte werden anschließend über ein Feld von Verweisen auf Objekte der Basisklasse gemeinsam erreichbar gemacht. Innerhalb einer Schleife werden alle Objekte ausgegeben.

Zunächst die Basisklasse:

```
class Fahrzeug
{
    private string bezeichnung;
    private int geschwindigkeit;

    public Fahrzeug()
    {
        bezeichnung = "(leer)";
        geschwindigkeit = 0;
    }

    public Fahrzeug(string b, int g)
    {
        bezeichnung = b;
        geschwindigkeit = g;
    }

    public override string ToString()
    {
        return "Typ: " + GetType() + "\nBezeichnung: "
            + bezeichnung + "\n" + "Geschwindigkeit: "
            + geschwindigkeit + "\n\n";
    }
}
```

Listing 5.22 Projekt »Polymorphie«, Basisklasse Fahrzeug

Zur Erläuterung:

► Die Klasse hat zwei Konstruktoren.

GetType() ► Zur Verdeutlichung wird in der Ausgabemethode ToString() mithilfe der Methode GetType() jeweils zusätzlich die Klasse des Objekts ausgegeben.

Die abgeleitete Klasse:

```
class PKW : Fahrzeug
{
    private int insassen;

    public PKW()
    {
        insassen = 0;
    }

    public PKW(string b, int g, int i) : base(b, g)
    {
        insassen = i;
    }

    public override string ToString()
    {
        return "Insassen: " + insassen + "\n" + base.ToString();
    }
}
```

Listing 5.23 Projekt »Polymorphie«, abgeleitete Klasse PKW

Zur Erläuterung:

▶ Diese Klasse hat ebenfalls zwei Konstruktoren und die eigene Ausgabemethode ToString(), die die gleichnamige Methode in der Basisklasse
aufruft.

Das Programm:

```
private void CmdAnzeigen_Click(object sender, EventArgs e)
{
    Fahrzeug vespa = new Fahrzeug("Roller", 35);
    Fahrzeug schwalbe = new Fahrzeug("Moped", 45);
    PKW fiat = new PKW("Limousine", 90, 4);
    PKW porsche = new PKW("Sportwagen", 130, 1);

    Fahrzeug[] sammlung = new Fahrzeug[5];
    sammlung[0] = vespa;
    sammlung[1] = schwalbe;
    sammlung[2] = fiat;
```

```
        sammlung[3] = porsche;
        sammlung[4] = new Fahrzeug();

        foreach (Fahrzeug f in sammlung)
            LblAnzeige.Text += f;
}
```

Listing 5.24 Projekt »Polymorphie«, Nutzung der Klassen

Zur Erläuterung:

▶ Es werden jeweils zwei Objekte der beiden Klassen erzeugt und mit allen Eigenschaften initialisiert.

Feld von Verweisen ▶ Zusätzlich wird ein Feld von fünf Verweisen auf Objekte der Basisklasse deklariert. Diese Verweise haben noch kein Verweisziel, dass heißt, sie zeigen noch auf kein Objekt.

▶ Nacheinander werden die vier vorhandenen Objekte den ersten vier Verweisen zugewiesen. Dem fünften Verweis wird ein neues leeres Objekt der Basisklasse zugewiesen.

Passende Methode ▶ Bei der Ausgabe aller Feldelemente (siehe Abbildung 5.10) mithilfe einer foreach-Schleife wird intern die Methode ToString() aufgerufen. Zu den Verweisen wird jeweils die passende Methode des Objekts, auf welches verwiesen wird, gefunden.

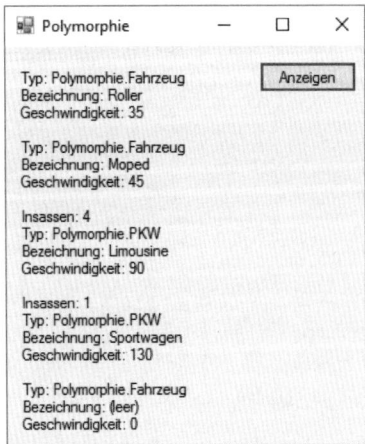

Abbildung 5.10 Fünf Verweise in einem Feld

5.12   Schnittstellen

Im Zusammenhang mit der Vererbung gibt es bei C# (und in vielen anderen objektorientierten Programmiersprachen) das Konzept der Schnittstelle (engl. *Interface*). Eine Schnittstelle sieht aus wie eine Klasse, enthält aber nur Definitionen, keinen Programmcode. Von einer Schnittstelle können daher keine Objekte erzeugt werden.

Interface

Schnittstellen werden aktiviert, falls sie von einer Klasse verwendet bzw. *implementiert* werden. Die Klasse muss dabei immer alle Elemente einer Schnittstelle implementieren.

Implementation

Durch eine Schnittstelle wird die Verwandtschaft zwischen Klassen ermöglicht. Das ist, wie im vorigen Abschnitt über Polymorphie zu lesen war, eine Voraussetzung für polymorphes Verhalten. In einer Klasse können mehrere Schnittstellen implementiert werden. Über eine dieser Schnittstellen ergibt sich jeweils eine Verwandtschaft dieser Klasse mit einer oder mehreren anderen Klassen. Es hat sich im Laufe der Entwicklung der objektorientierten Programmierung erwiesen, dass dieses Vorgehen effektiver ist als die sogenannte Mehrfachvererbung.

Polymorphes Verhalten

Hinweis: Bei C# gibt es keine Mehrfachvererbung. Bei der Mehrfachvererbung erbt eine Klasse Eigenschaften und Methoden mehrerer Basisklassen, das Verfahren hat allerdings verschiedene Nachteile.

Keine Mehrfachvererbung

Visual Studio stellt für C# bereits eine ganze Reihe von Schnittstellen zur Verfügung. Diese können in eigenen Klassen implementiert werden. Als Beispiel soll das Interface ICloneable genannt werden: Es unterstützt das Klonen von Objekten einer Klasse, also das vollständige Kopieren eines Objekts in ein anderes Objekt der gleichen Klasse. Jede Klasse, die diese Schnittstelle implementiert, muss die Methode Clone() implementieren und darin genau festlegen, wie der Klonvorgang in dieser speziellen Klasse ablaufen soll. Das trifft z. B. für die bereits behandelte Klasse Array zu (siehe hierzu auch Abschnitt 4.3.4).

ICloneable

Die Namen von Schnittstellen sollten mit I beginnen. Im nachfolgenden Beispiel *Schnittstellen* werden eine eigene Schnittstelle und die vorhandene Schnittstelle ICloneable implementiert. Zunächst das Interface IAenderbar in der Datei *IAenderbar.cs*:

```
interface IAenderbar
{
    void Faerben(string farbe);
    void Vergroessern(double faktor);
}
```

Listing 5.25 Projekt »Schnittstellen«, Interface »IAenderbar«

Zur Erläuterung:

▶ In jeder Klasse, die dieses Interface implementiert, müssen die beiden Methoden Faerben() und Vergroessern() definiert werden.

Es folgt die Klasse Kreis in der Datei *Kreis.cs*, in der Kreise mit ihren Eigenschaften und Methoden definiert werden:

```
class Kreis : IAenderbar, ICloneable
{
    private string farbe;
    private double radius;

    public Kreis(string f, double r)
    {
        farbe = f;
        radius = r;
    }

    public void Vergroessern(double faktor)
    {
        radius = radius * faktor;
    }

    public void Faerben(string f)
    {
        farbe = f;
    }

    public object Clone()
    {
        Kreis tmp = new Kreis(farbe, radius);
        return tmp;
    }
```

```
    public override string ToString()
    {
        return "Farbe: " + farbe + ", Radius: " + radius;
    }
}
```

Listing 5.26 Projekt »Schnittstellen«, Klasse »Kreis«

Zur Erläuterung:

▶ Die Klasse Kreis implementiert neben der eigenen Schnittstelle IAenderbar auch die vorhandene Schnittstelle ICloneable.

Schnittstelle
implementieren

▶ Dazu müssen Sie den Namensraum System mithilfe der using-Anweisung einbinden.

▶ Kreise haben einen Radius und eine Farbe.

▶ Nach dem Konstruktor folgen die beiden Methoden Faerben() und Ver-
groessern(). Sie werden passend zur Klasse Kreis implementiert.

▶ Innerhalb der Methode Clone() wird ein Objekt der Klasse Kreis erzeugt.
Es wird mit den Daten des aufrufenden Objekts gefüllt. Der Verweis auf
das neu erzeugte Objekt wird zurückgeliefert.

Objekt klonen

Zuletzt das Hauptprogramm des Projekts:

```
private void CmdAnzeigen_Click(...)
{
    Kreis k1 = new Kreis("rot", 20);
    Kreis k2 = (Kreis) k1.Clone();
    k1.Faerben("gelb");
    k1.Vergroessern(1.5);
    LblAnzeige.Text = k1 + "\n" + k2;
}
```

Listing 5.27 Projekt »Schnittstellen«, Hauptprogramm

Zur Erläuterung:

▶ Es wird ein Kreis mit einem bestimmten Radius und einer vordefinierten Farbe erzeugt.

▶ Anschließend wird der Verweis k2 auf ein Objekt der Klasse Kreis erzeugt.

Verweis casten
▶ Die Methode Clone() liefert einen Verweis auf ein Objekt der allgemeinen Klasse object zurück. Dieser Verweis muss zunächst mithilfe des Casts (Kreis) in einen Verweis auf ein Objekt der Klasse Kreis umgewandelt werden.

▶ Der erste Kreis wird gefärbt und vergrößert.

▶ Zum Vergleich werden beide Objekte ausgegeben.

▶ Die Ausgabe sehen Sie in Abbildung 5.11.

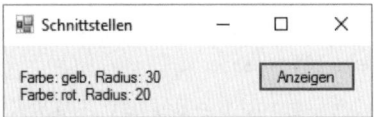

Abbildung 5.11 Nutzung von Schnittstellen

5.13   Strukturen

Strukturen
In vielen Sprachen gibt es den sogenannten benutzerdefinierten Datentyp. Darin werden thematisch zusammengehörige Daten unterschiedlichen Datentyps unter einem Namen vereinigt. Das können Sie in C# mit einer Klasse realisieren. In vereinfachter Form lässt sich das aber auch mit einer Struktur umsetzen. Hierzu ein Vergleich zwischen Strukturen und Klassen:

▶ Auf Strukturen kann schneller zugegriffen werden.

Werttyp
▶ Strukturen sind vom Werttyp, nicht vom Verweistyp. Bei der Kopie einer Strukturvariablen werden alle Elemente der Struktur kopiert.

public
▶ Die Elemente einer Struktur müssen öffentlich zugänglich (public) sein.

▶ Strukturen können nicht erben (außer von der Klasse object) oder vererben, sie können aber verschachtelt werden.

▶ Strukturen können Methoden, aber keine Eigenschaftsmethoden haben.

▶ Es kann Felder von Strukturvariablen geben. Zum Vergleich: Im Fall von Klassen handelt es sich um Felder von Verweisen.

Im folgenden Beispiel im Projekt *Strukturen* werden zwei verschachtelte Strukturen definiert. Innerhalb des Hauptprogramms werden insgesamt drei Strukturvariablen deklariert. Die erste Variable bekommt ihre Werte per Zuweisung, die zweite per Kopie, die dritte per Konstruktor.

Zunächst die Struktur Telefon in der Datei *Telefon.cs*:

```
struct Telefon
{
    public string vorwahl;
    public int nummer;

    public Telefon(string v, int n)
    {
        vorwahl = v;
        nummer = n;
    }

    public override string ToString()
    {
        return vorwahl + "-" + nummer;
    }
}
```

Listing 5.28 Projekt »Strukturen«, Struktur »Telefon«

Zur Erläuterung:

▶ Der Aufbau einer Struktur ähnelt dem Aufbau einer Klasse. Allerdings wird das Schlüsselwort struct genutzt.

▶ In der Struktur Telefon sind zwei Elemente unterschiedlichen Datentyps vereinigt: die Vorwahl als Zeichenkette und die eigentliche Nummer als Ganzzahl.

▶ Die Struktur hat einen Konstruktor, der beide Elemente mit Startwerten versorgt, und eine überschriebene Methode ToString() zur Rückgabe der Elemente in geeigneter Form.

Es folgt die Struktur Kontakt in der Datei *Kontakt.cs*. Darin wird die Struktur Telefon genutzt:

```
struct Kontakt
{
    public int plz;
    public string ort;
    public string strasse;
```

```
public int hausnummer;
public Telefon tel, fax;

public Kontakt(){}
public Kontakt(int p, string o, string s, int h,
    Telefon t, Telefon f)
{
    plz = p;
    ort = o;
    strasse = s;
    hausnummer = h;
    tel = t;
    fax = f;
}

public override string ToString()
{
    return strasse + " " + hausnummer + "\n" + plz + " " +
        ort + "\nTel: " + tel + "\nFax: " + fax;
}
}
```

Listing 5.29 Projekt »Strukturen«, Struktur »Kontakt«

Geschachtelte Struktur

▸ Die Struktur Kontakt hat sechs Elemente: zwei ganze Zahlen, zwei Zeichenketten und zwei Elemente der Struktur Telefon. Diese haben jeweils zwei Elemente, in einer Variablen dieser Struktur können also insgesamt acht Informationen gespeichert werden.

▸ Es gibt zwei Konstruktoren. Variablen des Strukturtyps Kontakt können damit entweder ohne Parameter oder mit allen sechs Parametern erzeugt werden. Innerhalb des zweiten Konstruktors wird implizit der Konstruktor der Struktur Telefon aufgerufen.

▸ Es gibt außerdem eine Methode ToString() zur Rückgabe der Elemente in geeigneter Form. Innerhalb der Methode werden zwei Elemente der Struktur Telefon mithilfe der eigenen Methode ToString() aufgerufen.

Zuletzt das eigentliche Programm, das diese beiden Strukturen benutzt:

```
private void CmdAnzeigen_Click(object sender, EventArgs e)
{
    /* Objekte ohne Daten */
```

```
Kontakt x = new Kontakt();
Kontakt y = new Kontakt();

/* Zuweisung */
x.plz = 43024;
x.ort = "Aachen";
x.strasse = "Hunsrückweg";
x.hausnummer = 104;
x.tel.vorwahl = "0466";
x.tel.nummer = 532626;
x.fax.vorwahl = "0466";
x.fax.nummer = 532627;

/* Kopie aller Werte und Ausgabe */
y = x;
LblAnzeige.Text = y + "";

/* Objekte mit Daten */
Kontakt z = new Kontakt(43035, "Düren", "Eifelweg", 12,
    new Telefon("0463", 887743), new Telefon("0463", 887744));
LblAnzeige.Text += "\n\n" + z;
}
```

Listing 5.30 Projekt »Strukturen«, Hauptprogramm

▶ Im Hauptprogramm werden zunächst zwei Variablen des Strukturtyps Kontakt ohne Daten deklariert.

▶ Die erste Variable wird per Zuweisung mit Werten versorgt. Dabei ist besonders auf die Schreibweise im Zusammenhang mit der Struktur Telefon zu achten.

▶ Durch einfache Zuweisung werden alle Elemente der ersten Strukturvariablen in die zweite Strukturvariable kopiert.   **Kopieren**

▶ Die zweite Strukturvariable wird ausgegeben.

▶ Die dritte Strukturvariable wird wie ein Objekt erzeugt: mithilfe von new   **new**
und einem Konstruktor. Innerhalb der Parameterliste werden die beiden Variablen der »inneren« Struktur Telefon ebenfalls anhand von new und einem Konstruktor erzeugt.

Die Ausgabe sehen Sie in Abbildung 5.12.

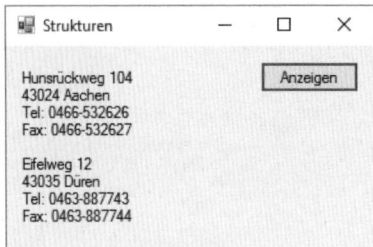

Abbildung 5.12 Strukturen

5.14   Generische Typen

Datentypen

Sie können in C# eigene generische Datentypen definieren. Außerdem ist in C# bereits eine ganze Reihe von generischen Datentypen vordefiniert.

Generische Datentypen weisen bestimmte Verhaltensweisen auf und können auf beliebige Datentypen angewendet werden, die eventuell noch gar nicht existieren. Das hört sich erst einmal recht theoretisch an, erweist sich aber in der Praxis durchaus als sehr nützlich.

Als Beispiel für einen vordefinierten generischen Datentyp soll hier eine generische Liste dienen. Auf die Elemente einer solchen Liste können Sie in einfacher Weise zugreifen, die zugehörigen Daten lesen oder verändern. Sie können weitere Elemente an beliebiger Stelle hinzufügen oder andere Elemente aus der Liste löschen. Das beschriebene Verhalten ist für diesen generischen Datentyp bereits vordefiniert, unabhängig vom Datentyp eines einzelnen Elements der Liste.

Sie können nun einen eigenen Datentyp definieren, mehrere Objekte dieses Datentyps erzeugen und diese Objekte mithilfe einer generischen Liste organisieren.

Collection, Dictionary, List, Queue, Stack

Beispiele für vordefinierte generische Datentypen sind: *Collection* (dt.: Sammlung), *Dictionary* (dt.: Wörterbuch), *List* (dt.: Liste, siehe oben), *Queue* (dt.: Warteschlange) oder *Stack* (dt.: Stapel).

Die praktische Nutzung von generischen Datentypen wird im nachfolgenden Projekt *GenerischeTypen* an drei Beispielen erläutert. Zur Nutzung von generischen Typen muss der Namensraum System.Collections.Generic eingebunden werden.

5.14.1 Eine Liste von Zeichenketten

Es wird eine generische Liste von Zeichenketten erzeugt und mehrmals verändert. Der geänderte Inhalt der Liste wird jeweils innerhalb einer Listbox ausgegeben. Es kommen die nachfolgenden Methoden und Eigenschaften für generische Listen zum Einsatz:

Methoden und Eigenschaften

▶ Add(), zum Hinzufügen von Elementen am Ende der Liste

▶ Contains(), zum Prüfen der Liste auf bestimmte Inhalte

▶ IndexOf(), zum Ermitteln des Indizes für einen bestimmten Inhalt

▶ Insert(), zum Einfügen von Elementen an bestimmten Stellen

▶ RemoveAt(), zum Löschen von Elementen an bestimmten Stellen

▶ Remove(), zum Löschen von Elementen mit einem bestimmten Inhalt

▶ Count, zur Angabe der Anzahl der Elemente

Zunächst das Programm:

```
private void CmdListString_Click(...)
{
    List<string> li = new List<string>();

    LstAusgabe.Items.Clear();

    li.Add("Spanien");
    li.Add("Belgien");
    li.Add("Schweiz");
    AusListString("Zu Beginn", li);

    if (li.Contains("Belgien"))
        LstAusgabe.Items.Add("Enthält Belgien");

    LstAusgabe.Items.Add("Schweiz an Position: " +
        li.IndexOf("Schweiz"));
    LstAusgabe.Items.Add("Estland an Position: " +
        li.IndexOf("Estland"));

    if (li.Count >= 2) li.Insert(2, "Polen");
    AusListString("Nach Einfügen an Position", li);
```

```
    if (li.Count >= 2) li.RemoveAt(1);
    AusListString("Nach Löschen an Position", li);

    bool geloescht;
    do
        geloescht = li.Remove("Spanien");
    while (geloescht);
    AusListString("Nach (mehrfachem) " +
        "Löschen eines Werts", li);
}

private void AusListString(string s, List<string> lx)
{
    string aus = s + ": ";
    foreach (string x in lx)
        aus += x + " ";
    /* for(int i=0; i<lx.Count; i++)
            aus += lx[i] + " "; */
    LstAusgabe.Items.Add(aus);
}
```

Listing 5.31 Projekt »GenerischeTypen«, Liste von Zeichenketten

Zur Erläuterung:

List< >   ▶ Es wird die Variable li definiert. Sie kann auf ein Objekt des Datentyps List<string> verweisen. Dabei repräsentiert List den generischen Datentyp. Innerhalb der spitzen Klammern folgt der Datentyp der einzelnen Elemente der generischen Liste, hier also string. Mithilfe von New wird nun ein neues Objekt des Datentyps List<string> erzeugt.

Add()   ▶ Nach dem Hinzufügen von drei Elementen mittels der Methode Add() wird die Prozedur AusListString() zur Ausgabe aller Elemente der generischen Liste in einer Listbox aufgerufen. Dieser Prozedur werden ein Kommentar und der Verweis auf die generische Liste übergeben. Ihr interner Aufbau wird weiter unten erläutert.

Contains()   ▶ Die Methode Contains() liefert die Information, ob es ein Element mit einem bestimmten Inhalt gibt, als Wahrheitswert.

▶ Die Methode `IndexOf()` liefert den Index eines Elements mit einem bestimmten Inhalt als Zahl. Die Nummerierung beginnt bei 0. Falls es kein Element mit dem gewünschten Inhalt gibt, liefert `IndexOf()` den Wert −1.

`IndexOf()`

▶ Die Eigenschaft `Count` liefert die Anzahl der Elemente. Diesen Wert benötigen Sie zum Beispiel, falls Sie feststellen möchten, ob eine bestimmte Position innerhalb der Liste existiert.

`Count`

▶ Mithilfe der Methode `Insert()` wird ein Element an einer bestimmten Position innerhalb der Liste eingefügt. Vorher muss jedoch geprüft werden, ob diese Position existiert, ansonsten würde eine Ausnahme auftreten. Falls ein Element an der Position 2 eingefügt werden soll, muss die Liste mindestens zwei Elemente haben. Nach dem erfolgreichen Einfügen werden alle bereits vorhandenen Elemente ab der Einfügeposition nach hinten verschoben.

`Insert()`

▶ Eine ähnliche Prüfung muss erfolgen, falls ein Element an einer bestimmten Position innerhalb der Liste mittels der Methode `RemoveAt()` gelöscht werden soll. Falls ein Element an der Position 1 gelöscht werden soll, muss die Liste mindestens zwei Elemente haben. Nach dem erfolgreichen Löschen werden alle noch vorhandenen Elemente ab der Löschposition nach vorne verschoben.

`RemoveAt()`

▶ Die Methode `Remove()` dient zum Löschen des ersten Elements, das einen bestimmten Inhalt hat. Falls ein passendes Element gefunden und gelöscht wird, so liefert `Remove()` den Wahrheitswert `true`, ansonsten `false`. Das kann genutzt werden, um alle Elemente der Liste mit einem bestimmten Inhalt zu löschen. Anschließend werden alle noch vorhandenen Elemente ab der Löschposition nach vorne verschoben.

`Remove()`

▶ Innerhalb der Prozedur `AusListString()` verweist die Variable `lx` auf die generische Liste von Zeichenketten. Innerhalb der `foreach`-Schleife entspricht jedes einzelne Element der Liste der Zeichenkette x. Alle Elemente der Liste werden zusammen mit einem Kommentar in der Listbox ausgegeben.

▶ Sie können auf die Elemente einer generischen Liste auch mithilfe eines Indexes zugreifen, wie bei einem Datenfeld. So kann die Liste alternativ mithilfe einer `for`-Schleife durchlaufen werden.

Index mit [ ]

Die Ausgabe des Programms sehen Sie in Abbildung 5.13.

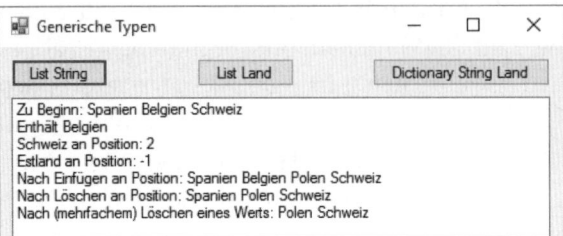

Abbildung 5.13 Liste von Zeichenketten

5.14.2 Eine Liste von Objekten

Es wird eine generische Liste von Objekten des Datentyps Land erzeugt und mehrmals verändert. Objekte dieses Datentyps besitzen die beiden Eigenschaften landesname und hauptstadt. Der geänderte Inhalt der Liste wird jeweils innerhalb einer Listbox ausgegeben.

Zum besseren Verständnis handelt es sich um den gleichen Ablauf wie beim vorherigen Programm. Der wesentliche Unterschied besteht darin, dass die Elemente der generischen Liste diesmal Land-Objekte statt Zeichenketten sind.

Methoden, Vergleiche

Die Methoden Contains(), IndexOf() und Remove() führen Vergleiche durch. Es wird verglichen, ob einzelne Objekte der Liste inhaltlich mit bestimmten Objekten übereinstimmen. Das Ergebnis des Vergleichs wird zum Beispiel dazu genutzt, die Position eines Elements innerhalb der Liste festzustellen. Zur Durchführung eines Vergleichs muss die Klasse Land die generische Schnittstelle IEquatable implementieren. Das erfordert wiederum die Implementation der Methode Equals().

Betrachten wir zunächst die Definition der Klasse Land:

```
class Land : IEquatable<Land>
{
    private string landesname;
    private string hauptstadt;

    public Land(string na, string hs)
    {
        landesname = na;
        hauptstadt = hs;
    }
```

```
    public bool Equals(Land x)
    {
        if (landesname == x.landesname &&
                hauptstadt == x.hauptstadt)
            return true;
        else
            return false;
    }

    public override string ToString()
    {
        return landesname + "/" + hauptstadt;
    }
}
```

Listing 5.32 Projekt »GenerischeTypen«, Klasse Land

Zur Erläuterung:

▶ Die Klasse Land implementiert die generische Schnittstelle (= Schnitt-   **IEquatable**
stelle für generische Typen) IEquatable, bezogen auf Objekte der Klasse
Land. Die Methode Equals() muss daher in dieser Klasse implementiert
werden.

▶ Die Klasse Land besitzt einen Konstruktor mit zwei Parametern. Zur Aus-   **ToString()**
gabe dient die überschriebene Methode ToString().

▶ Der Methode Equals() wird ein Objekt der Klasse Land übergeben. Das   **Equals()**
aktuelle Objekt wird mit dem übergebenen Objekt verglichen. Falls die
Werte beider Eigenschaften übereinstimmen, sind die Objekte gleich.

Es folgt der Programmteil zur Erzeugung, Veränderung und Ausgabe:

```
private void CmdListLand_Click(...)
{
    List<Land> li = new List<Land>();

    LstAusgabe.Items.Clear();

    li.Add(new Land("Spanien", "Madrid"));
    li.Add(new Land("Schweiz", "Bern"));
    AusListLand("Zu Beginn", li);
```

```
    if (li.Contains(new Land("Schweiz", "Bern")))
        LstAusgabe.Items.Add("Enthält Schweiz/Bern");

    LstAusgabe.Items.Add("Schweiz/Bern an Position: " +
        li.IndexOf(new Land("Schweiz", "Bern")));
    LstAusgabe.Items.Add("Estland/Tallinn an Position: " +
        li.IndexOf(new Land("Estland", "Tallinn")));

    if (li.Count >= 1) li.Insert(1,
        new Land("Polen", "Warschau"));
    AusListLand("Nach Einfügen an Position", li);

    if (li.Count >= 1) li.RemoveAt(0);
    AusListLand("Nach Löschen an Position", li);

    bool geloescht;
    do
        geloescht = li.Remove(new Land("Schweiz", "Bern"));
    while (geloescht);
    AusListLand("Nach (mehrfachem) Löschen eines Werts", li);
}

private void AusListLand(string s, List<Land> lx)
{
    string aus = s + ": ";
    foreach (Land x in lx)
        aus += x + " ";
    /* for (int i=0; i<lx.Count; i++)
            aus += lx[i] + " "; */
    LstAusgabe.Items.Add(aus);
}
```

Listing 5.33 Projekt »GenerischeTypen«, Liste von Objekten

Zur Erläuterung:

▶ Hier zeigt sich die große Nützlichkeit von generischen Datentypen.
  Dank des einheitlichen Aufbaus kann mit einer generischen Liste von
  Objekten genauso gearbeitet werden wie mit einer generischen Liste
  von Zeichenketten. Es werden die gleichen Methoden genutzt, die zu
  den gleichen Ergebnissen führen.

▶ Die Objekte, die hinzugefügt, eingefügt und gelöscht werden bzw. mit   **Temporäre Objekte**
denen verglichen wird, werden jeweils als temporäre Objekte mithilfe
von `new` erzeugt.

▶ In der Prozedur `AusListLand()` werden die einzelnen Objekte durch die
Methode `ToString()` ausgegeben, wahlweise mithilfe einer `foreach`-
Schleife oder mithilfe einer `for`-Schleife.

Die Ausgabe des Programmteils sehen Sie in Abbildung 5.14.

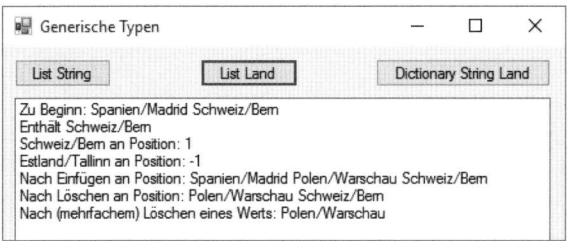

Abbildung 5.14 Liste von Objekten

5.14.3   Ein Dictionary von Objekten

Es wird ein generisches Dictionary von Objekten des bereits bekannten Datentyps `Land` erzeugt und mehrmals verändert. Der geänderte Inhalt des
Dictionaries wird jeweils innerhalb einer Listbox ausgegeben.

Bei einem Dictionary (dt.: *Wörterbuch*) handelt es sich wie bei einer Liste   **Wörterbuch**
um eine Datenstruktur zur Aufnahme von mehreren Elementen eines be-
stimmten Datentyps. Allerdings sind die Elemente ungeordnet. Die Werte
(engl.: *values*) der Elemente sind jeweils über einen eindeutigen Schlüssel
(engl.: *key*) erreichbar. Man spricht in diesem Zusammenhang auch von
Schlüssel-Wert-Paaren.

Häufig wird eine Zeichenkette als Schlüssel verwendet. Das ist auch im vor-   **Schlüssel**
liegenden Programm der Fall. Als Schlüssel dient hier das Autokennzei-
chen. Ein Beispiel: Auf das Objekt des Datentyps `Land` mit dem Wert
`"Schweiz"`/`"Bern"` wird über den Schlüssel `"CH"` zugegriffen.

Es folgt der Programmteil zur Erzeugung, Veränderung und Ausgabe:

```
private void CmdDictionary_Click(...)
{
    Dictionary<string, Land> dc = new Dictionary<string, Land>();
```

```
            LstAusgabe.Items.Clear();

            dc["E"] = new Land("Spanien", "Madrid");
            dc["CH"] = new Land("Schweiz", "Bern");

            LstAusgabe.Items.Add("Anzahl: " + dc.Count);
            AusDictKeys("Schlüssel", dc);
            AusDictValues("Werte", dc);
            AusDict("Zu Beginn", dc);

            if (dc.ContainsKey("CH"))
                LstAusgabe.Items.Add("Enthält Schlüssel CH");
            if (dc.ContainsValue(new Land("Schweiz", "Bern")))
                LstAusgabe.Items.Add("Enthält Wert Schweiz/Bern");

            dc["E"] = new Land("Ecuador", "Quito");
            AusDict("Nach Ersetzen über Schlüssel", dc);

            dc.Remove("E");
            AusDict("Nach Löschen über Schlüssel", dc);
        }

        private void AusDictKeys(string s, Dictionary<string, Land> dx)
        {
            string aus = s + ": ";
            foreach (string sx in dx.Keys)
                aus += sx + " ";
            LstAusgabe.Items.Add(aus);
        }

        private void AusDictValues(string s, Dictionary<string, Land> dx)
        {
            string aus = s + ": ";
            foreach (Land x in dx.Values)
                aus += x + " ";
            LstAusgabe.Items.Add(aus);
        }

        private void AusDict(string s, Dictionary<string, Land> dx)
        {
```

```
    string aus = s + ": ";
    foreach (string sx in dx.Keys)
        aus += sx + "#" + dx[sx] + " ";
    LstAusgabe.Items.Add(aus);
}
```

Listing 5.34 Projekt »GenerischeTypen«, Dictionary von Objekten

Zur Erläuterung:

▶ Es wird die Variable dc definiert. Sie kann auf ein Objekt des Datentyps Dictionary<string, Land> verweisen. Dabei stellt Dictionary den generischen Datentyp dar. Innerhalb der spitzen Klammern folgen der Datentyp des Schlüssels (hier: string) und der Datentyp eines einzelnen Elements des generischen Dictionaries (hier: Land). Mithilfe von new wird nun ein neues Objekt des Datentyps Dictionary<string, Land> erzeugt. `Dictionary< >`

▶ Einzelne Elemente werden dem Dictionary hinzugefügt, indem einem Schlüssel ein Wert zugewiesen wird. Sollte ein Element mit diesem Schlüssel bereits existieren, so wird es dabei überschrieben. Die Zuweisung ähnelt der Zuweisung eines Elements eines Datenfelds. Es werden rechteckige Klammern genutzt. Statt eines Index wird jedoch ein Schlüssel angegeben. `Überschreiben`

▶ Die Eigenschaft Count liefert die Anzahl der Elemente.

▶ In diesem Programm werden drei verschiedene Ausgabemethoden definiert. Die Prozeduren AusDictKeys() und AusDictValues() geben nur die Schlüssel bzw. nur die Werte des Dictionaries aus. Die Prozedur AusDict() dient zur Ausgabe der vollständigen Schlüssel-Wert-Paare. Der interne Aufbau aller drei Prozeduren wird weiter unten erläutert.

▶ Die Methoden ContainsKey() und ContainsValue() eines generischen Dictionaries liefern die Information, ob es einen bestimmten Schlüssel bzw. einen bestimmten Wert innerhalb des Dictionaries gibt, jeweils als Wahrheitswert zurück. `ContainsKey(), ContainsValue()`

▶ Es folgt die Zuweisung des Objekts "Ecuador"/"Quito". Dabei wird zur Verdeutlichung der bereits genutzte Schlüssel "E" verwendet. Dies führt zum Ersetzen des alten Werts des betreffenden Dictionary-Elements ("Spanien"/"Madrid"). Die Anzahl der Elemente verändert sich also nicht.

▶ Die Methode Remove() dient zum Löschen des Elements mit dem angegebenen Schlüssel. Sie liefert die Information, ob das Element erfolgreich gelöscht wurde, als Wahrheitswert. `Remove()`

Keys   ▶ Innerhalb der Prozedur `AusDictKeys()` wird die Auflistung `Keys` mittels einer `foreach`-Schleife durchlaufen. Diese Auflistung umfasst alle Schlüssel des Dictionaries. Da die Schlüssel vom Datentyp `string` sind, wird die Variable `sx` für die `foreach`-Schleife ebenfalls als `string` deklariert.

Values ▶ Ähnlich sieht es in der Prozedur `AusDictValues()` aus. Die Auflistung `Values` umfasst alle Werte des Dictionaries. Da die Werte vom Datentyp `Land` sind, wird die Variable `x` für die `foreach`-Schleife als Objekt des Datentyps `Land` deklariert.

▶ Zur Ausgabe der vollständigen Schlüssel-Wert-Paare in der Prozedur `AusDict()` wird wiederum die Auflistung `Keys` mithilfe einer `foreach`-Schleife durchlaufen. Innerhalb der Schleife wird jeweils über den Schlüssel auf den Wert zugegriffen.

Die Ausgabe des Programmteils sehen Sie in Abbildung 5.15.

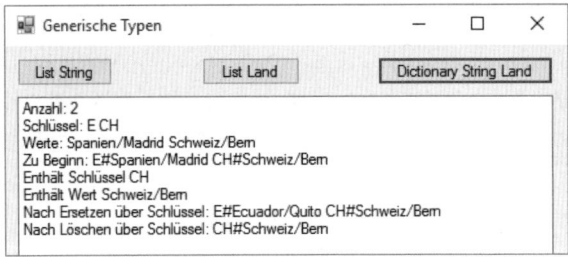

Abbildung 5.15 Dictionary von Objekten

5.15 Eigene Klassenbibliotheken

Nach einiger Zeit werden Sie feststellen, dass Sie bestimmte Klassen innerhalb von mehreren Projekten nutzen. Dabei kann es sich um eine einzelne Klasse oder auch um eine Hierarchie von miteinander verwandten Klassen handeln. Diese Klassen können Sie innerhalb einer eigenen Klassenbibliothek organisieren, die Sie bei Bedarf in Ihr Projekt einbinden.

DLL   Zu diesem Zweck erstellen Sie eine *DLL* (*Dynamic Link Library*). Das ist eine Bibliothek, deren Elemente dynamisch mit Ihrem Projekt verbunden werden. In diesem Abschnitt wird mithilfe des Projekts *DLLErstellen* erläutert, wie Sie eine DLL erstellen. Im nachfolgenden Projekt *DLLNutzen* sehen Sie, wie Sie diese DLL verwenden können.

5.15.1   DLL erstellen

Zur Erstellung gehen Sie wie folgt vor:

▶ Legen Sie ein neues Projekt für eine Klassenbibliothek an: Menü DATEI •   Vorlage
  NEU • PROJEKT • Kategorie VISUAL C#. Wählen Sie die Vorlage KLASSEN-
  BIBLIOTHEK. Als Projektname dient hier DLLErstellen, siehe auch Abbil-
  dung 5.16.

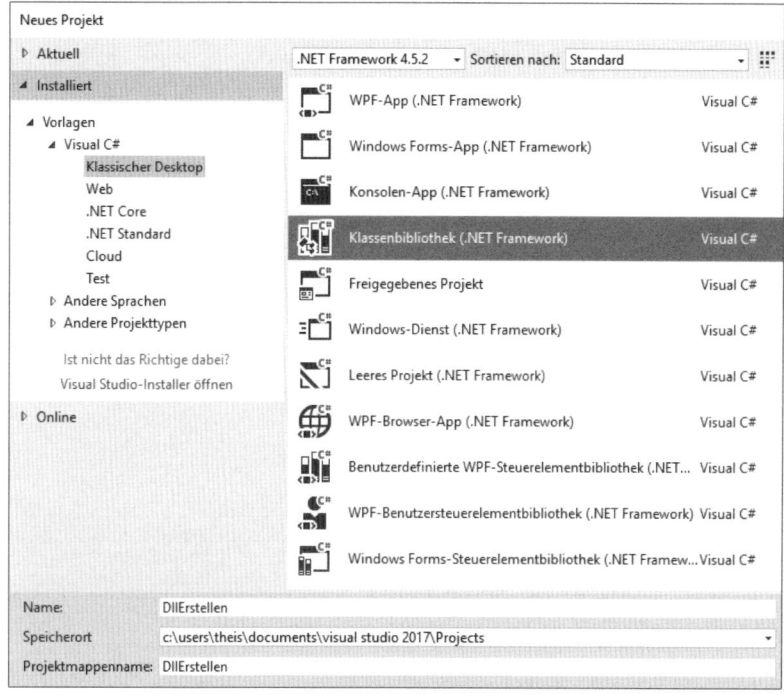

Abbildung 5.16 Vorlage »Klassenbibliothek«

▶ Löschen Sie die automatisch erstellte Datei *Class1.cs*.

▶ Legen Sie eine neue Komponentenklasse in der Datei *Fahrzeug.cs* an,   IComponent
  verwenden Sie dazu den weiter unten angegebenen Code. Komponen-
  tenklassen werden mit der Vorlage KOMPONENTENKLASSE anstelle der
  Vorlage KLASSE angelegt. Sie implementieren die Schnittstelle IComponent und sind besonders gut wiederverwertbar.

▶ Wechseln Sie zur Codeansicht der Komponentenklasse.

▶ Führen Sie nach der Erstellung des Codes den Menüpunkt PROJEKT-   DLL-Datei
  MAPPE NEU ERSTELLEN im Menü ERSTELLEN aus. Anschließend finden
  Sie im Unterverzeichnis *bin/Debug* Ihres Projektverzeichnisses die neu

erstellte DLL-Datei. Sie heißt genauso wie das Projekt, in diesem Falle also *DLLErstellen.dll*, siehe auch Abbildung 5.17.

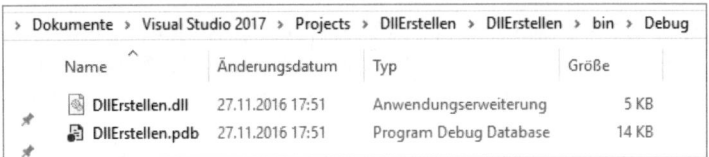

Abbildung 5.17 Erstellte DLL-Datei

▶ Sie können dieses Projekt nur übersetzen aber nicht ausführen, da es sich um eine Klassenbibliothek handelt.

Kopieren ▶ Zur dauerhaften Nutzung der DLL in mehreren Projekten können Sie sie an einen zentralen, unveränderlichen Ort kopieren, zum Beispiel in das Systemverzeichnis *Windows/System32*.

Der Programmcode der Komponentenklasse Fahrzeug:

```
using System.ComponentModel;
namespace DllErstellen
{
    public partial class Fahrzeug : Component
    {
        public Fahrzeug()
        {
            InitializeComponent();
        }

        public Fahrzeug(IContainer container)
        {
            container.Add(this);
            InitializeComponent();
        }

        private int geschwindigkeit;

        public void Beschleunigen(int wert)
        {
            geschwindigkeit += wert;
        }
```

```
        public override string ToString()
        {
            return "Geschwindigkeit: " + geschwindigkeit;
        }
    }
}
```

Listing 5.35 Projekt »DLLErstellen«, Komponentenklasse Fahrzeug.cs

5.15.2   DLL nutzen

Zur Nutzung der DLL gehen Sie wie folgt vor:

▶ Erzeugen bzw. öffnen Sie das Projekt, in welchem Sie die Klassenbibliothek nutzen möchten, hier also das Projekt *DLLNutzen*.

▶ Wählen Sie danach im Menü PROJEKT den Menüpunkt VERWEIS HINZUFÜGEN. **Verweis hinzufügen**

▶ Wählen Sie anschließend im Dialogfeld VERWEISMANAGER die Kategorie DURCHSUCHEN · AKTUELL. Nach Betätigen des Buttons DURCHSUCHEN wählen Sie die neu erstellte DLL-Datei aus.

▶ Damit wird ein Verweis zum Projekt hinzugefügt. Mithilfe von using kann der Namespace DllErstellen eingebunden werden, wie in nachfolgendem Listing. Anschließend stehen Ihnen die Klassen aus der Klassenbibliothek zur Verfügung. **using**

Der Programmcode zur Nutzung der DLL:

```
using DllErstellen;
...
private void CmdAnzeigen_Click(...)
{
    Fahrzeug vespa = new Fahrzeug();
    LblAnzeige.Text = vespa + "";
    vespa.Beschleunigen(20);
    LblAnzeige.Text += "\n" + vespa;
}
```

Listing 5.36 Projekt »DLLNutzen«

Falls ein Fehler auftritt, prüfen Sie im Projektmappen-Explorer, ob eventuell bereits ein (veralteter) Verweis auf die DLL-Datei vorhanden ist. Löschen Sie diesen und legen Sie einen neuen Verweis an, wie oben beschrieben.

5.16   Mehrere Formulare

In diesem Abschnitt folgt ein Thema, das eigentlich nicht mehr direkt zur Einführung in die Objektorientierung gehört. Allerdings sind die Kenntnisse aus diesem Kapitel notwendig, um das Thema besser zu verstehen.

Haupt- und Unterformular

Anwendungen bestehen häufig aus mehreren Formularen. Dabei gibt es ein Hauptformular, mit dem die Anwendung startet, und Unterformulare, die von diesem Hauptformular aus gestartet werden. Nach Beendigung eines Unterformulars erscheint wieder das Hauptformular.

Datentransport

Das größte Problem in diesem Zusammenhang ist der Datentransport zwischen den verschiedenen Formularen. Betrachten wir dazu die Anwendung MS Word (= Hauptformular) und das Unterformular Schrifteigenschaften:

▶ Ruft der Benutzer das Unterformular auf, sollen die aktuellen Schrifteigenschaften dort angezeigt werden (Daten vom Hauptformular zum Unterformular).

▶ Verlässt der Benutzer das Unterformular, sollen die neu eingestellten Schrifteigenschaften im Hauptformular angewandt werden (Daten vom Unterformular zum Hauptformular).

Es folgt ein Beispiel (Projekt *MehrereFormulare*), in dem der Datentransport beschrieben wird. Dafür müssen Sie zunächst ein weiteres Formular der Anwendung hinzufügen. Dazu rufen Sie im PROJEKTMAPPEN-EXPLORER für das Projekt *MehrereFormulare* mittels der rechten Maustaste das Kontextmenü auf.

Weiteres Formular hinzufügen

Im Kontextmenü wählen Sie HINZUFÜGEN • WINDOWS FORM aus. Im nachfolgenden Dialogfeld NEUES ELEMENT HINZUFÜGEN ist bereits der Typ WINDOWS FORM markiert. Den vorgeschlagenen Namen *Form2.cs* können Sie beibehalten.

Nachdem Sie den Button HINZUFÜGEN betätigt haben, erscheint das neue Formular im PROJEKTMAPPEN-EXPLORER (siehe Abbildung 5.18).

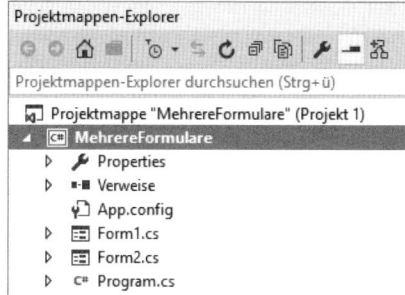

Abbildung 5.18 Mehrere Formulare im »Projektmappen-Explorer«

Die beiden Formulare werden gestaltet wie in Abbildung 5.19 und Abbildung 5.20 gezeigt.

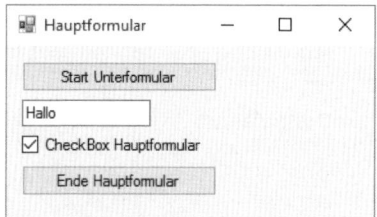

Abbildung 5.19 Hauptformular

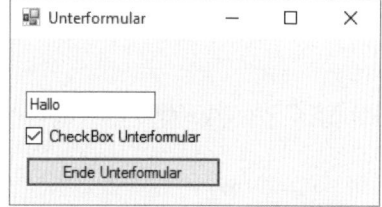

Abbildung 5.20 Unterformular

Das Programm läuft folgendermaßen ab:

Ablauf

▶ Die Anwendung erscheint mit dem Hauptformular.

▶ Im Hauptformular kann eine TextBox ausgefüllt und eine CheckBox benutzt werden.

▶ Der Button START UNTERFORMULAR führt zur Anzeige des Unterformulars.

▶ In der TextBox des Unterformulars wird automatisch der Text aus der TextBox des Hauptformulars angezeigt (falls vorhanden). Entsprechend verhält es sich mit der CheckBox.

▶ Der Button ENDE UNTERFORMULAR beendet das Unterformular.

▶ Hat der Benutzer TextBox oder CheckBox des Unterformulars geändert, ist diese Änderung in den entsprechenden Steuerelementen des Hauptformulars erkennbar.

▶ Der Button ENDE HAUPTFORMULAR beendet das Hauptformular und damit gleichzeitig die Anwendung.

Hauptformular   Zunächst der Code des Hauptformulars:

```
public partial class Form1 : Form
{
    ...
    private void CmdStartUnter_Click(...)
    {
        Form2 fu = new Form2(this);
        fu.ShowDialog();
        // Close();
    }

    private void CmdEndeHaupt_Click(...)
    {
        Close();
    }
}
```

Listing 5.37 Projekt »MehrereFormulare«, Hauptformular

Zur Erläuterung:

this   ▶ In der Ereignismethode CmdStartUnter_Click() wird ein Objekt der Klasse des Unterformulars (Form2) erzeugt. Diese Klasse hat einen Konstruktor, der einen Verweis auf ein Objekt der Klasse des Hauptformulars erwartet. Dieser Verweis wird mit this geliefert.

modal   ▶ Das Unterformular wird über die Methode ShowDialog() *modal* angezeigt. Modal bedeutet: Das Hauptformular kann so lange nicht mehr bedient werden, bis das Unterformular wieder geschlossen wird.

Close()   ▶ Die Methode Close() schließt das Hauptformular und damit die gesamte Anwendung. Falls Sie die Methode Close() auch in der Methode CmdStartUnter_Click() aufrufen, wird die gesamte Anwendung nach Rückkehr aus dem Unterformular automatisch geschlossen.

Unterformular   Es folgt der Code des Unterformulars:

```
public partial class Form2 : Form
{
    private Form1 fh;

    public Form2(Form1 aufrufer)
    {
```

```
        fh = aufrufer;
        // fh.Hide();
        InitializeComponent();
    }

    private void Form2_Load(...)
    {
        TxtUnter.Text = fh.Controls["TxtHaupt"].Text;
        CheckBox cb = fh.Controls["ChkHaupt"] as CheckBox;
        ChkUnter.Checked = cb.Checked;
    }

    private void CmdEndeUnter_Click(...)
    {
        fh.Controls["TxtHaupt"].Text = TxtUnter.Text;
        CheckBox cb = fh.Controls["ChkHaupt"] as CheckBox;
        cb.Checked = ChkUnter.Checked;

        // fh.Show();
        Close();
    }
}
```

Listing 5.38 Projekt »MehrereFormulare«, Unterformular

Zur Erläuterung der Initialisierung des Unterformulars:

▶ Als Eigenschaft der Klasse des Unterformulars (Form2) gibt es einen Verweis auf ein Objekt der Klasse des Hauptformulars (Form1). Dieser Verweis hat hier den Namen fh. **Verweis**

▶ Der Konstruktor der Klasse des Unterformulars (Form2) wird verändert. Er erwartet jetzt als Parameter einen Verweis auf ein Objekt der Klasse des Hauptformulars (Form1). Dieser Parameter hat hier den Namen aufrufer. **Konstruktor**

▶ Die Anweisung fh = aufrufer bewirkt, dass nun im gesamten Unterformular auf das Hauptformular zugegriffen werden kann.

▶ Es folgt der bereits automatisch erzeugte Aufruf der Methode InitializeComponent() zur Initialisierung der Komponenten des Unterformulars. **Initialize-Component()**

▶ Falls Sie in der Ladeprozedur zusätzlich fh.Hide() aufrufen, wird das Hauptformular versteckt, also nicht mehr angezeigt. Auf seine Elemente **Hide()**

und öffentlichen Variablen kann nach wie vor zugegriffen werden. Vor dem Schließen des Unterformulars muss es erst wieder sichtbar gemacht werden, und zwar mithilfe von fh.Show().

Zur Erläuterung des Ladevorgangs des Unterformulars:

Controls

▶ Beim Laden des Unterformulars (Methode Form2_Load()) werden die Einstellungen der Steuerelemente des Hauptformulars übernommen. Dabei wird auf die Auflistung Controls des Hauptformulars zugegriffen. Diese Auflistung umfasst alle Steuerelemente des Hauptformulars, u. a. TxtHaupt und ChkHaupt.

Index

▶ Der Name eines Steuerelements dient (ähnlich wie ein Zahlenindex) als Index innerhalb der Auflistung.

▶ Der Wert der Eigenschaft Text kann von einer TextBox zur anderen direkt übernommen werden, weil alle Steuerelemente diese Eigenschaft besitzen.

as

▶ Der Wert der Eigenschaft Checked kann hingegen erst von einer CheckBox zur anderen übernommen werden, nachdem der Verweis auf das betreffende Element der Auflistung Controls mithilfe des Operators as in einen Verweis auf eine CheckBox umgewandelt wurde.

Zur Erläuterung des Schließvorgangs des Unterformulars:

▶ Zunächst bekommen die TextBox und die CheckBox des Hauptformulars die Werte der entsprechenden Steuerelemente des Unterformulars.

▶ Dabei wird die bereits beschriebene Technik genutzt: die Umwandlung des Verweises auf das CheckBox-Objekt.

Close()

▶ Zuletzt wird das Unterformular mit der Methode Close() geschlossen. Nun erscheint wieder das Hauptformular mit den eben übernommenen Werten.

Assistent

Mit den hier vorgestellten Techniken können Sie zum Beispiel auch eine Anwendung erstellen, die einem Assistenten gleicht, der in mehreren Schritten durchlaufen wird. Mehrere Formulare, in denen bestimmte Einstellungen vorgenommen werden, werden nacheinander aufgerufen. Es ist jeweils nur ein Formular sichtbar. Beim Schließen des letzten Formulars werden auch alle vorhergehenden Formulare geschlossen.

Kapitel 6
Wichtige Klassen in .NET

In diesem Kapitel werden einige Klassen vorgestellt, die zur Lösung von all-
täglichen Problemen bei der Programmierung mit C# innerhalb von Visual
Studio benötigt werden.

Folgende Klassen werden in vielen Projekten eingesetzt:

▶ die Klasse String zur Bearbeitung von Zeichenketten

▶ die Strukturen DateTime und TimeSpan zum Rechnen mit Datum und
  Uhrzeit

▶ die Klassen FileStream, StreamWriter, StreamReader, File und Directory
  zum Arbeiten mit Dateien und Verzeichnissen

▶ die Klasse Math zur Durchführung von mathematischen Berechnungen

6.1   Klasse String für Zeichenketten

Zeichenketten werden in Strings gespeichert. Bisher haben wir den Begriff
string als Bezeichnung eines einfachen Datentyps angesehen. Tatsächlich
ist string aber ein Synonym für die Klasse String. Objekte der Klasse
String, also Zeichenketten, verfügen somit über Eigenschaften und Methoden, ganz ähnlich wie Sie es bereits bei Datenfeldern (Klasse Array) kennengelernt haben.

String

Beim Kopieren verhält sich ein Objekt der Klasse String allerdings wie eine
einfache Variable und nicht wie ein Objekt: Wenn eine Zeichenkette einer
anderen Zeichenkette zugewiesen wird, sind diese beiden Zeichenketten
voneinander unabhängig. Eine Veränderung des Originals hat keine Veränderung der Kopie zur Folge.

Sonderfall

Die Methoden der Klasse String (wie auch die Methoden vieler anderer
Klassen, die C# bereitstellt) sind häufig überladen, das heißt, es gibt mehrere Möglichkeiten, sie aufzurufen. In diesem Buch werden nicht alle Überla-

Überladene
Methoden

dungen erläutert, es wird nur das grundsätzliche Verhalten der Methoden anhand von Beispielen gezeigt. Dank IntelliSense können Sie sich aber über die weiteren Möglichkeiten schnell informieren, wenn Sie einmal erkannt haben, welche Methode für den gedachten Einsatzzweck benötigt wird.

6.1.1   Eigenschaften der Klasse String

Ein Objekt der Klasse String hat u. a. die Eigenschaft Length. Damit wird die Anzahl der Zeichen, also die Zeichenkettenlänge, angegeben, wie im nachfolgenden Programm (Projekt *StringGrundlagen*) gezeigt (siehe Abbildung 6.1).

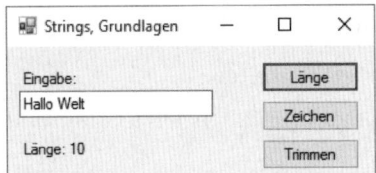

Abbildung 6.1 Länge einer Zeichenkette

Der Programmcode lautet:

```
private void CmdLaenge_Click(...)
{
    string eingabe, anzeige;
    eingabe = TxtEingabe.Text;

    anzeige = "Länge: " + eingabe.Length;
    LblAnzeige.Text = anzeige;
    // LblAnzeige.Text = "Länge: " + TxtEingabe.Text.Length;
}
```

Listing 6.1 Projekt »StringGrundlagen«, Länge

Zur Erläuterung:

- Die im Textfeld eingegebene Zeichenkette wird in einer Variablen vom Datentyp String gespeichert.
- Length ▶ Die Länge der Zeichenkette wird mit eingabe.Length ermittelt.
- Die Zeichenkette wird zusammengesetzt und ausgegeben.

▶ Man hätte diesen gesamten Ablauf auch auf die letzte, auskommentierte Anweisung verkürzen können. Die Eigenschaft Text des Textfelds ist ebenfalls vom Datentyp String. Somit können Sie die Eigenschaften und Methoden auch direkt auf TxtEingabe.Text anwenden. In diesem Abschnitt wird jedoch bewusst die übersichtlichere Variante gewählt.

Die einzelnen Zeichen einer Zeichenkette werden wie Feldelemente nummeriert, also beginnend bei 0. Im folgenden Programm (auch im Projekt *StringGrundlagen*) werden alle Zeichen der Zeichenkette mit ihrer laufenden Nummer ausgegeben (siehe Abbildung 6.2).

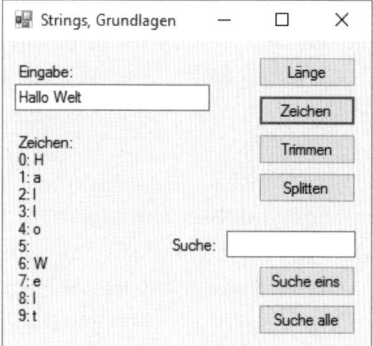

Abbildung 6.2 Einzelne Zeichen mit laufender Nummer

Hier der Programmcode:

```
private void CmdZeichen_Click(...)
{
    string eingabe, anzeige;
    char zeichen;
    eingabe = TxtEingabe.Text;

    anzeige = "Zeichen:" + "\n";
    for (int i = 0; i < eingabe.Length; i++)
    {
        zeichen = eingabe[i];
        anzeige += i + ": " + zeichen + "\n";
    }
    LblAnzeige.Text = anzeige;
}
```

Listing 6.2 Projekt »StringGrundlagen«, Zeichen

Zur Erläuterung:

char

▶ Die Variable `zeichen` wird mit dem Datentyp `char` deklariert. In einer solchen Variablen kann genau ein Zeichen gespeichert werden.

▶ Die Zeichenkette wird mithilfe einer `for`-Schleife vom ersten bis zum letzten Element durchlaufen. Zur Begrenzung der Schleife wird wiederum die Eigenschaft `Length` benötigt. Innerhalb der Schleife werden die beiden folgenden Schritte durchlaufen:

Index

▶ Es wird das Zeichen mit dem Index `i` geliefert. Der Index steht, wie bei Datenfeldern, in eckigen Klammern. Dieses Zeichen wird einzeln gespeichert.

▶ Die laufende Nummer des Zeichens und das Zeichen selbst werden ausgegeben.

6.1.2   Trimmen

Trim()

Die Methode `Trim()` dient dem Entfernen unerwünschter Zeichen am Anfang und am Ende einer Zeichenkette. Meistens handelt es sich um Leerzeichen, `Trim()` kann allerdings auch mehrere verschiedene Zeichen gleichzeitig entfernen. Die Methoden `TrimStart()` und `TrimEnd()` bewirken das Gleiche wie `Trim()`, nur eben am Anfang oder am Ende.

Es kommt vor, dass Benutzer eines Programms bei der Eingabe von größeren Datenmengen unnötige Leerzeichen einfügen. Zumindest die Leerzeichen am Anfang und am Ende lassen sich schnell mit `Trim()` entfernen, bevor diese Daten in einer Datei oder Datenbank gespeichert werden. Für unnötige Leerzeichen mitten im Text benötigen Sie die Methode `Replace()`, die in Abschnitt 6.1.8 genauer erläutert wird. Ein Beispiel (auch im Projekt *StringGrundlagen*) sehen Sie in Abbildung 6.3.

Der Programmcode:

```
private void CmdTrimmen_Click(...)
{
    string eingabe, getrimmt, anzeige;
    eingabe = TxtEingabe.Text;

    getrimmt = eingabe.Trim(' ', ';', '#');
```

```
    anzeige = "Getrimmt: |" + getrimmt + "|";
    LblAnzeige.Text = anzeige;
}
```

Listing 6.3 Projekt »StringGrundlagen«, Trimmen

Abbildung 6.3 Leerzeichen an Anfang und Ende entfernt

Zur Erläuterung:

▶ Die Methode Trim() erwartet eine beliebig lange Reihe von Variablen des   **char**
Datentyps char. Im vorliegenden Fall sind es das Leerzeichen, das Semikolon und die Raute.

▶ Diese Zeichen werden am Anfang und am Ende der Zeichenkette gelöscht.

▶ In der Ausgabe wird zur Verdeutlichung das Pipe-Zeichen als optischer
Begrenzer am Anfang und am Ende angefügt.

▶ Falls gar kein Zeichen übergeben wird, also Trim() ohne Parameter aufgerufen wird, werden Leerzeichen entfernt.

6.1.3   Splitten

Die Methode Split() wird benötigt, falls eine Zeichenkette anhand eines   **Split(), Trennzeichen**
Trennzeichens zerlegt werden soll. Das kann beispielsweise eine Zeile aus
einer Datei sein, die aus mehreren Einzelinformationen besteht. Es kann
aber ebenso ein Satz sein, der in seine Wörter zerlegt werden soll, oder ein
Datensatz, dessen einzelne Felder durch das Zeichen ; (Semikolon) voneinander getrennt sind.

Das Semikolon wird häufig als Trennzeichen bei der Erstellung sogenann-   **CSV-Datei**
ter CSV-Dateien benutzt. Diese CSV-Dateien können beim Export aus fast
allen Datenbanksystemen heraus erstellt werden und stellen somit ein
universelles Austauschformat dar.

Feld von Strings   Es wird ein Feld von Strings zurückgeliefert. Die einzelnen Elemente des Felds sind die Teile der Gesamtzeichenkette vor und nach dem Trennzeichen. Das Trennzeichen selbst wird nicht mehr gespeichert.

Ein Beispiel dazu, ebenfalls im Projekt *StringGrundlagen*, sehen Sie in Abbildung 6.4.

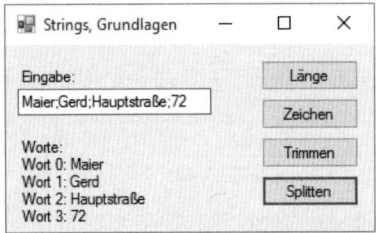

Abbildung 6.4 Zerlegte Zeichenkette

Der Programmcode lautet:

```
private void CmdSplitten_Click(...)
{
    string eingabe = TxtEingabe.Text;
    string[] teil;

    teil = eingabe.Split(';');
    LblAnzeige.Text = "Worte:" + "\n";
    for (int i = 0; i < teil.Length; i++)
        LblAnzeige.Text += "Wort " + i + ": " + teil[i] + "\n";
}
```

Listing 6.4 Projekt »StringGrundlagen«, Splitten

Zur Erläuterung:

▶ Es wird ein Verweis auf ein Feld von Strings mit dem Namen teil deklariert. Es gibt noch kein Objekt, auf das verwiesen wird.

char   ▶ Die Methode Split() erwartet eine beliebig lange Reihe von Variablen des Datentyps char als Trennzeichen. Im vorliegenden Fall ist das nur das Semikolon.

Leerzeichen   ▶ Wird gar kein Zeichen übergeben, also Split() ohne Parameter aufgerufen, wird das Leerzeichen als Trennzeichen genommen.

▶ Split() liefert einen Verweis auf ein Feld von Strings, dieser wird dem Verweis teil zugewiesen.

▶ Mithilfe einer for-Schleife wird das Feld vollständig durchlaufen. Zur Begrenzung der Schleife wird die Eigenschaft Length des Felds benötigt.

for, Length

▶ Innerhalb der Schleife wird jeder einzelne Teil der Zeichenkette zusammen mit seiner laufenden Nummer ausgegeben.

6.1.4 Suchen

Soll untersucht werden, ob (und an welcher Stelle) eine bestimmte Zeichenkette in einer anderen Zeichenkette vorkommt, können Sie die Methode IndexOf(), LastIndexOf() oder IndexOfAny() nutzen. Verläuft die Suche erfolglos, wird der Wert –1 zurückgegeben.

Bei IndexOf() wird normalerweise die erste Position gefunden, an der die Suchzeichenkette beginnt. Sie können IndexOf() aber auch veranlassen, die Suche erst ab einer bestimmten Stelle innerhalb der Zeichenkette zu beginnen.

IndexOf()

Ein Beispiel mit einer einfachen Suche (auch im Projekt *StringGrundlagen*) sehen Sie in Abbildung 6.5.

Einfache Suche

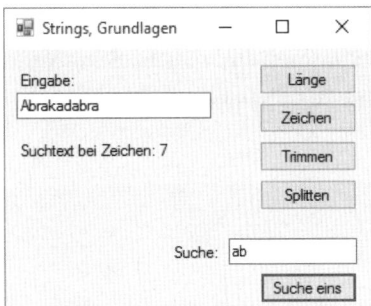

Abbildung 6.5 Suche nach dem Suchtext »ab«

Der Programmcode:

```
private void CmdSucheEins_Click(...)
{
    string eingabe, such, anzeige;
    int position;

    eingabe = TxtEingabe.Text;
```

```
    such = TxtSuche.Text;
    position = eingabe.IndexOf(such);

    anzeige = "Suchtext bei Zeichen: " + position;
    LblAnzeige.Text = anzeige;

    /* LblAnzeige.Text = "Suchtext bei Zeichen: "
        + TxtEingabe.Text.IndexOf(TxtSuche.Text); */
}
```

Listing 6.5 Projekt »StringGrundlagen«, einmalige Suche

Zur Erläuterung:

▸ Der gesuchte Text wird eingegeben und in der Variablen such gespeichert.

▸ Durch den Aufruf eingabe.IndexOf(such) wird nach der ersten Position gesucht, an der such innerhalb von eingabe steht.

▸ Diese Position wird ausgegeben. Erscheint als Ergebnis der Wert 0, bedeutet das, dass die Suchzeichenkette unmittelbar am Anfang der untersuchten Zeichenkette steht.

▸ Innerhalb des Kommentars sehen Sie eine verkürzte Variante.

Alle Vorkommen Im nächsten Beispiel wird nach allen Vorkommen einer Suchzeichenkette innerhalb einer anderen Zeichenkette gesucht (ebenfalls im Projekt *String-Grundlagen*), zu sehen in Abbildung 6.6.

Der Programmcode:

```
private void CmdSucheAlle_Click(...)
{
    string eingabe, such, anzeige;
    int position, suchstart = 0, anzahl = 0;

    eingabe = TxtEingabe.Text;
    such = TxtSuche.Text;
    if (eingabe == "" || such == "") return;

    anzeige = "Suchtext bei Zeichen:" + "\n";
    do
    {
```

```
        position = eingabe.IndexOf(such, suchstart);
        suchstart = position + 1;
        if (position != -1)
        {
            anzeige += position + "\n";
            anzahl++;
        }
    }
    while (position != -1);

    anzeige += "Anzahl: " + anzahl;
    LblAnzeige.Text = anzeige;
}
```

Listing 6.6 Projekt »StringGrundlagen«, mehrmalige Suche

Abbildung 6.6 Suchtext »a« mehrfach gefunden

Zur Erläuterung:

▶ Falls die Suchzeichenkette oder die untersuchte Zeichenkette leer sind, wird die Methode unmittelbar verlassen.

Mehrmals suchen

▶ Innerhalb einer do-while-Schleife wird mehrmals nach der Suchzeichenkette gesucht. Da es von den Benutzereingaben abhängt, wie häufig die Suchzeichenkette vorkommt und ob sie überhaupt vorkommt, kann keine for-Schleife eingesetzt werden.

▶ Die Startposition (die Variable suchstart) wird bei diesem Suchlauf immer wieder neu eingestellt. Sie steht zunächst bei 0, folglich beginnt die Suche am Anfang der untersuchten Zeichenkette. Beim nächsten

Durchlauf beginnt die Suche genau ein Zeichen hinter dem letzten ge-
fundenen Vorkommen.

Schleife verlassen   ▶ Die Schleife wird verlassen, sobald ein Suchlauf ergibt, dass die Suchzeichenkette nicht noch einmal vorhanden ist. Anderenfalls wird die
gefundene Position ausgegeben und der Zähler erhöht.

▶ Zuletzt wird der Zähler ausgegeben.

6.1.5   Einfügen

Insert()   Die Methode Insert() ermöglicht das Einfügen einer Zeichenkette in eine
andere Zeichenkette. Mit dieser Methode umgehen Sie das Zerlegen und
erneute Zusammensetzen der Zeichenkette.

Argument-
OutOfRange   Dazu muss die Position der Einfügestelle angegeben werden. Sie muss innerhalb der Zeichenkette liegen, da ansonsten eine Ausnahme vom Typ *ArgumentOutOfRangeException* auftreten würde.

Entweder müssen Sie also diese Ausnahme behandeln oder dafür sorgen,
dass die Einfügestelle richtig gewählt wird. In dem folgenden Programm
(Projekt *StringEinfuegen*) wird mithilfe einer Ereignissteuerung die letztere
Variante gewählt (siehe Abbildung 6.7).

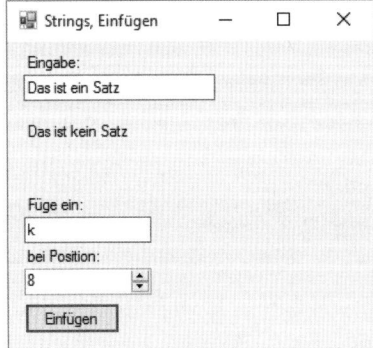

Abbildung 6.7 Einfügen von Zeichen in eine Zeichenkette

Der Programmcode lautet:

```
private void CmdEinfuegen_Click(...)
{
    string eingabe, einfuegen, anzeige;
    eingabe = TxtEingabe.Text;
    einfügen = TxtEinfuegen.Text;
```

```
    anzeige = eingabe.Insert((int)NumEinfuegen.Value, einfuegen);
    LblAnzeige.Text = anzeige;
}

private void TxtEingabe_TextChanged(...)
{
    string eingabe;
    eingabe = TxtEingabe.Text;
    NumEinfuegen.Maximum = eingabe.Length;
}
```

Listing 6.7 Projekt »StringEinfuegen«

Zur Erläuterung:

▶ Der Benutzer gibt einen einzufügenden Text ein und wählt in dem Zahlenauswahlfeld eine Einfügeposition aus.

▶ Das Zahlenauswahlfeld liefert eine Variable vom Typ `decimal`, die zunächst mit dem Cast `(int)` in eine `int`-Variable umgewandelt werden muss.

decimal

▶ Anschließend wird der einzufügende Text an dieser Position in die Originalzeichenkette gesetzt. Die folgenden Zeichen werden entsprechend nach hinten verschoben.

▶ Das Zahlenauswahlfeld wird zur Entwicklungszeit auf die Werte `Minimum = 0`, `Value = 0` und `Maximum = 0` eingestellt. Es kann also zunächst nur die Einfügeposition 0 ausgewählt werden.

▶ Beim Ereignis `TxtEingabe_TextChanged`, also bei jeder Eingabe oder Änderung der Originalzeichenkette, wird sofort die zugehörige Ereignismethode aufgerufen. Darin wird die Länge des eingegebenen Texts ermittelt. Dieser Wert wird als neues Maximum für das Zahlenauswahlfeld genommen. Damit ist gewährleistet, dass der Benutzer keine Einfügeposition wählen kann, die außerhalb der Originalzeichenkette liegt.

TextChanged

▶ Wenn der Benutzer im Zahlenauswahlfeld z. B. die Position des letzten Zeichens als Einfügeposition gewählt hat und anschließend die Originalzeichenkette verkürzt, verändert sich auch sofort der eingestellte Wert des Zahlenauswahlfelds. Grund hierfür ist, dass der aktuelle Wert oberhalb des Maximums liegt – das lässt das Zahlenauswahlfeld nicht zu.

6.1.6 Löschen

Remove() Die Methode `Remove()` dient dem Löschen von Zeichen aus einer Zeichenkette. Auch mit dieser Methode umgehen Sie ein Zerlegen und erneutes Zusammensetzen der Zeichenkette. Die Position der Löschstelle muss angegeben werden.

Argument-OutOfRange Weder die Position der Löschstelle noch eines der zu löschenden Zeichen darf außerhalb der Zeichenkette liegen, da sonst wiederum eine Ausnahme vom Typ *ArgumentOutOfRangeException* auftreten würde.

Im folgenden Programm (Projekt *StringLoeschen*) wird das ähnlich wie bereits im vorigen Programm umgangen (siehe Abbildung 6.8).

Abbildung 6.8 Löschen von Zeichen aus einer Zeichenkette

Der Programmcode:

```
private void CmdLoeschen_Click(...)
{
    string eingabe, anzeige;
    eingabe = TxtEingabe.Text;
    anzeige = eingabe.Remove((int)NumPosition.Value,
                            (int)NumAnzahl.Value);
    LblAnzeige.Text = anzeige;
}

private void TxtEingabe_TextChanged(...)
{
    string eingabe = TxtEingabe.Text;
    NumAnzahl.Maximum = eingabe.Length - NumPosition.Value;
    NumPosition.Maximum = eingabe.Length - 1;
```

```
}

private void NumPosition_ValueChanged(...)
{
    string eingabe = TxtEingabe.Text;
    NumAnzahl.Maximum = eingabe.Length - NumPosition.Value;
}
```

Listing 6.8 Projekt »StringLoeschen«

Zur Erläuterung:

▸ Der Benutzer wählt zunächst in den beiden Zahlenauswahlfeldern aus, ab welcher Position er wie viele Zeichen löschen möchte.

Zwei Zahlen-auswahlfelder

▸ Anschließend werden die entsprechenden Zeichen gelöscht, und die nachfolgenden Zeichen werden nach vorne verschoben.

▸ Beide Zahlenauswahlfelder werden zur Entwicklungszeit auf die Werte Minimum = 0, Value = 0 und Maximum = 0 eingestellt. Es können also anfangs nur die Löschposition 0 und die Anzahl 0 ausgewählt werden.

▸ Bei jeder Eingabe oder Änderung werden die Maxima für die beiden Zahlenauswahlfelder neu eingestellt. Damit ist gewährleistet, dass der Benutzer keine Löschposition wählen kann, die außerhalb der Originalzeichenkette liegt. Außerdem kann dadurch die Anzahl der zu löschenden Zeichen nie größer sein als die Anzahl der vorhandenen Zeichen.

Beide Felder neu einstellen

▸ Sobald der Benutzer die Löschposition verändert, wird die maximal wählbare Anzahl der zu löschenden Zeichen ebenfalls verändert. Wird die Löschposition z. B. um 1 erhöht, wird gleichzeitig die Anzahl um 1 herabgesetzt.

6.1.7   Teilzeichenkette ermitteln

Zur Extraktion eines Teils einer Zeichenkette nutzen Sie die Methode Substring(). Dafür müssen Startposition und Länge der gewünschten Teilzeichenkette angegeben werden.

Substring()

Weder die Position noch eines der zu extrahierenden Zeichen darf außerhalb der Zeichenkette liegen, da ansonsten wiederum eine Ausnahme vom Typ *ArgumentOutOfRangeException* auftreten würde.

Argument-OutOfRange

Analog zu den vorigen Programmen wird diese Vorgabe wie in Abbildung 6.9 zu sehen (Projekt *StringTeilzeichenkette*) gelöst.

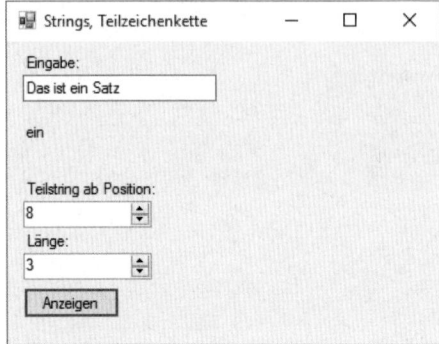

Abbildung 6.9 Teilstring ermitteln

Der Programmcode:

```
private void CmdAnzeigen_Click(...)
{
    string eingabe, anzeige;
    eingabe = TxtEingabe.Text;
    anzeige = eingabe.Substring((int)NumPosition.Value,
                                (int)NumLaenge.Value);
    LblAnzeige.Text = anzeige;
}

private void TxtEingabe_TextChanged(...)
{
    string eingabe = TxtEingabe.Text;
    NumPosition.Maximum = eingabe.Length - 1;
    NumLaenge.Maximum = eingabe.Length - NumPosition.Value;
}

private void NumPosition_ValueChanged(...)
{
    string eingabe = TxtEingabe.Text;
    NumLaenge.Maximum = eingabe.Length - NumPosition.Value;
}
```

Listing 6.9 Projekt »StringTeilzeichenkette«

Zur Erläuterung:

▶ Der Benutzer wählt in den beiden Zahlenauswahlfeldern aus, ab welcher Position er wie viele Zeichen extrahieren möchte.

▶ Anschließend werden die entsprechenden Zeichen kopiert.

▶ Eine Eingabe oder Änderung hat (wie beim Löschen) Auswirkungen auf die Maxima der beiden Zahlenauswahlfelder. Daher kann die Ausnahme *ArgumentOutOfRangeException* nicht auftreten.

Beide Felder einstellen

6

6.1.8 Zeichen ersetzen

Mithilfe der Methode `Replace()` kann wie beim Suchen und Ersetzen in einem Textverarbeitungssystem jedes Vorkommen einer gesuchten Zeichenkette durch eine andere Zeichenkette ersetzt werden.

Replace()

Das folgende Programm (siehe auch Abbildung 6.10) liefert hierfür ein Beispiel (Projekt *StringErsetzen*):

```
private void CmdErsetzen_Click(...)
{
    string eingabe, suchen, ersetzen, anzeige;
    eingabe = TxtEingabe.Text;
    suchen = TxtSuchen.Text;
    ersetzen = TxtErsetzen.Text;
    anzeige = eingabe.Replace(suchen, ersetzen);
    LblAnzeige.Text = anzeige;
}
```

Listing 6.10 Projekt »StringErsetzen«

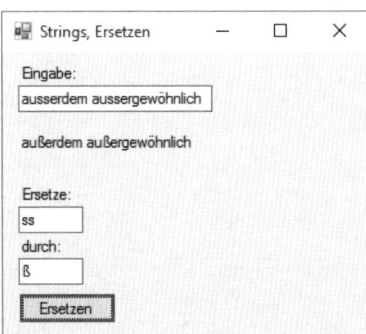

Abbildung 6.10 Ersetzen einer Zeichenkette

Zur Erläuterung:

▶ Jedes Vorkommen der Zeichenfolge aus dem Textfeld unter dem Begriff ERSETZE: wird ersetzt durch die Zeichenfolge aus dem Textfeld unter dem Begriff DURCH:.

6.1.9   Ausgabe formatieren

Format()

Die Methode Format() der Klasse String können Sie zur einheitlichen Formatierung verwenden. Das ist vor allem bei der einheitlichen Ausgabe von Tabellen, z. B. innerhalb einer ListBox oder eines Labels, wichtig.

Voraussetzung hierfür ist die Verwendung einer nicht proportionalen Schriftart. Das ist eine Schriftart, bei der jedes Zeichen genau die gleiche Breite beansprucht. Einsatz findet eine solche Formatierung auch bei der Ausgabe einer Konsolenanwendung, siehe Abschnitt 4.6.5. In Abbildung 6.11 sehen Sie einige Beispiele im Projekt *StringFormatieren*.

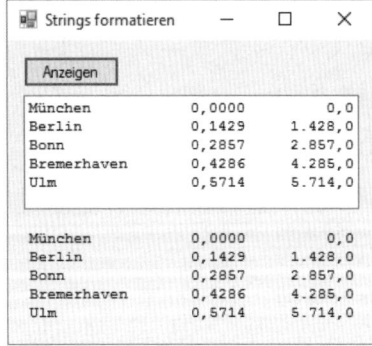

Abbildung 6.11 Formatieren in ListBox und Label

Der Programmcode:

```
private void CmdAnzeige_Click(...)
{
    string format;
    string ausgabe;
    string[] stadt = {"München", "Berlin",
                "Bonn", "Bremerhaven", "Ulm"};

    LstAnzeige.Items.Clear();
    LblAnzeige.Text = "";
```

```
format = "{0,-15}{1,9:0.0000}{2,12:#,##0.0}";

for (int i = 0; i < stadt.Length; i++)
{
    ausgabe = String.Format(format,
        stadt[i], i/7.0, i*10000/7);
    LstAnzeige.Items.Add(ausgabe);
    LblAnzeige.Text += ausgabe + "\n";
}
}
```

Listing 6.11 Projekt »StringFormatieren«

Zur Erläuterung:

▶ Zur Entwicklungszeit wird die Schriftart der ListBox und des Labels über die Eigenschaft Font auf Courier New, eine nicht proportionale Schriftart, gestellt.

▶ Das gewünschte Format kann in einer Zeichenkette (hier format) gespeichert werden, um es möglichst häufig an geeigneter Stelle einzusetzen. Innerhalb der Schleife wird es als erster Parameter der Methode Format() genutzt. In der Formatierungszeichenkette steht:

   – die Nummer der Variablen, beginnend mit der Nummer 0

   – ein Doppelpunkt

   – die zugehörige Formatierung

▶ {0,-15}: Als Erstes wird eine Zeichenkette in der Mindestgesamtbreite **Breite** 15 ausgegeben. Sie erscheint linksbündig wegen des Minuszeichens vor der 15.

▶ {1,9:0.0000}: Es folgt eine Zahl in der Mindestgesamtbreite 9, gerundet **Nachkommastellen** auf vier Nachkommastellen. Sie erscheint rechtsbündig, das ist der Standard.

▶ {2,12:#,##0.0}: Als Letztes folgt wiederum eine Zahl in der Mindestge- **Tausenderpunkt** samtbreite 12, gerundet auf eine Nachkommastelle, abermals rechtsbündig. Falls die Zahl mehr als drei Stellen vor dem Komma hat, wird ein Tausenderpunkt angezeigt.

▶ Das Formatierungszeichen 0 steht für eine Ziffer, die auf jeden Fall ange- **0, #** zeigt wird. Das Formatierungszeichen # steht für eine Ziffer, die nur angezeigt wird, falls es diese Ziffer gibt.

6.2   Datum und Uhrzeit

DateTime   Visual Studio bietet für C# die Struktur `DateTime` zur Speicherung von Datum und Uhrzeit an. Objekten dieser Struktur stehen zahlreiche Eigenschaften und Methoden zur Verfügung.

6.2.1   Eigenschaften von DateTime

Now, Today   Die Struktur `DateTime` hat zwei statische Eigenschaften, die ohne Erzeugung eines Objekts zur Verfügung stehen. Das sind `Now` (heutiges Datum und jetzige Uhrzeit) und `Today` (heutiges Datum).

Konstruktor   Ein Objekt der Struktur `DateTime` kann bei der Erzeugung auf verschiedene Arten einen Startwert erhalten. Die nützlichsten Konstruktoren benötigen:

► keinen Parameter

► Jahr, Monat und Tag als Parameter

► Jahr, Monat, Tag, Stunde, Minute und Sekunde als Parameter

Eigenschaften   Objekte der Struktur `DateTime` bieten anschließend eine Reihe von Eigenschaften, welche die in Tabelle 6.1 zu sehenden Informationen bereithalten.

Eigenschaft	Erläuterung
Day	Tag des Monats
DayOfWeek	Tag der Woche (Wochentag) Sonntag = 0, Montag = 1 usw.
DayOfYear	Tag des Jahres
Hour	Stunde
Millisecond	Millisekunde
Minute	Minute
Month	Monat
Second	Sekunde
TimeOfDay	Uhrzeit
Year	Jahr

Tabelle 6.1 DateTime, Eigenschaften

Die Eigenschaften Year, Month, Day usw. liefern die jeweiligen Bestandteile **Datumsteile**
des Datums als ganze Zahlen. Daraus können Sie bei Bedarf unterschiedliche Formatierungen zusammensetzen.

Es folgt ein erstes Programm (Projekt *DatumUhrzeit*), innerhalb dessen verschiedene Objekte erzeugt und mit einigen Eigenschaften ausgegeben werden (siehe Abbildung 6.12).

Abbildung 6.12 Objekte zu Datum und Zeit

Der Programmcode:

```
private void CmdAnzeigen_Click(...)
{
    DateTime d1 = new DateTime(2017, 7, 18, 16, 35, 12);
    DateTime d2 = new DateTime(2017, 8, 23);
    DateTime d3, d4 = new DateTime();

    LstAnzeige.Items.Add("d1: " + d1);
    LstAnzeige.Items.Add("d2: " + d2.ToShortDateString());
    d3 = DateTime.Now;
    d4 = DateTime.Today;
    LstAnzeige.Items.Add("d3: " + d3);
    LstAnzeige.Items.Add("d4: " + d4.ToShortDateString());

    LstAnzeige.Items.Add("Tag der Woche: " + d1.DayOfWeek);
    if (d1.DayOfWeek == DayOfWeek.Sunday)
        LstAnzeige.Items.Add("Sonntag");
    else
        LstAnzeige.Items.Add("Kein Sonntag");

    LstAnzeige.Items.Add("Tag des Jahres: " + d1.DayOfYear);
```

```
        LstAnzeige.Items.Add("Datum: " + d1.Date);
        LstAnzeige.Items.Add("Uhrzeit: " + d1.TimeOfDay);
}
```

Listing 6.12 Projekt »DatumUhrzeit«

Zur Erläuterung:

- ▶ Das Objekt d1 wird mit Datum und Uhrzeit erzeugt.

- ▶ Das Objekt d2 wird nur mit Datum erzeugt, die Uhrzeit ist 00:00 Uhr.

- ▶ Die Objekte d3 und d4 werden ganz ohne Werte erzeugt, sie erhalten ihre Werte erst später.

ToShortDateString() ▶ Zur Ausgabe des Objekts d2, das die Uhrzeit 00:00 Uhr hat, wird die Methode ToShortDateString() eingesetzt. Diese sorgt dafür, dass nur das Datum und nicht die Uhrzeit ausgegeben wird.

Now ▶ Das Objekt d3 bekommt den Wert der statischen Eigenschaft Now, also aktuelles Datum und aktuelle Uhrzeit.

Today ▶ Das Objekt d4 bekommt den Wert der statischen Eigenschaft Today, also das aktuelle Datum. Die Uhrzeit ist 00:00 Uhr, daher wird hier ebenfalls die Methode ToShortDateString() zur Ausgabe genutzt.

DayOfWeek ▶ Die Eigenschaft DayOfWeek des Objekts d1 liefert den Wochentag als Zahl. Der Wert wird anschließend mit einem Wert aus der Enumeration DayOfWeek verglichen.

DayOfYear ▶ Die Eigenschaft DayOfYear des Objekts d1 liefert den Tag des Jahres, von 1 bis 365 bzw. 366.

- ▶ Die Eigenschaft Date des Objekts d1 liefert nur das Datum, die Uhrzeit wird auf 00:00 Uhr gesetzt.

TimeOfDay ▶ Die Eigenschaft TimeOfDay des Objekts d1 liefert nur die Uhrzeit. Diese ist ein Objekt der Struktur TimeSpan, siehe nächsten Abschnitt.

6.2.2   Rechnen mit Datum und Uhrzeit

Add-Methoden Eine ganze Reihe von Methoden dienen zum Rechnen mit Datum und Uhrzeit. Sie beginnen alle mit der Vorsilbe Add: AddHours(), AddMonths(), AddSeconds(), AddYears() usw.

Diese Methoden erhalten double-Werte als Parameter zur Addition oder Subtraktion zur jeweiligen Komponente (Stunde, Minute, ...). Die Parameterwerte können

▶ ganzzahlig sein oder über Nachkommastellen verfügen,

▶ positiv oder negativ sein,

▶ größer als die Maximalwerte der jeweiligen Komponente sein (30 Stunden, 130 Minuten usw.).

Eine Besonderheit stellen die Methoden Add() und Subtract() dar: Sie erhalten als Parameter ein Objekt der Struktur TimeSpan. Diese Objekte beinhalten Zeitintervalle und eignen sich besonders zum Rechnen mit Datum und Uhrzeit.

TimeSpan

6

Ein Objekt der Struktur TimeSpan kann bei der Erzeugung auf verschiedene Arten einen Startwert bekommen. Die nützlichsten Konstruktoren benötigen als Parameter:

Zeitintervall

▶ Stunde, Minute und Sekunde

▶ Tag, Stunde, Minute und Sekunde

Im folgenden Programm (Projekt *DatumUhrzeitRechnen*) wird ein Objekt der Struktur DateTime initialisiert und anschließend durch Objekte der Klasse TimeSpan mehrfach verändert (siehe Abbildung 6.13).

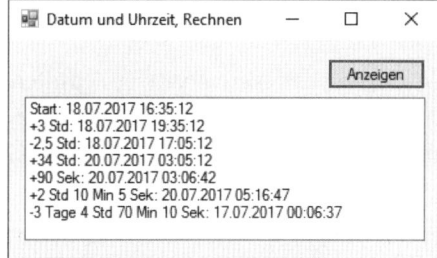

Abbildung 6.13 Rechnen mit Datum und Uhrzeit

Der Programmcode:

```
private void CmdAnzeigen_Click(...)
{
    DateTime d = new DateTime(2017, 7, 18, 16, 35, 12);
    TimeSpan ts1 = new TimeSpan(2, 10, 5);
    TimeSpan ts2 = new TimeSpan(3, 4, 70, 10);

    LstAnzeige.Items.Add("Start: " + d);
    d = d.AddHours(3);
    LstAnzeige.Items.Add("+3 Std: " + d);
```

```
        d = d.AddHours(-2.5);
        LstAnzeige.Items.Add("-2,5 Std: " + d);
        d = d.AddHours(34);
        LstAnzeige.Items.Add("+34 Std: " + d);
        d = d.AddSeconds(90);
        LstAnzeige.Items.Add("+90 Sek: " + d);
        d = d.Add(ts1);
        LstAnzeige.Items.Add("+2 Std 10 Min 5 Sek: " + d);
        d = d.Subtract(ts2);
        LstAnzeige.Items.Add("-3 Tage 4 Std 70 Min 10 Sek: " + d);
    }
```

Listing 6.13 Projekt »DatumUhrzeitRechnen«

Zur Erläuterung:

▶ Zunächst wird ein Objekt der Struktur DateTime erzeugt. Es hat den Wert 18.07.2017; 16:35:12 Uhr.

▶ Für eine spätere Verwendung werden zwei Objekte der Struktur Time-Span erzeugt. Dabei müssen ganze Zahlen (positiv oder negativ) genutzt werden. Sie dürfen die jeweiligen Zahlenbereiche der Komponenten überschreiten.

▶ Das erste Objekt der Struktur TimeSpan beinhaltet ein positives Zeitinter-vall von 2 Stunden, 10 Minuten und 5 Sekunden. Das zweite Objekt der Struktur TimeSpan beinhaltet ein Zeitintervall von 3 Tagen, 4 Stunden, 70 Minuten (!) und 10 Sekunden.

AddHours() ▶ Mit AddHours(3) werden 3 Stunden hinzuaddiert. Die Add-Methoden ver-ändern nicht das Objekt selbst, sondern liefern ein verändertes Objekt zurück. Soll dieses veränderte Objekt erhalten bleiben, muss es gespei-chert werden, daher die Zuweisung d = d.AddHours(3). Aus 16:35:12 Uhr wird 19:35:12 Uhr.

▶ Mit AddHours(-2,5) werden 2,5 Stunden abgezogen. Es kann mit negati-ven Werten und Nachkommastellen gearbeitet werden. Die Nachkom-mastellen bei den Stunden werden in die entsprechenden Minuten um-gerechnet. Aus 19:35:12 Uhr wird also 17:05:12 Uhr.

▶ Mit AddHours(34) wird mehr als ein Tag hinzuaddiert. Dabei wird auch über Tagesgrenzen hinaus richtig gerechnet. Aus dem 18.07.2017; 17:05:12 Uhr wird somit der 20.07.2017; 03:05:12 Uhr.

▶ Mit AddSeconds(90) wird mehr als eine Minute hinzuaddiert. Dabei wird auch über Minuten- oder Stundengrenzen hinaus richtig gerechnet. Aus 03:05:12 Uhr wird 03:06:42 Uhr.

AddSeconds()

▶ Das erste Zeitintervall (2 Stunden, 10 Minuten und 5 Sekunden) wird mithilfe der Methode Add() hinzuaddiert. Dabei finden mehrere Umrechnungen statt. Aus 03:06:42 Uhr wird so 05:16:47 Uhr.

▶ Das zweite Zeitintervall (3 Tage, 4 Stunden, 70 Minuten und 10 Sekunden) wird mithilfe der Methode Subtract() abgezogen. Aus dem 20.07.2015; 05:16:47 Uhr wird dementsprechend der 17.07.2017; 00:06:37 Uhr.

Subtract()

6.2.3   DateTimePicker

Das Steuerelement *DateTimePicker* dient zur komfortablen Eingabe oder Auswahl von Datum und Uhrzeit. Über die Eigenschaft Format kann das Aussehen eingestellt werden. Neben dem Standardwert Long gibt es dafür zusätzlich die Werte Custom, Short und Time. Diese können auch zur Laufzeit mithilfe der Enumeration DateTimePickerFormat eingestellt werden.

Format

Im nachfolgenden Projekt *DatumPicker* werden vier DateTimePicker in vier verschiedenen Formaten gezeigt. Zunächst ist kein Element aufgeklappt (siehe Abbildung 6.14).

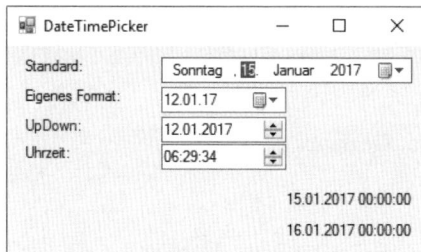

Abbildung 6.14 Vier DateTimePicker, nicht aufgeklappt

In Abbildung 6.15 wird der erste DateTimePicker durch Betätigen des Pfeils rechts am Steuerelement aufgeklappt. Wie Sie sehen, kann der auszuwählende Datumsbereich eingeschränkt werden, hier mit dem Mindestdatum 15.12.2016.

Zunächst der Code der Form_Load-Prozedur, in der verschiedene Einstellungen vorgenommen werden:

```
private void Form1_Load(...)
{
    DatPicker1.MinDate = new DateTime(2016, 12, 15);
    DatPicker1.MaxDate = new DateTime(2017, 2, 15);
    DatPicker1.Value = new DateTime(2017, 1, 15);

    DatPicker2.CustomFormat = "dd.MM.yy";
    DatPicker2.Format = DateTimePickerFormat.Custom;

    DatPicker3.ShowUpDown = true;
    DatPicker3.Format = DateTimePickerFormat.Short;

    DatPicker4.ShowUpDown = true;
    DatPicker4.Format = DateTimePickerFormat.Time;
}
```

Listing 6.14 Projekt »DatumPicker«, Teil 1

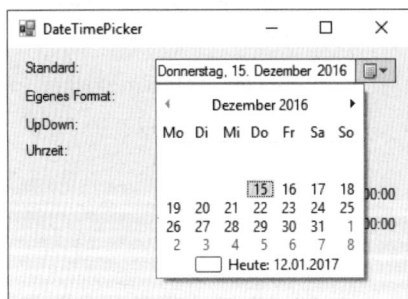

Abbildung 6.15 Erster DateTimePicker, aufgeklappt

Zur Erläuterung:

Long ▶ Der erste DateTimePicker erscheint im Standardformat Long. Nach dem Aufklappen kann mit einem Klick einfach ein bestimmtes Datum ausgewählt werden.

Ansicht wechseln ▶ Nach einem Klick auf einen der Pfeile nach links oder rechts kann der vorherige oder nachfolgende Monat ausgewählt werden. Mit einem Klick auf den Monatsnamen wechselt man auf die Jahresansicht. Dort wechselt man mit einem Klick auf das Jahr zur Mehrjahresansicht. Nach Auswahl eines bestimmten Jahres wechselt man von dort wieder zurück zur Jahresansicht. Von dort wechselt man nach Auswahl eines bestimmten Monats wiederum zur Monatsansicht zurück.

▶ Die Eigenschaften `MinDate` und `MaxDate` erwarten einen Wert der Struktur `DateTime` und dienen der Einstellung des Bereichs, aus dem das Datum ausgewählt werden kann.

Bereich einstellen

▶ Über die Eigenschaft `Value` wird das Datum eingestellt, das zu Beginn ausgewählt sein soll.

Value

▶ Das Format des zweiten DateTimePicker ist individuell eingestellt: jeweils zwei Ziffern für Tag, Monat und Jahr. Damit das auch übernommen wird, muss die Eigenschaft `Format` auf den Wert `Custom` gestellt werden.

Custom

▶ Bei den letzten beiden DateTimePickern wird ein Spin-Button (auch Up-Down-Button genannt) zur Einstellung der einzelnen Bestandteile der Zeitangabe hinzugefügt. Das Format `Short` zeigt nur das Datum ohne Wochentags- und Monatsname. Das Format `Time` zeigt hingegen nur die Uhrzeit.

Spin-Button

Es folgt nun eine Methode, mit welcher der ausgewählte Wert des jeweiligen DateTimePicker angezeigt werden kann. Außerdem werden für eine zweite Ausgabe 24 Stunden zu diesem Wert hinzugerechnet.

```
private void DatPicker_ValueChanged(...)
{
    DateTimePicker datPicker = sender as DateTimePicker;
    LblDatum.Text = datPicker.Value + "";

    DateTime plusTag;
    plusTag = datPicker.Value;
    plusTag = plusTag.AddDays(1);
    LblPlusTag.Text = plusTag + "";
}
```

Listing 6.15 Projekt »DatumPicker«, Teil 2

Zur Erläuterung:

▶ Das Ereignis `ValueChanged` tritt ein, sobald sich der Wert des DateTime-Picker ändert. Im EIGENSCHAFTEN-Fenster wird die Ereignismethode `DatPicker_ValueChanged()` diesem Ereignis für alle vier DateTimePicker zugeordnet.

Wert geändert

▶ Es wird ein Verweis auf den auslösenden DateTimePicker eingerichtet. Dessen aktuell ausgewählter Wert wird im ersten Label ausgegeben.

▶ Danach wird ein neues Objekt der Struktur DateTime erzeugt. Dieses bekommt zunächst den aktuell ausgewählten Wert. Zu diesem Wert wird ein Tag hinzugerechnet, anschließend erfolgt die Ausgabe im zweiten Label.

6.3   Dateien und Verzeichnisse

Zur dauerhaften Speicherung der Arbeitsdaten eines Programms stehen Dateien und Datenbanken zur Verfügung. Sie ermöglichen es, die Programmbenutzung zu beenden und zu einem späteren Zeitpunkt mit dem gleichen Status wieder fortzusetzen.

In diesem Abschnitt wird die einfache Form der Speicherung behandelt: das Schreiben in Textdateien und das Lesen aus Textdateien. Den Datenbanken ist hingegen Kapitel 8 gewidmet.

System.IO   Es werden Objekte der Klassen FileStream, StreamWriter und StreamReader benötigt. Diese stehen im Namensraum System.IO zur Verfügung. Da dieser Namensraum innerhalb von Visual Studio nicht standardmäßig in C#-Programme eingebunden wird, müssen Sie ihn für die jeweilige Anwendung einbinden.

6.3.1   Lesen aus einer Textdatei

FileStream   Ein Objekt der Klasse FileStream wird für die Art des Zugriffs auf die Datei und zum Öffnen der Datei benötigt.

StreamReader   Ein Objekt der Klasse StreamReader dient zum Lesen der Dateiinhalte. Im folgenden Beispiel (Projekt *DateiLesen*) werden alle Zeilen einer Textdatei gelesen und auf dem Bildschirm ausgegeben.

Abbildung 6.16 zeigt den Inhalt der Textdatei. Das Ergebnis des Programms ist in Abbildung 6.17 zu sehen.

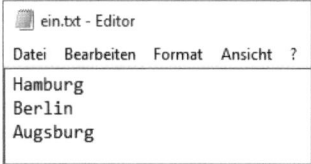

Abbildung 6.16 Eingabedatei »ein.txt«

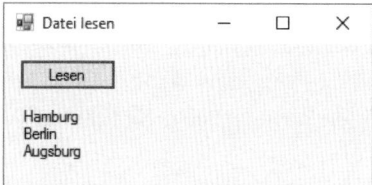

Abbildung 6.17 Alle Zeilen gelesen

Der Programmcode:

```
private void CmdLesen_Click(...)
{
    FileStream fs = new FileStream("ein.txt", FileMode.Open);
    StreamReader sr = new StreamReader(fs);
    string zeile;

    LblAnzeige.Text = "";
    while (sr.Peek() != -1)
    {
        zeile = sr.ReadLine();
        LblAnzeige.Text += zeile + "\n";
    }
    sr.Close();
}
```

Listing 6.16 Projekt »DateiLesen«

Zur Erläuterung:

▸ Mit der Anweisung using System.IO wird der Namensraum eingebunden   **using**
und mit all seinen Klassen zur Verfügung gestellt.

▸ Das Objekt fs wird als Objekt der Klasse FileStream erzeugt. Bei dem hier   **FileStream**
verwendeten Konstruktor werden dabei der Name der zu öffnenden
Datei und der Öffnungsmodus benötigt.

▸ Der Name der Datei *ein.txt* steht in einer Zeichenkette. Wird kein Pfad   **Pfadangabe**
angegeben, wird davon ausgegangen, dass die Datei im selben Verzeich-
nis wie die fertige Anwendung steht, hier also in …*DateiLesen\bin*
Debug. Befindet sich die Datei in einem anderen Verzeichnis, können Sie
den Pfad dorthin relativ (ausgehend vom aktuellen Verzeichnis) oder
absolut (mit vollständiger Pfadangabe) angeben.

Ausnahme ▶ Wird die Datei, aus der gelesen werden soll, nicht gefunden, tritt eine Ausnahme auf. Diesen Fall gibt es in der Praxis häufig, beispielsweise aufgrund falscher Pfadangaben. Dieser wichtige Aspekt wird in Abschnitt 6.3.3 berücksichtigt. Dort finden Sie auch Beispiele für relative und absolute Pfadangaben.

Open, Create, Append ▶ Es gibt eine Reihe von möglichen Öffnungsmodi. Sie stehen in der Enumeration FileMode. Die wichtigsten sind Open (zum Öffnen einer Datei, die Sie lesen möchten), Create (zum Öffnen einer Datei, die Sie neu beschreiben bzw. überschreiben möchten) und Append (zum Öffnen einer Datei, an deren Ende Sie weiterschreiben möchten).

StreamReader ▶ Das Objekt sr wird als Objekt der Klasse StreamReader erzeugt. Bei dem hier verwendeten Konstruktor wird dabei das Objekt der Klasse FileStream benötigt, aus dem gelesen werden soll.

▶ Bei einer Textdatei ist häufig unbekannt, wie viele Zeilen mit Text gefüllt sind. Möchten Sie alle Zeilen lesen, müssen Sie daher eine while-Schleife verwenden. Diese muss beendet werden, sobald Sie an das Ende der Datei gelangt sind. Das kann bereits zu Beginn der Fall sein, daher wird hierzu keine do-while-Schleife verwendet.

Peek() ▶ Die Methode Peek() der Klasse StreamReader prüft das nächste lesbare Zeichen einer Datei, ohne es einzulesen. Liefert die Methode den Wert –1 zurück, ist das Ende der Datei erreicht.

ReadLine() ▶ Die Methode ReadLine() der Klasse StreamReader liest eine Zeile bis zum nächsten Zeilenumbruch und liefert den Inhalt der Zeile (ohne den Zeilenumbruch) als Zeichenkette zurück.

Close() ▶ Die Methode Close() der Klasse StreamReader schließt den Eingabestream und die zugehörigen Ressourcen – in diesem Fall auch die Datei, aus der gelesen wird. Das Schließen der Datei ist wichtig und darf nicht vergessen werden, da die Datei sonst je nach Ablauf für weitere Zugriffe gesperrt sein könnte.

6.3.2   Schreiben in eine Textdatei

StreamWriter Zum Schreiben in eine Datei werden ein Objekt der Klasse StreamWriter und natürlich wieder ein Objekt der Klasse FileStream benötigt. Im folgenden Beispiel (Projekt *DateiSchreiben*) wird der Inhalt einer mehrzeiligen TextBox (Eigenschaft Multiline = true) vollständig in eine Textdatei geschrieben.

Abbildung 6.18 zeigt das Programm mit der Eingabe. Nach Betätigung des Buttons SCHREIBEN sieht die Ausgabedatei aus wie die in Abbildung 6.19.

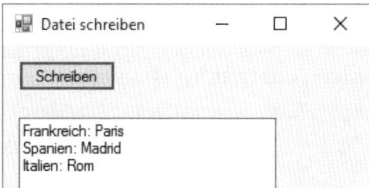

Abbildung 6.18 Text zum Speichern

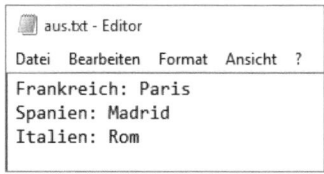

Abbildung 6.19 Ausgabedatei »aus.txt«

Der Programmcode:

```csharp
private void CmdSchreiben_Click(object sender, EventArgs e)
{
    FileStream fs = new FileStream("aus.txt", FileMode.Create);
    StreamWriter sw = new StreamWriter(fs);
    sw.WriteLine(TxtEingabe.Text);
    sw.Close();
}
```

Listing 6.17 Projekt »DateiSchreiben«

Zur Erläuterung:

▶ Bei der Erzeugung des Objekts der Klasse FileStream wird der Öffnungs- **Create**
modus Create benutzt. Mit diesem Modus wird die Datei zum Schreiben
geöffnet. Existiert sie bereits, wird sie ohne Rückfrage überschrieben.

▶ Kann die Datei, in die geschrieben werden soll, nicht gefunden (falsche **Ausnahme**
Pfadangabe) oder nicht beschrieben werden (Schreibschutz), tritt eine
Ausnahme auf. Auch dieser Fall kommt in der Praxis relativ häufig vor.
Im übernächsten Projekt *DateiSicherSchreiben* wird dieser wichtige
Aspekt daher mitberücksichtigt.

WriteLine()	▶ Die Methode WriteLine() der Klasse StreamWriter schreibt die übergebene Zeichenkette in die Datei und fügt einen Zeilenumbruch an. Falls kein zusätzlicher Zeilenumbruch angefügt werden soll, können Sie anstelle der Methode WriteLine() die Methode Write() verwenden.

▶ Das Multiline-Textfeld kann bereits einige Zeilenumbrüche beinhalten. Diese werden ebenfalls in der Datei gespeichert, sowohl bei WriteLine() als auch bei Write().

6.3.3   Sicheres Lesen aus einer Textdatei

Wie bereits erwähnt, tritt eine Ausnahme auf, wenn die auszulesende Datei nicht gefunden wird, was durchaus vorkommen kann.

Erste Lösung

Im nachfolgenden Programm (Projekt *DateiSicherLesen*) werden zwei Lösungen zur Umgehung dieses Problems vorgestellt. Bei der ersten Lösung wird vorab die Existenz der Datei geprüft, bei der zweiten wird eine Ausnahmebehandlung durchgeführt. Zunächst die erste Lösung (in Abbildung 6.20 zu sehen):

```
private void CmdExistenz_Click(...)
{
    FileStream fs;
    StreamReader sr;
    string dateiname = "ein.txt";
    string zeile;

    if (!File.Exists(dateiname))
    {
        MessageBox.Show("Datei " + dateiname + " existiert nicht");
        return;
    }

    fs = new FileStream(dateiname, FileMode.Open);
    sr = new StreamReader(fs);
    while (sr.Peek() != -1)
    {
        zeile = sr.ReadLine();
        LblAnzeige.Text += zeile + "\n";
```

```
    }
    sr.Close();
}
```

Listing 6.18 Projekt »DateiSicherLesen«, Existenz prüfen

Zur Erläuterung:

▶ Es werden zunächst nur zwei Objektverweise auf Objekte der Klasse `FileStream` und `StreamReader` erzeugt.

▶ Der Dateiname wird in einer Variablen gespeichert, da er mehrfach benötigt wird.

▶ Die Klasse `File` stellt Elemente zur Information über Dateien und zur **File, Exists()** Bearbeitung von Dateien zur Verfügung. Die statische Methode `Exists()` prüft, ob eine angegebene Datei existiert. Weitere Möglichkeiten der Klasse `File` werden in Abschnitt 6.3.5 vorgestellt.

▶ In einer Verzweigung wird die Existenz der Eingabedatei *ein.txt* geprüft. Ist sie nicht vorhanden, wird `false` zurückgeliefert, eine Fehlermeldung ausgegeben und die Methode sofort verlassen.

▶ Existiert die Eingabedatei, werden zwei Objekte der Klasse `FileStream` und `StreamReader` erzeugt und den beiden bereits vorhandenen Objektverweisen zugewiesen.

▶ Anschließend kann die Datei wie gewohnt ausgelesen werden.

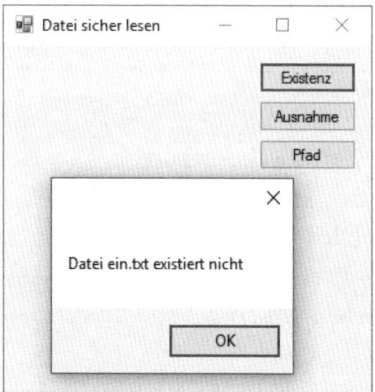

Abbildung 6.20 Ausgabe, falls Datei nicht existiert

Zweite Lösung   Es folgt die zweite Möglichkeit mit der Ausnahmebehandlung, ebenfalls im Projekt *DateiSicherLesen*:

```
private void CmdAusnahme_Click(...)
{
    FileStream fs;
    StreamReader sr;
    string zeile;

    try
    {
        fs = new FileStream("ein.txt", FileMode.Open);
        sr = new StreamReader(fs);
        while (sr.Peek() != -1)
        {
            zeile = sr.ReadLine();
            LblAnzeige.Text += zeile + "\n";
        }
        sr.Close();
    }
    catch (Exception ex)
    {
        MessageBox.Show(ex.Message);
    }
}
```

Listing 6.19 Projekt »DateiSicherLesen«, Ausnahmebehandlung

Zur Erläuterung:

▶ Wie im ersten Fall werden nur zwei Objektverweise erzeugt.

try...catch ▶ Das restliche Programm steht in einem try-catch-Block, damit eine eventuell auftretende Ausnahme behandelt werden kann.

▶ Sofern die Datei nicht existiert, wird der catch-Teil durchlaufen und eine entsprechende Fehlermeldung ausgegeben: *Die Datei ... konnte nicht gefunden werden.*

Pfadangabe   Falls die Datei erst mithilfe einer Pfadangabe erreicht werden kann, müssen Sie beim Verzeichniswechsel jeweils einen doppelten Backslash nutzen, beispielsweise: *"C:\\Temp\\Daten\\ein.txt"*.

Als Alternative können Sie auch das Zeichen @ einsetzen. In diesem Fall können Sie weiterhin den einfachen Backslash nutzen, beispielsweise in @"C:\Temp\Daten\ein.txt". @

Bei einer relativen Pfadangabe bewegen Sie sich ausgehend vom aktuellen Verzeichnis durch den Verzeichnisbaum. Ein Beispiel: "..\\..\\Daten\\ ein.txt" bzw. @"..\..\Daten\ein.txt" bezeichnet eine Datei, die Sie erreichen, wenn Sie vom aktuellen Verzeichnis zwei Ebenen nach oben und anschließend in das Unterverzeichnis *Daten* gehen. Relative Pfadangabe

Dieses Beispiel würde allerdings im vorliegenden Projekt nicht zum Erfolg führen, da es dieses Verzeichnis nicht gibt. Wenn Sie den Button PFAD betätigen (siehe ebenfalls Abbildung 6.20), sehen Sie das entsprechende Ergebnis.

6.3.4   Sicheres Schreiben in eine Textdatei

Eine Ausnahme tritt auch auf, wenn die Datei, in die geschrieben werden soll, nicht gefunden (falsche Pfadangabe) oder nicht beschrieben werden kann (Schreibschutz). Beide Fälle kommen in der Praxis häufig vor. Schreibschutz

Im folgenden Programm (Projekt *DateiSicherSchreiben*) wird dieses Problem mit einer Ausnahmebehandlung umgangen:

```
private void CmdAusnahme_Click(...)
{
    FileStream fs;
    StreamWriter sw;
    string dateiname = "aus.txt";

    try
    {
        fs = new FileStream(dateiname, FileMode.Create);
        sw = new StreamWriter(fs);
        sw.WriteLine(TxtEingabe.Text);
        sw.Close();
    }
    catch (Exception ex)
    {
```

```
        MessageBox.Show(ex.Message);
    }
}
```

Listing 6.20 Projekt »DateiSicherSchreiben«

Zur Erläuterung:

▶ Es wird versucht, in die Datei *aus.txt* zu schreiben.

▶ Gelingt das aus den oben geschilderten Gründen nicht, erfolgt eine Fehlermeldung. Falls es sich um eine falsche Pfadangabe handelt, lautet sie:
   Ein Teil des Pfads ... konnte nicht gefunden werden.

▶ Anderenfalls wird der Inhalt des Textfelds vollständig in die Datei geschrieben.

6.3.5   Die Klassen File und Directory

Die beiden Klassen File und Directory, ebenfalls aus dem Namensraum
System.IO, bieten zahlreiche Möglichkeiten zur Information über Dateien
und Verzeichnisse.

Im nachfolgenden Projekt *DateiVerzeichnisListe*, das sich über einige Abschnitte erstreckt, werden einige nützliche statische Methoden dieser beiden Klassen eingesetzt:

Statische Methoden ▶ Directory.Exists(): prüft die Existenz eines Verzeichnisses.

▶ Directory.SetCurrentDirectory(): legt das Verzeichnis, in dem die Windows-Anwendung arbeitet, neu fest.

▶ Directory.GetCurrentDirectory(): ermittelt das Verzeichnis, in dem die
   Windows-Anwendung arbeitet.

▶ Directory.GetFiles(): erstellt eine Liste der Dateien in einem Verzeichnis.

▶ Directory.FileSystemEntries(): erstellt eine Liste der Dateien und Unterverzeichnisse in einem Verzeichnis.

▶ File.GetCreationTime(): ermittelt Datum und Uhrzeit der Erzeugung
   einer Datei oder eines Verzeichnisses.

▶ File.GetLastAccessTime(): stellt das Datum des letzten Zugriffs auf eine
   Datei oder ein Verzeichnis fest.

▶ File.GetLastWriteTime(): ermittelt Datum und Uhrzeit des letzten schreibenden Zugriffs auf eine Datei oder auf ein Verzeichnis.

Es wird hier bewusst auf den Einsatz von Methoden verzichtet, die Dateien und Verzeichnisse verändern, wie z. B. File.Delete(), File.Move(), File.Replace(), Directory.Delete() oder Directory.Move(). Allzu leicht kann der Benutzer mit diesen Methoden unbeabsichtigt Dateien und Verzeichnisse dauerhaft verändern; sie sollten daher nur mit großer Vorsicht eingesetzt werden.

6.3.6 Das aktuelle Verzeichnis

Zu Beginn des Programms wird das Startverzeichnis (*C:\Temp*) eingestellt und angezeigt (siehe Abbildung 6.21).

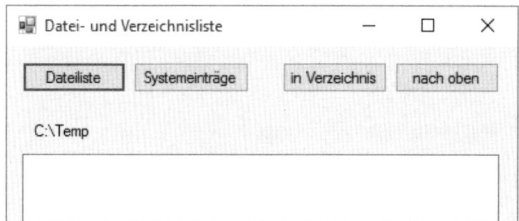

Abbildung 6.21 Startverzeichnis

Der zugehörige Code lautet:

```
private void Form1_Load(...)
{
    if (Directory.Exists(@"C:\Temp"))
        Directory.SetCurrentDirectory(@"C:\Temp");
    else
        MessageBox.Show(@"Verzeichnis C:\Temp existiert nicht");
    LblAktuellesVerzeichnis.Text = Directory.GetCurrentDirectory();
}
```

Listing 6.21 Projekt »DateiVerzeichnisListe«, Start

Zur Erläuterung:

▶ Die Methode Directory.SetCurrentDirectory() setzt das aktuell benutzte Verzeichnis fest.

SetCurrent-
Directory()

Exists()   ▶ Vorab wird mit der Methode Directory.Exists() geprüft, ob das betreffende Verzeichnis existiert. Beide Methoden erwarten als Parameter eine Zeichenkette.

GetCurrent-
Directory()   ▶ Die Methode Directory.GetCurrentDirectory() liefert den Namen des aktuellen Verzeichnisses.

6.3.7   Eine Liste der Dateien

Abbildung 6.22 zeigt die Ausgabe nach Betätigung des Buttons DATEILISTE.

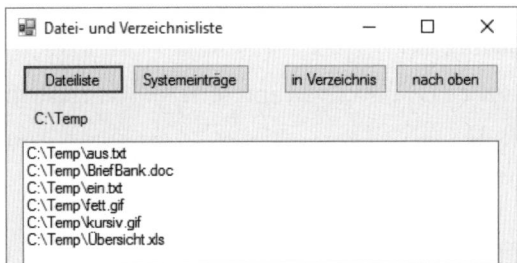

Abbildung 6.22 Dateiliste des Verzeichnisses C:\Temp

Der zugehörige Code:

```
private void CmdDateiliste_Click(...)
{
    string verzeichnis;
    string[] dateiliste;

    verzeichnis = Directory.GetCurrentDirectory();
    dateiliste = Directory.GetFiles(verzeichnis);
    LstAnzeige.Items.Clear();
    foreach (string s in dateiliste)
        LstAnzeige.Items.Add(s);
}
```

Listing 6.22 Projekt »DateiVerzeichnisListe«, Dateiliste

Zur Erläuterung:

▶ Die Variable verzeichnis wird mithilfe der Methode Directory.GetCurrentDirectory() auf das aktuelle Arbeitsverzeichnis gesetzt. Zu Beginn ist das *C:\Temp*.

▶ Die Methode `Directory.GetFiles()` liefert ein Feld von Strings. Die   **GetFiles()**
   Variable `dateiliste` wird als ein Verweis auf ein solches Feld deklariert
   und erhält den Rückgabewert der Methode zugewiesen.

▶ Mithilfe einer `foreach`-Schleife wird das Listenfeld mit den Dateinamen
   gefüllt.

6.3.8   Eine Liste der Dateien und Verzeichnisse

In Abbildung 6.23 erscheinen zusätzlich die Unterverzeichnisse.

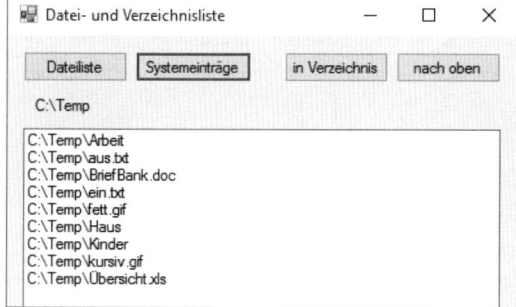

Abbildung 6.23 Verzeichnis C:\Temp, Dateien und Verzeichnisse

Der nächste Teil des Programms lautet wie folgt:

```
private void CmdSystemeintraege_Click(...)
{
    Systemeintraege();
}

private void Systemeintraege()
{
    string verzeichnis;
    string[] dateiliste;

    verzeichnis = Directory.GetCurrentDirectory();
    dateiliste = Directory.GetFileSystemEntries(verzeichnis);
    LstAnzeige.Items.Clear();
    foreach (string s in dateiliste)
        LstAnzeige.Items.Add(s);
}
```

Listing 6.23 Projekt »DateiVerzeichnisListe«, Systemeinträge

Zur Erläuterung:

▶ Die eigentliche Ausgabe wird in der allgemeinen Methode Systemein-traege() vorgenommen. Diese wird später noch von anderen Programmteilen genutzt.

GetFileSystem-
Entries()
▶ Die Methode Directory.GetFileSystemEntries() ist der Methode Directory.GetFiles() sehr ähnlich. Allerdings liefert sie nicht nur die Namen der Dateien, sondern auch die Namen der Verzeichnisse.

6.3.9   Informationen über Dateien und Verzeichnisse

Im Folgenden werden einzelne Dateien bzw. Verzeichnisse genauer betrachtet (siehe Abbildung 6.24).

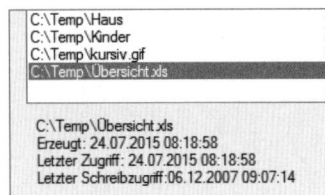

Abbildung 6.24 Informationen über die ausgewählte Datei

Der Programmcode:

```
private void LstAnzeige_SelectedIndexChanged(...)
{
    string name;

    if (LstAnzeige.SelectedIndex != -1)
    {
        name = LstAnzeige.Text;
        LblAnzeige.Text = name + "\nErzeugt: " +
            File.GetCreationTime(name) + "\nLetzter Zugriff: " +
            File.GetLastAccessTime(name) + "\n" + "Letzter " +
            "Schreibzugriff:" + File.GetLastWriteTime(name);
    }
    else
        MessageBox.Show("Kein Eintrag ausgewählt");
}
```

Listing 6.24 Projekt »DateiVerzeichnisListe«, Informationen

Zur Erläuterung:

▶ Hat der Benutzer in der Liste der Dateien (und gegebenenfalls Verzeichnisse) einen Eintrag ausgewählt, werden einige Informationen zu den letzten Zugriffen angezeigt.

▶ Die Methoden `File.GetCreationTime()`, `File.GetLastAccessTime()` und `File.GetLastWriteTime()` ermitteln die Daten der Erzeugung der Datei, sowie des letzten Zugriffs und des letzten schreibenden Zugriffs auf die Datei.

Get...Time( )

6.3.10   Bewegen in der Verzeichnishierarchie

Zunächst wählen Sie ein Unterverzeichnis aus (siehe Abbildung 6.25).

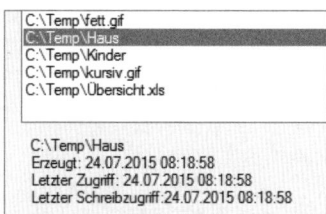

Abbildung 6.25 Auswahl

Anschließend wechseln Sie mit dem Button IN VERZEICHNIS in das betreffende Unterverzeichnis oder mit dem Button NACH OBEN in das übergeordnete Verzeichnis (siehe Abbildung 6.26).

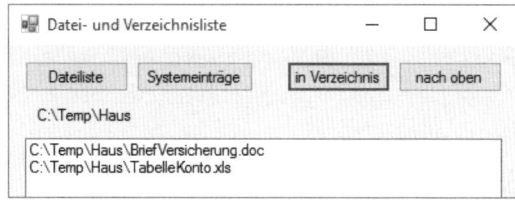

Abbildung 6.26 Unterverzeichnis C:\Temp\Haus

Der letzte Teil des Programms lautet:

```
private void CmdInVerzeichnis_Click(...)
{
    if (LstAnzeige.SelectedIndex != -1)
    {
        try
```

285

```
        {
            Directory.SetCurrentDirectory(LstAnzeige.Text);
        }
        catch
        {
            MessageBox.Show(LstAnzeige.Text
                + " ist kein Verzeichnis");
        }
    }
    else
        MessageBox.Show("Kein Eintrag ausgewählt");

    LblAktuellesVerzeichnis.Text = Directory.GetCurrentDirectory();
    Systemeintraege();
}

private void CmdNachOben_Click(...)
{
    Directory.SetCurrentDirectory("..");
    LblAktuellesVerzeichnis.Text = Directory.GetCurrentDirectory();
    Systemeintraege();
}
```

Listing 6.25 Projekt »DateiVerzeichnisListe«, Verzeichniswechsel

Zur Erläuterung:

SetCurrent-
Directory()

▶ Falls der Benutzer in der Liste der Dateien und Verzeichnisse ein Verzeichnis ausgewählt hat und den Button IN VERZEICHNIS betätigt, wird
das Verzeichnis mit `Directory.SetCurrentDirectory()` gewechselt. Es
wird nun das neue Verzeichnis angezeigt.

▶ Hat der Benutzer eine Datei zum Verzeichniswechsel ausgewählt, wird
eine entsprechende Fehlermeldung angezeigt.

▶ Nach einem Verzeichniswechsel wird die aktuelle Liste der Dateien und
Verzeichnisse angezeigt.

▶ Auf diese Art und Weise können Sie sich in der gesamten Verzeichnishierarchie bewegen und sich die Inhalte der verschiedenen Verzeichnisse anzeigen lassen.

6.4   XML-Dateien

XML ist ein weitverbreitetes, plattformunabhängiges Datenformat, das sich zum universellen Datenaustausch eignet. XML-Dateien sind mit einem einfachen Texteditor editierbar. Im Projekt *XmlDatei* (siehe Abbildung 6.27) lernen Sie vier Methoden kennen, mittels derer Sie in C# auf XML-Dateien zugreifen können:

▸ Schreiben in eine XML-Datei

▸ Lesen aus einer XML-Datei

▸ Schreiben von Objekten in eine XML-Datei

▸ Lesen von Objekten aus einer XML-Datei

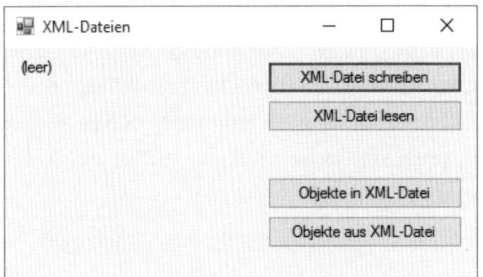

Abbildung 6.27 Projekt »XmlDatei«

6.4.1   Aufbau von XML-Dateien

Einige Regeln für den Aufbau einer XML-Datei erläutere ich Ihnen kurz anhand des nachfolgenden Beispiels:

```
<?xml version="1.0" encoding="utf-16"?>
<firma>
    <person name="Maier" vorname="Hans" personalnummer="6714"
            gehalt="3500" geburtstag="05.03.1962" />
    <person name="Schmitz" vorname="Peter" personalnummer="81343"
            gehalt="3750" geburtstag="12.04.1958" />
    <person name="Mertens" vorname="Julia" personalnummer="2297"
            gehalt="3621,5" geburtstag="30.12.1959" />
</firma>
```

Listing 6.26 Projekt »XmlDatei«, Datei firma.xml

In der XML-Datei *firma.xml* sind die Daten mehrerer Elemente (hier: Personen innerhalb einer Firma) gespeichert. Zu Beginn steht eine Kopfzeile, welche die XML-Version und die Zeichensatzkodierung angibt.

Innerhalb einer XML-Datei existiert eine Hierarchie von Knoten. Es gibt Elementknoten und Attributknoten. Diese werden auch kurz als Elemente und Attribute bezeichnet.

Auf der obersten Ebene der Hierarchie darf es nur ein einzelnes Element geben; in diesem Beispiel ist es das Element firma. XML-Elemente werden ähnlich wie HTML-Markierungen notiert, also mit einer Anfangsmarkierung (hier <firma>) und einer Endmarkierung (hier </firma>). Sie können die Markierungen frei wählen.

XML-Elemente können geschachtelt werden, hier zum Beispiel <person> ... </person> innerhalb von <firma> und </firma>. Sie können Attribute enthalten, welche die einzelnen Elemente kennzeichnen. Hier sind das z. B. die Attribute name, vorname usw. Sie können die Datei *firma.xml* auch in einem Browser aufrufen. Darin wird die hierarchische Knotenstruktur der XML-Elemente wiedergegeben (siehe Abbildung 6.28).

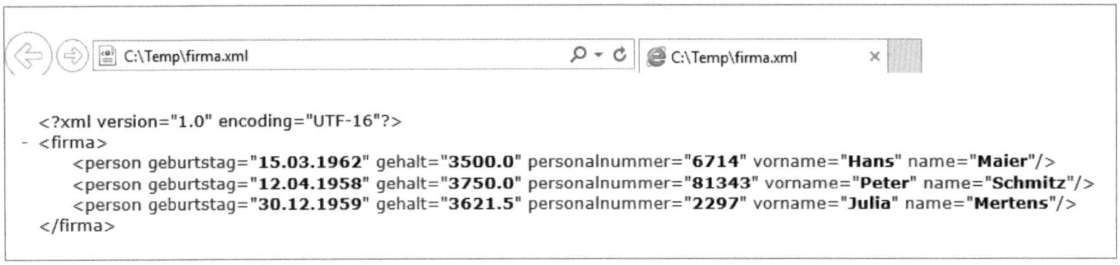

```
<?xml version="1.0" encoding="UTF-16"?>
- <firma>
    <person geburtstag="15.03.1962" gehalt="3500.0" personalnummer="6714" vorname="Hans" name="Maier"/>
    <person geburtstag="12.04.1958" gehalt="3750.0" personalnummer="81343" vorname="Peter" name="Schmitz"/>
    <person geburtstag="30.12.1959" gehalt="3621.5" personalnummer="2297" vorname="Julia" name="Mertens"/>
  </firma>
```

Abbildung 6.28 Inhalt der XML-Datei im Browser

6.4.2   Schreiben in eine XML-Datei

Als Erstes soll die XML-Datei aus Abbildung 6.28 geschrieben werden. Es folgt das Programm:

```
using System.Text;
using System.IO;
using System.Xml;
...
private void CmdSchreiben_Click(...)
{
```

```
XmlTextWriter xw = new XmlTextWriter(
    "C:\\Temp\\firma.xml", new UnicodeEncoding());
xw.WriteStartDocument();
xw.WriteStartElement("firma");

xw.WriteStartElement("person");
xw.WriteAttributeString("name", "Maier");
xw.WriteAttributeString("vorname", "Hans");
xw.WriteAttributeString("personalnummer", "6714");
xw.WriteAttributeString("gehalt", "3500.0");
xw.WriteAttributeString("geburtstag", "15.03.1962");
xw.WriteEndElement();

xw.WriteStartElement("person");
xw.WriteAttributeString("name", "Schmitz");
xw.WriteAttributeString("vorname", "Peter");
xw.WriteAttributeString("personalnummer", "81343");
xw.WriteAttributeString("gehalt", "3750.0");
xw.WriteAttributeString("geburtstag", "12.04.1958");
xw.WriteEndElement();

xw.WriteStartElement("person");
xw.WriteAttributeString("name", "Mertens");
xw.WriteAttributeString("vorname", "Julia");
xw.WriteAttributeString("personalnummer", "2297");
xw.WriteAttributeString("gehalt", "3621.5");
xw.WriteAttributeString("geburtstag", "30.12.1959");
xw.WriteEndElement();

xw.WriteEndElement();
xw.Close();
}
```

Listing 6.27 Projekt »XmlDatei«, Schreiben in eine XML-Datei

Zunächst werden die Klassen aus zwei weiteren Namensräumen zur Verfügung gestellt. Der Namensraum System.Xml bietet Ihnen verschiedene Möglichkeiten, auf XML-Dateien zuzugreifen. System.IO wird später zum Überprüfen der Existenz einer Datei benötigt. Außerdem wird die Zeichensatzkodierung mittels einer Klasse aus dem vorhandenen Namensraum System.Text erzeugt.

Ein Objekt der Klasse XmlTextWriter dient als »Schreibwerkzeug« zur Erzeugung einer XML-Datei. Der Konstruktor erwartet zwei Parameter: Name und Pfad der zu erzeugenden XML-Datei und eine Angabe zur Zeichensatzkodierung. Falls die Datei bereits existiert, wird sie überschrieben. Es wird ein Verweis auf die geöffnete XML-Datei zurückgegeben.

Die Methode WriteStartDocument() schreibt die Kopfzeile der XML-Datei. Die Methoden WriteStartElement() und WriteEndElement() begrenzen die Ausgabe eines XML-Elements. Hierbei ist die Schachtelung der Elemente zu beachten. Die Methode WriteAttributeString() dient der Ausgabe eines Attributs und des zugehörigen Werts innerhalb eines XML-Elements. Die Methode Close() beendet das Schreiben der XML-Elemente und schließt die Datei.

6.4.3   Lesen aus einer XML-Datei

Als Nächstes sollen die gespeicherten Daten aus der XML-Datei gelesen werden. Es folgt das dazugehörige Programm:

```
private void CmdLesen_Click(...)
{
    if (!File.Exists("C:\\Temp\\firma.xml"))
    {
        LblAnzeige.Text = "Datei firma.xml existiert nicht";
        return;
    }

    XmlReader xr = new XmlTextReader("C:\\Temp\\firma.xml");

    LblAnzeige.Text = "";
    while (xr.Read())
    {
        if (xr.NodeType == XmlNodeType.Element)
        {
            if (xr.AttributeCount > 0)
            {
```

```
            while (xr.MoveToNextAttribute())
                LblAnzeige.Text +=
                    xr.Name + " -> " + xr.Value + "\n";
            LblAnzeige.Text += "\n";
        }
    }
}

    xr.Close();
}
```

Listing 6.28 Projekt »XmlDatei«, Lesen aus einer XML-Datei

Existiert die Datei, aus der gelesen werden soll, nicht, wird die Methode beendet. Ein Objekt der Klasse XmlTextReader dient als »Lesegerät« zum Lesen von Daten aus einer XML-Datei. Der Konstruktor erwartet als Parameter Name und Pfad der Datei. Es wird ein Verweis auf die geöffnete XML-Datei zurückgegeben.

Die Methode Read() liest einen Knoten, stellt die Daten dieses Knotens zur Verfügung und wechselt zum nächsten Knoten. Wird kein Knoten mehr gefunden, wird False zurückgeliefert. Das wird hier zur Steuerung der Schleife genutzt.

Die Eigenschaft NodeType beinhaltet den Typ des Knotens, zum Beispiel *Element* oder *Attribut*. Dieser Wert kann mit einem Element aus der Enumeration XmlNodeType verglichen werden. Diese Abfrage dient im vorliegenden Fall nur dazu, den Inhalt der Kopfzeile zu ignorieren. Falls es sich um ein Element handelt und die Anzahl der Attribute (Eigenschaft AttributeCount) größer als 0 ist, werden die einzelnen Attribute mithilfe der Methode MoveToNextAttribute() ermittelt.

Diese Methode arbeitet ähnlich wie die Methode Read() und stellt die Namen und Werte der einzelnen Attribute als Zeichenkette zur Verfügung. Wird kein Attribut mehr gefunden, wird False zurückgeliefert. Die Methode Close() beendet das Lesen der XML-Elemente und schließt die Datei.

Zur Kontrolle werden die Objekte anschließend ausgegeben (siehe Abbildung 6.29).

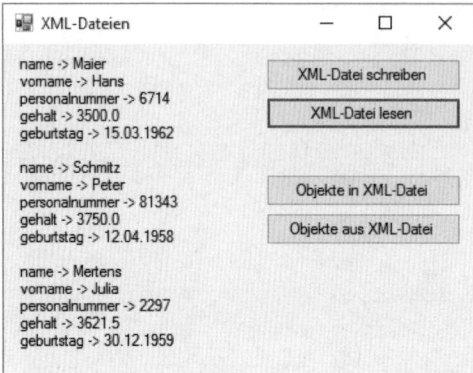

Abbildung 6.29 Ausgabe des Inhalts der XML-Datei

6.4.4   Schreiben von Objekten

Es sollen mehrere Objekte der Klasse Person in einer XML-Datei gespeichert werden.

Zunächst der Aufbau der Klasse Person:

```
using System.Xml;
...
class Person
{
    private string name;
    private string vorname;
    private int personalnummer;
    private double gehalt;
    private DateTime geburtstag;

    public Person(string na, string vo, int pe,
        double gh, DateTime gb)
    {
        name = na;
        vorname = vo;
        personalnummer = pe;
        gehalt = gh;
        geburtstag = gb;
    }
```

```
public void AlsXmlElementSchreiben(XmlTextWriter xw)
{
    xw.WriteStartElement("person");
    xw.WriteAttributeString("name", name);
    xw.WriteAttributeString("vorname", vorname);
    xw.WriteAttributeString("personalnummer",
        personalnummer.ToString());
    xw.WriteAttributeString("gehalt", "" + gehalt.ToString());
    xw.WriteAttributeString("geburtstag",
        geburtstag.ToShortDateString());
    xw.WriteEndElement();
}

public override string ToString()
{
    return name + ", " + vorname + ", " + personalnummer +
        ", " + gehalt + ", " + geburtstag.ToShortDateString();
}
}
```

Listing 6.29 Projekt »XmlDatei«, Klasse Person

Neben den Eigenschaften und dem Konstruktor gibt es hier noch die beiden Methoden AlsXmlElementSchreiben() und ToString(). Der erstgenannten Methode wird ein Objekt der Klasse XmlWriter übergeben. Damit werden alle Eigenschaften eines Objekts der Klasse Person als Element in eine XML-Datei geschrieben.

Es folgt die Methode zum Speichern mehrerer Objekte:

```
private void CmdObjekteIn_Click(...)
{
    Person[] personFeld = new Person[3];
    personFeld[0] = new Person("Maier", "Hans", 6714, 3500.0,
        new DateTime(1962, 3, 5));
    personFeld[1] = new Person("Schmitz", "Peter", 81343, 3750.0,
        new DateTime(1958, 4, 12));
    personFeld[2] = new Person("Mertens", "Julia", 2297, 3621.5,
        new DateTime(1959, 12, 30));
```

```
XmlTextWriter xw = new XmlTextWriter(
    "C:\\Temp\\firma.xml", new UnicodeEncoding());
xw.WriteStartDocument();
xw.WriteStartElement("firma");

foreach (Person p in personFeld)
    p.AlsXmlElementSchreiben(xw);

xw.WriteEndElement();
xw.Close();
}
```

Listing 6.30 Projekt »XmlDatei«, Schreiben von Objekten

Es werden zunächst mehrere Objekte der Klasse Person erzeugt. Zur besseren Weiterverarbeitung werden die Objektverweise innerhalb eines Felds angeordnet. Die XML-Datei und das einzelne Element der obersten Ebene der Knotenstruktur werden auf die bereits bekannte Art und Weise erzeugt. Die einzelnen Objekte werden anschließend innerhalb einer foreach-Schleife mithilfe der Methode AlsXmlElementSchreiben() aus der Klasse Person in die Datei geschrieben.

6.4.5   Lesen von Objekten

Nun sollen mehrere Objekte der Klasse person aus einer XML-Datei gelesen werden:

```
private void CmdObjekteAus_Click(...)
{
    if (!File.Exists("C:\\Temp\\firma.xml"))
    {
        LblAnzeige.Text = "Datei firma.xml existiert nicht";
        return;
    }

    Person[] personFeld = new Person[3];
    string na = "";
    string vo = "";
    int pe = 0;
    double gh = 0.0;
    DateTime gb = new DateTime();
```

```
int i;

XmlReader xr = new XmlTextReader("C:\\Temp\\firma.xml");

i = 0;
while (xr.Read())
    if (xr.NodeType == XmlNodeType.Element)
        if (xr.AttributeCount > 0)
        {
            while (xr.MoveToNextAttribute())
                switch (xr.Name)
                {
                    case "name":
                        na = xr.Value;
                        break;
                    case "vorname":
                        vo = xr.Value;
                        break;
                    case "personalnummer":
                        pe = Convert.ToInt32(xr.Value);
                        break;
                    case "gehalt":
                        gh = Convert.ToSingle(xr.Value);
                        break;
                    case "geburtstag":
                        int jahr = Convert.ToInt32(
                            xr.Value.Substring(6, 4));
                        int monat = Convert.ToInt32(
                            xr.Value.Substring(3, 2));
                        int tag = Convert.ToInt32(
                            xr.Value.Substring(0, 2));
                        gb = new DateTime(jahr, monat, tag);
                        break;
                }
            personFeld[i] = new Person(na, vo, pe, gh, gb);
            i = i + 1;
        }

xr.Close();
```

```
LblAnzeige.Text = "";
foreach (Person p in personFeld)
    LblAnzeige.Text += p + "\n";
}
```

Listing 6.31 Projekt »XmlDatei«, Lesen von Objekten

Auch hier wird zur besseren Weiterverarbeitung mit einem Feld von Objekten gearbeitet. Das Öffnen der XML-Datei und das Lesen der Elemente geschehen auf die bereits bekannte Art und Weise.

Die einzelnen Attribute müssen allerdings einzeln betrachtet werden. Die Zeichenketten mit den Werten aus der XML-Datei müssen passend umgewandelt werden, damit anschließend jeweils ein Objekt der Klasse Person erzeugt werden kann.

Zur Kontrolle wird das Feld von Objekten anschließend mithilfe einer foreach-Schleife ausgegeben (siehe Abbildung 6.30).

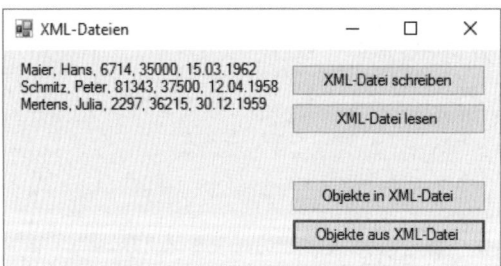

Abbildung 6.30 Ausgabe der Objekte

6.5   Rechnen mit der Klasse Math

PI, E   Die Klasse Math stellt eine Reihe mathematischer Methoden über statische Methoden bereit. Hinzu kommen über statische Eigenschaften die beiden mathematischen Konstanten PI und E.

In dem folgenden Projekt *Mathematik* für einen *Mini-Taschenrechner* kommen die Elemente aus der Klasse Math volr, die in Tabelle 6.2 gezeigt werden.

Element	Erläuterung
Acos()	Winkel im Bogenmaß, dessen Kosinus angegeben wird
Asin()	Winkel im Bogenmaß, dessen Sinus angegeben wird
Atan()	Winkel im Bogenmaß, dessen Tangens angegeben wird
Ceiling()	nächsthöhere ganze Zahl (aus 2,7 wird 3, aus −2,7 wird −2)
Cos()	Kosinus eines Winkels, der im Bogenmaß angegeben wird
E	math. Konstante E (Eulersche Zahl)
Exp()	math. Konstante E hoch angegebene Zahl
Floor()	nächstniedrigere ganze Zahl (aus 2,7 wird 2, aus −2,7 wird −3)
Log()	natürlicher Logarithmus einer Zahl zur Basis E (math. Konstante)
Log10()	Logarithmus einer Zahl zur Basis 10
PI	Kreiszahl Pi
Pow()	Zahl x hoch Zahl y
Round()	nächste ganze Zahl (gerundet, aus 2,7 wird 3, aus −2,7 wird −3, zusätzlich ist die Stellenzahl einstellbar, siehe unten)
Sin()	Sinus eines Winkels, der im Bogenmaß angegeben wird
Sqrt()	Wurzel einer Zahl
Tan()	Tangens eines Winkels, der im Bogenmaß angegeben wird
Truncate()	Abschneiden der Nachkommastellen (aus 2,7 wird 2, aus −2,7 wird −2)

Tabelle 6.2 Klasse Math

Ein Beispiel zur Bedienung des Programms: Nach der Eingabe von 45 und dem Betätigen des Buttons SIN wird der Sinus von 45 Grad berechnet (siehe Abbildung 6.31).

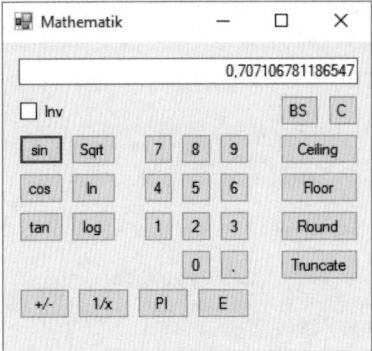

Abbildung 6.31 Mini-Taschenrechner

Das Programm:

```csharp
public partial class Form1 : Form
{
    private double x;
    ...
    private void T_TextChanged(...)
    {
        try
        {
            x = Convert.ToDouble(T.Text);
        }
        catch
        {
            T.Text = "";
            x = 0;
        }
    }

    private void CmdBackSpace_Click(...)
    { T.Text = T.Text.Substring(0, T.Text.Length - 1); }

    private void CmdClear_Click()
    { T.Text = ""; }

    private void CmdSinus_Click(...)
    {
        if (ChkInv.Checked)
```

```
    {
        T.Text = "" + Math.Asin(x) * 180 / Math.PI;
        ChkInv.Checked = false;
    }
    else
        T.Text = "" + Math.Sin(x / 180.0 * Math.PI);
}

private void CmdCosinus_Click(...)
{
    if (ChkInv.Checked)
    {
        T.Text = "" + Math.Acos(x) * 180 / Math.PI;
        ChkInv.Checked = false;
    }
    else
        T.Text = "" + Math.Cos(x / 180.0 * Math.PI);
}

private void CmdTangens_Click(...)
{
    if (ChkInv.Checked)
    {
        T.Text = "" + Math.Atan(x) * 180 / Math.PI;
        ChkInv.Checked = false;
    }
    else
        T.Text = "" + Math.Tan(x / 180.0 * Math.PI);
}

private void CmdLn_Click(...)
{
    if (ChkInv.Checked)
    {
        T.Text = "" + Math.Exp(x);
        ChkInv.Checked = false;
    }
    else
        T.Text = "" + Math.Log(x);
}
```

6

```
private void CmdLog_Click(...)
{
    if (ChkInv.Checked)
    {
        T.Text = "" + Math.Pow(10.0, x);
        ChkInv.Checked = false;
    }
    else
        T.Text = "" + Math.Log10(x);
}

private void CmdPI_Click(...)
{ T.Text = "" + Math.PI; }

private void CmdE_Click(...)
{ T.Text = "" + Math.E; }

private void CmdCeiling_Click(...)
{ T.Text = "" + Math.Ceiling(x); }

private void CmdFloor_Click(...)
{ T.Text = "" + Math.Floor(x); }

private void CmdRound_Click(...)
{ T.Text = "" + Math.Round(x); }

private void CmdTruncate_Click(...)
{ T.Text = "" + Math.Truncate(x); }

private void CmdWurzel_Click(...)
{
    if (ChkInv.Checked)
    {
        T.Text = "" + Math.Pow(x, 2.0);
        ChkInv.Checked = false;
    }
    else
        T.Text = "" + Math.Sqrt(x);
}
```

```
private void CmdPlusMinus_Click(...)
{ T.Text = "" + x * -1.0; }

private void CmdKehrwert_Click(...)
{ T.Text = "" + 1.0 / x; }

private void CmdZiffer_Click(...)
{
    Button b = sender as Button;
    T.Text += b.Text;
}

private void CmdKomma_Click(...)
{
    if (T.Text.IndexOf(",") < 0)
        T.Text += ",";
}
}
```

Listing 6.32 Projekt »Mathematik«

Zur Erläuterung:

▶ Jede Änderung im Textfeld führt dazu, dass eine Umwandlung des Textfeldinhalts in eine double-Zahl und die Zuweisung dieser Zahl zur klassenweit gültigen double-Variablen x stattfindet. Diese Variable repräsentiert also immer den aktuellen Zahlenwert im Textfeld. Falls die Umwandlung aufgrund einer möglicherweise ungültigen mathematischen Operation nicht gelingt, wird das Textfeld geleert und x auf 0 gesetzt. — **Inhalt des Textfelds umwandeln**

▶ Ein Benutzer kann die Ziffern durch Eingabe im Textfeld oder durch Betätigen der Buttons 0 bis 9 eingeben. Alle Button-Clicks führen zur selben Ereignismethode. Der auslösende Button wird über den Parameter sender erkannt. sender ist ein Objekt vom allgemeinen Typ object und muss daher erst in den Typ Button umgewandelt werden. Die Eigenschaft Text des Buttons liefert den zugehörigen Wert. — **Ziffern**

▶ Ein Komma wird nur eingefügt, falls noch keines vorhanden ist. Das wird mit der Zeichenkettenmethode IndexOf() geprüft. — **Komma**

Löschen
► Über den Button BS (*BackSpace*) wird das letzte Zeichen im Textfeld gelöscht, über den Button C (*Clear*) der gesamte Inhalt des Textfelds.

Sin(), Cos(), Tan()
► Die Methoden Sin(), Cos() und Tan() berechnen ihr Ergebnis aus einem Winkel, der im Bogenmaß angegeben werden muss. Die Eingabe kann hier aber wie gewohnt in Grad erfolgen. Innerhalb der Ereignismethoden wird der Wert durch 180 geteilt und mit PI multipliziert, dadurch ergibt sich der Wert im Bogenmaß.

Asin(), Acos(), Atan()
► Die Methoden Asin(), Acos() und Atan() werden ausgeführt, wenn Sie vor Betätigung des entsprechenden Buttons das Kontrollkästchen INV einschalten, ähnlich wie im Windows-Taschenrechner. Das Ergebnis ist ein Winkel, der im Bogenmaß angegeben wird. Für die Ausgabe in Grad wird das Ergebnis in der Ereignismethode mit 180 multipliziert und durch PI geteilt.

Log(), Exp(), Log10()
► Auch die Methoden Log() zur Berechnung des natürlichen Logarithmus, Log10() zur Berechnung des 10er-Logarithmus und Sqrt() zur Berechnung der Wurzel können mithilfe des Kontrollkästchens invertiert werden. Danach wird E hoch Zahl (mithilfe von Exp()), 10 hoch Zahl und Zahl zum Quadrat gerechnet.

Ganze Zahlen
► Die Methoden Ceiling(), Floor(), Round() und Truncate() erzeugen auf jeweils unterschiedliche Art ganze Zahlen aus Zahlen mit Nachkommastellen (siehe hierzu Tabelle 6.2).

Stellenzahl
► Bei der Funktion Round() kann als zweiter Parameter die gewünschte Stellenzahl für den Rundungsvorgang angegeben werden, und zwar zwischen 0 und 15. Die Stellenzahl 0 entspricht dem Runden auf eine ganze Zahl. Bei der Stellenzahl 3 wird auf drei Stellen nach dem Komma gerundet. Ein Beispiel: Math.Round(4.896823, 3) liefert als Ergebnis die Zahl 4.897.

► Die Buttons (+/−) (Vorzeichenwechsel) und (1/x) (Kehrwert) runden den Mini-Taschenrechner ab.

Kapitel 7

Weitere Elemente eines Windows-Programms

In diesem Kapitel wird die Programmierung mit bekannten Elementen von Windows-Programmen vorgestellt, die uns täglich begegnen.

Die nächsten Elemente sind selbstverständliche Bestandteile eines Windows-Programms: Hauptmenü, Kontextmenü, Symbolleiste, Statusleiste, Eingabedialogfeld, Ausgabedialogfeld sowie einige Standarddialogfelder.

Im Folgenden wird die Klasse Font, die zur Einstellung der Schrifteigen- **Font** schaften von Steuerelementen dient, gemeinsam mit dem Thema *Hauptmenü* anhand von Beispielen erläutert.

7.1 Hauptmenü

Hauptmenüs dienen der übersichtlichen Darstellung größerer Sammlungen von Befehlen. Ein Menü kann u. a. folgende Einträge enthalten:

▶ einen Befehl, der direkt ausgeführt wird

▶ einen Aufruf eines Dialogfelds, in dem der Benutzer Eingaben machen kann

▶ ein Untermenü, das weiter verzweigt

7.1.1 Erstellung des Hauptmenüs

Zur Erstellung eines Hauptmenüs ziehen Sie das Steuerelement MenuStrip **MenuStrip** aus der Abteilung MENÜS & SYMBOLLEISTEN aus dem WERKZEUGKASTEN auf das Formular. Es erscheint anschließend an zwei Stellen (siehe auch Abbildung 7.1):

▶ im Formular selbst zur Eingabe der einzelnen Menüpunkte; diese stellen wiederum Steuerelemente mit einstellbaren Eigenschaften dar

▶ unterhalb des Formulars (ähnlich wie das Zeitgeber-Steuerelement) zur Einstellung der Eigenschaften des Hauptmenüs

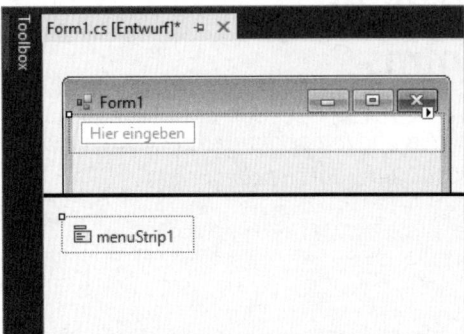

Abbildung 7.1 Hauptmenü

Zunächst können Sie den ersten Punkt des Hauptmenüs im Formular eintragen. Anschließend können Sie entweder einen Untermenüpunkt zu diesem Hauptmenüpunkt eintragen (nach unten) oder einen weiteren Hauptmenüpunkt (nach rechts). Dieser Vorgang wird solange fortgesetzt, bis Sie schließlich alle Haupt- und Untermenüpunkte (gegebenenfalls mit weiteren Untermenüs usw.) eingetragen haben (siehe Abbildung 7.2).

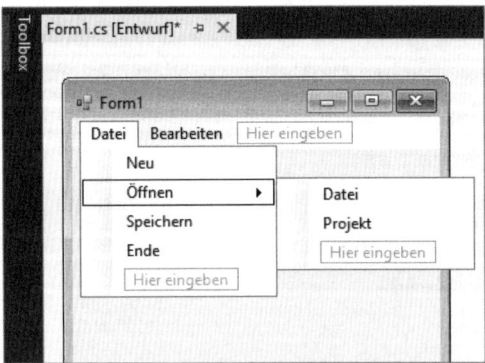

Abbildung 7.2 Hauptmenü mit Untermenühierarchie

Menü ändern   Möchten Sie die Reihenfolge der Menüpunkte ändern, ist das problemlos per Drag & Drop möglich. Im vorliegenden Programm werden die vorgeschlagenen Namen für die Menüelemente etwas verkürzt, damit man sie besser im Code handhaben kann. Ein Beispiel: Aus der Bezeichnung Gelb-

`ToolStripMenuItem` für den Menüpunkt zur Einstellung einer gelben Hintergrundfarbe wird `MnuGelb`.

Ein Hauptmenüpunkt ist entweder

► ein normaler Menüeintrag,

► eine ComboBox (Kombinationsfeld) zur Auswahl bzw. zum Eintragen,   **ComboBox**
z. B. der Schriftgröße in der Symbolleiste in MS Word, oder

► eine TextBox.

Bei einem Untermenüpunkt können Sie zusätzlich noch den Eintrag *Sepa-*   **Separator**
rator wählen. Dieser dient zur optischen Trennung von Menüpunkten.

Jeder Menüpunkt stellt ein Steuerelement mit einstellbaren Eigenschaften   **Zeichen &**
dar. Menüpunkte können auch per Tastatur ausgewählt werden, so wie es
z. B. bereits bei Buttons gemacht wurde. Vor dem Buchstaben, der unterstrichen werden soll, wird das Zeichen & eingegeben (siehe Abbildung 7.3).
Das Ergebnis sehen Sie in Abbildung 7.4.

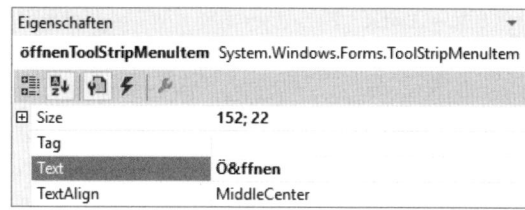

Abbildung 7.3 Unterstrichener Buchstabe

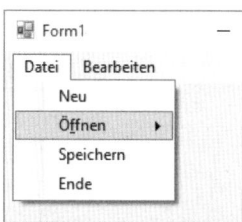

Abbildung 7.4 Bedienung per Tastatur möglich

Außerdem können Menüpunkte mit einem Häkchen gekennzeichnet wer-   **An/Aus**
den, wie ein Kontrollkästchen. Damit können Sie einen aktuell gültigen Zustand (an/aus) oder einen Einstellwert kennzeichnen.

7.1.2   Code des Hauptmenüs

Click-Ereignis   Das wichtigste Ereignis eines normalen Menüpunkts ist der Click. Dieser wird mit einer Ereignismethode verbunden. Im nachfolgenden Projekt *MenueHaupt* kann eine Reihe von Abläufen über das Hauptmenü gesteuert werden.

Hauptmenü BEARBEITEN:

▶ Untermenüpunkt KOPIEREN: Der Inhalt des Textfelds wird in das Label kopiert.

▶ Untermenüpunkt ENDE: Das Programm wird beendet.

Hauptmenü ANSICHT:

▶ Untermenüpunkte HINTERGRUND (bzw. SCHRIFTART): Es erscheint eine weitere Menüebene. Darin kann die Hintergrundfarbe (bzw. Schriftart) des Labels aus drei Möglichkeiten ausgewählt werden. Die jeweils aktuelle Einstellung ist markiert.

▶ Untermenüpunkt SCHRIFTGRÖSSE: Der Benutzer hat die Möglichkeit, aus einer ComboBox (Kombinationsfeld) die Schriftgröße auszuwählen bzw. einzugeben.

▶ Untermenüpunkte FETT bzw. KURSIV: Der Benutzer hat die Möglichkeit, den Schriftstil FETT und/oder KURSIV auszuwählen. Der gewählte Schriftstil ist anschließend markiert.

Menü »Bearbeiten«   Im Folgenden geht es zunächst um die Ereignismethoden des Hauptmenüs BEARBEITEN (Projekt *MenueHaupt*):

```
private void MnuKopieren_Click(object sender, EventArgs e)
{
    LblAnzeige.Text = TxtEingabe.Text;
    if (LblAnzeige.Text == "")
        LblAnzeige.Text = "(leer)";
}

private void MnuEnde_Click(object sender, EventArgs e)
{
    Close();
}
```

Listing 7.1 Projekt »MenueHaupt«, Hauptmenü »Bearbeiten«

Zur Erläuterung:

▶ Nach dem Kopieren eines leeren Textfelds in das Label wird der Text *(leer)* eingeblendet, damit man die anderen Einstellungen noch sehen kann.

Die Ereignismethoden zur Einstellung der Hintergrundfarbe im Hauptmenü ANSICHT (siehe Abbildung 7.5) lauten wie folgt:

```
private void MnuGelb_Click(...)
{
    LblAnzeige.BackColor = Color.Yellow;
    MnuGelb.Checked = true;
    MnuBlau.Checked = false;
    MnuRot.Checked = false;
}

private void MnuBlau_Click(...)
{
    LblAnzeige.BackColor = Color.Blue;
    MnuGelb.Checked = false;
    MnuBlau.Checked = true;
    MnuRot.Checked = false;
}

private void MnuRot_Click(...)
{
    LblAnzeige.BackColor = Color.Red;
    MnuGelb.Checked = false;
    MnuBlau.Checked = false;
    MnuRot.Checked = true;
}
```

Listing 7.2 Projekt »MenueHaupt«, Farbe einstellen

Zur Erläuterung:

▶ Die Hintergrundfarbe wird mithilfe der Struktur Color auf den gewünschten Wert eingestellt. **Color**

▶ Die Eigenschaft Checked des Untermenüpunkts der ausgewählten Farbe wird auf true gestellt, die jeweils anderen beiden Eigenschaften werden auf false gestellt. **Checked**

▶ Sie sollten darauf achten, dass die Startwerte der jeweiligen Checked-Eigenschaften auch mit dem Startwert der Hintergrundfarbe übereinstimmen.

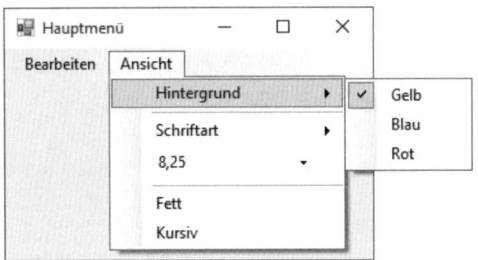

Abbildung 7.5 Menü »Ansicht / Hintergrund«

7.1.3   Klasse Font

Die restlichen Ereignismethoden bewirken Änderungen bei Schriftart, Schriftgröße und Schriftstil. Dazu müssen wir zunächst die Klasse Font etwas näher betrachten.

Viele Steuerelemente haben die Eigenschaft Font. Darin werden die Eigenschaften der Schrift im oder auf dem Steuerelement festgelegt. Diese Eigenschaften werden zur Entwicklungszeit im EIGENSCHAFTEN-Fenster eingestellt. Sie können zur Laufzeit des Programms ermittelt bzw. geändert werden.

Konstruktoren   Zur Änderung wird ein neues Objekt der Klasse Font benötigt. Um ein solches Objekt zu erzeugen, stehen zahlreiche Konstruktoren zur Verfügung. Da in diesem Programm Schriftart, Schriftgröße und Schriftstil verändert werden können, wird der Konstruktor benutzt, der alle drei Eigenschaften verlangt. Das mag zunächst verwundern. Es ist aber nicht möglich, nur die Schriftart allein zu ändern, denn die betreffende Untereigenschaft ist nicht änderbar, und es gibt auch keinen Konstruktor der Klasse Font, der nur die Schriftart verlangt. Ebenso verhält es sich mit Schriftgröße und Schriftstil.

7.1.4   Schriftart

Zunächst die Ereignismethoden zur Änderung der Schriftart (siehe Abbildung 7.6):

```
private void MnuCourierNew_Click(...)
{
    LblAnzeige.Font = new Font(
        "Courier New", LblAnzeige.Font.Size, LblAnzeige.Font.Style);
    MnuCourierNew.Checked = true;
    MnuSymbol.Checked = false;
    MnuArial.Checked = false;
}

private void MnuSymbol_Click(...)
{
    LblAnzeige.Font = new Font(
        "Symbol", LblAnzeige.Font.Size, LblAnzeige.Font.Style);
    MnuCourierNew.Checked = false;
    MnuSymbol.Checked = true;
    MnuArial.Checked = false;
}

private void MnuArial_Click(...)
{
    LblAnzeige.Font = new Font(
        "Arial", LblAnzeige.Font.Size, LblAnzeige.Font.Style);
    MnuCourierNew.Checked = false;
    MnuSymbol.Checked = false;
    MnuArial.Checked = true;
}
```

Listing 7.3 Projekt »MenueHaupt«, Schriftart einstellen

Zur Erläuterung:

▶ In den Methoden wird ein neu erzeugtes Objekt der Klasse Font der **Font** Eigenschaft Font des Labels zugewiesen.

▶ Dem verwendeten Konstruktor werden der Name der neuen Schriftart **Size, Style** und die aktuellen Einstellungen von Schriftgröße und Schriftstil zugewiesen. Diese Werte stehen in den Untereigenschaften Size und Style der Eigenschaft Font zur Verfügung.

▶ Die Eigenschaft Checked des Untermenüpunkts der ausgewählten Schrift wird auf true gestellt, die beiden jeweils anderen werden auf false gestellt, genauso wie bei der Hintergrundfarbe.

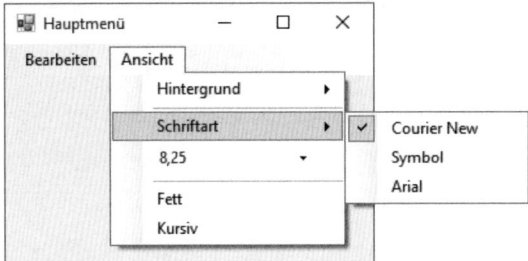

Abbildung 7.6 Menü »Ansicht / Schriftart«

7.1.5   Schriftgröße

Es folgt die Änderung der Schriftgröße über das Kombinationsfeld:

```
private void Form1_Load(...)
{
    CboSchriftgroesse.Items.Add("8,25");
    CboSchriftgroesse.Items.Add("10");
    CboSchriftgroesse.Items.Add("13");
    CboSchriftgroesse.Items.Add("18");
    CboSchriftgroesse.SelectedIndex = 0;
}

private void CboSchriftgroesse_TextChanged(...)
{
    double schriftgroesse;

    try
    {
        schriftgroesse = Convert.ToDouble(CboSchriftgroesse.Text);
    }
    catch
    {
        schriftgroesse = 8.25;
    }

    LblAnzeige.Font = new Font(LblAnzeige.Font.FontFamily,
        (float)schriftgroesse, LblAnzeige.Font.Style);
}
```

Listing 7.4 Projekt »MenueHaupt«, Schriftgröße einstellen

Zur Erläuterung:

▶ Zu Beginn des Programms wird das Kombinationsfeld mit einigen Werten gefüllt. Einer der Werte ist der Startwert für die Schriftgröße, dieser sollte auch der markierte Wert in der Liste sein. Die Eigenschaft SelectedIndex muss also voreingestellt werden.

SelectedIndex

▶ Das Ereignis CboSchriftgroesse_TextChanged tritt ein, wenn der Benutzer einen Eintrag aus der Liste auswählt oder in das Textfeld einträgt. Bei einem ungültigen Eintrag wird die Standardschriftgröße gewählt.

TextChanged

▶ Wiederum wird ein neu erzeugtes Objekt der Klasse Font der Eigenschaft Font des Labels zugewiesen. Dabei müssen Sie den ermittelten double-Wert mithilfe des Casts (float) in einen float-Wert umwandeln.

float

▶ Der verwendete Konstruktor erhält die neue Schriftgröße und die aktuellen Einstellungen von Schriftart und Schriftstil zugewiesen. Diese Werte stehen in den Untereigenschaften FontFamily und Style der Eigenschaft Font zur Verfügung.

FontFamily

7.1.6 Schriftstil

Zuletzt wird die Änderung des Schriftstils vorgenommen:

```
private void MnuFett_Click(...)
{
    LblAnzeige.Font = new Font(
        LblAnzeige.Font.FontFamily, LblAnzeige.Font.Size,
        LblAnzeige.Font.Style ^ FontStyle.Bold);
    MnuFett.Checked = !MnuFett.Checked;
}

private void MnuKursiv_Click(...)
{
    LblAnzeige.Font = new Font(
        LblAnzeige.Font.FontFamily, LblAnzeige.Font.Size,
        LblAnzeige.Font.Style ^ FontStyle.Italic);
    MnuKursiv.Checked = !MnuKursiv.Checked;
}
```

Listing 7.5 Projekt »MenueHaupt«, Schriftstil einstellen

Zur Erläuterung:

▶ Das neu erzeugte Objekt der Klasse `Font` bekommt den neuen Schriftstil und die aktuellen Einstellungen von Schriftart und Schriftgröße zugewiesen.

Style
▶ In der Untereigenschaft `Font.Style` stehen mehrere Möglichkeiten zur Verfügung, die einzeln oder gemeinsam auftreten können: *fett, kursiv, unterstrichen, durchgestrichen, normal.*

Bit-Operatoren
▶ Die Untereigenschaft wird intern als eine einzige Bitfolge gespeichert. An dieser Bitfolge kann erkannt werden, ob eine oder mehrere Möglichkeiten ausgewählt sind. Sie würden beispielsweise zur Einstellung von *fett* und *kursiv* die Werte `FontStyle.Bold` und `FontStyle.Italic` mit dem Bit-Operator | (logisches Oder) addieren. Zur Übernahme der bisherigen Werte und der zusätzlichen Einstellung *kursiv* werden die Werte `LblAnzeige.Font.Style` und `FontStyle.Italic` mit dem Bit-Operator ^ (logisches Exklusiv-Oder) addiert.

Invertieren
▶ Zum Abschluss der Methode wird der aktuelle Wert der Eigenschaft `Checked` mithilfe des Operators ! (logisches Nicht) invertiert, da sich dieser Untermenüpunkt wie ein Schalter verhält: *Kursiv ein* (`true`) oder *Kursiv aus* (`false`).

7.2   Kontextmenü

Kontextmenüs werden eingesetzt, um dem Benutzer beim Erlernen der Bedienung eines Programms einen wichtigen Schritt abzunehmen: Im Idealfall muss er nicht mehr überlegen, was er mit den verschiedenen Steuerelementen, die er vor sich hat, machen kann. Er geht mit der rechten Maustaste auf das Element und sieht die vorhandenen Möglichkeiten sofort vor sich.

Zuordnung zu Steuerelement
In ihrem Aufbau ähneln die Kontextmenüs sehr stark einem Hauptmenü – mit einem wesentlichen Unterschied: Es muss eine Zuordnung zu einem (oder mehreren) Steuerelementen bestehen.

7.2.1   Erstellung des Kontextmenüs

ContextMenuStrip
Zur Erstellung eines Kontextmenüs ziehen Sie das Steuerelement `Context-MenuStrip` aus dem WERKZEUGKASTEN auf das Formular. Es erscheint nun ebenfalls sowohl im Formular als auch unterhalb des Formulars (siehe Abbildung 7.7).

Sie sollten nun noch den Namen ändern: Das Kontextmenü des Textfelds
TxtEingabe könnte beispielsweise ConTxtEingabe heißen. Im EIGENSCHAF-
TEN-Fenster wählen Sie beim Textfeld TxtEingabe in der Eigenschaft Con-
textMenuStrip das soeben erzeugte Kontextmenü aus.

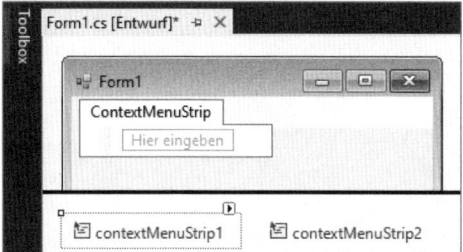

Abbildung 7.7 Zwei Kontextmenüs

Menüpunkte eines Kontextmenüs können unabhängig von den Menü-   **Parallele Aktion**
punkten eines Hauptmenüs agieren, sie können aber auch genau parallel
agieren. Im letzteren Fall sollten Sie die betreffenden Ereignisse zur gleichen Ereignismethode leiten und dafür sorgen, dass die Anzeigen in den jeweiligen Menüs parallel verändert werden.

7.2.2   Code des Kontextmenüs

Das nachfolgende Projekt *MenueKontext* ist eine Erweiterung des Projekts
MenueHaupt. Der Benutzer hat jetzt folgende Möglichkeiten:

▶ Er kann den Schriftstil des Labels in einem Kontextmenü auf *Fett* ändern.

▶ Außerdem kann er die Eigenschaften ReadOnly und Multiline des Textfelds ändern.

Es folgen die geänderten Teile des Programms:

```
private void MnuFett_Click(...)
{
    LblAnzeige.Font = new Font(
        LblAnzeige.Font.FontFamily, LblAnzeige.Font.Size,
        LblAnzeige.Font.Style ^ FontStyle.Bold);
    MnuFett.Checked = !MnuFett.Checked;
    ConLblFett.Checked = !ConLblFett.Checked;
}
```

```
private void ConTxtReadOnly_Click(...)
{
    TxtEingabe.ReadOnly = !TxtEingabe.ReadOnly;
    ConTxtReadOnly.Checked = !ConTxtReadOnly.Checked;
}

private void ConTxtMultiline_Click(...)
{
    TxtEingabe.Multiline = !TxtEingabe.Multiline;

    if (TxtEingabe.Multiline)
        TxtEingabe.ScrollBars = ScrollBars.Vertical;
    else
        TxtEingabe.ScrollBars = ScrollBars.None;
    ConTxtMultiline.Checked = !ConTxtMultiline.Checked;
}
```

Listing 7.6 Projekt »MenueKontext«

Zur Erläuterung:

Vorhandene Methode

▶ Dem Click-Ereignis des Eintrags *Fett* im Kontextmenü des Labels wird die bereits vorhandene Ereignismethode MnuFett_Click() zugeordnet, siehe auch Abschnitt 2.5.3. Es führt also zum gleichen Ergebnis, unabhängig davon, ob man den Hauptmenüpunkt oder den Kontextmenüpunkt auswählt. Das Häkchen zur Anzeige der Fettschrift muss natürlich in beiden Menüs gesetzt werden.

ReadOnly

▶ Die Eigenschaft ReadOnly eines Textfelds bestimmt, ob das Textfeld beschreibbar ist oder nicht. Im Normalfall steht diese Eigenschaft auf false. Der Wert dieser Eigenschaft kann zur Laufzeit (in Abhängigkeit von bestimmten Bedingungen) auch geändert werden. Im vorliegenden Programm geschieht das per Klick im Kontextmenü des Textfelds (siehe Abbildung 7.8).

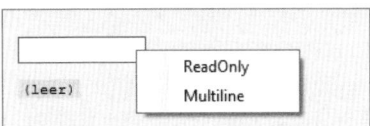

Abbildung 7.8 Kontextmenü des Textfelds

▶ Die Eigenschaft Multiline eines Textfelds ist eher bei größeren Textfeldern nützlich. Daher wird zumindest die Eigenschaft ScrollBars auf den Wert Vertical verändert, wenn Multiline auf true gestellt wird. Damit wird der Rest des Textfelds erreichbar.

ScrollBars

▶ Wird Multiline wieder auf false gestellt, wird der Wert von ScrollBars auf None zurückgestellt, denn jetzt würden die ScrollBars nur stören.

7.3 Symbolleiste

Die Symbolleisten eines Programms enthalten die am häufigsten benötigten Menübefehle. Wenn Sie also benutzerfreundlich programmieren, haben sie immer eine Entsprechung im Hauptmenü. In ihrem Aufbau ähneln sie dem Hauptmenü bzw. dem Kontextmenü.

7.3.1 Erstellung der Symbolleiste

Zur Erstellung einer Symbolleiste ziehen Sie das Steuerelement ToolStrip aus dem WERKZEUGKASTEN auf das Formular. Es erscheint sowohl im Formular als auch unterhalb des Formulars. Die Symbolleiste können Sie durch Auswahl von Symbolen verschiedener Typen (Button, ComboBox, Separator, ...) aus einer Auswahlliste füllen (siehe Abbildung 7.9).

ToolStrip

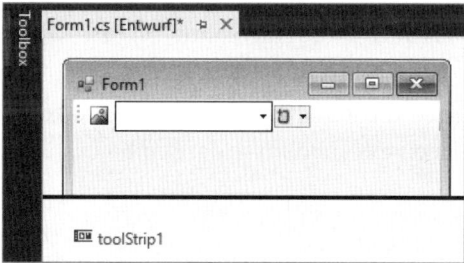

Abbildung 7.9 Symbolleiste mit Button und Combobox

Über die Eigenschaft Image können Sie das Aussehen eines Symbols vom Typ *Button* bestimmen. Bei dieser Eigenschaft kann ein Dialogfeld aufgerufen werden.

Image

In diesem Dialogfeld RESSOURCE AUSWÄHLEN können Sie über den Button IMPORTIEREN eine Bilddatei auswählen, z. B. in der Größe 16 × 16 Pixel (sie-

Bild auswählen

he Abbildung 7.10). Dieses Bild wird anschließend auf dem Symbol-Button abgebildet, so wie in Abbildung 7.11 zu sehen.

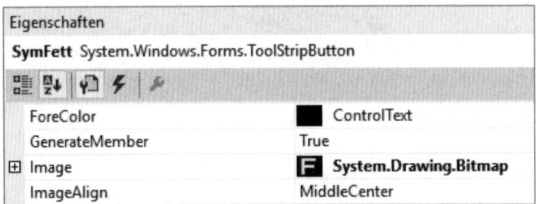

Abbildung 7.10 Ausgewähltes Bild für die Eigenschaft »Image«

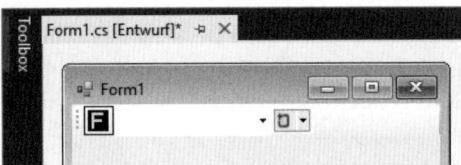

Abbildung 7.11 Ausgewähltes Bild auf Symbol-Button

7.3.2   Code der Symbolleiste

Das nachfolgende Projekt *MenueSymbol* ist wiederum eine Erweiterung des Projekts *MenueKontext*. Der Benutzer hat nun folgende zusätzliche Möglichkeiten:

▶ Er kann den Schriftstil des Labels über zwei Symbole auf *Fett* bzw. *Kursiv* ändern.

▶ Zudem kann er die Schriftgröße nicht nur über eine ComboBox im Hauptmenü, sondern auch über eine ComboBox in der Symbolleiste ändern.

Es folgen die geänderten Teile des Programms:

```
private void Form1_Load(...)
{
    ...
    CboSymSchriftgroesse.Items.Add("8,25");
    CboSymSchriftgroesse.Items.Add("10");
    CboSymSchriftgroesse.Items.Add("13");
    CboSymSchriftgroesse.Items.Add("18");
    CboSymSchriftgroesse.SelectedIndex = 0;
}
```

```
private void MnuFett_Click(...)
{
    ...
    SymFett.Checked = !SymFett.Checked;
}

private void MnuKursiv_Click(...)
{
    ...
    SymKursiv.Checked = !SymKursiv.Checked;
}

private void CboSchriftgroesse_TextChanged(...)
{
    double schriftgroesse;
    ToolStripComboBox cb = sender as ToolStripComboBox;
    try
    {
        schriftgroesse = Convert.ToDouble(cb.Text);
    }
    catch
    {
        schriftgroesse = 8.25;
    }
    CboSchriftgroesse.Text = "" + schriftgroesse;
    CboSymSchriftgroesse.Text = "" + schriftgroesse;
    LblAnzeige.Font = new Font(LblAnzeige.Font.FontFamily,
                    (float)schriftgroesse, LblAnzeige.Font.Style);
}
```

Listing 7.7 Projekt »MenueSymbol«

Zur Erläuterung:

▶ Zu Beginn des Programms, also beim Laden des Formulars, werden beide ComboBoxen mit den gleichen Werten gefüllt.

▶ Daraufhin werden nun drei Ereignisse auf die Methode MnuFett_Click()   **Parallele Aktion**
geleitet: Click auf den Hauptmenüpunkt FETT, Click auf den Label-Kontextmenüpunkt FETT und Click auf das Symbol FETT. In allen drei Fällen

wird der Schriftstil eingestellt und der geänderte Zustand gekennzeichnet. In den ersten beiden Fällen geschieht dies durch das Setzen bzw. Wegnehmen des Häkchens, im Falle des Symbols durch eine visuelle Hervorhebung des Buttons (siehe Abbildung 7.12).

▶ Bei der Methode MnuKursiv_Click() sieht es ähnlich aus wie bei der Methode MnuFett_Click().

as ▶ Die Änderung der Schriftgröße über eine der beiden ComboBoxen führt jeweils zur Ereignismethode Cbo_Schriftgroesse_TextChanged(). Darin wird der Verweis auf das sendende Objekt mithilfe des Operators as in einen Verweis auf ein Objekt der Klasse ToolStripComboBox umgewandelt, ansonsten könnte nicht auf die Eigenschaft Text zugegriffen werden. Deren Wert wird ermittelt und in einen double-Wert umgewandelt. Dieser double-Wert wird wiederum der Eigenschaft Text der beiden ComboBoxen zugewiesen, damit diese denselben Wert anzeigen. Zuletzt wird die Eigenschaft *Schriftgröße* des Labels geändert (siehe Abbildung 7.13).

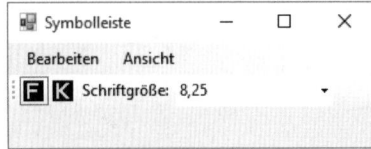

Abbildung 7.12 Symbolleiste, Button »Fett«, hervorgehoben

==

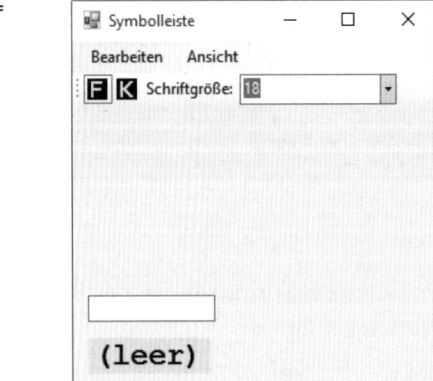

Abbildung 7.13 Symbolleiste, Schriftgröße geändert

7.4   Statusleiste

Die Statusleiste eines Programms dient der Darstellung von Informationen, die während der Laufzeit des Programms permanent sichtbar sein sollen.

7.4.1   Erstellung der Statusleiste

Zur Erstellung einer Statusleiste ziehen Sie das Steuerelement StatusStrip aus dem WERKZEUGKASTEN auf das Formular. Es erscheint (wie die anderen Elemente aus dieser Gruppe) sowohl im Formular als auch unterhalb des Formulars, siehe Abbildung 7.14. Meist wird in der Statusleiste der Typ *Label* genutzt.

StatusStrip

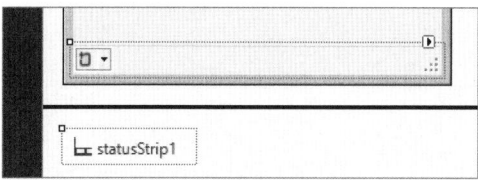

Abbildung 7.14 Statusleiste

7.4.2   Code der Statusleiste

Das nachfolgende Projekt *MenueStatus* ist eine Erweiterung des Projekts *MenueSymbol*. Der Benutzer sieht nun (siehe Abbildung 7.15)

▶ ein Label in der Statusleiste, in dem das aktuelle Datum angezeigt wird,

▶ eine *ProgressBar* (dt. Fortschrittsbalken), die sich in fünf Sekunden füllt, nachdem der Benutzer den Hauptmenüpunkt ENDE gewählt hat. Anschließend beendet sich das Programm.

ProgressBar

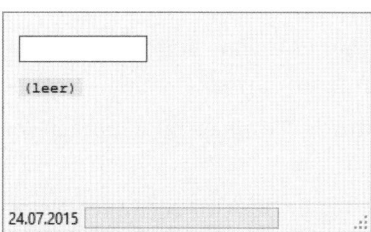

Abbildung 7.15 Projekt »MenüStatus«, Statusleiste

Es folgen die geänderten Teile des Programms:

```
public partial class Form1 : Form
{
    ...
    private double endeZeit;

    private void Form1_Load(...)
    {
        ...
        StaLabelZeit.Text = DateTime.Today.ToShortDateString();
    }

    private void MnuEnde_Click(...)
    {
        endeZeit = 0;
        TimEndezeit.Enabled = true;
    }

    private void TimEndezeit_Tick(...)
    {
        endeZeit += 0.1;
        if (endeZeit >= 5)
            Close();
        else
            StaProgressEnde.Value = (int)endeZeit;
    }
}
```

Listing 7.8 Projekt »MenueStatus«

Zur Erläuterung:

Timer
▶ Die Eigenschaft endeZeit wird deklariert. Sie wird von einem Timer benötigt.

▶ Zu Beginn des Programms wird das aktuelle Datum ermittelt und in das Label in der Statusleiste geschrieben.

▶ Wählt der Benutzer den Hauptmenüpunkt ENDE, wird der Timer gestartet, und der Wert von endeZeit wird auf 0 gesetzt.

▶ Die Variable `endeZeit` erhöht sich bei jedem Aufruf der Timer-Tick-Methode alle 0,1 Sekunden um den Wert 0,1. Dazu wird der Startwert der Eigenschaft `Interval` auf 100 (Millisekunden) gesetzt.

Timer-Tick-Methode

▶ Sobald `endeZeit` den Wert 5 erreicht hat, also nach fünf Sekunden, wird das Programm beendet.

▶ Ist der Wert 5 noch nicht erreicht, wird der Wert des Fortschrittsbalkens (Eigenschaft `Value`) aktualisiert. Die `double`-Variable `endeZeit` wird dabei für die Eigenschaft `Value` in eine `int`-Variable umgewandelt. Der Fortschrittsbalken kann Werte zwischen 0 und 5 repräsentieren (Eigenschaften `Maximum` und `Minimum`). Er zeigt also ganz anschaulich, wann das Programm endet (siehe Abbildung 7.16).

Abbildung 7.16 Projekt »MenüStatus«, Beenden des Programms

7.5   Eingabedialogfeld

Textfelder in einem Formular bieten die Möglichkeit, Eingaben des Benutzers entgegenzunehmen. Allerdings können auch andere Steuerelemente vom Benutzer bedient werden. Wenn Sie den Benutzer unbedingt zu einer Eingabe veranlassen möchten, können Sie mit einem Eingabedialogfeld arbeiten. Ein solches Dialogfeld wird durch die Methode `InputBox()` bereitgestellt.

InputBox

Der Rückgabewert ist eine Zeichenkette. Das Eingabefeld können Sie mit einem Standardwert vorbelegen. Dies kann zur Hilfestellung oder zur schnelleren Verarbeitung dienen. Damit der Benutzer weiß, was und warum er etwas eingeben soll, können zudem ein Titel und eine Eingabeaufforderung angezeigt werden.

Ein solches, einfaches Eingabedialogfeld ist in Visual Studio für C# nicht vorgesehen. Es ist aber aus Visual Basic bekannt und kann nach Hinzufügen des Verweises auf MICROSOFT.VISUALBASIC aus ASSEMBLYS • FRAMEWORK und nach Einbindung des gleichnamigen Namensraums mit `using` auch unter C# innerhalb von Visual Studio genutzt werden.

Microsoft. VisualBasic

Ein Beispiel sehen Sie im Projekt *EingabeAusgabe* (siehe Abbildung 7.17).

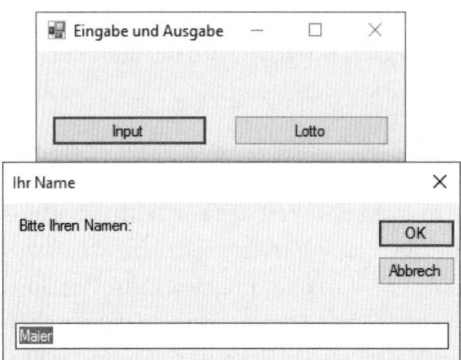

Abbildung 7.17 Eingabeaufforderung mit InputBox()

Der zugehörige Code:

```
private void CmdInput_Click(...)
{
    string eingabe;
    eingabe = Interaction.InputBox(
        "Bitte Ihren Namen:", "Ihr Name", "Maier");
    LblAnzeige.Text = eingabe;
}
```

Listing 7.9 Projekt »EingabeAusgabe«, Eingabedialogfeld

Zur Erläuterung:

▸ Das Eingabedialogfeld kann infolge beliebiger Ereignisse oder Abläufe erscheinen. Hier wird ein Button zum Aufruf gewählt.

Klasse Interaction ▸ Die Methode InputBox() steht, zusammen mit anderen Methoden, in der Klasse Interaction zur Verfügung.

▸ Der erste Parameter dient der Eingabeaufforderung, er muss daher angegeben werden.

▸ Die beiden anderen Parameter sind optional. Es können der Titel des Dialogfelds und ein Vorgabewert für das Textfeld angegeben werden.

▸ Der Rückgabewert wird im vorliegenden Programm gespeichert und ausgegeben.

Eingabe der Lottozahlen

Ein weiteres Beispiel (ebenfalls im Projekt *EingabeAusgabe*) soll die bessere Benutzerführung durch ein Eingabedialogfeld verdeutlichen. Der Benutzer soll seine Wahl der Lottozahlen eingeben. Bekanntlich handelt es sich dabei um sechs verschiedene ganze Zahlen zwischen 1 und 49. Er wird so lange aufgefordert, Zahlen einzugeben, bis diese Bedingung erfüllt ist, siehe Abbildung 7.18. Falls er eine Zahl mehrfach eingibt oder eine Zahl außerhalb des erlaubten Bereichs wählt, wird die betreffende Eingabe wiederholt.

Mehrfache Eingabe

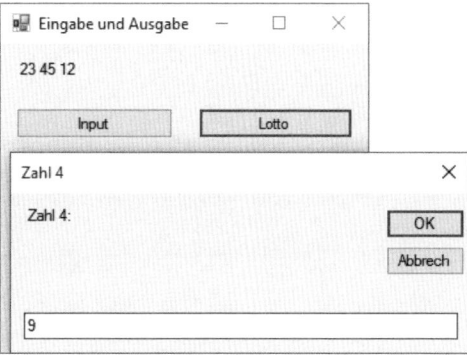

Abbildung 7.18 Eingabe von Lottozahlen

Der zugehörige Code:

```
private void CmdLotto_Click(...)
{
    int zahl;
    int[] lotto = new int[6];
    bool gezogen;

    LblAnzeige.Text = "";
    for (int i = 0; i < lotto.Length; i++)
    {
        do
        {
            gezogen = false;
            zahl = 0;
            try
            {
                zahl = Convert.ToInt32(Interaction.InputBox(
                    "Zahl " + (i + 1) + ": ", "Zahl " + (i + 1)));
```

```
        }
        catch
        {
            continue;
        }

        for (int k = 0; k < i; k++)
            if (lotto[k] == zahl)
            {
                gezogen = true;
                break;
            }
    }
    while (gezogen || zahl < 1 || zahl > 49);

    lotto[i] = zahl;
    LblAnzeige.Text += zahl + " ";
    }
}
```

Listing 7.10 Projekt »EingabeAusgabe«, Lottozahlen

Zur Erläuterung:

ToInt32() ▶ Die Eingabe wird zunächst in der Variablen eingabe gespeichert. Anschließend wird versucht, diese mithilfe der Methode ToInt32() der Klasse Convert in eine ganze Zahl umzuwandeln und in der int-Variablen zahl zu speichern.

▶ Das Feld lotto hat sechs Elemente. Die Elemente 0 bis 5 sind für die sechs Lottozahlen vorgesehen.

▶ Die Variable gezogen wird wiederholt benötigt, um festzuhalten, ob eine bestimmte Zahl bereits gezogen wurde.

▶ Die äußere for-Schleife läuft von 0 bis 5 für die Eingabe der sechs Lottozahlen.

continue ▶ Die do-while-Schleife läuft ebenso für den Fall, dass der Benutzer eine ungültige Zahl eingegeben hat. Das wird durch die Anweisung continue innerhalb des catch-Teils der Ausnahmebehandlung erreicht.

▶ Die eingegebene Zahl wird in der inneren for-Schleife mit allen bisher eingegebenen Zahlen verglichen. Wurde sie bereits gezogen, wird die boolesche Variable gezogen auf true gesetzt.

▶ Die Bedingung für die do-while-Schleife lautet: *Wiederhole, wenn die eingegebene Zahl bereits gezogen wurde, wenn sie kleiner als 1 oder größer als 49 ist.*

▶ Nach Verlassen der do-while-Schleife wird die Zahl im Feld lotto gespeichert, damit sie mit allen nachfolgenden Zahlen verglichen werden kann.

7.6   Ausgabedialogfeld

Zur Darstellung einfacher Anzeigen oder Warnungen sowie für Benutzerabfragen muss gar kein aufwendiges Dialogfeld erzeugt und programmiert werden. Die Methode Show() der Klasse MessageBox, die wir in ihrer einfachen Version bereits kennengelernt haben, bietet eine ganze Reihe von vorgefertigten Dialogfeldern, mit denen Sie bereits viele alltägliche Aufgaben erledigen können. Ein erstes Beispiel sehen Sie im Projekt *EingabeAusgabe* (siehe Abbildung 7.19).

MessageBox

Abbildung 7.19 Einfache Ausgabe mit »Ok«

Hier der Programmcode:

```
private void CmdMsgBoxOkOnly_Click(...)
{
    MessageBox.Show("Gelesen? Dann bitte Ok drücken",
        "Ok", MessageBoxButtons.OK);
}
```

Listing 7.11 Projekt »EingabeAusgabe«, Einfache Ausgabe

Zur Erläuterung:

▶ Den ersten Parameter kennen wir bereits, es handelt sich dabei um die eigentliche Nachricht des Ausgabedialogfelds.

▶ Beim zweiten Parameter können Sie den Text der Titelzeile des Ausgabedialogfelds angeben.

MessageBox-Buttons

▶ Beim dritten Parameter können Sie auswählen, welcher Button bzw. welche Kombination aus Buttons im Ausgabedialogfeld erscheinen soll. Dabei handelt es sich um eine Konstante aus der Enumeration MessageBoxButtons.

MessageBoxIcon

▶ Der vierte Parameter kann zur Auswahl eines Icons dienen, das im Ausgabedialogfeld dargestellt wird und die Textnachricht visuell unterstützt. Diese Konstante stammt aus der Enumeration MessageBoxIcon.

DialogResult

▶ Wenn mehr als ein Button eingeblendet wird, sollte der Rückgabewert der Methode Show() untersucht werden. Dieser Rückgabewert ist eine Konstante aus der Enumeration DialogResult.

Abbildung 7.20 zeigt die Ausgabe mit dem Info-Zeichen (ebenfalls im Projekt *EingabeAusgabe*).

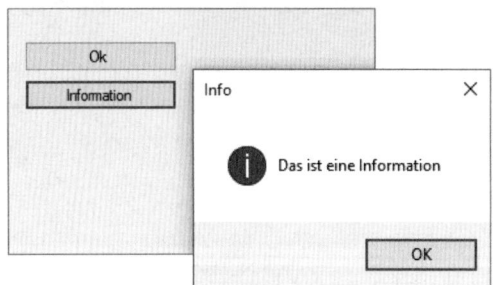

Abbildung 7.20 Ausgabe mit Info-Zeichen

Der zugehörige Code lautet:

```
private void CmdMsgBoxInformation_Click(...)
{
    MessageBox.Show("Das ist eine Information", "Info",
        MessageBoxButtons.OK, MessageBoxIcon.Information);
}
```

Listing 7.12 Projekt »EingabeAusgabe«, Info-Zeichen

Zur Erläuterung:

Information

▶ Zusätzlich zum Button OK wird jetzt das Info-Zeichen angezeigt. Bei eingeschaltetem Lautsprecher ertönt der entsprechende Systemton.

Ein Beispiel mit Buttons für JA und NEIN sehen Sie in Abbildung 7.21.

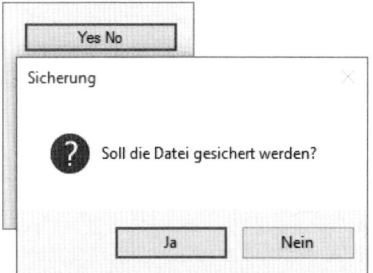

Abbildung 7.21 Zwei Buttons zur Auswahl

Der zugehörige Code lautet:

```
private void CmdMsgBoxYesNo_Click(...)
{
    DialogResult dr = MessageBox.Show(
        "Soll die Datei gesichert werden?", "Sicherung",
        MessageBoxButtons.YesNo, MessageBoxIcon.Question);

    if (dr == DialogResult.Yes)
        LblAnzeige.Text = "Sichern";
    else
        LblAnzeige.Text = "Nicht sichern";
}
```

Listing 7.13 Projekt »EingabeAusgabe«, Ja/Nein

Zur Erläuterung:

▶ Die beiden Buttons JA und NEIN werden mit dem Fragezeichen ver-   Ja, Nein
knüpft.

▶ Der Benutzer muss die Frage beantworten. Die Antwort wird gespeichert
und mithilfe einer if-else-Verzweigung ausgewertet.

▶ Im vorliegenden Programm werden nur zwei unterschiedliche Meldungen im Label ausgegeben. In der Realität würden zwei unterschiedliche
Abläufe beginnen.

Den Bildschirm nach Betätigung des Buttons NEIN sehen Sie in Abbildung
7.22.

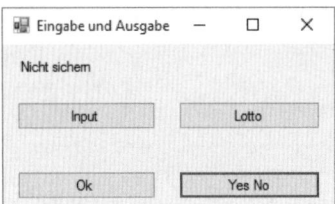

Abbildung 7.22 Antwort nach Button »Nein«

Ja, Nein
und Abbrechen

Das nächste Beispiel zeigt die Buttons für JA, NEIN und ABBRECHEN (siehe Abbildung 7.23).

Der zugehörige Code:

```
private void CmdMsgBoxYesNoCancel_Click(...)
{
    DialogResult dr = MessageBox.Show(
        "Soll die Datei gesichert werden?", "Sicherung",
        MessageBoxButtons.YesNoCancel, MessageBoxIcon.Question);

    if (dr == DialogResult.Yes)
        LblAnzeige.Text = "Sichern";
    else if (dr == DialogResult.No)
        LblAnzeige.Text = "Nicht sichern";
    else
        LblAnzeige.Text = "Abbrechen";
}
```

Listing 7.14 Projekt »EingabeAusgabe«, Ja/Nein/Abbrechen

Zur Erläuterung:

▶ Der Benutzer hat drei Möglichkeiten. Die gewählte Antwort wird mithilfe einer verschachtelten if-else-Verzweigung ausgewertet.

Abbildung 7.23 Drei Buttons zur Auswahl

Ein Beispiel mit Buttons für Wiederholen und Abbrechen sowie dem Zeichen für eine Kritische Warnung sehen Sie in Abbildung 7.24.

Wiederholen, Abbrechen

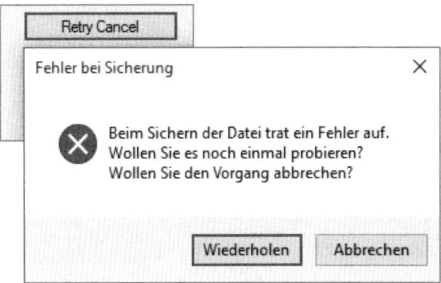

Abbildung 7.24 Kritische Warnung plus zwei Möglichkeiten

Der zugehörige Code lautet:

```
private void CmdMsgBoxRetryCancel_Click(...)
{
    DialogResult dr = MessageBox.Show(
        "Beim Sichern der Datei trat ein Fehler auf.\n" +
        "Wollen Sie es noch einmal probieren?\n" + "Wollen Sie " +
        "den Vorgang abbrechen?", "Fehler bei Sicherung",
        MessageBoxButtons.RetryCancel, MessageBoxIcon.Error);

    if (dr == DialogResult.Retry)
        LblAnzeige.Text = "Noch einmal";
    else
        LblAnzeige.Text = "Abbrechen";
}
```

Listing 7.15 Projekt »EingabeAusgabe«, Wiederholen/Abbrechen

Zur Erläuterung:

▶ Die beiden Buttons Wiederholen und Abbrechen werden mit dem Zeichen für Fehler verknüpft. Bei eingeschaltetem Lautsprecher ertönt der entsprechende Systemton.

Fehler

Ein Beispiel mit drei Buttons für Abbrechen, Wiederholen und Ignorieren sowie dem Zeichen für Achtung sehen Sie in Abbildung 7.25.

Abbrechen, Wiederholen und Ignorieren

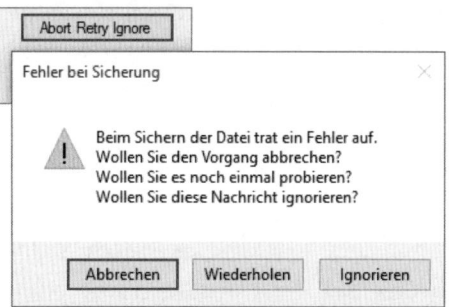

Abbildung 7.25 »Achtung« mit drei Möglichkeiten

Der zugehörige Code lautet:

```
private void CmdMsgBoxAbortRetryIgnore_Click(...)
{
    DialogResult dr = MessageBox.Show(
        "Beim Sichern der Datei trat ein Fehler auf.\n" +
        "Wollen Sie den Vorgang abbrechen?\n" + "Wollen Sie es " +
        "noch einmal probieren?\n" + "Wollen Sie diese " +
        "Nachricht ignorieren?", "Fehler bei Sicherung",
        MessageBoxButtons.AbortRetryIgnore, MessageBoxIcon.Warning);

    if (dr == DialogResult.Abort)
        LblAnzeige.Text = "Abbrechen";
    else if (dr == DialogResult.Retry)
        LblAnzeige.Text = "Noch einmal";
    else
        LblAnzeige.Text = "Ignorieren";
}
```

Listing 7.16 Projekt »EingabeAusgabe«, Abbrechen / Wiederholen / Ignorieren

Zur Erläuterung:

▶ Die drei Buttons ABBRECHEN, WIEDERHOLEN und IGNORIEREN werden
mit dem Zeichen WARNUNG verknüpft. Bei eingeschaltetem Lautsprecher ertönt wie zuvor der entsprechende Systemton.

7.7 Standarddialogfelder

Es gibt fünf Klassen für Standarddialogfelder, mit deren Hilfe alltägliche Aufgaben schnell gelöst werden können: OpenFileDialog, SaveFileDialog, FolderBrowserDialog, ColorDialog und FontDialog.

Sie haben einige Gemeinsamkeiten, z. B. die Methode ShowDialog() zur Anzeige des Dialogs und den Rückgabewert, ein Element der Enumeration DialogResult. Es existieren aber auch Unterschiede, bedingt durch die Art des Dialogs bzw. des ermittelten Dialogergebnisses.

ShowDialog()

7

7.7.1 Datei öffnen

Ein Objekt der Klasse OpenFileDialog dient zur Auswahl von einer oder mehreren Dateien, die zum Beispiel geöffnet werden sollen. Vor dem Öffnen des Dialogfelds können Sie u. a folgende Einstellungen wählen:

OpenFileDialog

▶ MultiSelect: zur Auswahl mehrerer Dateien

▶ InitialDirectory: Verzeichnis, mit dem das Dialogfeld startet

▶ Filter: verschiedene Gruppen von Dateiendungen, nach denen die Anzeige gefiltert wird

Filter

▶ Title: Titelzeile des Dialogfelds

Die Eigenschaft FileNames beinhaltet nach erfolgreicher Auswahl die Namen der ausgewählten Dateien.

FileNames

Ein Beispiel (im Projekt *StandardDialogfelder*), bei dem zunächst nur nach Dateien mit der Endung *xls* gesucht wird, sehen Sie in Abbildung 7.26 und Abbildung 7.27.

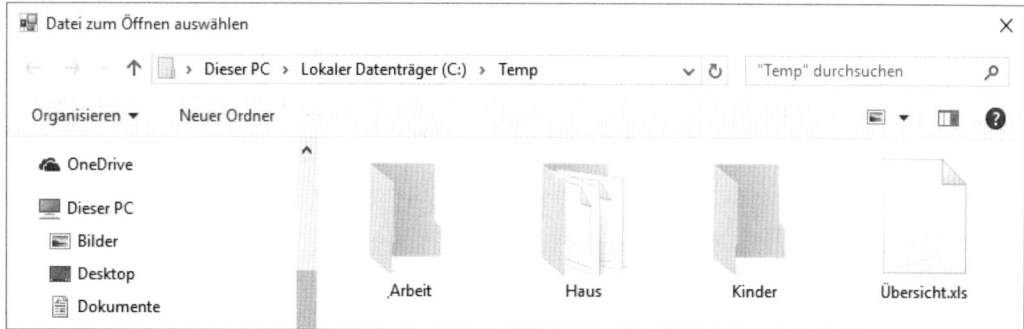

Abbildung 7.26 Ausgewählte Dateien

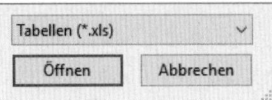

Abbildung 7.27 Aktuell eingestellter Dateityp für die Auswahl

Der zugehörige Code lautet:

```
private void CmdOpenFileDialog_Click(...)
{
    OpenFileDialog ofd = new OpenFileDialog()
    {
        Multiselect = true,
        InitialDirectory = "C:\\Temp",
        Filter = "Tabellen (*.xlsx)|*.xlsx|" +
            " Texte (*.txt; *docx)|*.txt;*.docx|" +
            " Alle Dateien (*.*)|*.*",
        Title = "Datei zum Öffnen auswählen"
    };

    if (ofd.ShowDialog() == DialogResult.OK)
        foreach (string s in ofd.FileNames)
            MessageBox.Show("Öffnen: " + s);
    else
        MessageBox.Show("Abbruch");
}
```

Listing 7.17 Projekt »StandardDialogfelder«, Datei öffnen

Zur Erläuterung:

▶ Beim Erzeugen des Objekts `ofd` der Klasse `OpenFileDialog` werden die Werte einiger Eigenschaften mithilfe einer Objektinitialisierung eingestellt.

▶ Die Eigenschaft `MultiSelect` wird auf den Wert `true` gesetzt, damit der Benutzer mehrere Dateien auswählen kann.

InitialDirectory ▶ Die Eigenschaft `InitialDirectory` wird (mit einer Zeichenkette) auf ein bestimmtes Verzeichnis eingestellt.

▶ Die Eigenschaft `Filter` bekommt eine Zeichenkette zugewiesen. Diese Zeichenkette beinhaltet verschiedene Gruppen von Dateiendungen und deren Erklärung.

▶ Die verschiedenen Gruppen sind durch das Pipe-Zeichen (|) voneinander getrennt. Eine Gruppe besteht aus Erklärung (*.Endung) | *.Endung. Besteht eine Gruppe aus mehreren Dateiendungen (hier z. B. die Gruppe Texte), werden die Endungen durch Semikola voneinander getrennt.

▶ Die Eigenschaft Title bekommt ebenfalls eine Zeichenkette zugewiesen.

▶ Die Methode ShowDialog() zeigt den Dialog an. Es ist dabei wichtig, zu ermitteln, welchen Button der Benutzer gedrückt hat. Deshalb wird der Rückgabewert der Methode ausgewertet. Falls dieser dem Wert von DialogResult.Ok entspricht, hat der Benutzer den Button OK betätigt.

DialogResult.Ok

▶ In der Eigenschaft FileNames stehen im Erfolgsfall die ausgewählten Dateinamen. Die Elemente dieser Auflistung werden mithilfe einer foreach-Schleife ausgegeben.

FileName

▶ Wird eine Datei eingegeben, die nicht existiert, erscheint eine Fehlermeldung (siehe Abbildung 7.28).

▶ Wird der Button ABBRECHEN betätigt, wird das ebenfalls bemerkt. Das Programm reagiert dementsprechend in passender Weise.

▶ Ein weiteres Beispiel zur Klasse OpenFileDialog, das Auswählen einer Bilddatei, sehen Sie in Abschnitt 10.4.

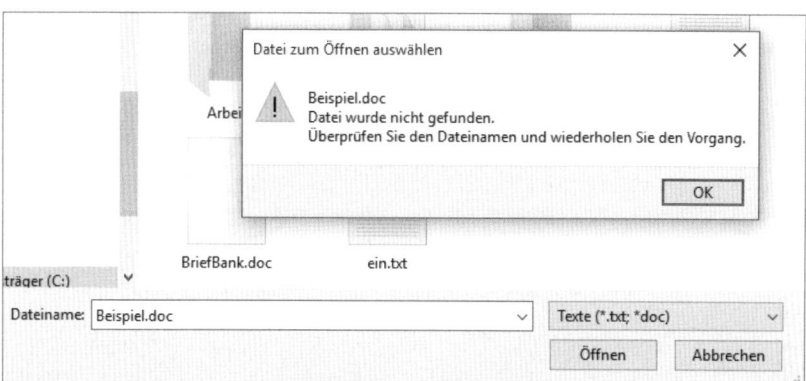

Abbildung 7.28 Fehlermeldung, falls Datei nicht vorhanden

7.7.2   Datei speichern unter

Ein Objekt der Klasse SaveFileDialog dient zur Eingabe oder Auswahl einer Datei, die zum Speichern verwendet werden soll. Wählbare Einstellungen und Dialogergebnis entsprechen im Wesentlichen denen der Klasse OpenFileDialog.

SaveFileDialog

Ein Beispiel (ebenfalls im Projekt *StandardDialogfelder*) sehen Sie in Abbildung 7.29.

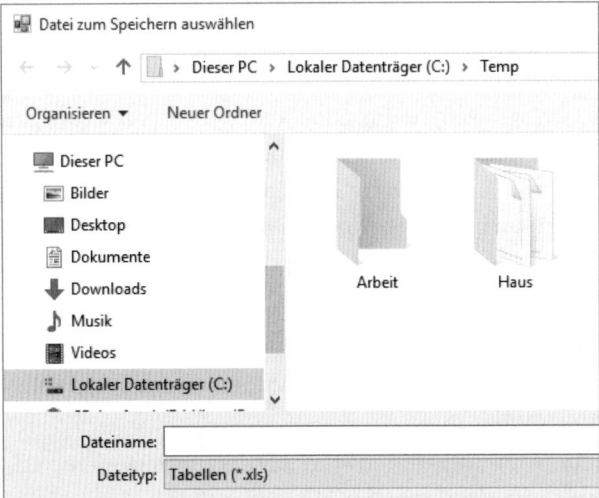

Abbildung 7.29 Auswahl zum Speichern der Datei

Der Programmcode:

```
private void CmdSaveFileDialog_Click(...)
{
    SaveFileDialog sfd = new SaveFileDialog()
    {
        InitialDirectory = "C:\\Temp",
        Filter = "Tabellen (*.xlsx)|*.xlsx|" +
        " Texte (*.txt; *docx)|*.txt;*.docx|" +
        " Alle Dateien (*.*)|*.*",
        Title = "Datei zum Speichern auswählen"
    };

    if (sfd.ShowDialog() == DialogResult.OK)
        MessageBox.Show("Speichern unter: " + sfd.FileName);
    else
        MessageBox.Show("Abbruch");
}
```

Listing 7.18 Projekt »StandardDialogfelder«, Datei speichern unter

Zur Erläuterung:

▶ Das Objekt sfd der Klasse SaveFileDialog wird erzeugt und initialisiert.

▶ Wählt der Benutzer eine Datei zum Speichern aus, die es bereits gibt, wird er gefragt, ob er diese überschreiben möchte (Abbildung 7.30).

▶ In der Eigenschaft FileName steht im Erfolgsfall der ausgewählte Datei-name.

FileName

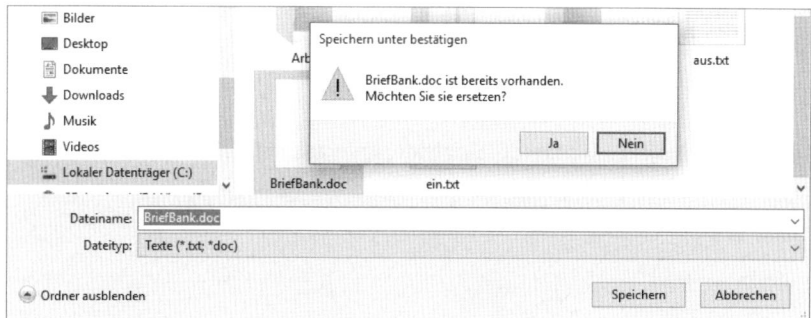

Abbildung 7.30 Rückfrage, falls Datei bereits vorhanden

7.7.3   Verzeichnis auswählen

Ein Objekt der Klasse FolderBrowserDialog dient zur Auswahl eines Ver-zeichnisses, welches als Basis für weitere Programmabläufe fungieren soll. Es kann auch ein neues Verzeichnis erzeugt werden. Vor dem Öffnen des Dialogfelds können Sie u. a. folgende Einstellungen wählen:

FolderBrowser Dialog

▶ RootFolder: oberstes Verzeichnis, das im Dialogfeld angezeigt wird

▶ ShowNewFolderButton: Anzeige eines Buttons, der die Erzeugung eines neuen Verzeichnisses ermöglicht

▶ Description: Titelzeile des Dialogfelds

Das Ergebnis des Dialogs ist ein Verzeichnisname. Dieser wird in der Eigen-schaft SelectedPath zur Verfügung gestellt. Ein Beispiel ist in Abbildung 7.31 dargestellt.

SelectedPath

Der zugehörige Code lautet:

```
private void CmdFolderBrowserDialog_Click(...)
{
    FolderBrowserDialog fbd = new FolderBrowserDialog()
    {
```

```
            RootFolder = Environment.SpecialFolder.Desktop,
            ShowNewFolderButton = false,
            Description = "Verzeichnis auswählen"
        };

        if (fbd.ShowDialog() == DialogResult.OK)
            MessageBox.Show("Zugriff auf Verzeichnis: " +
                fbd.SelectedPath);
        else
            MessageBox.Show("Abbruch");
}
```

Listing 7.19 Projekt »StandardDialogfelder«, Verzeichnis wählen

Abbildung 7.31 Auswahl eines Verzeichnisses

Zur Erläuterung:

▶ Das Objekt `fbd` der Klasse `FolderBrowserDialog` wird erzeugt und initialisiert.

RootFolder   ▶ Als oberstes Verzeichnis des Dialogfelds dient ein Element der Enumeration `SpecialFolder` der Klasse `Environment`, in diesem Fall der Desktop.

▶ Die Eigenschaft `ShowNewFolderButton` steht normalerweise auf `true`. Mit dem Wert `false` wird verhindert, dass ein neues Verzeichnis erzeugt werden kann.

SelectedPath   ▶ In der Eigenschaft `SelectedPath` steht im Erfolgsfall der ausgewählte Verzeichnisname.

7.7.4   Farbe auswählen

Ein Objekt der Klasse ColorDialog dient zur Auswahl einer Farbe, die z. B. **ColorDialog**
einem Steuerelement zugewiesen werden soll.

Das Dialogergebnis ist ein Objekt der Struktur Color; es wird in der Eigen- **Color**
schaft Color zur Verfügung gestellt. Ein Beispiel sehen Sie in Abbildung 7.32.

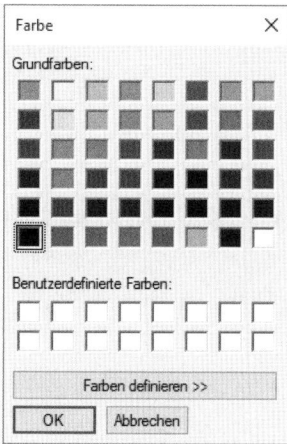

Abbildung 7.32 Auswahl einer Farbe

Der zugehörige Code:

```
private void CmdColorDialog_Click(...)
{
    ColorDialog cd = new ColorDialog();

    if (cd.ShowDialog() == DialogResult.OK)
        LblAnzeige.ForeColor = cd.Color;
    else
        MessageBox.Show("Abbruch");
}
```

Listing 7.20 Projekt »StandardDialogfelder«, Farbe wählen

Zur Erläuterung:

▶ Das Objekt cd der Klasse ColorDialog wird erzeugt.

▶ In der Eigenschaft Color steht im Erfolgsfall die ausgewählte Farbe. Diese
   wird hier als Schriftfarbe für das Label übernommen.

7.7.5   Schrifteigenschaften auswählen

FontDialog Ein Objekt der Klasse FontDialog dient zur Auswahl von Schrifteigenschaften, die z. B. einem Steuerelement zugewiesen werden sollen. Dialogergebnisse sind:

Font
▶ ein Objekt der Klasse Font, das in der Eigenschaft Font zur Verfügung gestellt wird

▶ ein Objekt der Struktur Color, das in der Eigenschaft Color zur Verfügung gestellt wird

Vor dem Öffnen des Dialogfelds können Sie u. a folgende Einstellungen wählen:

▶ ShowColor legt fest, ob auch die Farbe der Schrift bzw. der Unterstreichung einstellbar sein soll.

▶ MaxSize und MinSize stellen die größte und die kleinste wählbare Schriftgröße ein.

Ein Beispiel sehen Sie in Abbildung 7.33.

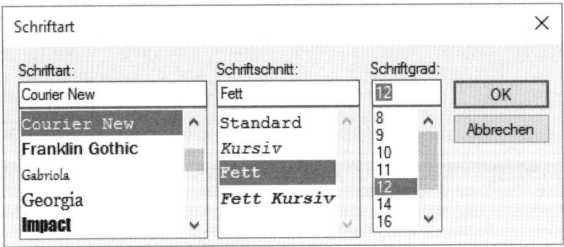

Abbildung 7.33 Auswahl von Schrifteigenschaften

Der Programmcode:

```
private void CmdFontDialog_Click(...)
{
    FontDialog fd = new FontDialog()
    {
        ShowColor = true,
        MinSize = 8,
        MaxSize = 20
    };

    if (fd.ShowDialog() == DialogResult.OK)
```

```
    {
        LblAnzeige.Font = fd.Font;
        LblAnzeige.ForeColor = fd.Color;
    }
    else
        MessageBox.Show("Abbruch");
}
```

Listing 7.21 Projekt »StandardDialogfelder«, Schrifteigenschaften wählen

Zur Erläuterung:

▶ Das Objekt fd der Klasse FontDialog wird erzeugt und initialisiert.

▶ Die Eigenschaft ShowColor wird auf true gestellt, es kann also auch die Farbe der Schrift bzw. der Unterstreichung eingestellt werden.

▶ Die wählbare Schriftgröße wird auf den Bereich von 8 bis 20 begrenzt. Weitere Schriftgrößen können vom Benutzer eingegeben werden.

▶ In den Eigenschaften Font und Color stehen nach erfolgreicher Auswahl **Font, Color** die entsprechenden Schrifteigenschaften und die Farbe. Diese werden hier als Schrifteigenschaften für das Label übernommen (siehe Abbildung 7.34).

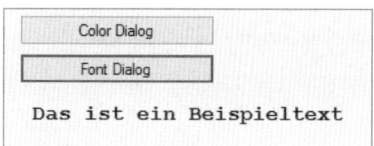

Abbildung 7.34 Übernommene Schrifteigenschaften

7.8   Steuerelement ListView

Eine besondere Form der Listenansicht wird durch das Steuerelement *List-* **Einträge mit Bild** *View* ermöglicht. Sie finden es im WERKZEUGKASTEN in der Gruppe ALLGEMEINE STEUERELEMENTE. Zu jedem Eintrag der ListView kann ein Bild angezeigt werden. Eine ListView ähnelt damit der Liste der Dateien im Windows-Explorer.

Insgesamt gibt es fünf Formen der Darstellung, die als Werte der Enumera **View** tion View der gleichnamigen Eigenschaft des ListView-Objekts zugewiesen werden können:

► Details: Eine Tabelle mit Bild und mehreren Informationen pro Eintrag. Die einzelnen Tabellenspalten können eine Überschrift haben und in der Breite verändert werden.

► LargeIcon: Ein großes Bild mit darunter stehender Bezeichnung zu jedem Eintrag.

► List: Eine Spalte mit einem kleinen Bild mit danebenstehender Bezeichnung zu jedem Eintrag. Weitere Informationen zu den Einträgen können in zusätzlichen Spalten angeordnet werden.

► SmallIcon: Ein kleines Bild mit rechts danebenstehender Bezeichnung zu jedem Eintrag.

► Tile: Ein großes Bild mit Bezeichnung und weiteren Informationen rechts daneben pro Eintrag.

Im Projekt *Listenansicht* sehen Sie eine kleine Liste in der Ansicht DETAILS, siehe auch Abbildung 7.35. Darin können Sie zwischen den fünf möglichen Ansichten wechseln.

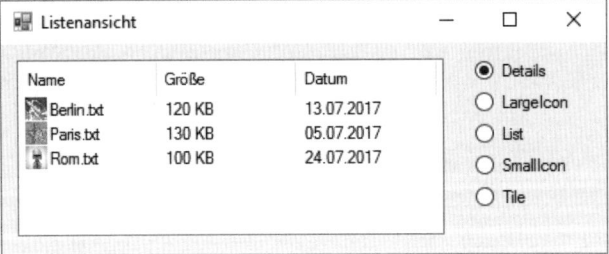

Abbildung 7.35 Projekt »Listenansicht«, Details

Zunächst der Code:

```
private void Form1_Load(...)
{
    LView.View = View.Details;
    LView.FullRowSelect = true;

    ListViewItem eintrag1 = new ListViewItem("Berlin.txt", 0);
    eintrag1.SubItems.Add("120 KB");
    eintrag1.SubItems.Add("13.07.2017");
    LView.Items.Add(eintrag1);
```

```
    ListViewItem eintrag2 = new ListViewItem("Paris.txt", 1);
    eintrag2.SubItems.Add("130 KB");
    eintrag2.SubItems.Add("05.07.2017");
    LView.Items.Add(eintrag2);

    ListViewItem eintrag3 = new ListViewItem("Rom.txt", 2);
    eintrag3.SubItems.Add("100 KB");
    eintrag3.SubItems.Add("24.07.2017");
    LView.Items.Add(eintrag3);

    LView.Columns.Add("Name", 100);
    LView.Columns.Add("Größe", 100);
    LView.Columns.Add("Datum", 100);

    ImageList bildklein = new ImageList();
    bildklein.Images.Add(Image.FromFile("bild0.bmp"));
    bildklein.Images.Add(Image.FromFile("bild1.bmp"));
    bildklein.Images.Add(Image.FromFile("bild2.bmp"));
    LView.SmallImageList = bildklein;
    LView.LargeImageList = bildklein;
}

private void OptView_CheckedChanged(...)
{
    if (OptDetails.Checked)
        LView.View = View.Details;
    else if (OptLargeIcon.Checked)
        LView.View = View.LargeIcon;
    else if (OptList.Checked)
        LView.View = View.List;
    else if (OptSmallIcon.Checked)
        LView.View = View.SmallIcon;
    else if (OptTile.Checked)
        LView.View = View.Tile;
}
```

Listing 7.22 Projekt »Listenansicht«

Zur Erläuterung:

▶ In der Form_Load-Prozedur wird das ListView-Objekt gefüllt, und es werden die Starteinstellungen vorgenommen.

▶ Die Eigenschaft View wird auf den Wert Details gesetzt, auch wenn das nicht notwendig wäre, da das der Standardwert ist.

FullRowSelect ▶ Die boolesche Eigenschaft FullRowSelect bestimmt darüber, ob ein Klick innerhalb der Zeile eines Eintrags die ganze Zeile markiert oder nicht. Der Standardwert ist false. In diesem Fall kann nur der Haupteintrag durch Klick ausgewählt werden, nicht die ganze Zeile.

ListViewItem ▶ Ein Objekt der Klasse ListViewItem steht für einen Eintrag innerhalb der Liste. Der hier genutzte Konstruktor benötigt zwei Parameter: den Text des Eintrags und die Nummer der zugehörigen Bilddatei innerhalb der beiden Bildlisten SmallImageList und LargeImageList. Den Aufbau der beiden Bildlisten können Sie sich weiter unten ansehen.

SubItems ▶ Zu einem Eintrag können weitere Untereinträge gehören. Diese werden dem Eintrag über die Methode Add() der Auflistung SubItems hinzugefügt.

▶ Nach Erzeugung eines Eintrags mitsamt Untereinträgen wird er der Auflistung Items des ListView-Objekts hinzugefügt, wiederum mithilfe der Methode Add().

Columns ▶ Die Auflistung Columns beinhaltet die Überschriften der Spalten, in denen der Haupteintrag und seine Untereinträge dargestellt werden. Als Parameter der Methode Add() zum Hinzufügen einer Überschrift dienen hier der Text und die Startbreite der Spalte.

ImageList ▶ Die Eigenschaften SmallImageList und LargeImageList sind Bildlisten. Jedes Bild wird über seine Nummer einem Eintrag des ListView-Objekts zugeordnet.

Image.FromFile() ▶ Die beiden Eigenschaften sind jeweils vom Typ ImageList. Ein solches Objekt beinhaltet in seiner Auflistung Images einzelne Objekte vom Typ Image. Ein Image-Objekt kann zum Beispiel mittels der Methode FromFile() der Klasse Image aus einer Bilddatei erzeugt werden. Im vorliegenden Projekt stehen die Bilddateien der Einfachheit halber im Projektunterverzeichnis *bin/Debug* zur Verfügung.

Neue Ansicht ▶ Die Prozedur OptView_CheckedChanged reagiert auf das Ereignis *Wechsel des Markierungszustands*. Sie ist für jeden RadioButton registriert. Innerhalb der Prozedur wird der Eigenschaft View ein Wert aus der gleichnamigen Enumeration zugewiesen.

7.9   Steuerelement Chart

In einem Diagramm (engl. *Chart*) kann eine große Menge von Daten übersichtlich und schnell erfassbar dargestellt werden. Sie kennen Diagramme
sicherlich bereits aus MS Excel. Das Steuerelement *Chart* bietet Ihnen innerhalb von Visual Studio eine vergleichbare Möglichkeit für C#.

Diagramm erzeugen

Im Projekt *DiagrammChart* sehen Sie ein Liniendiagramm (siehe Abbildung 7.36).

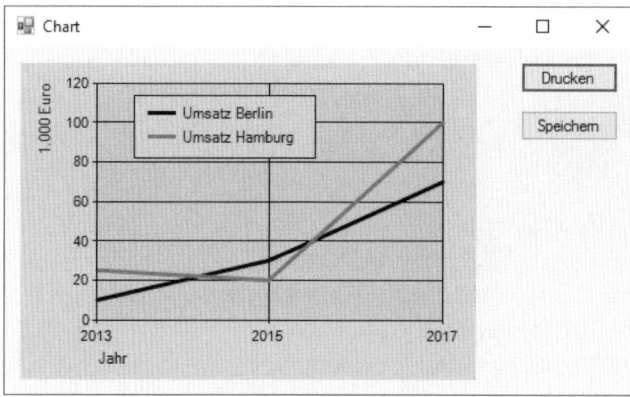

Abbildung 7.36 Projekt »DiagrammChart«

Das Steuerelement wird aus der WERKZEUGKASTEN-Gruppe DATEN eingefügt. Damit wird dem Projekt gleichzeitig ein Verweis auf SYSTEM.WIN-
DOWS.FORMS.DATAVISUALIZATION aus dem Bereich ASSEMBLYS • FRAME-
WORK hinzugefügt, der u. a für die using-Anweisung benötigt wird. Zur
Veranschaulichung werden fast alle Einstellungen in der Form_Load-Proze-
dur vorgenommen. Im EIGENSCHAFTEN-Fenster werden nur die Breite mit
dem Wert 450 und der Name mit dChart eingestellt.

Im Codebereich müssen Sie die folgende using-Anweisung hinzufügen:

```
using System.Windows.Forms.DataVisualization.Charting;
```

Es folgt der Code der Form_Load-Prozedur:

```
private void Form1_Load(...)
{
    DChart.Series.Clear();

    DChart.Series.Add(new Series("Umsatz Berlin"));
```

```
DChart.Series[0].Points.AddXY(2013, 10);
DChart.Series[0].Points.AddXY(2015, 30);
DChart.Series[0].Points.AddXY(2017, 70);
DChart.Series[0].Color = Color.Black;
DChart.Series[0].BorderWidth = 3;
DChart.Series[0].ChartType = SeriesChartType.Line;

DChart.Series.Add(new Series("Umsatz Hamburg"));
DChart.Series[1].Points.AddXY(2013, 25);
DChart.Series[1].Points.AddXY(2015, 20);
DChart.Series[1].Points.AddXY(2017, 100);
DChart.Series[1].Color = Color.Gray;
DChart.Series[1].BorderWidth = 3;
DChart.Series[1].ChartType = SeriesChartType.Line;

DChart.Legends[0].Position =
    new ElementPosition(25, 10, 40, 20);
DChart.Legends[0].BackColor = Color.LightGray;
DChart.Legends[0].BorderWidth = 1;
DChart.Legends[0].BorderColor = Color.Black;

DChart.ChartAreas[0].AxisX.Minimum = 2013;
DChart.ChartAreas[0].AxisX.Maximum = 2017;
DChart.ChartAreas[0].AxisX.Title = "Jahr";
DChart.ChartAreas[0].AxisX.TitleAlignment =
    StringAlignment.Near;
DChart.ChartAreas[0].AxisX.LabelStyle.Font =
    new Font("Arial", 8);

DChart.ChartAreas[0].AxisY.Maximum = 120;
DChart.ChartAreas[0].AxisY.Title = "1.000 Euro";
DChart.ChartAreas[0].AxisY.TitleAlignment =
    StringAlignment.Far;
DChart.ChartAreas[0].AxisY.LabelStyle.Font =
    new Font("Arial", 8);

DChart.BackColor = Color.LightGray;
DChart.ChartAreas[0].BackColor = Color.LightBlue;
}
```

Listing 7.23 Projekt »DiagrammChart«, Teil 1

Zur Erläuterung:

▶ Wie in MS Excel basiert ein Diagramm in einem Chart-Steuerelement auf einer oder mehreren Reihen von Werten, sogenannten Datenreihen. Diese Datenreihen stehen in der Auflistung Series des Chart-Objekts. Nach dem Einfügen aus dem WERKZEUGKASTEN beinhaltet diese Auflistung bereits eine Datenreihe mit Beispielwerten. Die Methode Clear() löscht alle vorhandenen Datenreihen.

Datenreihen

▶ Eigene Datenreihen werden durch die Methode Add() hinzugefügt. Dabei handelt es sich jeweils um ein neues Objekt vom Typ Series. Einer der möglichen Konstruktoren erwartet als Parameter den Namen der jeweiligen Datenreihe, wie er zum Beispiel auch in der Legende sichtbar ist.

Series

▶ Jede Datenreihe ist innerhalb der Auflistung Series über ihre laufende Nummer erreichbar. Die Auflistung Points einer einzelnen Datenreihe beinhaltet Wertepaare (Datenpunkte) für die Darstellung in verschiedenen Diagrammtypen, zum Beispiel in einem Liniendiagramm. Mittels der Methode AddXY() können diese Wertepaare hinzugefügt werden.

Points

▶ Die Eigenschaften Color und BorderWidth einer einzelnen Datenreihe stehen für Strichfarbe und Strichdicke. Mithilfe der Eigenschaft Chart-Type kann die Form der Darstellung für diese Datenreihe aus der umfangreichen Enumeration SeriesChartType gewählt werden.

ChartType

▶ In der Auflistung Legends des Chart-Objekts stehen alle Legenden zu einem Diagramm. Häufig wird nur eine Legende benötigt. Sie steht normalerweise oben rechts neben der Zeichnung.

Legends

▶ Hier wird die Eigenschaft *Position* einer einzelnen Legende mit einem neuen Objekt des Typs ElementPosition festgelegt. Der Konstruktor erwartet vier Werte: die x/y-Koordinaten der oberen linken Ecke sowie Breite und Höhe.

▶ Die Eigenschaften BackColor, BorderWidth und BorderColor einer einzelnen Legende dienen zur Einstellung der Hintergrundfarbe, der Rahmenliniendicke und der Rahmenlinienfarbe.

▶ In der Auflistung ChartAreas des Chart-Objekts stehen alle Zeichnungsbereiche zu einem Diagramm. Oft wird aber nur ein einzelner Zeichnungsbereich benötigt.

ChartAreas

▶ Die Eigenschaften AxisX und AxisY eines einzelnen Zeichnungsbereichs sind vom Typ Axis und beinhalten die Eigenschaften der x- und y-Achse der Zeichnung. Die Eigenschaften Minimum, Maximum und Title bestim-

AxisX, AxisY

men die Randwerte der jeweiligen Achse sowie den Titel, der an der Achse angezeigt wird.

▶ Die Eigenschaft TitleAlignment eines Axis-Objekts steht für die Anordnung des Titels. Die Werte dazu stammen aus der Enumeration StringAlignment. Der Wert Near bedeutet für eine x-Achse, die von links nach rechts ausgerichtet ist: links. Für eine y-Achse, die von unten nach oben ausgerichtet ist, bedeutet er: unten. Der Wert Far steht in diesem Fall für rechts bzw. oben. Außerdem gibt es noch den Standardwert Center.

LabelStyle ▶ Die Eigenschaft LabelStyle eines Axis-Objekts bestimmt das Aussehen der Achsenbeschriftung. Hier wird die Eigenschaft Font zur Einstellung der Schrifteigenschaften mithilfe eines neuen Font-Objekts verändert. Die Eigenschaft Angle des LabelStyle-Objekts würde die einzelnen Zahlen an der Achse jeweils um einen bestimmten Winkel drehen. Dabei sind Werte zwischen –90 und +90 Grad erlaubt.

▶ Zu guter Letzt werden noch die unterschiedlichen Hintergrundfarben für das Diagramm und die Zeichnungsfläche gewählt. Die jeweilige Eigenschaft BackColor hat den Standardwert Weiß.

Nun folgen noch die beiden Prozeduren zum Drucken und zum Speichern eines Diagramms:

```
private void CmdDrucken_Click(...)
{
    DChart.Printing.PrintPreview();
}

private void CmdSpeichern_Click(...)
{
    string VollerName = "C:\\Temp\\DiagrammChart.png";
    DChart.SaveImage(VollerName, ChartImageFormat.Png);
    MessageBox.Show("Es wurde die Bilddatei " + VollerName +
        " erzeugt");
}
```

Listing 7.24 Projekt »DiagrammChart«, Teil 2

Zur Erläuterung:

PrintPreview() ▶ Die Eigenschaft Printing eines Chart-Objekts ist vom Typ PrintingManager. Ein Objekt dieses Typs wird zum Drucken eines Diagramms benötigt und verfügt u. a über die Methoden `Print()` zum direkten Ausdruck und `PrintPreview()` zum Anzeigen einer Druckvorschau. Aus der Druckvorschau kann ebenfalls gedruckt werden.

▶ Die Methode `SaveImage()` eines `Chart`-Objekts dient zum Speichern eines Diagramms als Bilddatei. Sie benötigt zwei Parameter: den Namen der Datei und das Bildformat. Dieses kann aus der Enumeration `ChartImage-Format` ausgewählt werden.

SaveImage()

7.10   Steuerelement DataGridView

Zur Darstellung einer einfachen Liste oder der Inhalte eines eindimensionalen Datenfelds sind Listen- und Kombinationsfelder geeignet. Die Inhalte einer Tabelle mit Zeilen und Spalten oder eines zweidimensionalen Datenfelds werden hingegen besser in einem Steuerelement vom Typ *DataGridView* dargestellt. Dieses Steuerelement ist auch besonders gut zur Darstellung von Datenbankinhalten geeignet, siehe Kapitel 8. Sie finden es im WERKZEUGKASTEN im Bereich DATEN.

Tabelle

Im nachfolgend beschriebenen Projekt *DataGrid* werden Eigenschaften per Code zur Laufzeit eingestellt. Allerdings könnten Sie viele Eigenschaften auch bereits zur Entwicklungszeit einstellen. Über das kleine Dreieck oben rechts am Steuerelement können Sie nach dem Einfügen ins Formular und dem Markieren ein Menü öffnen, das zahlreiche Möglichkeiten bietet (siehe Abbildung 7.37).

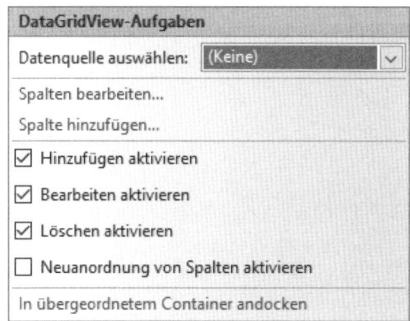

Abbildung 7.37 DataGrid, Einstellmenü

Abbildung 7.38 zeigt den Startinhalt des Grids.

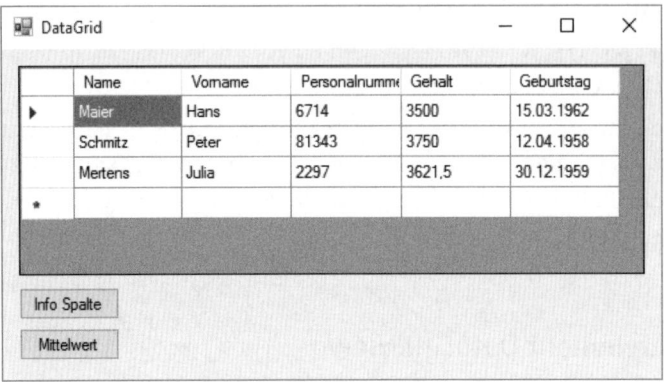

Abbildung 7.38 DataGridView, gefüllt

Form_Load() Es folgen die Inhalte der Form1_Load-Methode, die für den Startinhalt des Grids sorgen:

```
private void Form1_Load(...)
{
    /* Spalten hinzufügen */
    DgvPersonen.Columns.Add("SpName", "Name");
    DgvPersonen.Columns.Add("SpVorname", "Vorname");
    DgvPersonen.Columns.Add("SpPersonalnummer", "Personalnummer");
    DgvPersonen.Columns.Add("SpGehalt", "Gehalt");
    DgvPersonen.Columns.Add("SpGeburtstag", "Geburtstag");

    /* Breite einstellen */
    foreach (DataGridViewTextBoxColumn c in DgvPersonen.Columns)
        c.Width = 80;

    /* Zeilen hinzufügen */
    DgvPersonen.Rows.Add(
        "Maier", "Hans", 6714, 3500.0, "15.03.1962");
    DgvPersonen.Rows.Add(
        "Schmitz", "Peter", 81343, 3750.0, "12.04.1958");
    DgvPersonen.Rows.Add(
        "Mertens", "Julia", 2297, 3621.5, "30.12.1959");
}
```

Listing 7.25 Projekt »DataGrid«, Einstellungen

Zur Erläuterung:

▶ Das Steuerelement vom Typ *DataGridView* wird nachfolgend vereinfacht *Tabelle* genannt. Die Tabelle trägt in diesem Projekt den Namen `DgvPersonen`.

▶ Die Eigenschaft `Columns` ist eine Auflistung vom Typ `DataGridViewColumn-Collection` und beinhaltet Informationen über alle Spalten der Tabelle.

Columns

▶ Über die Methode `Add()` können der Auflistung Spalten hinzugefügt werden. Die hier genutzte Überladung dieser Methode erwartet zwei Zeichenkettenparameter: den Namen der Spalte und den sichtbaren Text der Kopfzeile.

Neue Spalten

▶ Die einzelnen Spalten sind die Elemente der `Columns`-Auflistung und werden jeweils als Objekt des Typs `DataGridViewTextBoxColumn` betrachtet. Ihre jeweilige Breite kann innerhalb einer `foreach`-Schleife eingestellt werden.

DataGridView-TextBoxColumn

▶ Die Eigenschaft `Rows` ist eine Auflistung vom Typ `DataGridViewRowCollection` und beinhaltet Informationen über alle Zeilen der Tabelle.

Rows

▶ Mittels der Methode `Add()` können der Auflistung Zeilen hinzugefügt werden. Die hier genutzte Überladung dieser Methode erwartet ein beliebig großes Feld von Objekten. In diesem Fall werden jeweils fünf Informationen zu einer Person hinzugefügt.

Neue Zeilen

▶ Beachten Sie, dass die Zahlen für die Spalte `Gehalt` im Code mit Dezimalpunkt angegeben werden müssen. Ansonsten werden sie nicht alle als `double`-Werte erkannt, und es kommt später beim Sortieren dieser Spalte zu einem Fehler.

▶ Sie können die boolesche Eigenschaft `Selected` einiger Objekte auf einen der Werte `true` oder `false` stellen. In diesem Fall ist das betreffende Objekt vorausgewählt bzw. nicht vorausgewählt. Dies gilt für `Rows[Index]`, `Columns [Index]` und `Cells[Index]` innerhalb von `Rows[Index]`.

Selected

Hinweis: Beim Hinzufügen einer Spalte wird jeweils eine leere Zelle zum Hinzufügen neuer Inhalte erzeugt. Diese ist ebenfalls Bestandteil der `Rows`-Auflistung.

Es folgt die Methode zum Button INFO SPALTE:

Button »Info Spalte«

```
private void CmdInfoSpalte_Click(...)
{
    /* Name und Headertext */
    LblAnzeige.Text = "Name: "
```

```
                     + DgvPersonen.Columns["SpName"].Name + ", Header: "
                     + DgvPersonen.Columns["SpName"].HeaderText + "\n";
            for (int i = 1; i < DgvPersonen.Columns.Count; i++)
                LblAnzeige.Text += "Name: "
                        + DgvPersonen.Columns[i].Name + ", Header: "
                        + DgvPersonen.Columns[i].HeaderText + "\n";
    }
```

Listing 7.26 Projekt »DataGrid«, Button »Info Spalte«

Zur Erläuterung:

▶ Als Index für eine einzelne Spalte lässt sich auch der Name der Spalte nutzen.

▶ Die Eigenschaften Name und Headertext liefern den Namen der Spalte und den sichtbaren Text der Kopfzeile (siehe Abbildung 7.39).

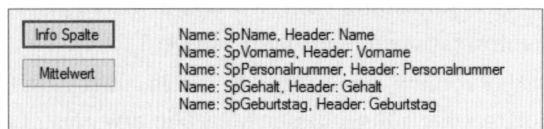

Abbildung 7.39 Button »Info Spalte«

Button
»Mittelwert«

In der Methode zum Button Mittelwert werden die Inhalte einzelner Zellen ausgewertet, um den Mittelwert zu errechnen (siehe Abbildung 7.40):

```
private void CmdMittelwert_Click(...)
{
    double summe = 0, mw;

    /* Zellen auswerten */
    LblAnzeige.Text = "";
    foreach (DataGridViewRow r in DgvPersonen.Rows)
        summe += Convert.ToDouble(r.Cells[3].Value);
    mw = summe / (DgvPersonen.Rows.Count - 1);
    LblAnzeige.Text = "Gehalt, Mittelwert: " + mw;
}
```

Listing 7.27 Projekt »DataGrid«, Button »Mittelwert«

Zur Erläuterung:

▶ Es soll der Mittelwert der Zahlen in der Spalte GEHALT berechnet wer-   **Rows**
den. Dazu muss die Rows-Auflistung durchlaufen werden. Dabei ist zu beachten, dass die letzte Zeile (zum Hinzufügen eines neuen Inhalts) nicht
mit eingerechnet wird.

▶ Die Rows-Auflistung wird mithilfe einer foreach-Schleife durchlaufen.   **DataGridViewRow**
Dabei werden die einzelnen Zeilen als Elemente des Typs DataGridView-
Row betrachtet.

▶ Die Zellen innerhalb einer Zeile stehen in der Auflistung Cells. Eine ein-   **Cells**
zelne Zelle innerhalb der Cells-Auflistung lässt sich wiederum über
einen Index ansprechen, dieser beginnt ebenfalls bei 0.

▶ Der Wert einer Zelle wird über die Eigenschaft Value geliefert. Dabei handelt es sich um eine Zeichenkette, die Sie umwandeln müssen.

Abbildung 7.40 Button »Mittelwert«

Eine letzte Methode reagiert auf das Ereignis *Benutzer klickt auf Tabellen-*   **Klick auf Zelle**
zelle. Dabei können Sie genau feststellen, um welche Zelle es sich handelt
(siehe Abbildung 7.41):

```
private void DgvPersonen_CellClick(object sender,
    DataGridViewCellEventArgs e)
{
    /* Klick auswerten */
    LblAnzeige.Text = "Zeile: " + e.RowIndex + "\n" +
        "Spalte: " + e.ColumnIndex + "\n";
    if (e.RowIndex >= 0 && e.ColumnIndex >= 0)
        LblAnzeige.Text += "Inhalt: " +
            DgvPersonen.Rows[e.RowIndex].Cells[e.ColumnIndex].Value;
}
```

Listing 7.28 Projekt »DataGrid«, Klick auf Zelle

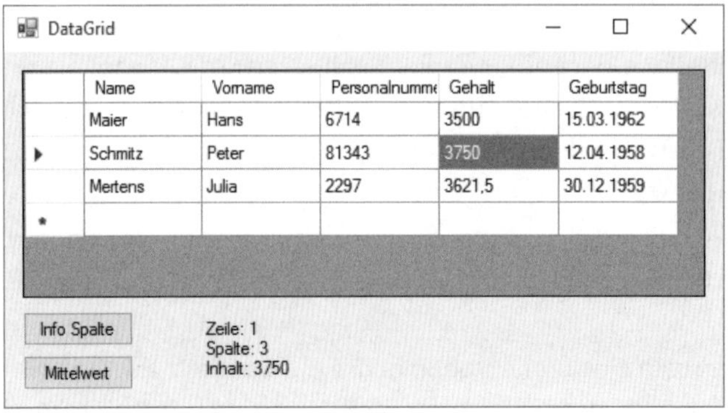

Abbildung 7.41 Nach Klick auf Zelle

Zur Erläuterung:

Geklickte Zelle

▶ Im Parameter e der Ereignismethode vom Typ `DataGridViewCellEvent-Args` werden u. a. Informationen über die angeklickte Zelle übermittelt.

▶ Die Eigenschaften `RowIndex` und `ColumnIndex` liefern den Index von Zeile bzw. Spalte zur weiteren Auswertung.

7.11   Lokalisierung

Eine Lokalisierung wird für mehrsprachige Anwendungen vorgenommen. Also Anwendungen, die mit einer identischen Bedienoberfläche in unterschiedlichen Sprachen laufen sollen. Die Texte innerhalb der Anwendung sollen, abhängig von der angetroffenen Umgebung, in der Sprache des jeweiligen Betriebssystems, zum Beispiel in Deutsch oder Englisch, erscheinen. Zur Lokalisierung werden sogenannte Ressourcen verwendet. Es gibt prinzipiell zwei Arten von Ressourcen:

▶ Formularbasierte Ressourcen beinhalten zum Beispiel die Texte auf der Formularoberfläche.

▶ Projektressourcen beinhalten die Texte aus dem Programmcode, die beispielsweise in Meldungsfenstern erscheinen.

Es folgt ein Beispiel mit zwei Buttons, das mit beiden Arten von Ressourcen arbeitet. Nach Betätigung eines der Buttons erscheint jeweils eine Meldung. Die Aufschrift der Buttons und der Text der Meldungen richten sich nach der jeweiligen Umgebung. Sie sind entweder in Deutsch, in Englisch oder in Französisch.

Zunächst wird das neue Windows Forms-Projekt *Lokalisierung* erzeugt. Die Eigenschaft Localizable des Formulars wird auf True gesetzt. Es werden zwei Buttons auf der Oberfläche platziert. Diese werden mit den englischen Texten »Hello« und »Good bye« beschriftet. Anschließend wird die Eigenschaft Language des Formulars auf Deutsch gesetzt (siehe Abbildung 7.42).

Nun werden die beiden Buttons erneut beschriftet, diesmal mit den deutschen Texten »Guten Tag« und »Auf Wiedersehen«. Die Größe des zweiten Buttons sollte wegen der Länge des Texts angepasst werden.

Abbildung 7.42 Sprache auf Deutsch

Anschließend wird die Eigenschaft Language des Formulars auf Französisch gesetzt. Die beiden Buttons werden mit den französischen Texten »Bonjour« und »Au revoir« beschriftet.

Daraufhin wird das Projekt gespeichert. In der Datei *Form1.resx* (siehe Abbildung 7.43) steht der Text für die Standardsprache, also Englisch. In der Datei *Form1.de.resx* befindet sich der Text für die deutsche Beschriftung, in der Datei *Form1.fr.resx* wiederum der für die französische Beschriftung.

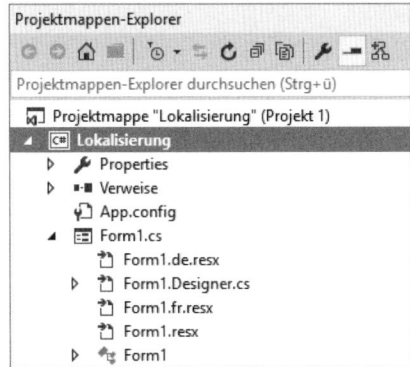

Abbildung 7.43 Formularbasierte Ressourcen

Starten Sie nun das Projekt. Da bei Ihnen die Umgebung vermutlich in Deutsch ist, werden die Buttons mit deutschen Texten in der passenden Größe angezeigt (siehe Abbildung 7.44).

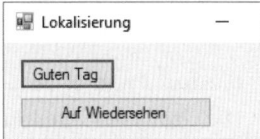

Abbildung 7.44 Deutsche Oberfläche

Normalerweise wechselt die Beschriftung automatisch, wenn das Programm innerhalb eines anderssprachigen Betriebssystems läuft. Zum Testen können Sie die Sprache aber auch mithilfe des nachfolgenden Codes umstellen:

```
using System.Globalization;
using System.Threading;
...
public Form1()
{
    /* Thread.CurrentThread.CurrentUICulture =
        new CultureInfo("de"); */
    /* Thread.CurrentThread.CurrentUICulture =
        new CultureInfo("en"); */
    Thread.CurrentThread.CurrentUICulture = new CultureInfo("fr");
    InitializeComponent();
}
```

Listing 7.29 Projekt »Lokalisierung«, Umstellung der Sprache

Dazu fügen Sie zunächst die beiden Namespaces System.Globalization und System.Threading hinzu.

Anschließend fügen Sie im Konstruktor der Klasse Form1 vor dem Aufruf von InitializeComponent() dreimal die Zuweisung für die Eigenschaft CurrentUICulture ein. Nur eine der drei Zeilen sollte jeweils außerhalb des Kommentars stehen. Hier ist das zum Beispiel die Zeile für Französisch. Nach dem erneuten Start des Projekts erscheinen die Buttons mit der richtigen Aufschrift und in der passenden Größe.

Zum Erstellen von Texten für Meldungsfenster müssen weitere Ressourcendateien hinzugefügt werden. Dazu wählen Sie im Menü PROJEKT • NEU-

ES ELEMENT HINZUFÜGEN • VISUAL C#-ELEMENTE • ALLGEMEIN den Eintrag RESSOURCENDATEI aus und tragen als Name zum Beispiel ein: *MeineTexte.resx*.

Falls die Datei nicht bereits automatisch geöffnet wird, führen Sie einen Doppelklick darauf aus. In der Tabelle tragen Sie anschließend zwei Ressourcen mit Name und Wert ein, siehe Abbildung 7.45. Sie dienen als Variablen und haben je nach Sprache einen anderen Inhalt.

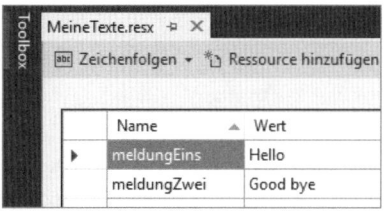

Abbildung 7.45 Zwei Ressourcen, Standard

Führen Sie den gleichen Vorgang anschließend noch zweimal durch, und erstellen Sie dabei die beiden Dateien *MeineTexte.de.resx* und *MeineTexte.fr.resx*. Nach einem Doppelklick können Sie die beiden Ressourcen auch für diese Dateien eintragen (siehe Abbildung 7.46 und Abbildung 7.47).

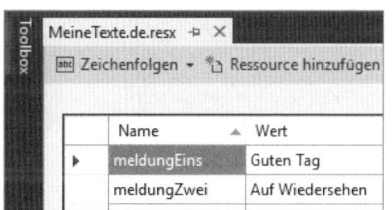

Abbildung 7.46 Zwei Ressourcen, Deutsch

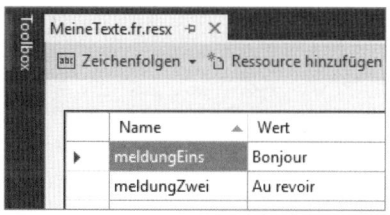

Abbildung 7.47 Zwei Ressourcen, Französisch

Der Code wird folgendermaßen ergänzt:

```csharp
using System.Resources;
...
public partial class Form1 : Form
{
    private ResourceManager rm = new ResourceManager(
        "Lokalisierung.MeineTexte", typeof(Form1).Assembly);
    ...
```

```
private void CmdEins_Click(...)
{
    MessageBox.Show(rm.GetString("meldungEins"));
}

private void CmdZwei_Click(...)
{
    MessageBox.Show(rm.GetString("meldungZwei"));
}
}
```

Listing 7.30 Projekt »Lokalisierung«, Nutzung der Ressourcen

Zunächst wird der Namespace System.Resources eingefügt. Außerdem kommt noch ein lokaler Ressourcenmanager hinzu. In den Ereignisprozeduren wird die Ressource mit seiner Hilfe als Text abgerufen, abhängig von der aktuell gewählten Sprache (siehe Abbildung 7.48).

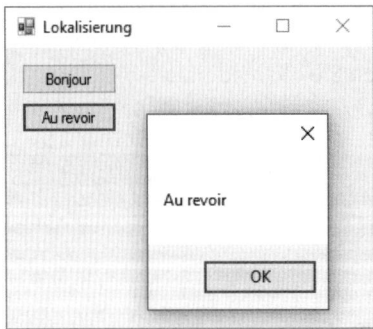

Abbildung 7.48 Meldungstext, aus Ressourcendatei

Kapitel 8

Datenbankanwendungen mit ADO.NET

Wer große Datenmengen dauerhaft und geordnet speichern will, kommt an Datenbanken nicht vorbei.

Falls Sie noch nicht mit relationalen Datenbanken vertraut sind, liefert Ihnen der erste Abschnitt dieses Kapitels das nötige Hintergrundwissen. Anderenfalls können Sie gleich zu Abschnitt 8.2 übergehen.

8.1 Was sind relationale Datenbanken?

Beim relationalen Datenmodell werden die Daten in Form von Tabellen angeordnet. Eine den Erfordernissen der Praxis genügende Datenbank wird sich aber kaum in einer einzigen Tabelle organisieren lassen. Sie wird vielmehr aus mehreren Tabellen bestehen, die miteinander in Beziehung (Relation) stehen. Eine solche Datenbank bezeichnet man daher als *relational*.

Relation

Sowohl die Tabellen als auch die Relationen lassen sich einfach auf dem physikalischen Speicher abbilden. Der Nachteil einer relationalen Datenbank ist, dass zusätzliche Hilfsdatenstrukturen, sogenannte Indizes, aufgebaut und ständig aktualisiert werden müssen. Diese Indizes erleichtern die Abfrage, Suche und Sortierung in relationalen Datenbanken. Je größer und komplexer eine Datenbank wird, desto mehr überwiegen die Vorteile der klaren Strukturierung der Daten und der Speicherplatzeinsparung gegenüber dem Nachteil durch Aufbau und Aktualisierung der Indizes.

Index

8.1.1 Beispiel »Lager«

Als anschauliches Beispiel für den Entwurf einer Datenbank soll hier die Erfassung des Lagerbestands eines Einzelhändlers dienen. Die Artikel des Lagers sollen durch die Daten aus Tabelle 8.1 gekennzeichnet werden.

Beschreibung	Abkürzung
eigene Artikelnummer	artnr
Bestellnummer für diesen Artikel beim Lieferanten	bestnr
vorhandene Anzahl	anz
Lieferantennummer	lnr
Adresse des Lieferanten	adr
Telefonnummer des Lieferanten	telnr
Regionalvertreter des Lieferanten	vertr
Einkaufspreis	ek
Verkaufspreis	vk

Tabelle 8.1 Artikeldaten

Erster Entwurf

Tabelle Im ersten Entwurf für eine solche Datenbank werden die Daten in einer Tabelle mit dem Namen artikel gespeichert, siehe Tabelle 8.2.

artnr	bestnr	anz	lnr	adr	telnr	vertr	ek	vk
12	877	5	1	Köln	162376	Mertens	23	35
22	231	22	3	Koblenz	875434	Mayer	55	82
24	623	10	4	Bonn	121265	Marck	12	18
30	338	30	12	Aachen	135543	Schmidt	77	116
33	768	5	1	Köln	162376	Mertens	90	135
56	338	2	1	Köln	162376	Mertens	125	190
58	338	16	3	Koblenz	875434	Mayer	50	74
76	912	15	12	Aachen	135543	Schmidt	45	70

Tabelle 8.2 Erster Entwurf

Feld, Datensatz In diesem Beispiel sind acht verschiedene Artikel im Lager, zu jedem dieser Artikel existiert in der Tabelle eine Zeile. Eine solche Zeile in einer Datenbanktabelle wird *Datensatz* genannt. Die Spalten einer Datenbanktabelle nennt man *Felder*, sie werden durch ihre Überschrift, den *Feldnamen*, gekennzeichnet. Alle Artikel sind innerhalb einer Tabelle abgelegt. Das wirkt auf den ersten Blick sehr übersichtlich, Sie werden allerdings schnell erkennen, dass viele Daten mehrfach vorhanden sind. Bei jedem Artikel desselben Lieferanten sind Adresse, Telefonnummer und Vertreter in jedem Datensatz erfasst. Es ergibt sich eine Datenredundanz, d. h., viele Daten sind schlichtweg überflüssig. Außerdem können sich so schnell inkonsistente, uneinheitliche Daten ergeben, falls sich beispielsweise die Telefonnummer eines Lieferanten ändert und diese Änderung nur in einem Datensatz eingetragen wird.

Zweiter Entwurf

Daher geht man sinnvollerweise dazu über, den Lagerbestand in zwei Tabellen abzulegen, die miteinander verbunden sind. Die reinen Artikeldaten werden in der ersten Tabelle mit dem Namen `artikel` gespeichert. Die Felder sehen Sie in Tabelle 8.3.

Zwei Tabellen

artnr	bestnr	anz	lnr	ek	vk
12	877	5	1	23	35
22	231	22	3	55	82
24	623	10	4	12	18
30	338	30	12	77	116
33	768	5	1	90	135
56	338	2	1	125	190
58	338	16	3	50	74
76	912	15	12	45	70

Tabelle 8.3 Zweiter Entwurf, Artikel

Die zweite Tabelle `lieferanten` enthält nur die Daten zu den einzelnen Lieferanten. Die Felder sehen Sie in Tabelle 8.4.

lnr	adr	telnr	vertr
1	Köln	162376	Mertens
3	Koblenz	875434	Mayer

Tabelle 8.4 Zweiter Entwurf, Lieferanten

lnr	adr	telnr	vertr
4	Bonn	121265	Marck
12	Aachen	135543	Schmidt

Tabelle 8.4 Zweiter Entwurf, Lieferanten (Forts.)

1:n-Relation

Neben den beiden Tabellen wird noch eine sogenannte 1:n-Relation aufgebaut. Diese Relation (= Beziehung, Verknüpfung) wird zwischen den beiden Feldern mit dem Namen lnr in den beiden Tabellen geknüpft.

In Abbildung 8.1 sind die beiden Tabellen mit ihren Feldnamen und der Verknüpfung dargestellt.

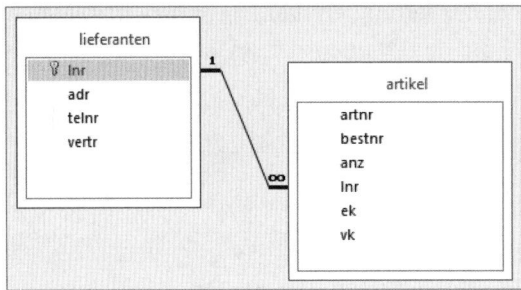

Abbildung 8.1 Relation zwischen Lieferanten und Artikeln

Redundanz
vermeiden

Um also die vollständige Information über einen Artikel zu erhalten, müssen Sie zuerst den Datensatz innerhalb der Tabelle artikel aufsuchen und anschließend über das Feld lnr den zugehörigen Datensatz in der Tabelle lieferanten beachten. Auf diese Weise werden redundante Informationen vermieden, und es kann ein erheblicher Teil an Speicherplatz eingespart werden.

Datenbanksystem

Diese beiden verknüpften Tabellen werden, zusammen mit einem geeigneten Abfragesystem zum schnellen Auffinden und Auswerten der Daten, als relationales Datenbanksystem bezeichnet. Zu einem solchen System gehören Indizes und Relationen.

8.1.2   Indizes

Hilfstabelle

Ein Index ist eine sortierte Hilfstabelle, in welcher sich die indizierten Felder in der entsprechenden sortierten Reihenfolge befinden. Außerdem steht hier ein Verweis auf den Ort des zugehörigen Datensatzes. Wenn das Datenbanksystem beim Suchen oder Sortieren einen Index benutzen kann, können effizientere Verfahren angewendet werden, weil die Tabelle nicht Satz für Satz abgearbeitet werden muss. Das bringt besonders bei großen Tabellen deutliche Geschwindigkeitsvorteile.

Da für jeden Index Speicherplatz benötigt wird, wächst die Größe der Datenbank entsprechend an. Außerdem müssen die Index-Hilfstabellen beim Eingeben und Ändern der Daten aktualisiert werden, was die Geschwindigkeit beim Bearbeiten der Daten verlangsamt. In diesem Zusammenhang sind die Begriffe *Primärindex* und *Sekundärindex* von Bedeutung.

Primärindex

Jede Tabelle kann ein Feld aufweisen, das als Primärindex (Primärschlüssel) dient. In einem Primärindexfeld ist jeder Wert einzigartig, zwei Datensätze haben darin also niemals den gleichen Wert. Diese Eigenschaft wird vom Datenbanksystem überwacht, wenn Sie ein Feld oder eine Gruppe von Feldern als Primärindex definieren. Über das Primärindexfeld kann jeder Datensatz eindeutig identifiziert werden.

Eindeutig

Ein Beispiel aus dem vorigen Abschnitt: Innerhalb der Tabelle `artikel` versehen Sie sinnvollerweise das Feld `artnr` mit einem Primärindex. Jede Artikelnummer sollte in dieser Tabelle nur einmal vorkommen. Innerhalb der Tabelle `lieferanten` versehen Sie das Feld `lnr` mit einem Primärindex.

Sekundärindex

Wird für ein Feld oder eine Gruppe von Feldern die Eigenschaft Sekundärindex vereinbart, kann mehrfach derselbe Feldinhalt vorkommen. Eine eindeutige Identifizierung eines Datensatzes ist über einen Sekundärindex also nicht möglich. Trotzdem empfiehlt es sich, Sekundärindizes anzulegen, wenn eine schnellere Sortierung oder ein schnelleres Suchen nach diesen Feldern ermöglicht werden soll.

Suchen und Sortieren

Hierzu noch einmal ein Beispiel aus dem vorigen Abschnitt: Innerhalb der Tabelle `lieferanten` versehen Sie beispielsweise das Feld `adr` mit einem Sekundärindex. Dadurch ermöglichen Sie das schnelle Sortieren der Tabelle nach Adressen bzw. das schnelle Suchen nach einer bestimmten Adresse.

8.1.3   Relationen

Wenn Sie mehrere Tabellen haben, werden diese meist in einer Relation (=Beziehung) zueinanderstehen. Das Datenbanksystem ermöglicht das Festlegen der Relationen zwischen je zwei Tabellen, um diese miteinander zu verknüpfen.

Eine 1:1-Relation

Eine 1:1-Relation liegt vor, falls einem Datensatz der einen Tabelle genau ein Datensatz der zweiten Tabelle zugeordnet ist. Die Verknüpfungsfelder müssen dazu in beiden Tabellen eindeutig sein. Im Prinzip könnten Sie zwei Tabellen, die zueinander in einer 1:1-Relation stehen, auch zu einer einzigen Tabelle zusammenfassen. Es kann aber Gründe geben, die das Führen von zwei Tabellen notwendig machen, etwa Datenschutzerfordernisse.

Datenschutz   Im Beispiel aus dem vorigen Abschnitt könnten Sie die Daten des ersten Entwurfs auch in zwei Tabellen anordnen, die über das Feld lnr miteinander verbunden sind. Beide Tabellen haben acht Datensätze, zu jedem Datensatz in der ersten Tabelle gibt es genau einen Datensatz in der zweiten Tabelle. Die persönlichen Daten eines Lieferanten, die in einer eigenen Tabelle stehen (siehe Tabelle 8.6), können so von den Daten des Artikellagers getrennt werden (siehe Tabelle 8.5). Wenn Sie für einzelne Benutzer nur den Zugriff auf die Artikeltabelle ermöglichen, haben Sie an dieser Stelle den Datenschutz gewährleistet, ohne die Funktion der Artikelverwaltung zu beeinträchtigen.

artnr	bestnr	anz	lnr	ek	Vk
12	877	5	1	23	35
22	231	22	3	55	82
24	623	10	4	12	18
30	338	30	12	77	116
33	768	5	1	90	135
56	338	2	1	125	190

Tabelle 8.5 1:1-Relation, erste Tabelle

artnr	bestnr	anz	lnr	ek	Vk
58	338	16	3	50	74
76	912	15	12	45	70

Tabelle 8.5 1:1-Relation, erste Tabelle (Forts.)

lnr	Adr	telnr	vertr
1	Köln	162376	Mertens
3	Koblenz	875434	Mayer
4	Bonn	121265	Marck
12	Aachen	135543	Schmidt
1	Köln	162376	Mertens
1	Köln	162376	Mertens
3	Koblenz	875434	Mayer
12	Aachen	135543	Schmidt

Tabelle 8.6 1:1-Relation, zweite Tabelle

Eine 1:n-Relation

Bei einer 1:n-Relation können zu einem Datensatz der ersten Tabelle mehrere Datensätze der zweiten Tabelle vorliegen, die sich darauf beziehen. In einem Datenbanksystem wird die Tabelle der 1-Seite auch als *Mastertabelle* für diese Relation bezeichnet, die Tabelle der n-Seite wird wiederum auch *Detailtabelle* genannt. Im Beispiel aus dem vorigen Abschnitt sind die Daten über eine solche 1:n-Relation miteinander verbunden. Die Mastertabelle für diese Relation ist die Tabelle der Lieferanten, die Detailtabelle ist die Tabelle der Artikel.

Master, Detail

Eine m:n-Relation

Bei einer m:n-Relation entsprechen einem Datensatz der ersten Tabelle mehrere Datensätze der zweiten Tabelle, aber auch umgekehrt entsprechen einem Datensatz der zweiten Tabelle mehrere Datensätze der ersten Tabelle. Eine m:n-Relation lässt sich nicht unmittelbar, sondern nur über den Umweg einer dritten Tabelle definieren.

Dritte Tabelle

Um eine Datenbank mit einer m:n-Relation darzustellen, muss das einfache Beispiel aus dem vorigen Abschnitt erweitert werden. Bisher kann ein Artikel nur von einem Lieferanten bezogen werden. Im neuen Beispiel soll es nun auch die Möglichkeit geben, einen Artikel unter unterschiedlichen Bestellnummern bei verschiedenen Lieferanten zu beziehen. Die Tabelle artikel würde so erweitert werden, wie in Tabelle 8.7 zu sehen.

artnr	bestnr	anz	lnr	ek	vk
12	877	3	1	23	35
12	655	2	4	26	35
22	231	22	3	55	82
24	623	10	4	12	18
30	338	30	12	77	116
33	768	5	1	90	135
56	338	2	1	125	190
58	338	3	3	50	74
58	442	5	1	47	74
58	587	6	4	42	74
58	110	2	12	55	74
76	912	15	12	45	70

Tabelle 8.7 Tabelle »artikel«, unterschiedliche Lieferanten

Sowohl Artikel 12 als auch Artikel 58 sind unter unterschiedlichen Bestellnummern und Einkaufspreisen bei verschiedenen Lieferanten zu beziehen. Die Tabelle artikel hat nun keinen Primärindex mehr im Feld artnr, da eine Artikelnummer mehrfach vorkommen kann.

Diese Daten legen Sie zur besseren Strukturierung in den folgenden drei Tabellen an:

▶ Tabelle lieferanten mit den Lieferantendaten (siehe Tabelle 8.8)

▶ Tabelle art_einzel mit den unterschiedlichen Daten pro Artikel und Lieferant (siehe Tabelle 8.9)

▶ Tabelle art_gesamt mit den gemeinsamen Daten der Artikel (siehe Tabelle 8.10)

lnr	adr	telnr	Vertr
1	Köln	162376	Mertens
3	Koblenz	875434	Mayer
4	Bonn	121265	Marck
12	Aachen	135543	Schmidt

Tabelle 8.8 Tabelle »lieferanten«

artnr	bestnr	anz_einzel	lnr	Ek
12	877	3	1	23
12	655	2	4	26
22	231	22	3	55
24	623	10	4	12
30	338	30	12	77
33	768	5	1	90
56	338	2	1	125
58	338	3	3	50
58	442	5	1	47
58	587	6	4	42
58	110	2	12	55
76	912	15	12	45

Tabelle 8.9 Tabelle »art_einzel«

artnr	vk
12	35
22	82
24	18
30	116

Tabelle 8.10 Tabelle »art_gesamt«

artnr	vk
33	135
56	190
58	74
76	70

Tabelle 8.10 Tabelle »art_gesamt« (Forts.)

Zweimal 1:n Die Tabelle lieferanten ist über das Feld lnr mit der Tabelle art_einzel über eine 1:n-Relation verbunden. Die Tabelle art_gesamt ist über das Feld artnr ebenfalls über eine 1:n-Relation mit der Tabelle art_einzel verbunden.

m:n-Relation Zwischen den beiden Tabellen lieferanten und art_gesamt gibt es eine *m:n-Relation*, da es zu jedem Lieferanten mehrere Artikelnummern und zu jeder Artikelnummer mehrere Lieferanten geben kann. Primärindizes gibt es in der Tabelle lieferanten auf lnr und in der Tabelle art_gesamt auf artnr (siehe Abbildung 8.2).

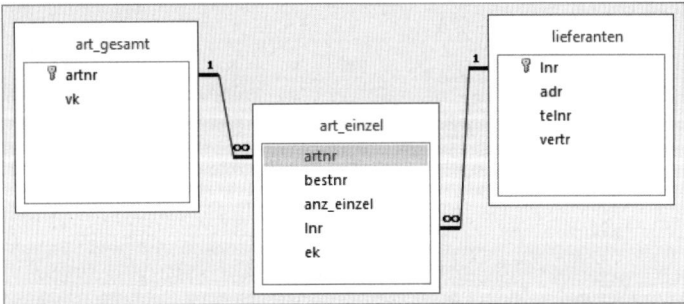

Abbildung 8.2 Zwei 1:n-Relationen ergeben eine m:n-Relation

8.1.4 Übungen

Bei den nachfolgenden Übungen sollen Sie eigene relationale Datenbanken übersichtlich *auf Papier* modellieren. Vermeiden Sie dabei Redundanzen und Inkonsistenzen. Kennzeichnen Sie Primärindizes und gegebenenfalls Sekundärindizes. Zeichnen Sie 1:n-Relationen und (falls vorhanden) m:n-Relationen ein.

Übung Projektverwaltung

Modellieren Sie eine eigene relationale Datenbank projektverwaltung zur Verwaltung von Personal, Kunden und Projekten innerhalb einer Firma. Folgende Basisinformationen stehen Ihnen zur Verfügung und sollen in der Datenbank verfügbar sein:

Übung Projekt-
verwaltung

▶ Ein Mitarbeiter hat einen Namen, einen Vornamen und eine Personalnummer.

▶ Ein Kunde hat einen Namen und kommt aus einem Ort.

▶ Ein Projekt hat eine Bezeichnung und eine Projektnummer und ist einem Kunden zugeordnet.

▶ Ein Mitarbeiter kann an mehreren Projekten innerhalb der Firma beteiligt sein.

▶ Ein Projekt kann von einem oder mehreren Mitarbeitern bearbeitet werden.

▶ Jeder Mitarbeiter notiert jeden Tag, wie viele Stunden er für welches Projekt gearbeitet hat.

Übung Mietwagen

Modellieren Sie eine eigene relationale Datenbank mietwagen zur Verwaltung einer Mietwagenfirma. Folgende Basisinformationen stehen Ihnen zur Verfügung und sollen in der Datenbank verfügbar sein:

Übung Mietwagen

▶ Ein Fahrzeug hat eine Fahrgestellnummer, ein Kfz-Kennzeichen, gehört zu einer Preisklasse, hat einen Kilometerstand und einen Standort.

▶ Die Mietwagenfirma hat mehrere Standorte. Gemietete Fahrzeuge können nur an der gleichen Station zurückgegeben werden.

▶ Ein Kunde hat einen Namen, einen Vornamen, eine Adresse und eine Kundennummer. Er kann beliebig oft Fahrzeuge mieten.

▶ Bei einem Mietvorgang sind Zeitpunkt (Beginn und Ende), gewünschte Preisklasse, tatsächlich gemietetes Fahrzeug, Mietstation und gefahrene Kilometer wichtig.

▶ Eine Preisklasse beinhaltet die Kosten pro Tag (bei 300 Freikilometern) und die Kosten für jeden zusätzlichen Kilometer.

8

8.2   Anlegen einer Datenbank in MS Access

MS Access

Bei MS Access handelt es sich um ein Datenbanksystem als Bestandteil bestimmter Versionen von MS Office. Falls Sie bisher noch nicht mit MS Access gearbeitet haben, lernen Sie in diesem Abschnitt, wie Sie Datenbanken mit MS Access in der Version 2013 erstellen, z. B. die in den weiteren Abschnitten benutzte Datenbank firma. Anderenfalls können Sie gleich zu Abschnitt 8.3 übergehen. Die Erzeugung einer Datenbank in einer anderen Version (von MS Office 2007 bis MS Office 2016) funktioniert recht ähnlich.

Weiteres
DB-System

Es gibt noch weitere Möglichkeiten, Datenbanken zu erstellen, z. B. mithilfe des MySQL-Datenbankservers.

Daten können aus anderen Anwendungen leicht nach MS Access importiert bzw. aus MS Access exportiert werden. Außerdem können Bedienung und Darstellung der internen Strukturen einer Datenbank durch Grafik und Maus vereinfacht werden.

8.2.1   Aufbau von Access

Objekte

Im Datenbanksystem MS Access wird mit Objekten gearbeitet. Neben den Datenbeständen, die in Tabellen organisiert sind, können in einer MS Access-Datenbank weitere Objekte gespeichert werden, die den Zugriff auf die Daten und die Darstellung der Daten regeln. Dazu können etwa Abfragen, Berichte und Formulare gehören.

Jedes dieser Elemente ist für MS Access ein Objekt, das einen eigenen Namen erhält und bestimmte Eigenschaften hat, die Sie einstellen können. Komplexe Objekte wie Formulare enthalten ihrerseits benannte Objekte mit einstellbaren Eigenschaften, z. B. Eingabefelder. Auf jedes dieser Objekte kann durch seinen Namen Bezug genommen werden.

Einzelne Datei

Alle Objekte einer Datenbank werden zusammen in einer Datei gespeichert, sodass Sie beim Öffnen einer Datenbankdatei sicher sein können, alle benötigten Elemente verfügbar zu haben.

Tabellen

Daten speichern

Die Grundlage einer MS Access-Datenbank sind die Tabellen, in denen der Datenbestand gespeichert wird. Wie viele Tabellen eine Datenbank umfasst und in welcher Weise die Tabellen verknüpft werden, hängt von der speziellen Aufgabenstellung der Datenbank ab. Tabellen sind in Zeilen und Spalten organisiert. Jede Zeile stellt einen Datensatz dar, jede Spalte ein Feld.

Abfragen

Während die Gesamtheit der Tabellen in den Daten gespeichert ist, können Sie mit Abfragen die jeweils gewünschten Teilinformationen abrufen. Das Ergebnis einer Abfrage wird *Dynaset* genannt und ebenfalls in Tabellenform dargestellt. Sie können beliebig viele Abfragen zusammen mit der Datenbank speichern. Wenn Sie eine Abfrage verwenden, wird das entsprechende Dynaset gemäß der gespeicherten Abfragevorschrift jedes Mal neu erzeugt.

Daten abrufen

8

Formulare

Für die Bildschirmdarstellung der Daten können Formulare erstellt werden, die den früher verwendeten Papierformularen entsprechen. Zum Eingeben und Ändern der Daten bieten Formulare eine gute Benutzerführung, aber auch wenn es um die übersichtliche Darstellung von Abfrageergebnissen geht, sollten Sie Formulare verwenden.

Daten ändern

Der Formularassistent führt den Anwender bei der Erstellung eines Formulars und hält Standardmaskenformate bereit. Sie können Anordnung, Gestaltung und Auswertung aber auch selbst bestimmen.

Berichte

Mit Berichten können Sie nicht nur die Druckausgabe gestalten, sondern auch gruppenweise Daten zusammenfassen und statistische sowie grafische Auswertungen durchführen. Als Basis können Sie eine Tabelle oder Abfrage verwenden.

Daten drucken

Auch bei der Berichterstellung kann Sie ein Assistent unterstützen, Sie können jedoch ebenso einen eigenen Berichtsentwurf anlegen oder das vom Berichtsassistenten erzeugte Berichtsformat individuell umgestalten.

8.2.2 Datenbankentwurf in MS Access 2016

Jeder Einzelinformation, die zum selben Tabellenthema gehört, entspricht ein eigenes Feld. Dagegen sollten Sie für Informationen, die sich ableiten oder berechnen lassen, keine Tabellenfelder vorsehen. Diese Informatio-

MS Access 2016

nen werden mit Abfragen erzeugt und stets mit den aktuellen Daten aus der Tabelle berechnet, wenn Sie die Abfrage aufrufen.

Erstellung von Tabellen, Indizes und Relationen

Datenbank erstellen Die beschriebenen Bestandteile einer Datenbank werden nun anhand von eigenen Datenbanken bearbeitet. Geben Sie dazu das Beispiel mit den drei Tabellen aus dem vorigen Abschnitt ein. Die Datenbank erhält den Namen lager. Im Folgenden sind die Entwürfe der drei Tabellen und diejenigen Indizes aufgeführt, die in jedem Fall benötigt werden.

Erstellung einer Datenbank:

▶ Rufen Sie als Erstes MS Access 2016 auf.

▶ Wählen Sie das Symbol LEERE DESKTOPDATENBANK aus.

.accdb ▶ Nun wählen Sie den gewünschten Dateinamen und das Verzeichnis aus, bzw. geben Sie beides ein. In diesem Fall ist das *C:\Temp\lager.accdb*, die Endung *.accdb* wird von MS Access 2013 ergänzt (siehe Abbildung 8.3).

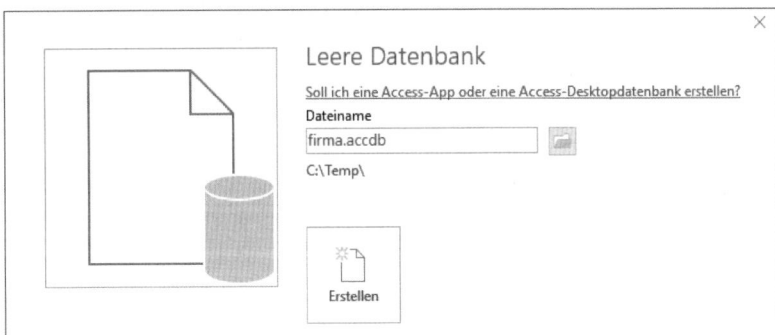

Abbildung 8.3 Erstellung der Datenbank

Hinweis: In MS Access wird seit MS Office 2007 dasselbe Datenbankformat verwendet. Sie können mit MS Access 2016 aber auch Datenbanken mit der Endung *.mdb* für Versionen vor MS Office 2007 anlegen und bearbeiten.

▶ Nach Betätigung des Buttons ERSTELLEN erscheint die leere Datenbank mit einem Fenster für Tabelle1. Hier könnten Sie direkt die Daten von Tabelle1 eingeben. Allerdings sollten Sie zunächst eine Tabellenstruktur erzeugen. Daher schließen Sie das Fenster von Tabelle1, ohne zu speichern.

▶ Über den Menüpunkt ERSTELLEN • TABELLENENTWURF gelangen Sie zur Entwurfsansicht für die erste neue Tabelle. Geben Sie hier nun die Daten aus Abbildung 8.4 ein.

Tabellenentwurf

Feldname	Felddatentyp
artnr	Zahl
bestnr	Zahl
anz_einzel	Zahl
lnr	Zahl
ek	Währung

Tabelle1

Abbildung 8.4 Entwurf der ersten Tabelle

8

▶ Hinweis: Für den Felddatentyp Zahl ist standardmäßig die Feldgröße Long Integer eingestellt. Es können also nur ganze Zahlen gespeichert werden, was für das vorliegende Beispiel genügt. Falls Sie aber ein Feld benötigen, in dem auch Zahlen mit Nachkommastellen gespeichert werden können, gehen Sie wie folgt vor: Markieren Sie das Feld nach der Erzeugung und wählen Sie weiter unten auf der Seite auf der Registerkarte ALLGEMEIN der FELDEIGENSCHAFTEN die FELDGRÖSSE Single (für einfache Genauigkeit, ähnlich wie float in C#) oder Double (für doppelte Genauigkeit, ähnlich wie double in C#).

Felddatentyp, Feldgröße

▶ Nun schließen Sie das Tabellenfenster. Da Sie noch nicht gespeichert haben, werden Sie gefragt, ob Sie speichern möchten. Nach Betätigung des Buttons JA können Sie den Namen der Tabelle (art_einzel) eingeben.

▶ Sie werden darauf aufmerksam gemacht, dass die Tabelle über keinen Primärschlüssel verfügt, und werden gefragt, ob Sie einen solchen erstellen möchten. Nach Betätigung des Buttons NEIN erscheint die neue Tabelle im Datenbankfenster (siehe Abbildung 8.5).

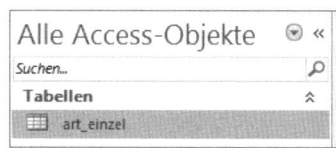

Abbildung 8.5 Neue Tabelle »art_einzel«

▶ Im Kontextmenü der neuen Tabelle könnten Sie über den Menüpunkt ENTWURFSANSICHT wiederum in die entsprechende Ansicht gelangen, um die Struktur zu verändern.

▶ Wählen Sie im Kontextmenü den Menüpunkt ÖFFNEN oder führen einen Doppelklick auf der Tabelle aus, gelangen Sie zur Datenblattansicht und können Daten in die Tabelle eingeben.

▶ Wiederum über den Menüpunkt ERSTELLEN • TABELLENENTWURF gelangen Sie zur Entwurfsansicht für die nächste Tabelle. Hier geben Sie die Daten aus Abbildung 8.6 ein.

Primärschlüssel ▶ Zum Setzen eines Primärschlüssels wählen Sie die betreffende Zeile aus (artnr) und klicken auf das Symbol PRIMÄRSCHLÜSSEL. Anschließend ist der Primärschlüssel zu sehen (siehe ebenso Abbildung 8.6).

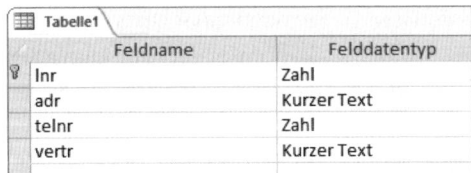

▦ Tabelle1	
Feldname	**Felddatentyp**
⸙ artnr	Zahl
vk	Währung

Abbildung 8.6 Neue Tabelle mit Primärschlüssel

▶ Diese Tabelle speichern Sie unter dem Namen art_gesamt.

▶ Die dritte Tabelle (lieferanten) geben Sie ebenso ein und speichern sie anschließend, dabei setzen Sie den Primärschlüssel auf das Feld lnr (siehe Abbildung 8.7).

▦ Tabelle1	
Feldname	**Felddatentyp**
⸙ lnr	Zahl
adr	Kurzer Text
telnr	Zahl
vertr	Kurzer Text

Abbildung 8.7 Dritte Tabelle, mit Primärschlüssel

Herstellen der Relationen zwischen den Tabellen

Die folgenden beiden Relationen werden benötigt:

▶ Tabelle art_gesamt, Feld artnr (1-Seite) zu Tabelle art_einzel, Feld artnr (n-Seite), mit referentieller Integrität, ohne Aktualisierungsweitergabe, ohne Löschweitergabe.

▶ Tabelle lieferanten, Feld lnr (1-Seite) zu Tabelle art_einzel, Feld lnr (n-Seite), mit referentieller Integrität, ohne Aktualisierungsweitergabe, ohne Löschweitergabe.

Erstellen der Relationen:

▶ Hierzu wählen Sie (bei geschlossenen Tabellen und Tabellenentwürfen) den Menüpunkt DATENBANKTOOLS • BEZIEHUNGEN. In dem daraufhin erscheinenden Dialogfenster markieren Sie alle drei Tabellen mithilfe der ⬦-Taste.

▶ Anschließend betätigen Sie nacheinander die Buttons HINZUFÜGEN und SCHLIESSEN. Nun sind alle drei Tabellen im Beziehungsfenster zu sehen. Die Tabellen können leicht mit der Maus verschoben werden.

▶ Für jede Relation verbinden Sie die beiden Felder, zwischen denen die Relation erstellt werden soll, mithilfe der Maus wie folgt miteinander: Sie betätigen auf einem der beiden Felder die linke Maustaste, halten sie gedrückt, gehen zum anderen Feld (in der anderen Tabelle) und lassen die Maustaste dort wieder los.

8

▶ Führen Sie das für die beiden Felder lnr durch, erscheint das Dialogfeld aus Abbildung 8.8.

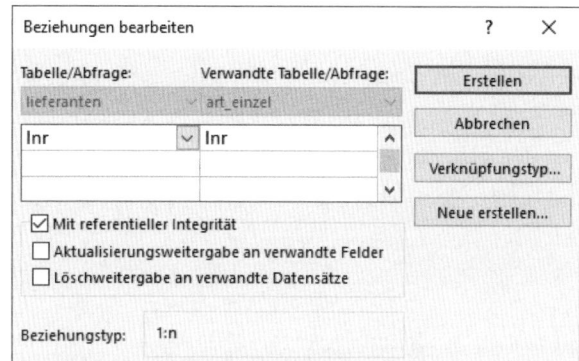

Abbildung 8.8 Erstellung einer Beziehung

▶ Hier sollten Sie MIT REFERENTIELLER INTEGRITÄT auswählen (eine Erklärung folgt weiter hinten) und anschließend den Button ERSTELLEN betätigen.

▶ Zwischen den ausgewählten Feldern erscheint eine Linie, die die 1:n-Relation darstellt (sofern die Felder auf beiden Seiten der Relation den gleichen Datentyp haben und auf einem der beiden Felder ein Primärindex liegt).

▶ Die zweite Relation können Sie auf die gleiche Art erstellen, sodass das Ergebnis schließlich Abbildung 8.2 zu Beginn dieses Kapitels gleicht.

Referentielle Integrität

Bei der Herstellung von Relationen können Sie auswählen, ob die Regeln der referentiellen Integrität eingehalten werden sollen. Wenn Sie beim Aktualisieren oder Löschen von Daten in einer der beiden Tabellen gegen diese Regeln verstoßen, zeigt MS Access eine Meldung an und lässt diese Änderung nicht zu. Regelverstöße wären zum Beispiel:

- ▶ das Hinzufügen von Datensätzen in einer Detailtabelle, für die kein Primärdatensatz vorhanden ist
- ▶ Änderungen von Werten in einer Mastertabelle, die verwaiste Datensätze in einer Detailtabelle zur Folge hätten

- ▶ das Löschen von Datensätzen in einer Mastertabelle, wenn übereinstimmende verknüpfte Datensätze vorhanden sind

Die Option MIT REFERENTIELLER INTEGRITÄT dient also der Datensicherheit und der Fehlerverminderung bei der Eingabe von Daten und der Aktualisierung von Datenbanken. Sie können diese Option aber nur unter folgenden Voraussetzungen auswählen:

- ▶ Das Feld der Mastertabelle hat einen Primärindex oder zumindest einen eindeutigen Index.
- ▶ Das Detailfeld weist den gleichen Datentyp auf.
- ▶ Beide Tabellen sind in derselben MS Access-Datenbank gespeichert.

8.2.3   Übungen

Erzeugen Sie aus den beiden Modellen *Projektverwaltung* und *Mietwagen* des Abschnitt 8.1.4 jeweils eine eigene relationale Datenbank in MS Access. Erstellen Sie Tabellen, Indizes und Relationen. Tragen Sie einige geeignete Beispieldaten ein. Dabei ist darauf zu achten, dass zuerst Daten auf der Masterseite einer Beziehung eingetragen werden müssen, bevor Daten auf der Detailseite einer Beziehung eingetragen werden können.

8.3   Datenbankzugriff mit C# innerhalb von Visual Studio

Seit dem vorherigen Abschnitt wissen Sie, wie man eine Datenbank mit Tabellen und Beziehungen erstellt. In diesem Abschnitt wird Ihnen gezeigt, wie Sie mithilfe von C# innerhalb von Visual Studio auf eine Datenbank zugreifen.

Nach der Installation eines MS Office Pakets mit MS Access stehen normalerweise alle notwendigen Elemente für den Datenbankzugriff per Programm zur Verfügung. Sollte das jedoch nicht der Fall sein, können Sie bei Microsoft unter der Adresse *http://www.microsoft.com/de-de/download/ details.aspx?id=13255* die *Microsoft Access Database Engine 2010 Redistributable* herunterladen und installieren.

Bei manchen Rechnern kann es vorkommen, dass Sie bei Projektausführung dennoch die Meldung erhalten, dass der Microsoft.ACE.OLEDB. 12.0-Provider auf diesem Rechner nicht registriert ist. Als Abhilfe können Sie bei Microsoft unter der Adresse *http://www.microsoft.com/de-de/ download/details.aspx?id=23734* die Datenkonnektivitätskomponenten aus den 2007 Office System-Treibern herunterladen und installieren.

Datenkonnektivität

Diese können Sie seit MS Office 2010 für MS Access nutzen. Es gibt sie in zwei Versionen: für 32-Bit- und für 64-Bit-Rechner. Sie sollten diejenige nutzen, die zur Zielplattform Ihrer Anwendung passt. Gegebenenfalls müssen Sie in den Projekteigenschaften des jeweiligen Projekts die Markierung bei 32-Bit bevorzugen entfernen. Sie erreichen die betreffende Seite in den Projekteigenschaften über den Menüpunkt Projekt • <Projektna­me>-Eigenschaften • Erstellen.

Projekteigenschaften

8.3.1   Beispieldatenbank

In diesem und den folgenden Abschnitten wird mit der MS Access-Datenbank *firma.accdb* gearbeitet. Alle Beispieldatenbanken finden Sie auf *www.rheinwerk-verlag.de/4351* unter »Materialien zum Buch«. Sie können unter allen Versionen von MS Access seit MS Office 2007 genutzt werden. In *firma.accdb* enthalten ist die Tabelle personen zur Aufnahme von Personendaten. Diese Tabelle personen hat dieselbe Struktur, die Sie auch in Abbildung 8.9 sehen können.

firma.accdb

Feldname	Felddatentyp
name	Kurzer Text
vorname	Kurzer Text
personalnummer	Zahl
gehalt	Zahl
geburtstag	Datum/Uhrzeit

Abbildung 8.9 Entwurf der Tabelle »personen«

Primärindex Auf dem Feld `personalnummer` ist der Primärschlüssel definiert. Es kann also keine zwei Datensätze mit der gleichen Personalnummer geben. Das Feld `gehalt` besitzt die Feldgröße `Single`, damit auch Zahlen mit Nachkommastellen gespeichert werden können, siehe Abschnitt 8.2.2.

Es gibt bereits drei Datensätze mit den Inhalten, die in Abbildung 8.10 zu sehen sind.

personen				
name ▾	vorname ▾	personalnummer ▾	gehalt ▾	geburtstag ▾
Mertens	Julia	2297	3621,5	30.12.1959
Maier	Hans	6714	3500	15.03.1962
Schmitz	Peter	81343	3750	12.04.1958

Abbildung 8.10 Inhalt der Tabelle »personen«

8.3.2   Ablauf eines Zugriffs

Der Zugriff auf eine Datenbank mit C# setzt sich innerhalb von Visual Studio aus den folgenden Schritten zusammen:

▶ Aufnahme der Verbindung zur Datenbank

▶ Absetzen eines SQL-Befehls an die Datenbank

▶ Auswerten des SQL-Befehls

▶ Schließen der Verbindung zur Datenbank

Diese Schritte werden nachfolgend zunächst erläutert und anschließend zusammenhängend in einem C#-Programm durchgeführt.

8.3.3   Verbindung

OleDbConnection Die Verbindung zu einer MS Access-Datenbank wird mithilfe eines Objekts der Klasse `OleDbConnection` aus dem Namespace `OleDb` aufgenommen. Ähnliche Klassen gibt es für die Verbindung zu anderen Datenbanktypen bzw. zu Datenbankservern.

ConnectionString Die wichtigste Eigenschaft der Klasse `OleDbConnection` ist `ConnectionString`. Darin werden mehrere Eigenschaften für die Art der Verbindung vereinigt. Für MS Access sind das:

▶ der Datenbankprovider: `Microsoft.ACE.OLEDB.12.0`

▶ die Datenquelle (`Data Source`), hier *C:\Temp\firma.accdb*

Die Methoden Open() und Close() der Klasse OleDbConnection dienen zum Öffnen und Schließen der Verbindung. Eine offene Verbindung sollte so schnell wie möglich wieder geschlossen werden.

Open(), Close()

8.3.4   SQL-Befehl

Die Abkürzung SQL steht für *Structured Query Language*. SQL ist eine *strukturierte Abfragesprache*, also eine Sprache, mit deren Hilfe Datenbankabfragen ausgeführt werden können.

Es gibt grundsätzlich zwei Typen von Abfragen:

▶ Auswahlabfragen zur Sichtung von Daten mit dem SQL-Befehl SELECT

SELECT

▶ Aktionsabfragen zur Veränderung von Daten mit den SQL-Befehlen UPDATE, DELETE, INSERT

Im weiteren Verlauf werden erste Grundlagen der Sprache SQL vermittelt, sodass einige typische Arbeiten mit Datenbanken durchgeführt werden können. Innerhalb einer SQL-Anweisung können Innerhalb dieses Buchs werden die Befehle und Schlüsselworte der Sprache SQL jedoch einheitlich großgeschrieben, um sie deutlich vom Rest der Anweisung zu unterscheiden.

8.3.5   OleDb

Der Namensraum OleDb muss über die Anweisung using System.Data.OleDb in jedem Projekt eingebunden werden, in dem Sie auf eine MS Access-Datenbank zugreifen möchten.

OleDb

SQL-Befehle werden mittels eines Objekts der Klasse OleDbCommand aus dem Namespace OleDb zu einer MS Access-Datenbank gesendet. Die beiden wichtigsten Eigenschaften dieser Klasse sind:

OleDbCommand

▶ Connection: Angabe der Verbindung, über die der SQL-Befehl gesendet wird

▶ CommandText: der Text des SQL-Befehls

Für die beiden verschiedenen Abfragetypen bietet die Klasse OleDbCommand die beiden folgenden Methoden:

▶ ExecuteReader() dient zum Senden einer Auswahlabfrage und zum Empfangen des Abfrageergebnisses.

ExecuteReader()

▶ ExecuteNonQuery() dient dem Senden einer Aktionsabfrage und zum Empfangen einer Zahl. Dabei handelt es sich um die Anzahl der Datensätze, die von der Aktion betroffen waren.

OleDbReader Das Ergebnis einer Auswahlabfrage wird in einem Objekt der Klasse OleDbReader aus dem Namespace OleDb gespeichert. In diesem Reader stehen alle Datensätze des Ergebnisses mit den Werten der angeforderten Felder.

8.3.6 Auswahlabfrage

Alle Daten sehen Als Beispiel für eine Auswahlabfrage nehmen wir den einfachsten Fall: Sie möchten alle Datensätze einer Tabelle mit allen Feldern sehen (siehe Abbildung 8.11).

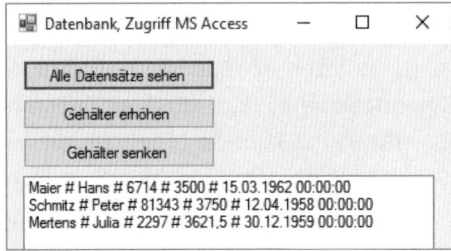

Abbildung 8.11 Alle Datensätze sehen

Das Programm (im Projekt *DBZugriffAccess*):

```
private void CmdAlleSehen_Click(...)
{
    OleDbConnection con = new OleDbConnection();
    OleDbCommand cmd = new OleDbCommand();
    OleDbDataReader reader;

    con.ConnectionString = "Provider=Microsoft.ACE.OLEDB.12.0;" +
        "Data Source=C:\\Temp\\firma.accdb";

    cmd.Connection = con;
    cmd.CommandText = "SELECT * FROM personen";

    try
    {
        con.Open();
```

```
        reader = cmd.ExecuteReader();
        LstAnzeige.Items.Clear();
        while (reader.Read())
        {
            LstAnzeige.Items.Add(reader["name"] + " # " +
                reader["vorname"] + " # " +
                reader["personalnummer"] + " # " +
                reader["gehalt"] + " # " + reader["geburtstag"]);
        }

        reader.Close();
        con.Close();
    }
    catch (Exception ex)
    {
        MessageBox.Show(ex.Message);
    }
}
```

Listing 8.1 Projekt »DBZugriffAccess«, Auswahlabfrage

Zur Erläuterung:

▶ Es werden die beiden Objekte der Klassen `OleDbConnection` und `OleDb-` **Connection**
`Command` erzeugt.

▶ Außerdem wird ein Verweis auf ein Objekt der Klasse `OleDbReader` erzeugt. Ein Verweis auf das Objekt selbst wird später von der Methode
`ExecuteReader()` der Klasse `OleDbCommand` geliefert.

▶ Die Eigenschaft `ConnectionString` wird mit den Informationen für den
Provider und die Datenquelle gefüllt.

▶ Es wird festgelegt, auf welcher Verbindung der SQL-Befehl gesendet
wird.

▶ Der SQL-Befehl `SELECT * FROM personen` besteht aus den folgenden Ele-   **SQL-Befehl**
menten:

  – `SELECT ... FROM ...`: wähle Felder... von Tabelle ...

  – `*`: Liste der gewünschten Felder im Abfrageergebnis, `*` bedeutet alle
    Felder

  – `personen`: Name der Tabelle, aus der ausgewählt wird

try-catch ▶ Da es beim Zugriff auf eine Datenbank erfahrungsgemäß zahlreiche Fehlerquellen gibt, sollte er in einem try-catch-Block ablaufen. Ähnlich wie beim Zugriff auf eine Datei kann es vorkommen, dass die Datenbank gar nicht am genannten Ort existiert. Auch Fehler bei der SQL-Syntax werden an C# weitergemeldet. Die verschiedenen möglichen Fehlermeldungen helfen bei der Fehlerfindung.

Open() ▶ Durch den Aufruf der Methode Open() wird die Verbindung geöffnet.

▶ Das Kommando wird mit der Methode ExecuteReader() gesendet. Es kommt ein Abfrageergebnis von der Klasse OleDbReader zurück, dieses wird über den Verweis reader erreichbar gemacht.

▶ Da Sie nicht wissen, wie viele Datensätze das Abfrageergebnis enthält, eignet sich zur Ausgabe ein Listenfeld. Dieses wird zuvor geleert.

Read() ▶ Die Methode Read() des Reader-Objekts liefert einen Datensatz und setzt einen sogenannten Datensatzzeiger auf den nächsten Datensatz. Falls kein weiterer Datensatz mehr da ist, also der Datensatzzeiger am Ende des Readers steht, wird false geliefert. Das wird von der while-Schleife gesteuert.

▶ Innerhalb eines Datensatzes können die Werte der einzelnen Felder entweder über die Feldnummer oder den Feldnamen angesprochen werden. Hier wird die zweite, anschaulichere Möglichkeit verwendet. Es werden die Werte aller Felder ausgegeben, zur Verdeutlichung getrennt mit dem Zeichen #.

Close() ▶ Zu guter Letzt müssen noch der Reader und die Verbindung wieder geschlossen werden, jeweils mit Close().

Hinweis: Falls Sie auf eine MS Access-Datenbank mit der Endung *.mdb* zugreifen, sieht der *ConnectionString* wie folgt aus:

```
con.ConnectionString =
    "Provider=Microsoft.Jet.OLEDB.4.0;" +
    "Data Source=C:\Temp\firma.mdb;"
```

8.3.7 Aktionsabfrage

Alle Daten ändern Im folgenden Beispiel für eine Aktionsabfrage sollen alle Gehälter um 5 % erhöht werden bzw. wieder auf den alten Wert gesenkt werden, sodass die Liste anschließend etwa wie die in Abbildung 8.12 aussieht.

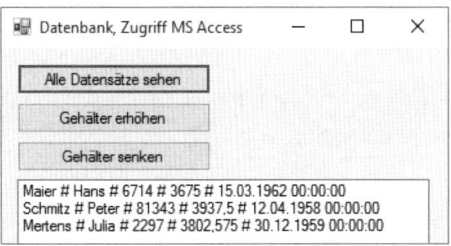

Abbildung 8.12 Nach Erhöhung um 5 %

Das Programm (ebenfalls im Projekt *DBZugriffAccess*):

8

```csharp
private void CmdAendern_Click(...)
{
    OleDbConnection con = new OleDbConnection();
    OleDbCommand cmd = new OleDbCommand();
    int anzahl;
    string op;

    con.ConnectionString = "Provider=Microsoft.ACE.OLEDB.12.0;" +
        "Data Source=C:\\Temp\\firma.accdb";

    cmd.Connection = con;

    if (sender == CmdErhoehen)
        op = "*";
    else
        op = "/";
    cmd.CommandText =
        "UPDATE personen SET gehalt = gehalt " + op + " 1.05";

    try
    {
        con.Open();

        anzahl = cmd.ExecuteNonQuery();
        MessageBox.Show("Datensätze geändert: " + anzahl);
        con.Close();
    }
    catch (Exception ex)
    {
```

```
            MessageBox.Show(ex.Message);
        }
    }
}
```

Listing 8.2 Projekt »DBZugriffAccess«, Aktionsabfrage

Zur Erläuterung:

▶ Der Ablauf ist ähnlich wie bei einer Auswahlabfrage. Es wird allerdings kein Reader benötigt, da es bei Aktionsabfragen kein Abfrageergebnis gibt, das ausgelesen werden könnte.

UPDATE ▶ Der SQL-Befehl für den Button GEHÄLTER ERHÖHEN lautet UPDATE personen SET gehalt = gehalt * 1.05. Er setzt sich zusammen aus:

    – UPDATE ... SET ... (aktualisiere Tabelle ... setze Werte ...)

    – personen (Name der Tabelle, in der aktualisiert wird)

    – gehalt = gehalt * 1.05 (eine oder mehrere Zuweisungen mit neuen Werten für ein oder mehrere Felder)

ExecuteNonQuery() ▶ Das Kommando wird mit der Methode ExecuteNonQuery() gesendet. Rückgabewert ist die Anzahl der Datensätze, die von der Aktionsabfrage betroffen waren. Diese werden angezeigt (siehe Abbildung 8.13).

== ▶ Das Ereignis Click der beiden unteren Buttons ist mit der Prozedur CmdAendern_Click() verbunden. Die Gehälter werden erhöht bzw. gesenkt. Mithilfe des Vergleichsoperators == wird festgestellt, welcher der beiden Buttons betätigt wurde.

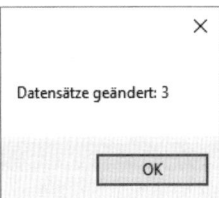

Abbildung 8.13 Anzahl der geänderten Datensätze

8.4   SQL-Befehle

In diesem Abschnitt werden die wichtigsten SQL-Befehle anhand einiger typischer Beispiele mit ihren Auswirkungen erläutert. Sie finden alle Beispiele auch im Projekt *DBSqlBefehle*.

8.4.1   Auswahl mit SELECT

Die Anweisung SELECT dient zur Auswahl von Datensätzen, damit diese an-
gezeigt werden können. Sie wird mithilfe von ExecuteReader() ausgeführt.
Ein erstes Beispiel wurde mit SELECT * FROM personen bereits gezeigt. Weitere
Beispiele sind:

```
SELECT name, vorname FROM personen
```

Es werden nur die Werte der Felder name und vorname für alle Datensätze an-   **SELECT**
gefordert. Das Abfrageergebnis ist kleiner, die Werte der anderen Felder
sind nicht darin enthalten und können auch nicht in der Schleife ausgegeben werden (siehe Abbildung 8.14).

Beispiel:

```
SELECT * FROM personen WHERE gehalt > 3600
```

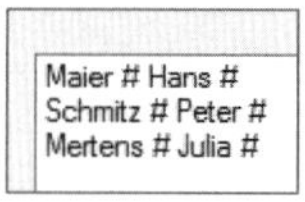

```
Maier # Hans #
Schmitz # Peter #
Mertens # Julia #
```

Abbildung 8.14 Nur die Felder »name« und »vorname«

Innerhalb der WHERE-Klausel können Bedingungen angegeben werden, ähn-   **WHERE**
lich wie bei einer if-Verzweigung. Das Ergebnis beinhaltet nur die Datensätze, die der Bedingung genügen – in diesem Fall die Datensätze, bei
denen der Wert im Feld gehalt größer als 3600 ist (siehe Abbildung 8.15).

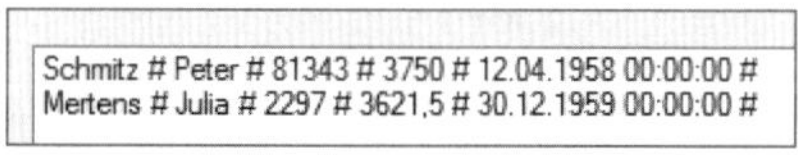

```
Schmitz # Peter # 81343 # 3750 # 12.04.1958 00:00:00 #
Mertens # Julia # 2297 # 3621,5 # 30.12.1959 00:00:00 #
```

Abbildung 8.15 Nur falls »gehalt« größer als 3.600 ist

Beispiel:

```
SELECT * FROM personen WHERE name = 'Schmitz'
```

Wird mit dem Wert einer Zeichenkette oder eines Datums verglichen,   **Hochkommata**
muss dieser Wert in einfache Hochkommata gesetzt werden (nicht zu ver-
wechseln mit dem doppelten Hochkomma für Zeichenketten in C# oder
dem schrägen Akzent!). Das Ergebnis sehen Sie in Abbildung 8.16.

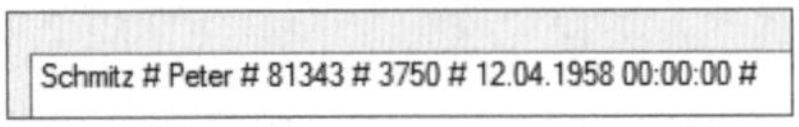

> Schmitz # Peter # 81343 # 3750 # 12.04.1958 00:00:00 #

Abbildung 8.16 Nur falls »name« gleich Schmitz ist

Operatoren

Vergleichs-operatoren

Bei einer Bedingung können Sie Vergleichsoperatoren verwenden, siehe Tabelle 8.11.

Operator	Erläuterung
=	gleich
<>	ungleich
>	größer als
>=	größer als oder gleich
<	kleiner als
<=	kleiner als oder gleich

Tabelle 8.11 SQL, Vergleichsoperatoren

NOT, AND, OR

Über logische Operatoren können mehrere Bedingungen miteinander verbunden werden, siehe Tabelle 8.12.

Operator	Erläuterung
NOT	Der Wahrheitswert einer Bedingung wird umgekehrt.
AND	Beide Bedingungen müssen zutreffen.
OR	Nur eine der Bedingungen muss zutreffen.

Tabelle 8.12 SQL, logische Operatoren

Mit diesen Operatoren können Sie z. B. die folgende Abfrage formulieren:

```
SELECT * FROM personen WHERE gehalt >= 3600 AND gehalt <= 3650
```

Das Ergebnis beinhaltet jetzt nur die Datensätze, bei denen der Wert im Feld gehalt zwischen 3.600 und 3.650 liegt, einschließlich der Ober- und Untergrenze (siehe Abbildung 8.17).

```
Mertens # Julia # 2297 # 3621,5 # 30.12.1959 00:00:00 #
```

Abbildung 8.17 Nur falls »gehalt« zwischen 3.600 und 3.650 liegt

Operator LIKE

Der Operator LIKE wird speziell für die Suche nach Zeichenketten mithilfe von Platzhaltern verwendet. Der Platzhalter % (Prozentzeichen) steht in MS Access für eine beliebige Anzahl von unbekannten Zeichen. Der Platzhalter _ (Unterstrich) steht in MS Access für genau ein unbekanntes Zeichen.

LIKE

Beispiel:

```
SELECT * FROM personen WHERE name LIKE 'M%'
```

Das Ergebnis beinhaltet in diesem Fall nur die Datensätze, bei denen der Wert im Feld name mit »M« beginnt (siehe Abbildung 8.18). Danach dürfen beliebig viele unbekannte Zeichen folgen.

```
Maier # Hans # 6714 # 3500 # 15.03.1962 00:00:00 #
Mertens # Julia # 2297 # 3621,5 # 30.12.1959 00:00:00 #
```

Abbildung 8.18 Nur falls »name« mit »M« beginnt

Beispiel:

```
SELECT * FROM personen WHERE name LIKE '%i%'
```

Das Ergebnis beinhaltet nur die Datensätze, die im Wert des Felds name den Buchstaben »i« enthalten (siehe Abbildung 8.19). Davor und danach dürfen sich beliebig viele unbekannte Zeichen befinden.

Viele unbekannte Zeichen

```
Maier # Hans # 6714 # 3500 # 15.03.1962 00:00:00 #
Schmitz # Peter # 81343 # 3750 # 12.04.1958 00:00:00 #
```

Abbildung 8.19 Nur falls »name« den Buchstaben »i« enthält

Beispiel:

```
SELECT * FROM personen WHERE name LIKE 'M__er'
```

Bei dieser Variante beinhaltet das Ergebnis nur die Datensätze, deren erster Buchstabe ein »M« ist und bei denen der vierte Buchstabe ein »e« und der fünfte ein »r« ist. Es werden also alle Personen gefunden, die z. B. Maier, Meier, Mayer oder Meyer heißen (siehe Abbildung 8.20).

Ein unbekanntes Zeichen

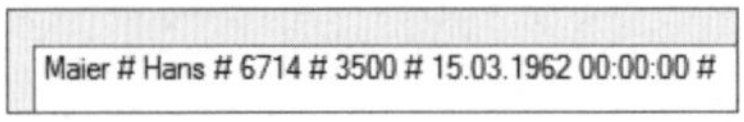

Maier # Hans # 6714 # 3500 # 15.03.1962 00:00:00 #

Abbildung 8.20 Nur falls »name« aus »M«,
zwei beliebigen Zeichen und »er« besteht

Sortierung

ORDER BY   Die Reihenfolge der Datensätze im Abfrageergebnis können Sie mit ORDER
BY beeinflussen. Sie geben dazu einen oder mehrere Sortierschlüssel an.
Die Sortierung ist normalerweise aufsteigend. Wünschen Sie eine abstei-
gende Sortierung, müssen Sie den Zusatz DESC verwenden.

Beispiel:

```
SELECT name, gehalt FROM personen ORDER BY gehalt DESC
```

Die Datensätze werden fallend nach Gehalt sortiert. Es werden nur die Werte der Felder name und gehalt angezeigt (siehe Abbildung 8.21).

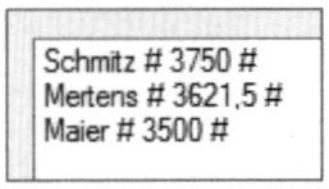

Schmitz # 3750 #
Mertens # 3621,5 #
Maier # 3500 #

Abbildung 8.21 Sortiert nach »gehalt«, fallend

Beispiel:

```
SELECT * FROM personen ORDER BY name, vorname
```

Die Datensätze werden nach dem Feld name aufsteigend sortiert. Bei gleichem Inhalt in diesem Feld werden sie nach dem Feld vorname aufsteigend
sortiert, also würde z. B. »Schmitz, Joachim« vor »Schmitz, Peter« einsor-
tiert werden.

Suche, Auswahl mit Parametern

Sucht der Benutzer nach einem bestimmten Datensatz, kann der eingegebene Suchbegriff in die SQL-Anweisung eingebaut werden:

```
cmd.CommandText = "SELECT * FROM personen " +
    "WHERE name LIKE '" + TxtEingabe.Text + "'"
```

Benutzereingabe   Die gesamte C#-Anweisung einschließlich des SQL-Befehls ist hier dargestellt. Es werden alle Datensätze angezeigt, die den Wert im Feld name haben, den der Benutzer im Textfeld TxtEingabe eingetragen hat.

Beachten Sie dabei, dass sich die Zeichenkette, die den SQL-Befehl enthält, aus mehreren Teilen zusammensetzt. Keinesfalls dürfen Sie daher die einfachen Hochkommata vor und nach der Zeichenkette vergessen.

Noch einen Schritt weiter gehen Sie mit dieser Anweisung:

```
cmd.CommandText = "SELECT * FROM personen " +
    "WHERE name LIKE '%" + TxtEingabe.Text + "%'"
```

Nun werden alle Datensätze angezeigt, die einen Wert im Feld name haben, in dem die Zeichenkette vorkommt, die der Benutzer im Textfeld TxtEingabe eingetragen hat.

Innerhalb des C#-Programms ist es sinnvoll, sich zumindest während der Entwicklung den zusammengesetzten Befehl anzeigen zu lassen. Erfahrungsgemäß werden gerade beim Einfügen von Suchparametern häufig Fehler gemacht. Die nächste Anweisung sollte also lauten: MessageBox.Show(cmd.CommandText). Diese können Sie später wieder auskommentieren.

Kontrollausgabe

8.4.2   Ändern mit UPDATE

Die Anweisung UPDATE dient der Änderung von einem oder mehreren Feldinhalten in einem oder mehreren Datensätzen. Sie wird mithilfe von ExecuteNonQuery() ausgeführt und ähnelt in ihrem Aufbau der Anweisung SELECT. Die Auswahlkriterien sollten sorgfältig gewählt werden, da ansonsten eventuell mehr als nur die gewünschten Datensätze verändert werden.

ExecuteNonQuery()

```
UPDATE personen SET gehalt = 3800
```

Diese Anweisung würde bei allen Datensätzen der Tabelle personen den Wert für das Feld gehalt auf den Wert 3800 setzen. Das wäre sicherlich nicht realistisch.

```
UPDATE personen SET gehalt = 3800 WHERE personalnummer = 2297
```

Die geänderte Anweisung setzt daher nur bei einem Datensatz den Wert für das Feld gehalt neu. Es empfiehlt sich, in einer solchen Situation die Auswahl über das Feld zu treffen, auf dem ein eindeutiger Index steht, also hier über das Feld personalnummer.

8.4.3   Löschen mit DELETE

Die Anweisung DELETE dient dem Löschen von einem oder mehreren Datensätzen. Auch sie wird mithilfe von ExecuteNonQuery() ausgeführt. In
ihrem Aufbau ähnelt sie ebenfalls der Anweisung SELECT. Abermals sollten
die Auswahlkriterien sorgfältig gewählt werden, da sonst eventuell nicht
nur die gewünschten Datensätze gelöscht werden.

```
DELETE FROM personen
```

Diese Anweisung werden Sie vermutlich nie einsetzen: Sie löscht alle (!) Datensätze der Tabelle personen.

```
DELETE FROM personen WHERE personalnummer = 2297
```

Einen Datensatz löschen   Diese Anweisung wiederum löscht genau einen Datensatz, da die Auswahl
über das Feld gemacht wird, auf dem ein eindeutiger Index steht: das Feld
personalnummer.

8.4.4   Einfügen mit INSERT

Die Anweisung INSERT wird zum Einfügen neuer Datensätze genutzt. Sie
wird ebenfalls mithilfe von ExecuteNonQuery() ausgeführt.

```
INSERT INTO personen
    (name, vorname, personalnummer, gehalt, geburtstag)
    VALUES('Müller', 'Gerd', 4711, 2900, '12.08.1976')
```

INSERT … VALUES   Damit wird ein neuer Datensatz eingefügt. Die Feldnamen in Klammern
geben die Anzahl und Reihenfolge der Werte vor, die nach VALUES in Klammern stehen. Es sind wieder die einfachen Hochkommata bei Zeichenketten und Datumsangaben zu beachten.

8.4.5   Typische Fehler in SQL

Fehler   Vor allem beim Einfügen und beim Ändern treten häufig Fehler auf. Die
Fehler werden zu C# durchgeleitet und aufgrund der Ausnahmebehandlung ausgegeben. Typische Fehler sind:

Wert doppelt   ▶ Eintragen eines bereits vorkommenden Werts in ein Feld, auf dem ein
eindeutiger Index steht

▶ Eintragen eines Werts mit dem falschen Datentyp oder eines Werts, der für den betreffenden Datentyp ungültig ist   **Wert falsch**

▶ Eintragen eines leeren Werts in ein Feld, das in der Datenbank so definiert ist, dass kein leerer Wert eingetragen werden darf   **Wert leer**

Hier einige Beispiele für häufige Fehler:

```
UPDATE personen SET name = Mohr WHERE personalnummer = 6714
```

Der Wert für das Feld name steht nicht in einfachen Anführungsstrichen (siehe Abbildung 8.22).

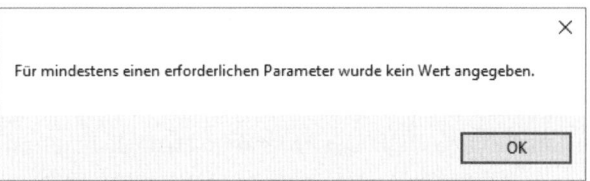

Abbildung 8.22 Fehlende Anführungsstriche

```
UPDATE personen SET geburtstag = '18.07.'
   WHERE personalnummer = 6714
```

Der Wert für das Feld geburtstag ist kein gültiges Datum (Abbildung 8.23).

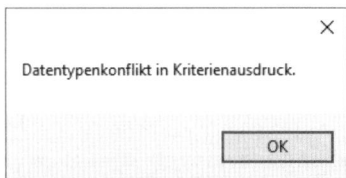

Abbildung 8.23 Ungültiges Datum

```
INSERT INTO personen
   (name, vorname, personalnummer, gehalt, geburtstag)
   VALUES('Müller', 'Gerd', 6714, 2900, '12.08.1976')
```

Der Wert für das eindeutige Feld personalnummer kommt bereits vor (siehe Abbildung 8.24).

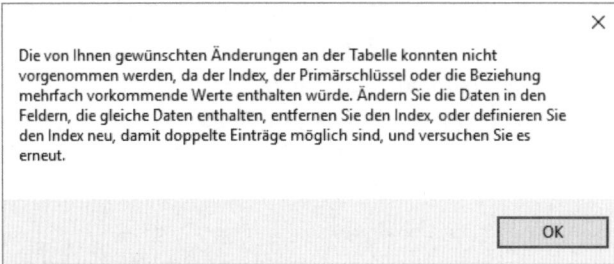

Abbildung 8.24 Doppelter Wert

8.5   Ein Verwaltungsprogramm

In diesem Abschnitt wird ein einfaches Programm (Projekt *DBVerwaltung*) zur Verwaltung einer Tabelle vorgestellt. Das Programm ermöglicht grundlegende Aktionen wie ALLE SEHEN, NAME SUCHEN, EINFÜGEN, ÄNDERN und LÖSCHEN (siehe Abbildung 8.25).

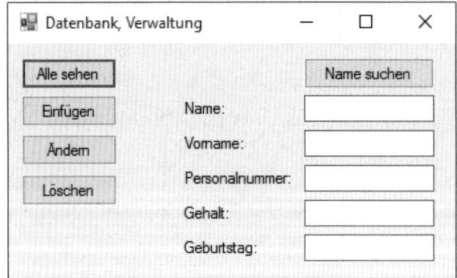

Abbildung 8.25 Benutzeroberfläche des Verwaltungsprogramms

8.5.1   Initialisierung

Zunächst werden einige klassenweit gültige Variable vereinbart. Außerdem werden beim Laden des Formulars einige allgemeine Einstellungen vorgenommen, die in den verschiedenen Ereignismethoden benötigt werden.

```
using System.Data.OleDb;
using System.Collections.Generic;
...
```

```
public partial class Form1 : Form
{
    ...
    private OleDbConnection con = new OleDbConnection();
    private OleDbCommand cmd = new OleDbCommand();
    private OleDbDataReader reader;
    private List<int> pnummer = new List<int>();

    private void Form1_Load(object sender, EventArgs e)
    {
        con.ConnectionString =
            "Provider=Microsoft.ACE.OLEDB.12.0;" +
            "Data Source=C:\\Temp\\firma.accdb";
        cmd.Connection = con;
    }
...
```

Listing 8.3 Projekt »DBVerwaltung«, Initialisierung

Zur Erläuterung:

▸ Es werden die Namensräume System.Collections.Generic zur Nutzung
generischer Typen und System.Data.OleDb für die Zugriffe auf die MS
Access-Datenbank eingebunden.

▸ Die Objekte für die Verbindung und den SQL-Befehl sowie der Verweis
für den Reader werden deklariert.

▸ Außerdem wird eine generische Liste deklariert, siehe Abschnitt 5.14.   **Generische Liste**

▸ Die Daten für die Verbindung (Provider, Datenquelle) werden bereitgestellt.

▸ Der SQL-Befehl wird mit der Verbindung verknüpft.

8.5.2   Alle Datensätze sehen

Betätigt der Benutzer den Button ALLE SEHEN, werden alle Datensätze angezeigt (siehe Abbildung 8.26). Anschließend könnte er z. B. einen der angezeigten Datensätze markieren, um ihn zu verändern oder zu löschen.

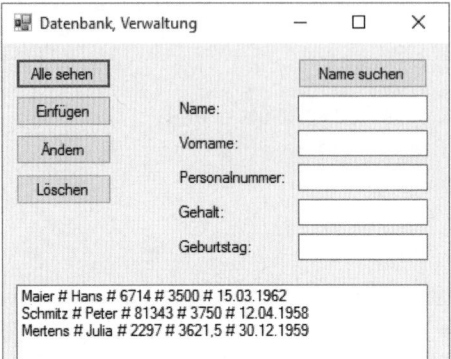

Abbildung 8.26 Alle Datensätze sehen

Allgemeine Methoden

Die Ereignismethode ruft nur die allgemeine Methode AlleSehen() auf. Diese wird von mehreren Ereignismethoden aufgerufen. In der Methode AlleSehen() wird u. a. die allgemeine Methode Ausgabe() aufgerufen. Diese wird ebenfalls von verschiedenen Stellen des Programms aufgerufen.

```
private void CmdAlleSehen_Click(...)
{
    AlleSehen();
}

private void AlleSehen()
{
    try
    {
        con.Open();
        cmd.CommandText = "SELECT * FROM personen";
        Ausgabe();
    }
    catch (Exception ex)
    {
        MessageBox.Show(ex.Message);
    }

    con.Close();

    TxtName.Text = "";
    TxtVorname.Text = "";
    TxtPersonalnummer.Text = "";
```

```
    TxtGehalt.Text = "";
    TxtGeburtstag.Text = "";
}

private void Ausgabe()
{
    DateTime geburtstag;

    reader = cmd.ExecuteReader();
    LstAnzeige.Items.Clear();
    pnummer.Clear();

    while (reader.Read())
    {
        geburtstag = Convert.ToDateTime(reader["geburtstag"]);

        LstAnzeige.Items.Add(reader["name"] + " # " +
            reader["vorname"] + " # " +
            reader["personalnummer"] + " # " +
            reader["gehalt"] + " # " +
            geburtstag.ToShortDateString());
        pnummer.Add((int)reader["personalnummer"]);
    }
    reader.Close();
}
```

Listing 8.4 Projekt »DBVerwaltung«, Alle Datensätze sehen

Zur Erläuterung:

▶ In der Methode AlleSehen() wird zunächst die Verbindung geöffnet.

▶ Der SQL-Befehl wird formuliert und gesendet.

▶ Anschließend wird die Methode Ausgabe() aufgerufen.

▶ Die Verbindung wird wieder geschlossen.

▶ Die Inhalte der fünf Textfelder werden gelöscht. Das erzeugt einen Start-   **Benutzerführung**
zustand für alle weiteren möglichen Aktionen und trägt zu einer besse-
ren Benutzerführung bei.

▶ In der Methode Ausgabe() wird der SQL-Befehl ausgeführt. Das Ergebnis
wird im Reader gespeichert.

▶ Die generische Liste wird mithilfe der Methode Clear() geleert.   **Clear()**

▶ Die einzelnen Datensätze werden im Listenfeld ausgegeben.

▶ Der Inhalt des Tabellenfelds geburtstag wird in ein Objekt der Struktur DateTime konvertiert. Die Methode ToShortDateString() sorgt für die Ausgabe als Datum ohne Uhrzeit.

Add() ▶ Parallel dazu wird die generische Liste pnummer mittels der Methode Add() mit den Personalnummern gefüllt. Dabei muss das Objekt aus dem Reader in eine int-Variable umgewandelt werden. Die generische Liste beinhaltet anschließend die Personalnummern unter dem gleichen Index wie die betreffenden Datensätze im Listenfeld. Dies ist zur Auswahl und Anzeige eines einzelnen Datensatzes in den fünf Textfeldern erforderlich. Zum Ändern oder Löschen eines Datensatzes muss zuvor ein Datensatz ausgewählt werden.

▶ Der Reader wird wieder geschlossen.

8.5.3 Datensatz einfügen

INSERT Betätigt der Benutzer den Button EINFÜGEN, wird ein Datensatz eingefügt, der sich aus den Daten in den fünf Textfeldern zusammensetzt. Diese müssen zuvor vom Benutzer gefüllt werden (siehe Abbildung 8.27).

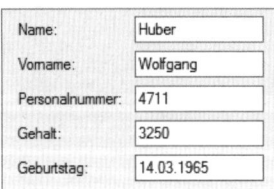

Abbildung 8.27 Ein neuer Datensatz

Die Ereignismethode hat den folgenden Code:

```
private void CmdEinfuegen_Click(...)
{
    int anzahl;

    try
    {
        con.Open();
        cmd.CommandText = "INSERT INTO personen (name, vorname," +
            " personalnummer, gehalt, geburtstag) VALUES ('" +
            TxtName.Text + "', '" + TxtVorname.Text + "', " +
```

```
            TxtPersonalnummer.Text + ", " + TxtGehalt.Text.
            Replace(',', '.') + ", '" + TxtGeburtstag.Text + "')";
        MessageBox.Show(cmd.CommandText);

        anzahl = cmd.ExecuteNonQuery();
        if (anzahl > 0)
            MessageBox.Show("Ein Datensatz eingefügt");
    }
    catch (Exception ex)
    {
        MessageBox.Show(ex.Message);
        MessageBox.Show("Bitte mindestens einen Namen, eine " +
            "eindeutige Personalnummer und ein gültiges " +
            "Geburtsdatum eintragen");
    }

    con.Close();
    AlleSehen();
}
```

Listing 8.5 Projekt »DBVerwaltung«, Datensatz einfügen

Zur Erläuterung:

▶ Die Verbindung wird geöffnet.

▶ Der SQL-Befehl zum Einfügen wird mit den Inhalten der fünf Textfelder zusammengesetzt. Zur Kontrolle können Sie sich den Befehl mithilfe der Methode MessageBox.Show() ansehen (siehe Abbildung 8.28). Bei den Feldern für Zeichenketten und Datumsangaben müssen Sie auf die einfachen Hochkommata achten.

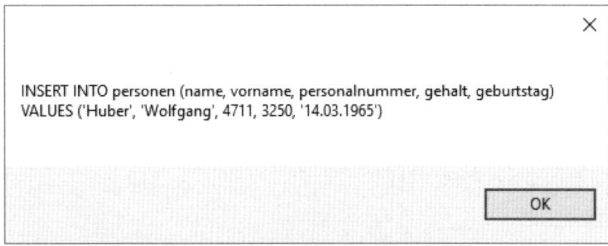

Abbildung 8.28 Kontrolle des INSERT-Befehls

Doppelte Personalnummer

▶ Falls die eingetragene Personalnummer bereits in einem anderen Datensatz vorkommt, tritt ein Fehler auf, und es erscheint eine entsprechende Fehlermeldung.

Dezimaltrennzeichen

▶ Das Gehalt wird in dem zugehörigen Textfeld mit einem Komma als Dezimaltrennzeichen eingetragen. Zur Speicherung in der Datenbank wird dieses Komma durch die Methode Replace() in einen Punkt umgewandelt.

▶ Daraufhin wird der SQL-Befehl gesendet. Im Erfolgsfall wird ausgegeben, dass ein Datensatz eingefügt wurde.

▶ Die Verbindung wird wieder geschlossen.

▶ Alle Datensätze, einschließlich des neu eingefügten Datensatzes, werden im Listenfeld neu angezeigt.

8.5.4   Datensatz ändern

Zuerst Auswahl

Die Daten eines bestimmten Datensatzes werden in den Textfeldern angezeigt, wenn der Benutzer vorher den betreffenden Eintrag im Listenfeld ausgewählt hat. Er kann nun die Daten des Datensatzes ändern. Betätigt er anschließend den Button ÄNDERN, wird der Datensatz mit den angezeigten Daten aktualisiert.

Die Ereignismethode, die für die Anzeige eines Datensatzes in den Textfeldern sorgt, hat folgenden Code:

```
private void LstAnzeige_SelectedIndexChanged(...)
{
    DateTime geburtstag;

    try
    {
        con.Open();
        cmd.CommandText = "SELECT * FROM personen WHERE " +
            "personalnummer = " + pnummer[LstAnzeige.SelectedIndex];

        reader = cmd.ExecuteReader();
        reader.Read();

        TxtName.Text = "" + reader["name"];
```

```
    TxtVorname.Text = "" + reader["vorname"];
    TxtPersonalnummer.Text = "" + reader["personalnummer"];
    TxtGehalt.Text = "" + reader["gehalt"];
    geburtstag = Convert.ToDateTime(reader["geburtstag"]);
    TxtGeburtstag.Text = geburtstag.ToShortDateString();

    reader.Close();
  }
  catch (Exception ex)
  {
    MessageBox.Show(ex.Message);
  }

  con.Close();
}
```

Listing 8.6 Projekt »DBVerwaltung«, Datensatz anzeigen

Zur Erläuterung:

▶ Sobald der Benutzer einen Datensatz in der Liste markiert, wird diese Methode aufgerufen.

▶ Es wird ein SQL-Befehl zusammengesetzt, in dem der betreffende Datensatz ausgewählt wird. Dazu wird der zugehörige Eintrag (mit der Personalnummer) in der generischen Liste pnummer benutzt.

▶ Markiert der Benutzer den dritten Datensatz von oben, steht die Eigenschaft SelectedIndex des Listenfelds auf dem Wert 2. Damit wird das Element 2 aus der generischen Liste pnummer ermittelt. Dabei handelt es sich um die Personalnummer des markierten Datensatzes, denn das Listenfeld und die generische Liste werden parallel gefüllt.

▶ Der SQL-Befehl wird gesendet. Das Ergebnis der Abfrage besteht aufgrund der Eindeutigkeit des Felds personalnummer nur aus einem Datensatz. Daher muss keine Schleife durchlaufen werden.

▶ Über die Methode Read() wird ein Datensatz aus dem Reader geholt. Sein Inhalt wird in den fünf Textfeldern dargestellt.

▶ Der Inhalt des Tabellenfelds geburtstag wird umgewandelt und als Datum ohne Uhrzeit dargestellt.

UPDATE Die Ereignismethode zum Ändern des ausgewählten (und gegebenenfalls veränderten) Datensatzes sieht wie folgt aus:

```csharp
private void CmdAendern_Click(...)
{
    if (TxtPersonalnummer.Text == "")
    {
        MessageBox.Show("Bitte einen Datensatz auswählen");
        return;
    }

    try
    {
        con.Open();
        cmd.CommandText = "UPDATE personen SET name = '" +
            TxtName.Text + "', vorname = '" + TxtVorname.Text +
            "', personalnummer = " + TxtPersonalnummer.Text +
            ", gehalt = " + TxtGehalt.Text.Replace(',', '.') +
            ", geburtstag = '" + TxtGeburtstag.Text + "' WHERE " +
            "personalnummer = " + pnummer[LstAnzeige.SelectedIndex];
        MessageBox.Show(cmd.CommandText);

        int anzahl = cmd.ExecuteNonQuery();
        if (anzahl > 0)
            MessageBox.Show("Datensatz geändert");
    }
    catch (Exception ex)
    {
        MessageBox.Show(ex.Message);
        MessageBox.Show("Bitte einen Datensatz auswählen und " +
            "mindestens einen Namen, eine eindeutige Personal" +
            "nummer und ein gültiges Geburtsdatum eintragen");
    }

    con.Close();
    AlleSehen();
}
```

Listing 8.7 Projekt »DBVerwaltung«, Datensatz ändern

Zur Erläuterung:

▸ Die Verbindung wird geöffnet.

▸ Der SQL-Befehl zum Ändern wird mit den Inhalten der fünf Textfelder zusammengesetzt. Zur Kontrolle können Sie sich den Befehl wiederum mithilfe der Methode `MessageBox.Show()` ansehen, siehe Abbildung 8.29. Er bezieht sich nur auf den markierten Datensatz, da die zugehörige Personalnummer in der `WHERE`-Klausel angegeben wird.

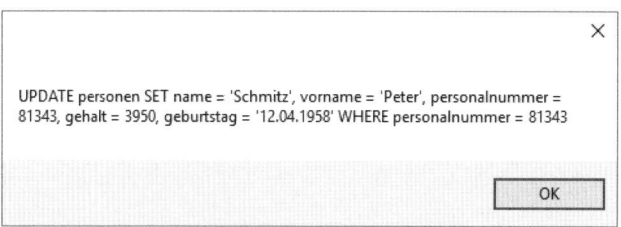

Abbildung 8.29 Kontrolle des UPDATE-Befehls

▸ Bei dem SQL-Befehl ist wie beim Einfügen auf Folgendes zu achten:

 – einfache Hochkommata bei Zeichenketten und Datumsangaben

 – gültige Zahlen- und Datumsangaben

 – die Umwandlung des Kommas bei Feldern, die Zahlen mit Nachkommastellen beinhalten

▸ Der SQL-Befehl wird gesendet. Im Erfolgsfall wird ausgegeben, dass ein Datensatz geändert wurde.

▸ Die Verbindung wird wieder geschlossen.

▸ Alle Datensätze, einschließlich des soeben geänderten Datensatzes, werden im Listenfeld neu angezeigt.

8.5.5   Datensatz löschen

Benutzer können den Datensatz löschen, der zuvor im Listenfeld ausgewählt wird. Dessen Daten werden zusätzlich in den fünf Textfeldern angezeigt.

DELETE   Die Ereignismethode zum Löschen des ausgewählten Datensatzes hat den folgenden Code:

```csharp
private void CmdLoeschen_Click(...)
{
    if (TxtPersonalnummer.Text == "")
    {
        MessageBox.Show("Bitte einen Datensatz auswählen");
        return;
    }

    if (MessageBox.Show("Wollen Sie den ausgewählten " +
            "Datensatz wirklich löschen?", "Löschen",
            MessageBoxButtons.YesNo) == DialogResult.No)
        return;

    try
    {
        con.Open();
        cmd.CommandText = "DELETE FROM personen WHERE " +
            "personalnummer = " + pnummer[LstAnzeige.SelectedIndex];
        MessageBox.Show(cmd.CommandText);

        int anzahl = cmd.ExecuteNonQuery();
        if (anzahl > 0)
            MessageBox.Show("Datensatz gelöscht");
    }
    catch (Exception ex)
    {
        MessageBox.Show(ex.Message);
    }

    con.Close();
    AlleSehen();
}
```

Listing 8.8 Projekt »DBVerwaltung«, Datensatz löschen

Zur Erläuterung:

▶ Zunächst wird geprüft, ob der Benutzer einen Datensatz ausgewählt hat.

▶ Zur Sicherheit wird der Benutzer noch einmal gefragt, ob er den Daten-   **Löschen**
satz wirklich löschen möchte (siehe Abbildung 8.30). Das ist die übliche
Vorgehensweise, um versehentliches Löschen zu vermeiden.

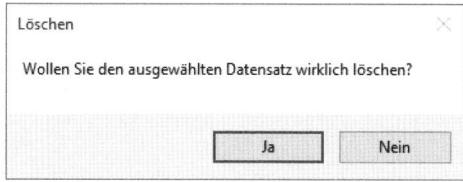

Abbildung 8.30 Rückfrage vor dem Löschen

▶ Die Verbindung wird geöffnet.

▶ Der SQL-Befehl zum Löschen wird zusammengesetzt, siehe Abbildung
8.31. Er bezieht sich nur auf den markierten Datensatz, da die zugehörige
Personalnummer in der WHERE-Klausel angegeben wird.

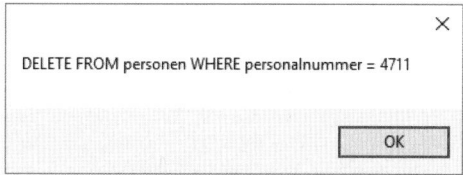

Abbildung 8.31 Kontrolle des DELETE-Befehls

▶ Der SQL-Befehl wird gesendet. Im Erfolgsfall wird ausgegeben, dass ein
Datensatz gelöscht wurde.

▶ Die Verbindung wird wieder geschlossen.

▶ Alle noch vorhandenen Datensätze – also ohne den soeben gelöschten
Datensatz – werden im Listenfeld neu angezeigt.

8.5.6 Datensatz suchen

Zur Suche nach einem bestimmten Datensatz muss zuvor im Feld name ein   **SELECT**
Suchtext eingegeben werden. Nach Betätigung des Buttons NAME SUCHEN
werden alle Datensätze angezeigt, die den Suchtext an einer beliebigen
Stelle im Feld name enthalten (siehe Abbildung 8.32).

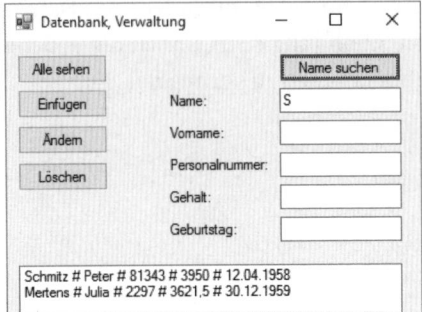

Abbildung 8.32 Suchen mit (Teil-)Name

Anschließend könnte der Benutzer z. B. einen der angezeigten Datensätze markieren, um ihn zu verändern oder zu löschen. Die Ereignismethode sieht wie folgt aus:

```
private void CmdNameSuchen_Click(...)
{
    try
    {
        con.Open();
        cmd.CommandText = "SELECT * FROM personen WHERE " +
            "name LIKE '%" + TxtName.Text + "%'";
        MessageBox.Show(cmd.CommandText);
        Ausgabe();
    }
    catch (Exception ex)
    {
        MessageBox.Show(ex.Message);
    }

    con.Close();
}
```

Listing 8.9 Projekt »DBVerwaltung«, Suchen im Feld »name«

Zur Erläuterung:

▶ Die Verbindung wird geöffnet.

Suchen ▶ Der SQL-Befehl zum Suchen wird zusammengesetzt. Er beinhaltet den Namen, den der Benutzer im zugehörigen Textfeld eingegeben hat, in der WHERE-Klausel. Die Prozentzeichen davor und dahinter sorgen dafür,

dass alle Datensätze gefunden werden, die den Suchtext an einer beliebigen Stelle im Feld name enthalten (siehe Abbildung 8.33).

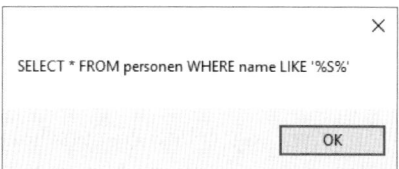

×

SELECT * FROM personen WHERE name LIKE '%S%'

OK

Abbildung 8.33 Kontrolle des Suchbefehls

▶ Daraufhin wird die Methode Ausgabe() aufgerufen. Diese sorgt – wie bei
der Ausgabe aller Datensätze – für das Senden des SQL-Befehls und für
das Empfangen und Anzeigen des Abfrageergebnisses.

▶ Die Verbindung wird anschließend wieder geschlossen.

8.6   Abfragen über mehrere Tabellen

Es folgt ein Beispiel mit einer Datenbank, die mehrere Tabellen beinhaltet
(Projekt *DBMehrereTabellen*). Es werden dabei einige Besonderheiten erläutert, die sich bei Abfragen über mehrere Tabellen ergeben.

8.6.1   Datenbankmodell und Tabellen

Das Beispiel basiert auf der Übung *Projektverwaltung*, siehe Abschnitt 8.1.4
bzw. auf der dazugehörigen Lösung in der Datenbank *projektverwal-
tung.accdb*. In der Datenbank finden Sie auch die Abfragen. Das Datenbankmodell sehen Sie in Abbildung 8.34.

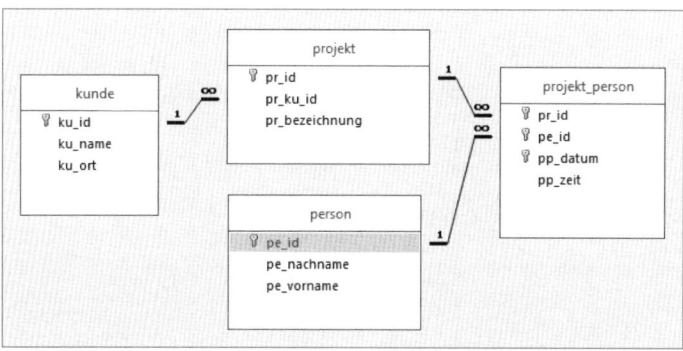

Abbildung 8.34 Datenbankmodell zu »Projektverwaltung«

Zur Erläuterung des Datenbankmodells:

Kunden
▶ Kunden werden mit Namen und Ort angegeben, Primärschlüssel ist die Kunden-ID.

Projekte
▶ Projekte werden mit Bezeichnung angegeben. Jedes Projekt ist einem Kunden zugeordnet. Primärschlüssel ist die Projekt-ID.

Personen
▶ Personen werden mit Nach- und Vornamen angegeben. Primärschlüssel ist die Personen-ID.

Zeiten
▶ Die Arbeitszeiten der Personen an den Projekten werden mit Datum und Zeit in Stunden angegeben. Primärschlüssel ist die Kombination aus Projekt-ID, Personen-ID und Datum.

Zum besseren Verständnis der Abfrageergebnisse folgen die Inhalte der Tabellen (siehe Abbildung 8.35 bis Abbildung 8.38):

Abbildung 8.35 Inhalt der Tabelle »kunde«

Abbildung 8.36 Inhalt der Tabelle »projekt«

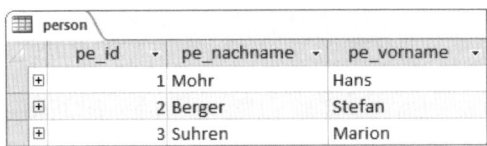

Abbildung 8.37 Inhalt der Tabelle »person«

pr_id ▾	pe_id ▾	pp_datum ▾	pp_zeit ▾
1	1	01.12.2013	3,5
1	3	01.12.2013	4
4	1	01.12.2013	3
4	2	01.12.2013	6,5
4	2	02.12.2013	7,3
4	3	01.12.2013	4

Abbildung 8.38 Inhalt der Tabelle »projekt_person«

8.6.2   Alle Personen

Zuerst die Abfrage *Alle Personen*, Ergebnis siehe Abbildung 8.39:

▶ Es wird für jede Person ein Datensatz ausgegeben.

▶ Personen werden jeweils mit Nachnamen und Vornamen entsprechend sortiert ausgegeben.

```
SELECT * FROM person ORDER BY pe_nachname, pe_vorname
```

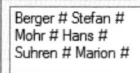

Abbildung 8.39 Alle Personen

8.6.3   Anzahl der Kunden

Abfrage *Anzahl der Kunden*, Ergebnis siehe Abbildung 8.40:

▶ Die Anzahl der Kunden wird durch die SQL-Funktion COUNT() ermittelt.   **COUNT()**

▶ Das Ergebnisfeld, das die berechnete Anzahl beinhaltet, bekommt den (frei wählbaren) Namen count_ku_id.

```
SELECT COUNT(ku_id) AS count_ku_id FROM kunde
```

Abbildung 8.40 Anzahl der Kunden

8.6.4   Alle Kunden mit allen Projekten

Abfrage *Alle Kunden mit allen Projekten*, Ergebnis siehe Abbildung 8.41:

▶ Es wird für jedes Projekt ein Datensatz ausgegeben.

▶ In jedem Datensatz stehen die Daten des Projekts und des betreffenden Kunden.

▶ Die Anzeige ist nach Name, Ort und Bezeichnung sortiert.

```
SELECT ku_name, ku_ort, pr_bezeichnung
   FROM kunde INNER JOIN projekt ON kunde.ku_id = projekt.pr_ku_id
   ORDER BY ku_name, ku_ort, pr_bezeichnung
```

Zwei Tabellen ▶ In jedem Datensatz werden Inhalte aus zwei Tabellen angezeigt. Die Felder ku_name und ku_ort stammen aus der Tabelle kunde, das Feld pr_bezeichnung aus der Tabelle projekt.

Join ▶ Es werden nur Datensätze zusammengestellt, bei denen die Feldinhalte dem sogenannten *Join*, also der Verbindung der beiden Tabellen entsprechen.

▶ Im ersten Teil des Join werden die beteiligten Tabellen genannt: FROM kunde INNER JOIN projekt.

On ▶ Im zweiten Teil des Join werden die Felder genannt, bei denen die Inhalte aus beiden Tabellen übereinstimmen müssen: ON kunde.ku_id = projekt.pr_ku_id. Dabei muss der Tabellenname vor dem Feldnamen geschrieben werden, getrennt durch einen Punkt. Ansonsten ist die Angabe des Tabellennamens vor dem Feldnamen nur erforderlich, falls derselbe Feldname in beiden beteiligten Tabellen vorkommt.

Inner Join ▶ In den meisten Fällen wird mit einem *Inner Join* gearbeitet. Damit erreichen Sie, dass nur Kunden genannt werden, zu denen auch Projekte existieren.

```
Murchel # Dortmund # Nordbahnhof #
Murchel # Dortmund # Westbahnhof #
Schmidt # Köln # Alexanderstrasse #
Schmidt # Köln # Peterstraße #
Weber # Frankfurt # Jahnplatz #
Weber # Frankfurt # Lindenplatz #
```

Abbildung 8.41 Alle Kunden mit allen Projekten

8.6.5   Alle Personen mit allen Projektzeiten

Abfrage *Alle Personen mit allen Projektzeiten*, Ergebnis siehe Abbildung 8.42:

▶ Es wird für jede eingetragene Arbeitszeit ein Datensatz ausgegeben.

Drei Tabellen ▶ In jedem Datensatz stehen die Daten der Arbeitszeit, des betreffenden Projekts und des betreffenden Kunden.

▶ Die Ausgabe ist nach Nachname, Bezeichnung und Datum sortiert.

```
SELECT pe_nachname, pr_bezeichnung, pp_datum, pp_zeit
    FROM projekt INNER JOIN(person INNER JOIN projekt_person
        ON person.pe_id = projekt_person.pe_id)
        ON projekt.pr_id = projekt_person.pr_id
    ORDER BY pe_nachname, pr_bezeichnung, pp_datum
```

▶ In jedem Datensatz werden Inhalte aus drei Tabellen angezeigt. Es handelt sich um einen geschachtelten Join. Es werden nur Datensätze zusammengestellt, bei denen die Feldinhalte beiden Joins entsprechen.

Geschachtelter Join

8

▶ Zunächst werden im Join innerhalb der Klammern die Datensätze aus den beiden Tabellen person und projekt_person ermittelt, bei denen jeweils der Wert des Felds pe_id übereinstimmt. Anschließend werden zu diesen Datensätzen im Join außerhalb der Klammern diejenigen Datensätze aus der Tabelle projekt ermittelt, bei denen jeweils der Wert des Felds pr_id übereinstimmt.

```
Berger # Lindenplatz # 01.12.2013 00:00:00 #
Berger # Lindenplatz # 02.12.2013 00:00:00 #
Mohr # Alexanderstrasse # 01.12.2013 00:00:00 #
Mohr # Lindenplatz # 01.12.2013 00:00:00 #
Suhren # Alexanderstrasse # 01.12.2013 00:00:00 #
Suhren # Lindenplatz # 01.12.2013 00:00:00 #
```

Abbildung 8.42 Alle Personen mit allen Projektzeiten

8.6.6   Alle Personen mit Zeitsumme

Abfrage *Alle Personen mit Zeitsumme*, Ergebnis siehe Abbildung 8.43:

▶ Es wird für jede Person ein Datensatz ausgegeben.

▶ Es werden alle Personen, denen mindestens eine Arbeitszeit zugeordnet ist, ausgegeben.

▶ Die Summe der Arbeitszeiten pro Person wird mithilfe der SQL-Funktion SUM() berechnet.

SUM()

▶ Die Ausgabe ist anhand der Nachnamen sortiert.

```
SELECT pe_nachname, SUM(pp_zeit) AS sum_pp_zeit
    FROM person INNER JOIN projekt_person
        ON person.pe_id = projekt_person.pe_id
```

```
GROUP BY person.pe_id, pe_nachname
ORDER BY pe_nachname
```

▶ Der Anweisungsteil SUM ... AS bewirkt, dass die SQL-Funktion SUM() angewendet wird.

GROUP BY   ▶ Es werden alle Einträge im Feld pp_zeit aufsummiert, nach denen gruppiert wird. Die Gruppierung wird mithilfe von GROUP BY durchgeführt.

▶ Dabei wird nach den Feldern pe_id und pe_nachname der Tabelle person gruppiert, es werden also alle Arbeitszeiten einer Person summiert. Streng genommen hätte es gereicht, nach pe_id zu gruppieren, da dadurch bereits alle Personen voneinander unterschieden werden. Allerdings soll das Feld pe_nachname ausgegeben werden, daher muss es ebenfalls Teil der Gruppierungsfunktion sein.

Ergebnisfeld   ▶ Das Ergebnisfeld, das die berechnete Summe beinhaltet, bekommt den (frei wählbaren) Namen sum_pp_zeit. Die Ausgabe lässt sich auch formatieren, so dass zum Beispiel nur eine bestimmte Anzahl an Nachkommastellen ausgegeben wird. Aus Gründen der Übersichtlichkeit innerhalb des SQL-Ausdrucks habe ich das hier unterlassen.

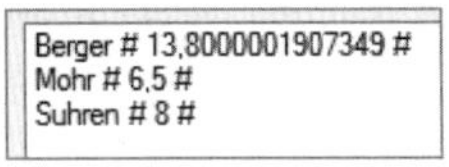

```
Berger # 13,8000001907349 #
Mohr # 6,5 #
Suhren # 8 #
```

Abbildung 8.43 Alle Personen mit Zeitsumme

8.6.7   Alle Personen mit allen Personenzeiten

Abfrage *Alle Projekte mit allen Personenzeiten*, Ergebnis siehe Abbildung 8.44:

▶ Es handelt sich um den gleichen Zusammenhang wie in der Abfrage *Alle Personen mit allen Projektzeiten*.

▶ Die Ausgabe ist nur anders sortiert: nach Bezeichnung, Nachname und Datum.

```
SELECT pr_bezeichnung, pp_datum, pe_nachname, pp_zeit
    FROM projekt INNER JOIN(person INNER JOIN projekt_person
        ON person.pe_id = projekt_person.pe_id)
        ON projekt.pr_id = projekt_person.pr_id
    ORDER BY pr_bezeichnung, pe_nachname, pp_datum
```

```
Alexanderstrasse # Mohr # 01.12.2013 00:00:00 #
Alexanderstrasse # Suhren # 01.12.2013 00:00:00 #
Lindenplatz # Berger # 01.12.2013 00:00:00 #
Lindenplatz # Berger # 02.12.2013 00:00:00 #
Lindenplatz # Mohr # 01.12.2013 00:00:00 #
Lindenplatz # Suhren # 01.12.2013 00:00:00 #
```

Abbildung 8.44 Alle Projekte mit allen Personenzeiten

8.6.8   Alle Projekte mit allen Zeitsumme

Abfrage *Alle Projekte mit Zeitsumme*, Ergebnis siehe Abbildung 8.45:

▶ Es handelt sich um einen ähnlichen Zusammenhang wie dem in der Abfrage *Alle Personen mit Zeitsumme*.

▶ Es wird aber nach Projekt statt nach Person gruppiert und entsprechend sortiert.

```
SELECT pr_bezeichnung, SUM(pp_zeit) AS sum_pp_zeit
    FROM projekt INNER JOIN projekt_person
        ON projekt.pr_id = projekt_person.pr_id
    GROUP BY projekt.pr_id, pr_bezeichnung
    ORDER BY pr_bezeichnung
```

```
Alexanderstrasse # 7,5 #
Lindenplatz # 20,8000001907349 #
```

Abbildung 8.45 Alle Projekte mit Zeitsumme

8.6.9   JOIN oder WHERE

Verknüpfte Datensätze aus mehreren Tabellen lassen sich auch mithilfe von WHERE ermitteln. Einige Gründe sprechen dagegen:

▶ Die Schreibweise mithilfe eines Joins ist moderner und klarer.

▶ Auf bestimmten SQL-Servern wird die Schreibweise mit WHERE in Zukunft nicht mehr möglich sein.

▶ Verknüpfungen mit JOIN können besser von Bedingungen mit WHERE unterschieden werden.

▶ Joins werden in der SQL-Ansicht der Abfrage-Objekte in MS Access genutzt. Diese Abfragen können Ihnen eine wertvolle Hilfe bei der Erstellung der SQL-Ausdrücke sein.

▶ Es ist günstig, das Verständnis für Joins bereits in kleinen Beispielen zu erlernen, bevor sie in komplexen Beispielen unumgänglich sind.

8.7 Verbindung zu MySQL

MySQL-Server

Bei MySQL handelt es sich um ein weit verbreitetes SQL-basiertes Datenbanksystem. Es würde den Rahmen dieses Buchs sprengen, die Installation des MySQL-Servers und die Erstellung einer Datenbank mit einer Tabelle zu erläutern. Im Folgenden soll daher lediglich gezeigt werden, wie Sie mit C# innerhalb von Visual Studio auf eine vorhandene MySQL-Datenbank zugreifen können. Es wird davon ausgegangen, dass der MySQL-Datenbankserver bereits läuft.

8.7.1 .NET-Treiber

Connector/NET

Der Treiber Connector/NET bietet eine Schnittstelle zwischen Visual Studio und MySQL. Die MSI-Installationsdatei kann auf der Internetseite von MySQL (*http://dev.mysql.com/downloads/connector/net*) heruntergeladen werden. Der Treiber wird immer wieder aktualisiert, die derzeitige Version ist 6.9.9.

MSI-Datei

Die Installation über die entpackte MSI-Installationsdatei *mysql-connector-net-6.9.9.msi* verläuft in der Regel problemlos.

Verweis hinzufügen

Nach der Installation müssen Sie in dem Projekt, in welchem der Treiber genutzt werden soll, einen Verweis auf die Bibliotheken des Treibers einrichten. Hierzu gehen Sie über den Menüpunkt PROJEKT • VERWEIS HINZUFÜGEN zum Dialogfeld VERWEIS-MANAGER und dort auf den Button DURCHSUCHEN. Im Verzeichnis *C:\Programme (x86)\MySQL\MySQL Connector NET 6.9.9\Assemblies\v4.5* sollten Sie anschließend die Datei *MySQLData.dll* finden können.

Sollte die Datei *MySQLData.dll* nicht zu Ihrem aktuell genutzten .NET Framework passen, nehmen Sie die entsprechende Datei aus einem der Nachbarverzeichnisse ... *Assemblies\v4.0* oder ... *Assemblies\v2.0*.

Markieren Sie die Datei *MySQLData.dll* und betätigen Sie den Button HINZUFÜGEN. Anschließend markieren Sie noch den Verweis im Dialogfeld VERWEIS-MANAGER unter DURCHSUCHEN • AKTUELL, falls das noch nicht automatisch geschehen ist, und betätigen den Button OK. In der Verweisliste erscheint danach der Verweis auf MYSQL.DATA.

Der Ablauf eines Zugriffs erfolgt ähnlich wie für MS Access-Datenbanken. Nachfolgend werden nur die unterschiedlichen Befehlszeilen zum Aufbau

der Verbindung erläutert. Das vollständige Beispiel finden Sie im Projekt
DBZugriffMySQL.

```
using MySql.Data.MySqlClient;
...
private void CmdAlleSehen_Click(...)
{
    MySqlConnection con = new MySqlConnection();
    MySqlCommand cmd = new MySqlCommand();
    MySqlDataReader reader;
    DateTime geburtstag;

    con.ConnectionString = "Data Source=localhost;" +
        "Initial Catalog=firma;UID=root";
...
```

Listing 8.10 Projekt »DBZugriffMySQL«, Ausschnitt

Zur Erläuterung:

▶ Zunächst wird der Namespace `MySql.Data.MySqlClient` aus der Bibliothek `MySQL.Data` eingebunden.   **MySqlClient**

▶ Die Objekte der Klassen `MySqlConnection`, `MySqlCommand` und `MySqlData-
Reader` aus dem Namespace `MySql.Data.MySqlClient` entsprechen den
Objekten der Klassen `OleDbConnection`, `OleDbCommand` und `OleDbReader`
aus dem Namespace `System.Data.OleDb`.

▶ Die Verbindungszeichenkette besteht aus den folgenden Elementen: **ConnectionString**

  – `Data Source=localhost` für den MySQL-Server

  – `Initial Catalog=firma` für den Datenbanknamen

  – `UID=root` für den Benutzernamen

Die restlichen Abläufe können den Programmen mit den anderen Daten-
bankzugriffen entnommen werden.

Hinweis: Unter der Internetadresse *http://www.connectionstrings.com* fin-   **Connection-Strings**
den Sie Werte für die Eigenschaft `ConnectionString` für viele verschiedene
Datenbanksysteme.

Kapitel 9
Internetanwendungen mit ASP.NET

Wenn man es stark vereinfacht ausdrücken möchte: ASP.NET mit C# ist die Anwendung von C# auf Internetseiten.

Die oben vorgeschlagene Vereinfachung ist natürlich unzulässig, lässt aber erkennen, dass sich vieles von dem, was mithilfe dieses Buchs bereits erlernt wurde, auch bei der Erstellung von Internetanwendungen nutzen lässt.

Das Thema ASP.NET ist so umfangreich, dass es eigene Bücher füllt. In diesem Kapitel sollen daher nur die wichtigsten Aspekte vermittelt werden:

- Grundlagen von Internetanwendungen
- Nutzung einer lokalen Entwicklungs- und Testumgebung
- Aufbau von dynamischen Internetanwendungen mit Server- und Clientelementen
- Senden und Auswerten von Formulardaten
- lesender und schreibender Zugriff auf eine Internetdatenbank

9.1 Grundlagen von Internetanwendungen

Eine Internetanwendung wird mithilfe eines Browsers (Internet Explorer, Firefox, ...) aufgerufen. Nach Eingabe einer Adresse wird die gewünschte Startseite von einem Webserver angefordert und erscheint im Browser.

Browser

9.1.1 Statische Internetanwendungen

Der einfachste Typ einer solchen Anwendung besteht aus statischen Internetseiten, die über Hyperlinks miteinander verbunden sind. Statisch bedeutet in diesem Fall, dass sich die Inhalte nicht aufgrund von Benutzeraktionen verändern. Diese Seiten werden mithilfe der Markierungssprache *HTML* erstellt.

HTML

CSS Zur Formatierung von Internetseiten kommt *CSS* zum Einsatz. CSS steht für *Cascading Style Sheets*. Hierbei handelt es sich um einander ergänzende Formatvorlagen, die dazu dienen, Internetseiten ein einheitliches Aussehen zu geben. Das ist z. B. bei Unternehmenspräsentationen besonders wichtig. Außerdem können mithilfe von CSS weitergehende Formatierungen als in HTML durchgeführt werden.

9.1.2 Dynamische Internetanwendungen

Dynamische Internetanwendungen können sich aufgrund von Aktionen des Benutzers verändern. Hier kommen die Programmiersprachen ins Spiel. Man muss dabei zwischen *clientseitiger* Programmierung und *serverseitiger* Programmierung unterscheiden.

Ein Beispiel für clientseitige Programmierung: Falls der Benutzer die Maus über ein Bild auf einer Internetseite bewegt, wird das Bild gegen ein anderes Bild getauscht. Ein solcher Rollover-Effekt kann z. B. mit der clientseitigen Programmiersprache JavaScript erstellt werden.

JavaScript Clientseitig bedeutet, dass das gesamte Programm, das HTML-Code und JavaScript-Code beinhaltet, beim Aufruf der Seite auf den Rechner des Benutzers geladen wird. Bewegt er die Maus über das Bild, ist das ein Ereignis. Dazu gibt es, ähnlich wie in C#, eine Ereignismethode. Es wird ein JavaScript-Programm aufgerufen, das sich bereits auf seinem Rechner befindet. Für diesen Ablauf ist keine weitere Kommunikation über das Internet mit dem Webserver notwendig.

ASP, Java, PHP, Perl Ein Beispiel für serverseitige Programmierung: Wenn der Benutzer auf der Internetseite einer Suchmaschine einen Suchbegriff eingibt und den Senden-Button betätigt, erscheint eine Seite mit Suchergebnissen. Ein solches Programm kann mit serverseitiger Programmierung erstellt werden, z. B. mit C# unter ASP.NET oder mit Java, PHP oder Perl.

Serverseitig bedeutet, dass das gesamte Programm, das HTML-Code und C#-Code beinhaltet, beim Aufruf der Seite zunächst auf dem Server abläuft. Der C#-Code generiert wiederum HTML-Code. Das Ergebnis, das nur noch aus HTML-Code besteht, wird auf den Rechner des Benutzers geladen. Zur Verarbeitung des Suchbegriffs und zur Erzeugung der Seite mit den Suchergebnissen ist diesmal eine weitere Kommunikation über das Internet mit dem Webserver notwendig.

9.1.3   Vorteile von ASP.NET

Reale Internetseiten enthalten häufig sowohl serverseitig verarbeiteten Code als auch HTML-Code, CSS-Code und JavaScript-Code. Sie wären also gezwungen, zur Erstellung solcher Seiten theoretisch gleich mehrere Sprachen zu erlernen und ihren Einsatz sinnvoll miteinander zu kombinieren.

Hier bietet die Erstellung von Seiten mithilfe von ASP.NET folgende Vorteile:

- ▶ Es sind nur einfache HTML-Kenntnisse notwendig.
- ▶ Die vorhandenen Kenntnisse in C# (oder einer anderen .NET-Sprache) können genutzt werden.

  C#
- ▶ CSS-Code und JavaScript-Code werden automatisch generiert. Weder das eine noch das andere muss erlernt werden.
- ▶ Dem Programmierer steht das .NET Framework mit seinen Klassen zur Verfügung, das ihm z. B. den gewohnten Zugriff auf Datenbanken ermöglicht, die auf dem Webserver liegen.

Die erforderlichen einfachen HTML-Kenntnisse lernen Sie in diesem Kapitel ganz nebenbei bei der Erstellung der Programme für ASP.NET.

9.2   Ein lokaler Webserver

Dynamische Internetanwendungen, die unter ASP.NET erstellt werden, laufen nur mithilfe von Webservern, die mit dem .NET Framework zusammenarbeiten können. Während der Entwicklung einer solchen Anwendung wird daher zum Testen ein lokaler Webserver benötigt. Sie möchten sicherlich nicht jede Seite, die Sie programmieren, nach jeder Änderung ins Internet hochladen und erst danach testen. In Visual Studio wird beim Start einer Web-Anwendung automatisch ein interner Webserver aufgerufen.

Testumgebung

9.2.1   Eine erste Internetanwendung

Anhand eines ersten statischen Beispiels soll das Erstellen und Ausführen einer Internetanwendung erläutert werden. Zunächst rufen Sie in Visual Studio wie gewohnt den Menüpunkt Datei • Neu • Projekt auf. An-

ASP.NET Web-Anwendung

schließend wählen Sie in der Kategorie INSTALLIERT • VORLAGEN • VISUAL C# • WEB die Vorlage ASP.NET WEB-ANWENDUNG aus. In das Feld NAME geben Sie den Projektnamen ein, hier *WebHalloWelt*. Im Dialogfeld NEUE ASP.NET-WEB-ANWENDUNG wählen Sie LEER aus, damit Sie eine leere Projektvorlage erhalten, und betätigen abschließend den Button OK. Im Dialogfeld APP-SERVICE ERSTELLEN betätigen Sie den Button ÜBERSPRINGEN.

index.htm Nun muss der Anwendung noch eine Datei hinzugefügt werden, die später im Browser angezeigt wird. Dazu markieren Sie im PROJEKTMAPPEN-EXPLORER das Projekt. Anschließend rufen Sie über das Kontextmenü den Menüpunkt HINZUFÜGEN • NEUES ELEMENT auf und wählen in der Kategorie INSTALLIERT • VISUAL C# • WEB das Template HTML-SEITE aus. Die Datei soll den Namen *index.htm* haben.

In der Datei *index.htm* wird der nachfolgende Code ergänzt und gespeichert. Dabei werden Sie feststellen, dass beim Eingeben einige Elemente automatisch erstellt bzw. ergänzt werden.

```html
<!DOCTYPE html>
<html>
<head>
    <meta charset="utf-8" />
    <title>WebHalloWelt</title>
</head>
<body>
    Hallo Welt
</body>
</html>
```

Listing 9.1 Projekt »WebHalloWelt«, Datei index.htm

Das ist eine rein statische, unveränderliche Internetanwendung – nur in HTML, noch ohne C#. Sie hätten sie natürlich auch ohne die Entwicklungsumgebung entwickeln können.

Ergebnis ansehen Zum Betrachten des Ergebnisses starten Sie die Anwendung wie gewohnt über das Menü DEBUGGEN • DEBUGGING STARTEN (oder über die Funktionstaste F5 bzw. den grünen Pfeil). Dadurch wird der Entwicklungswebserver aufgerufen, und es erscheint nach kurzer Zeit Ihr Standardbrowser mit der Ausgabe (siehe Abbildung 9.1).

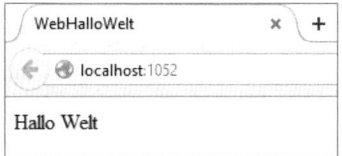

Abbildung 9.1 Ausgabe im Browser

Die Adresse *http://localhost:xxxx/index.htm* in der Adressleiste des Brow-   http://localhost
sers setzt sich zusammen aus:

▶ *http*: dem Namen des Übertragungsprotokolls

▶ *localhost*: dem Namen des lokalen Webservers

▶ *xxxx*: einer vom lokalen Webserver gewählten Portnummer

▶ *index.htm*: dem Namen der Datei mit dem HTML-Code

Wenn Sie Änderungen im Code vornehmen und die Datei speichern, reicht
es aus, die Browserseite zu aktualisieren, um das neue Ergebnis zu sehen.
Die Anwendung muss dazu nicht beendet werden.

Möchten Sie die Anwendung beenden, wird das wie gewohnt von der Ent-   Anwendung
wicklungsumgebung aus durchgeführt über das Menü DEBUGGEN • DE-   beenden
BUGGING BEENDEN (oder über das dunkelrote Quadrat in der Symbolleiste). Alternativ können Sie auch den Browser schließen. Je nachdem,
welchen Browser Sie nutzen, müssen Sie beides einzeln durchführen.

HTML-Dateien bestehen aus Text und HTML-Markierungen. Diese Markierungen sind meist Container, d. h., sie bestehen aus einer Start- und einer
Endmarkierung:

▶ Zu Beginn der Datei *index.htm* wird festgehalten, dass es sich um ein   html
HTML-Dokument nach dem sogenannten W3C-Standard handelt.

▶ In den meta-Angaben wird die Zeichenkodierung UTF-8 festgelegt. Sie   UTF-8
vereinfacht u. a die Nutzung der deutschen Umlaute.

▶ Im Container <html> ... </html> steht der gesamte HTML-Code.

▶ Zwischen <head> und </head> stehen der Titel und Informationen über   head
das Dokument.

▶ Der Container <title> ... </title> beinhaltet den Titel, der in der Titel-   title
leiste des Browsers angezeigt wird.

▶ Im Container <body> ... </body> steht der Code für die Inhalte, die im   body
Browserfenster angezeigt werden.

9.3 Eine erste ASP.NET-Anwendung

Der Code der ersten dynamisch generierten ASP.NET-Anwendung erscheint zunächst etwas umfangreich und verwirrend – besonders im Vergleich zum Ausgabeergebnis. Er enthält aber viele wichtige Elemente, die auch in den nachfolgenden Programmen vorkommen werden. Abbildung 9.2 zeigt die Ausgabe.

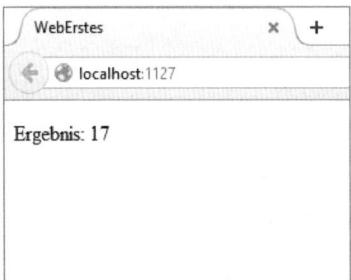

Abbildung 9.2 Dynamisch generierte Ausgabe

default.aspx
Zur Erstellung: Wie im vorigen Abschnitt wird eine neue leere ASP.NET WEB-ANWENDUNG mit dem Namen *WebErstes* erzeugt. Dem Projekt wird wiederum eine HTML-Seite aus der Kategorie INTERNET, diesmal mit dem Namen *default.aspx*, hinzugefügt. Das ist die Standardstartdatei innerhalb des Verzeichnisses einer ASP.NET-Anwendung. Es folgt der Code dieser Datei:

```
<!DOCTYPE html><html><head>
    <meta charset="utf-8" />
    <title>WebErstes</title>
    <%@ page language="C#" %>
    <script runat="server">
    private void Page_Load()
    {
        int x, y, z;
        x = 5;
        y = 12;
        z = x + y;
        ergebnis.InnerText = "Ergebnis: " + z;
    }
    </script>
</head>
```

```
<body>
    <p id="ergebnis" runat="server"></p>
</body>
</html>
```

Listing 9.2 Projekt »WebErstes«, Datei default.aspx

Zur Erläuterung des C#-Blocks:

▶ Der C#-Block beginnt nach dem Dokumenttitel. Mithilfe der sogenann-   **@ page**
ten Page-Direktive wird dem lokalen Webserver mitgeteilt, dass die
Sprache C# verwendet werden soll. ASP.NET kann nämlich auch mit anderen Sprachen aus Visual Studio arbeiten.

▶ Der nächste Container `<script runat="Server"> ... </script>` beinhaltet
den C#-Code.

▶ `runat="Server"` bewirkt, dass der Code auf dem Server ausgeführt wird.   **runat**
Nur in diesem Fall kann die Seite erfolgreich generiert werden.

▶ Innerhalb des Blocks mit dem C#-Code befinden Sie sich bereits innerhalb einer Klassendefinition. Die vorliegende Klasse ist von der Klasse
Page abgeleitet. Jede Internetseite ist ein Objekt dieser Klasse. Es können klassenweit gültige Variablen deklariert und Methoden geschrieben werden, so wie wir es bereits bei der Programmierung mit C# getan
haben.

▶ Die Methode `Page_Load()` wird durchlaufen, falls die Seite geladen wird.   **Page_Load()**
Sie entspricht der Methode `Form1_Load()` bei einer Windows-Anwen-
dung, so wie wir sie bisher geschrieben haben. In der Methode werden
die Starteinstellungen für die Seite vorgenommen.

▶ Innerhalb der `Page_Load`-Methode wird serverseitig eine Berechnung
mithilfe von drei Variablen durchgeführt. Das Ergebnis wird als Eigenschaft des Elements ergebnis festgelegt, das erst weiter unten im Body
des Dokuments aufgeführt wird. Es handelt sich um die Eigenschaft In-
nerText, diese steht für den Inhalt eines HTML-Elements.

Zur Erläuterung des HTML-Containers:

▶ Die Container html und body sind bereits bekannt.

▶ Innerhalb von body steht ein p-Container. Damit wird ein eigener Absatz   **id**
gebildet. Über `id="ergebnis"` erhält der Absatz eine eindeutige ID. Diese
ID und `runat="Server"` werden benötigt, damit der Absatz von C# aus
mit Inhalt gefüllt und gegebenenfalls formatiert werden kann.

HTML-Code   Wie bereits am Anfang erwähnt, wird durch ASP.NET HTML-Code generiert und mit dem vorhandenen HTML-Code verbunden. Das Ergebnis ist reiner HTML-Code, der vom Webserver zum Benutzer gesandt wird.

Falls Sie sich den Quelltext im Browser anschauen (im Internet Explorer über das Kontextmenü und QUELLCODE ANZEIGEN), sehen Sie innerhalb des Absatzes nur noch Folgendes:

```
...
<body>
    <p id="ergebnis">Ergebnis: 17</p>
    ...
</body>
...
```

Listing 9.3 Projekt »WebErstes«, Browser, Quellcodeansicht

Die Anwendung kann wie die anderen Internetanwendungen aus Visual Studio heraus nach Markierung der Datei *default.aspx* mithilfe der Taste [F5] gestartet werden. Lassen Sie sich nicht von den Fehlermeldungen beim Starten im Visual Studio-Fenster FEHLERLISTE irritieren. Im Browser wird die Internetseite mit ihren Inhalten korrekt angezeigt.

9.3.1   Fehlerhafte Programmierung

Fehlermeldungen   Ein weiterer Vorteil von ASP.NET kommt bei Programmierfehlern zum Tragen. Im Codefenster der Entwicklungsumgebung wird bereits auf Fehler in C# und fehlerhaftes HTML aufmerksam gemacht. Im Browser wird anschließend eine detaillierte Fehlermeldung angezeigt mit Zeilennummer und optischer Hervorhebung.

In Abbildung 9.3 sehen Sie die Fehleranzeige, welche erscheint, wenn die Deklaration der drei Variablen fehlt.

Zeilennummer   Da die Zeile mit der Deklaration auskommentiert ist, ist die Variable x unbekannt. Dementsprechend wird eine Fehlermeldung mit Datei und Zeilennummer ausgegeben.

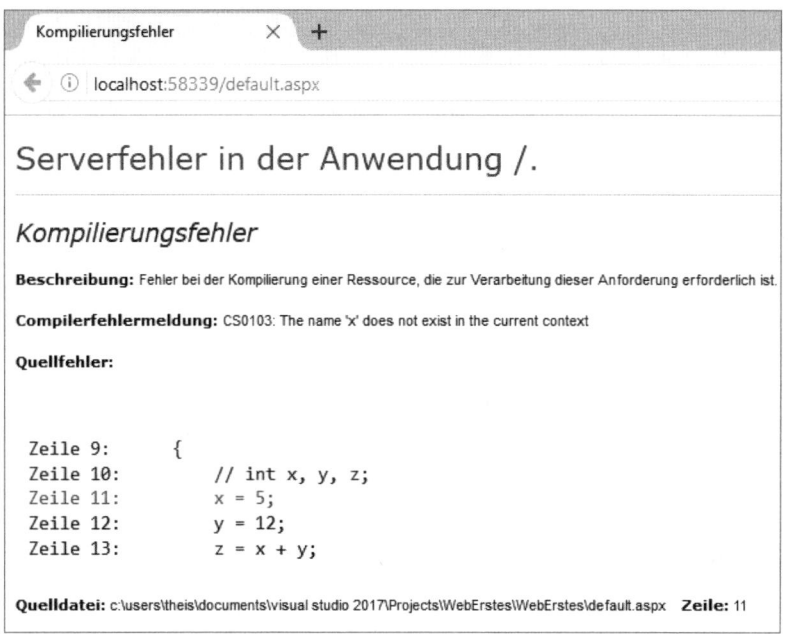

Abbildung 9.3 Fehleranzeige

9.4 Formatierung von Internetseiten

Mithilfe von HTML und CSS kann eine Internetseite formatiert werden. **CSS-Code**
Hierzu wären allerdings weitergehende Kenntnisse erforderlich. Anhand
von Serversteuerelementen können Sie dagegen einfach die weitreichen-
den Möglichkeiten von C# zur Formatierung nutzen. Die Formatierung
wird mithilfe der .NET-Klassen erzeugt. Als Ergebnis erscheinen HTML-
Code und CSS-Code im Quelltext des Browsers. Es folgt der Code der Seite
default.aspx in der Webanwendung mit dem Namen *WebFormatierung*:

```
<!DOCTYPE html><html><head>
    <meta charset="utf-8" />
    <title>WebFormatierung</title>
    <%@ page language="C#" %>
    <script runat="server">
    private void Page_Load()
    {
        int x, y, z;
        x = 5;
```

```
        y = 12;
        z = x + y;
        ergebnis.Text = "Ergebnis: " + z ;
        ergebnis.Font.Size = 24;
        ergebnis.Font.Bold = true;
        ergebnis.Font.Underline = true;
    }
    </script>
</head>
<body>
    <asp:Label id="ergebnis" runat="server" />
</body>
</html>
```

Listing 9.4 Projekt »WebFormatierung«, Datei default.aspx

Zur Erläuterung:

▶ Bei dem Element ergebnis im body handelt es sich jetzt um ein serversei-
tiges Steuerelement, ein einfaches Label.

Formatierung ▶ Dieses Label können Sie auf dem Server formatieren. Es werden die Formatierungen *Schriftgröße 24*, *Fettschrift* und *Unterstrichen* gewählt
(siehe Abbildung 9.4).

Abbildung 9.4 Formatierung per CSS

Im Quelltext sehen Sie, dass das CSS-Element automatisch generiert wird,
ohne dass CSS-Kenntnisse erforderlich sind:

```
...
<span id="ergebnis" style="font-size:24pt;font-weight:bold;
    text-decoration:underline;">Ergebnis: 17</span>
...
```

Listing 9.5 Projekt »WebFormatierung«, Browser, Quellcodeansicht

9.5   Senden und Auswerten von Formulardaten

Für die Kommunikation mit einem Webserver werden, wie bei einer Suchmaschine, Eingabeformulare mit Eingabe- und Auswahlelementen benötigt.

Im nachfolgenden Programm kann der Benutzer zwei Zahlen eingeben. Diese werden zum Webserver gesendet und dort addiert. Das Ergebnis wird wieder zurück zum Browser des Benutzers geschickt.

Kommunikation

Zunächst erscheint das leere Eingabeformular (siehe Abbildung 9.5).

Nach der Eingabe und dem Absenden erscheint das Ergebnis, gezeigt in Abbildung 9.6.

Abbildung 9.5 Formular, vor dem Füllen und Absenden

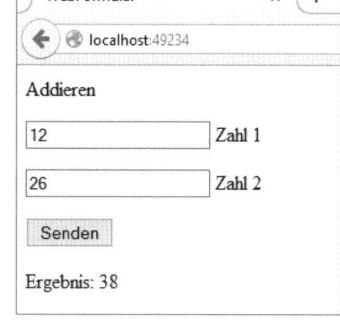

Abbildung 9.6 Formular, nach Empfang des Ergebnisses

Es folgt der Code der Seite *default.aspx* in der Webanwendung mit dem Namen *WebFormular*:

```
<!DOCTYPE html><html><head>
    <meta charset="utf-8" />
    <title>WebFormular</title>
    <%@ page language="C#" %>
    <script runat="server">
    private void Page_Load()
    {
        double z1, z2, z;
        if(IsPostBack)
        {
            try   { z1 = Convert.ToDouble(zahl1.Value); }
```

```
                    catch { z1 = 0; }
                    try  { z2 = Convert.ToDouble(zahl2.Value); }
                    catch { z2 = 0; }
                    z = z1 + z2;
                    ergebnis.Text = "Ergebnis: " + z;
                }
            }
        </script>
    </head>
    <body>
        <p>Addieren</p>
        <form runat="server">
            <p><input runat="server" id="zahl1"> Zahl 1</p>
            <p><input runat="server" id="zahl2"> Zahl 2</p>
            <p><input runat="server" type="submit" value="Senden"></p>
        </form>
        <p><asp:Label id="ergebnis" runat="server" /></p>
    </body>
</html>
```

Listing 9.6 Projekt »WebFormular«, Datei default.aspx

Zur Erläuterung des C#-Blocks:

IsPostBack ► Die Methode Page_Load() enthält eine Verzweigung. Anhand der Eigenschaftsmethode IsPostBack der Klasse Page wird entschieden, ob die Seite zum ersten Mal aufgerufen wird oder ob sie sich selbst aufruft, nachdem der Benutzer sie mit Eingabedaten gesendet hat.

Value ► Die Elemente zahl1 und zahl2 repräsentieren die beiden Eingabefelder für die beiden Zahlen, die addiert werden sollen. Die Eigenschaftsmethode Value liefert die eingegebene Zeichenkette. Sie wird mit der Methode ToDouble() in eine double-Zahl verwandelt.

► Das Element ergebnis ist ein Label, in dem das Ergebnis der Berechnung ausgegeben wird.

Zur Erläuterung des HTML-Containers:

form ► Nach der Überschrift folgt der Container <form> ... </form>. Innerhalb eines solchen Containers werden die Formularelemente notiert. Nur die Eingabedaten in diesen Formularelementen werden zum Webserver gesendet.

▶ Das Formularelement <input type="text"> erzeugt ein Textfeld zur Ein-   **input**
gabe.

▶ Das Formularelement <input type="submit"> erzeugt einen Senden-But-   **submit**
ton. In der Eigenschaft value wird die Aufschrift für den Senden-Button
notiert.

Anmerkung: Programmierer mit HTML-Kenntnissen erkennen im generierten HTML-Quellcode noch versteckte Formularelemente (<input type=
"hidden" >) und div-Container. Da der Code aber automatisch generiert
wird, muss der Programmierer diese Inhalte nicht mehr zwingend verstehen. Es reichen C#-Kenntnisse und elementare HTML-Kenntnisse aus.

9.6   Weitere Formularelemente

Im nachfolgenden Programm werden einige weitere typische Formularele-   **Formularelemente**
mente vorgestellt: eine Auswahlliste, eine CheckBox und zwei RadioBut-
tons. Der Benutzer wählt Einträge aus bzw. markiert diese und sendet das
Formular zum Webserver. Dort werden die Inhalte des Formulars empfangen und verarbeitet.

Zunächst erscheint das Eingabeformular. Nach dem Ausfüllen bzw. Auswählen und dem Absenden erscheint das Ergebnis (siehe Abbildung 9.7).

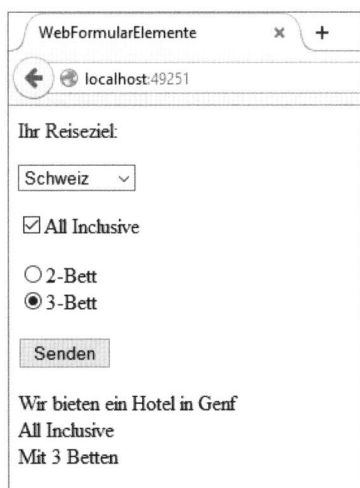

Abbildung 9.7 Formular mit verschiedenen Elementen

Es folgt der Code der Seite *default.aspx* in der Webanwendung mit dem Namen *WebFormularElemente*:

```
<!DOCTYPE html><html><head>
    <meta charset="utf-8" />
    <title>WebFormularElemente</title>
    <%@ page language="C#" %>
    <script runat="server">
    private void Page_Load()
    {
        if(IsPostBack)
        {
            ausgabe.Text = "Wir bieten ein Hotel in " + ziel.Value;
            if(allinc.Checked)
                ausgabe.Text += "<br>All Inclusive";

            if(bett2.Checked)
                ausgabe.Text += "<br>Mit 2 Betten";
            else
                ausgabe.Text += "<br>Mit 3 Betten";
        }
    }
    </script>
</head>
<body>
    <p>Ihr Reiseziel:</p>
    <form runat="server">
        <p><select id="ziel" runat="server">
            <option value="Barcelona">Spanien</option>
            <option value="Grenoble" selected="selected">
                Frankreich</option>
            <option value="Genf">Schweiz</option>
            <option value="Graz">Österreich</option>
        </select></p>
        <p><input id="allinc" runat="server"
            type="checkbox">All Inclusive</p>
        <p><input type="radio" name="bett" id="bett2"
            runat="server" checked="True">2-Bett<br>
            <input type="radio" name="bett" id="bett3"
            runat="server">3-Bett</p>
```

```
        <p><input runat="server" type="submit" value="Senden"></p>
        <p><asp:Label id="ausgabe" runat="server" /></p>
    </form>
</body>
</html>
```

Listing 9.7 Projekt »WebFormularElemente«, Datei default.aspx

Zur Erläuterung des C#-Blocks:

► Das Element `ziel` repräsentiert die Auswahlliste. Die Eigenschaftsmethode `Value` liefert den Wert der ausgewählten Option.

► Das Element `allinc` steht für die CheckBox. Die Eigenschaftsmethode
  `Checked` liefert, je nachdem, ob die CheckBox markiert ist oder nicht, `true`
  bzw. `false`.

► Die beiden RadioButtons haben die IDs `bett2` und `bett3`. Da sie im
  HTML-Code miteinander gekoppelt sind, kann nur eine der beiden Möglichkeiten gewählt werden.

► Das Element `ausgabe` ist ein Label, in dem die Auswahl angezeigt wird.

Zur Erläuterung des HTML-Containers:

► Innerhalb des Containers `<form>` ... `</form>` werden die Formular-   **form**
  elemente notiert.

► Der Container `<select>` ... `</select>` kennzeichnet eine Auswahlliste.   **select, option**
  Die einzelnen Optionen für den Benutzer stehen jeweils im Container
  `<option>` ... `</option>`. Die zweite Option wird mithilfe von `selected=`
  `"selected"` zum Standard, falls der Benutzer keine andere Option auswählt.

► Bei den Optionen muss man zwischen angezeigtem Text und Wert
  (=`Value`) der Option unterscheiden. Nur der Wert wird gesendet.

► Das HTML-Element `<input type="checkbox" ... >` steht für die CheckBox.   **checkbox**

► Die beiden RadioButtons werden anhand von `<input type="radio" ... >`   **radio**
  erzeugt. Da im Attribut `name` der gleiche Wert steht (`bett`), sind die beiden
  RadioButtons miteinander gekoppelt. Der erste RadioButton wird mithilfe von `checked="True"` zum Standard, falls der Benutzer keinen Radio-
  Button auswählt.

  Hinweis: In HTML müsste es eigentlich `checked="checked"` heißen, das
  wird aber von der Entwicklungsumgebung als Fehler gemeldet.

9.7 Ein Kalenderelement

Auswahl eines Datums

Ein Kalender dient im Folgenden als Beispiel für eines der vielen vorgefertigten Serversteuerelemente. Dem Benutzer wird der aktuelle Monat angezeigt, der aktuelle Tag und die Wochenendtage sind jeweils besonders hervorgehoben. Wählt der Benutzer einen Tag aus, wird ihm das jeweilige Datum angezeigt. Dies ist nur ein kleiner Ausschnitt aus den umfangreichen Möglichkeiten eines Serversteuerelements.

Ohne page_load()

In diesem Fall ist auch keine Übermittlung zum Webserver notwendig. Alle Eigenschaften des Serversteuerelements werden beim Aufruf der Seite übermittelt. Das Serversteuerelement steht zwar in einem Formular, aber das dient nur dazu, die getroffene Auswahl des Benutzers an JavaScript, also an ein Clientprogramm, zu übermitteln. Daher ist es auch nicht notwendig, eine page_load-Methode zu erstellen. Die Funktionalität wird nicht zum Zeitpunkt des Ladens der Seite, sondern erst nach der Auswahl eines Tages benötigt.

Zunächst erscheint der Kalender, nach der Auswahl erscheint das Ergebnis (siehe Abbildung 9.8).

Abbildung 9.8 Kalenderelement

Es folgt der Code der Seite *default.aspx* in der Webanwendung mit dem Namen *WebFormularKalender*:

```
<!DOCTYPE html><html><head>
    <meta charset="utf-8" />
    <title>WebFormularKalender</title>
```

```
<%@ page language="C#" %>
<script runat="server">
private void Auswahl(object sender, EventArgs e)
{
    ausgabe.Text = kalender.SelectedDate.ToShortDateString();
}
</script>
</head>
<body>
    Kalender:
    <form id="Form1" runat="server">
        <asp:Calendar id="kalender" runat="server"
            OnSelectionChanged="Auswahl">
            <TodayDayStyle BackColor="Red"
                ForeColor="Yellow"></TodayDayStyle>
            <WeekendDayStyle BackColor="Yellow"
                ForeColor="Red"></WeekendDayStyle>
        </asp:Calendar>
    </form>
    <p><asp:Label id="ausgabe" runat="server" /></p>
</body>
</html>
```

Listing 9.8 Projekt »WebFormularKalender«, Datei default.aspx

Zur Erläuterung des C#-Blocks:

▶ Die Methode Auswahl() wird aufgerufen, sobald der Benutzer die Auswahl gewechselt (OnSelectionChanged), also einen Tag ausgewählt hat.

▶ Das Element kalender vom Typ Calendar repräsentiert den Kalender. Die **Calendar** Eigenschaft SelectedDate beinhaltet den ausgewählten Tag im Datumsformat. Zur Anzeige wird dieses Datum mit der Methode ToShortDateString() in eine Zeichenkette umgewandelt.

▶ Im Label ausgabe wird die Auswahl angezeigt.

Zur Erläuterung des HTML-Containers:

▶ Innerhalb des Containers <form> ... </form> werden die Formularelemente notiert.

▶ Der Container <asp:Calendar> ... </asp:Calendar> kennzeichnet den Kalender.

<table>
<tr><td>OnSelection-
Changed</td><td>▶ Das Element <code>OnSelectionChanged</code> sorgt dafür, dass bei einer Auswahl des Benutzers die Methode <code>Auswahl()</code> aufgerufen wird.</td></tr>
</table>

OnSelection-
Changed
▶ Das Element `OnSelectionChanged` sorgt dafür, dass bei einer Auswahl des Benutzers die Methode `Auswahl()` aufgerufen wird.

▶ Die Container `TodayDayStyle` und `WeekendDayStyle` dienen der Formatierung des Kalenders.

9.8   ASP.NET und ADO.NET

Internetdatenbank

Eine Internetanwendung kann auch leicht mit einer Datenbankanwendung verbunden werden. Im nachfolgenden Programm werden die Inhalte einer Datenbank, die sich auf dem Webserver befindet, auf einer Internetseite dargestellt.

Der Zugriff auf die Datenbank läuft auf die gleiche Weise ab, wie bereits in Kapitel 8 beschrieben. Das Ergebnis der SQL-Abfrage müssen Sie nur noch mit einem geeigneten Serversteuerelement verbinden.

Kommunikation

Der Kommunikationsweg sieht jetzt wie folgt aus:

▶ Der Benutzer fordert über seinen Browser die Internetseite beim Webserver durch Eingabe der Adresse an.

▶ Auf dem Webserver wird eine Abfrage an die Datenbank generiert.

▶ Die Datenbank bzw. der Datenbankserver sendet das Abfrageergebnis an den Webserver zurück.

▶ Auf dem Webserver wird das Abfrageergebnis passend für eine Internetseite formatiert und zum Rechner des Benutzers gesendet.

▶ Schließlich wird die Datentabelle im Browser des Benutzers angezeigt.

Abbildung 9.9 zeigt das Resultat.

Datenbank-Tabelle

name	vorname	personalnummer	gehalt	geburtstag
Maier	Hans	6714	3500	15.03.1962 00:00:00
Schmitz	Peter	81343	3950	12.04.1958 00:00:00
Mertens	Julia	2297	3621,5	30.12.1959 00:00:00

Abbildung 9.9 Zugriff auf Datenbank auf dem Server

Es folgt der Code der Seite *default.aspx* in der Webanwendung mit dem Namen *WebDatenbankAuswahl*:

```
<!DOCTYPE html>
<html>
<head>
    <meta charset="utf-8" />
    <title>WebDatenbankAuswahl</title>
    <%@ page language="C#" %>
    <%@ import namespace="System.Data.OleDb" %>
    <script runat="server">
    private void Page_Load()
    {
        OleDbConnection con = new OleDbConnection();
        OleDbCommand cmd = new OleDbCommand();
        OleDbDataReader reader;

        con.ConnectionString =
            "Provider=Microsoft.ACE.OLEDB.12.0;" +
            "Data Source=C:\\Temp\\firma.accdb";
        cmd.Connection = con;
        cmd.CommandText = "SELECT * FROM personen";

        try
        {
            con.Open();
            reader = cmd.ExecuteReader();
            grid.DataSource = reader;
            DataBind();
            reader.Close();
        }
        catch(Exception ex)
        {
            ausgabe.Font.Bold = true;
            ausgabe.Text = ex.Message;
        }

        con.Close();
    }
    </script>
</head>
```

```
<body>
    <p>Datenbank-Tabelle</p>
    <asp:DataGrid id="grid" runat="server" />
    <p><asp:Label id="ausgabe" runat="server" /></p>
</body>
</html>
```

Listing 9.9 Projekt »WebDatenbankAuswahl«, Datei default.aspx

Zur Erläuterung der Compiler-Direktiven:

System.Data. OleDb ▸ Nach der Page-Direktive folgt die Direktive zum Import des Namensraums System.Data.OleDb.

OleDb ▸ Dadurch werden die Klassen zur Verfügung gestellt, die für den Zugriff auf eine OleDb-Datenbank, wie z. B. eine MS Access-Datenbank, benötigt werden.

Zur Erläuterung des C#-Blocks:

▸ Die Objekte für die Datenbankverbindung, den SQL-Befehl und den Reader für das Abfrageergebnis werden so initialisiert und benutzt, wie es bereits in Kapitel 8 beschrieben wurde.

Verzeichniswahl ▸ Soll die MS Access-Datei *firma.accdb* später im Internet im selben Verzeichnis liegen wie die Datei *default.aspx*, muss es dazu im ConnectionString nur Data Source=firma.accdb heißen. Während der Entwicklung können Sie die Datei *firma.accdb* wie im obigen Beispiel in ein lokales Verzeichnis legen.

▸ Auch in diesem Programm ist aufgrund der Fehleranfälligkeit des Vorgangs eine Ausnahmebehandlung notwendig.

DataGrid ▸ Das Serversteuerelement grid vom Typ DataGrid repräsentiert die Ausgabetabelle.

▸ Der Eigenschaft DataSource dieses Elements wird das Abfrageergebnis zugewiesen. Die Methode DataBind() sorgt für die Verbindung des Elements mit der Datenquelle.

▸ Das Element ausgabe ist ein Label, in dem ein möglicher Fehler angezeigt wird.

Zur Erläuterung des HTML-Containers:

▸ Hier stehen nur noch die Überschrift und zwei Serversteuerelemente – den Rest übernimmt C#.

9.9 Datenbank im Internet ändern

Zur Illustration einer Datenbankänderung im Internet soll im folgenden Beispiel ein Datensatz zu einer Tabelle hinzugefügt werden. Das Hinzufügen über den SQL-Befehl INSERT wurde bereits in Kapitel 8, beschrieben.

In diesem Programm werden die folgenden Aktivitäten miteinander kombiniert:

- ▶ Senden und Auswerten von Formulardaten
- ▶ Kontrolle der Benutzereingaben
- ▶ Ausnahmebehandlung
- ▶ ASP.NET und ADO.NET (Zugriff auf eine Datenbank)

Im oberen Teil werden zunächst die vorhandenen Tabellendaten angezeigt. Im unteren Teil können Sie die Daten eines neuen Datensatzes eintragen. Nach Eingabe eines Datensatzes ohne Personalnummer und dem Absenden sieht das Ergebnis aus wie das in Abbildung 9.10.

Anzeige und Eintrag

Abbildung 9.10 Datensatz ohne Personalnummer

Nach Eingabe eines Datensatzes mit einer Personalnummer, die bereits in der Tabelle vorkommt, sieht das Resultat hingegen aus wie das in Abbildung 9.11.

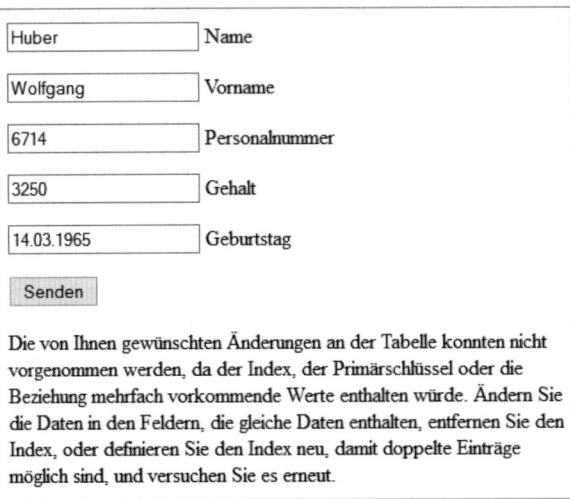

Abbildung 9.11 Doppelter Wert

Nach Eingabe eines Datensatzes mit einer Personalnummer, die noch nicht vorkommt, aber mit einem ungültigen Datum, erscheint ebenfalls eine Fehlermeldung, so wie in Abbildung 9.12 zu sehen).

Abbildung 9.12 Ungültiger Wert

Abbildung 9.13 zeigt hingegen das Ergebnis nach Eingabe eines gültigen Datensatzes:

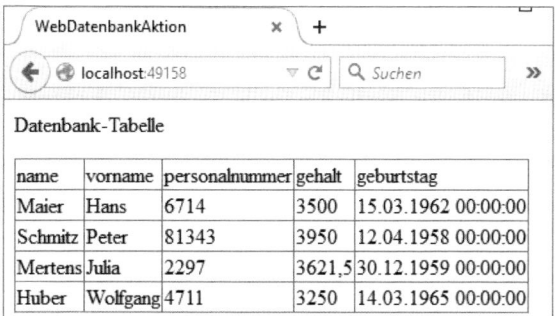

Datenbank-Tabelle

name	vorname	personalnummer	gehalt	geburtstag
Maier	Hans	6714	3500	15.03.1962 00:00:00
Schmitz	Peter	81343	3950	12.04.1958 00:00:00
Mertens	Julia	2297	3621,5	30.12.1959 00:00:00
Huber	Wolfgang	4711	3250	14.03.1965 00:00:00

Abbildung 9.13 Gültiger neuer Datensatz wird eingefügt

Es folgt der Code der Seite *default.aspx* in der Webanwendung mit dem Namen *WebDatenbankAktion*:

```
<!DOCTYPE html><html><head>
    <meta charset="utf-8" />
    <title>WebDatenbankAktion</title>
    <%@ page language="C#" %>
    <%@ import namespace="System.Data.OleDb" %>
    <script runat="server">
    private void Page_Load()
    {
        OleDbConnection con = new OleDbConnection();
        OleDbCommand cmd = new OleDbCommand();
        OleDbDataReader reader;
        int anzahl;
        con.ConnectionString =
            "Provider=Microsoft.ACE.OLEDB.12.0;" +
            "Data Source=C:\\Temp\\firma.accdb";
        cmd.Connection = con;
        if(IsPostBack)
        {
            try
            {
                con.Open();
                cmd.CommandText = "INSERT INTO personen " +
                    "(name, vorname, personalnummer, gehalt, " +
                    "geburtstag) VALUES ('" + TxtName.Value +
                    "', '" + TxtVorname.Value + "', " +
                    TxtPersonalnummer.Value + ", " +
```

9

```
                        TxtGehalt.Value.Replace(",", ".") +
                        ", '" + TxtGeburtstag.Value + "')";
                    // ausgabe.Text = cmd.CommandText;
                    anzahl = cmd.ExecuteNonQuery();
                    if(anzahl > 0)
                        ausgabe.Text =
                            "Es wurde ein Datensatz eingefügt";
                }
                catch(Exception ex)
                {
                    ausgabe.Text = ex.Message;
                }
                con.Close();
            }
            cmd.CommandText = "SELECT * FROM personen";
            try
            {
                con.Open();
                reader = cmd.ExecuteReader();
                grid.DataSource = reader;
                DataBind();
                reader.Close();
            }
            catch(Exception ex)
            {
                ausgabe.Text = ex.Message;
            }
            con.Close();
        }
    </script>
</head>
<body>
    <p>Datenbank-Tabelle</p>
    <asp:DataGrid id="grid" runat="server" />
    <form runat="server">
        <p><input type="text" runat="server"
            id="TxtName"> Name</p>
        <p><input type="text" runat="server"
            id="TxtVorname"> Vorname</p>
```

```
        <p><input type="text" runat="server"
            id="TxtPersonalnummer"> Personalnummer</p>
        <p><input type="text" runat="server"
            id="TxtGehalt"> Gehalt</p>
        <p><input type="text" runat="server"
            id="TxtGeburtstag"> Geburtstag</p>
        <p><input type="submit" runat="server" value="Senden">
    </form>
    <p><asp:Label id="ausgabe" runat="server" /></p>
</body>
</html>
```

Listing 9.10 Projekt »WebDatenbankAktion«, Datei default.aspx

Zur Erläuterung des C#-Blocks:

▶ Die Objekte für die Datenbankverbindung, den SQL-Befehl und den Reader für das Abfrageergebnis werden initialisiert.

▶ Es kommt noch eine Variable zur Speicherung der Anzahl der geänderten Datensätze hinzu.

▶ Der Inhalt der ersten if-Verzweigung wird nur ausgeführt, wenn der Benutzer das Formular senden möchte, und nicht, wenn er die Seite zum ersten Mal aufruft.

▶ Es beginnt eine Ausnahmebehandlung. Diese ist besonders wegen der vielen möglichen Fehler bei der Benutzereingabe erforderlich.   **try/catch**

▶ Der SQL-Befehl zum Einfügen eines Datensatzes wird mithilfe der Inhalte aus den Textfeldern des Formulars zusammengesetzt.

▶ Während der Entwicklung kann es nicht schaden, den Befehl zunächst zur Kontrolle auszugeben, statt ihn gleich zu senden. Falls der SQL-Befehl als richtig erkannt wird, kann diese Anweisung anschließend wieder auskommentiert werden.

▶ Der SQL-Befehl zum Einfügen eines Datensatzes wird gesendet. Im Erfolgsfall wird ausgegeben, dass ein Datensatz hinzugefügt wurde.

▶ Innerhalb der Verzweigung mit if(IsPostBack) wird der SQL-Befehl zum Anzeigen aller Datensätze erstellt.   **IsPostBack**

▶ Der Inhalt der Datenbanktabelle, einschließlich des neuen Datensatzes, wird mithilfe des Serversteuerelements vom Typ DataGrid ausgegeben.

▶ In diesem Programm wird die Verbindung eventuell zweimal geöffnet und wieder geschlossen, je nachdem, ob der Benutzer die Seite zum ersten Mal aufruft oder das Formular gesendet hat.

Zur Erläuterung des HTML-Containers:

▶ Hier befindet sich hinter der Überschrift und dem Serversteuerelement vom Typ `DataGrid` das Eingabeformular.

▶ Das Eingabeformular beinhaltet fünf Textfelder für die Werte der fünf Felder eines neuen Datensatzes.

▶ Das unterste Label dient zur Ausgabe der Erfolgsmeldung oder der Fehlermeldungen bei der Ausnahmebehandlung.

Kapitel 10
Zeichnen mit GDI+

Nach der Bearbeitung dieses Kapitels werden Sie in der Lage sein, Zeich-
nungen, Grafiken und externe Bilddokumente in Ihrer Windows-Anwen-
dung darzustellen.

Im Folgenden lernen Sie Elemente der Bibliothek GDI+ sowie die Einbet-
tung von Zeichnungselementen in Ihre Windows-Anwendung kennen.

10.1 Grundlagen von GDI+

Die Bibliothek GDI+ umfasst eine Reihe von Klassen, die es ermöglichen,
Zeichnungen anzufertigen. Auf vielen Steuerelementen einer Windows-
Anwendung kann gezeichnet werden, so zum Beispiel auf dem Formular
selbst oder auf einer PictureBox.

Dazu benötigen Sie den Zugriff auf das Graphics-Objekt des Steuerelements. Eine sehr einfache Zugriffsmöglichkeit bietet die Methode Create-
Graphics(). Außerdem wird meist ein Stift (Pen) oder ein Pinsel (Brush) benötigt.

CreateGraphics()

Beim Zeichnen der grafischen Objekte können Sie z. B. die Dicke des Stifts
bestimmen, die Farbe von Stift oder Pinsel sowie Art, Position und Größe
der Objekte. Soll die Zeichnung auch Text enthalten, können Sie außerdem
beispielsweise Schriftart, Schriftgröße, Schriftfarbe und Position festlegen.
Bilder fügen Sie mithilfe des Image-Objekts ein.

10.2 Linie, Rechteck, Polygon und Ellipse zeichnen

Das erste Beispielprogramm (Projekt *ZeichnenGrundformen*) enthält folgende Möglichkeiten:

► Zeichnen einer Linie

► Zeichnen eines leeren oder gefüllten Rechtecks

► Zeichnen eines leeren oder gefüllten Polygons

► Zeichnen einer leeren oder gefüllten Ellipse

► Ändern der Stiftdicke

► Ändern der Stiftfarbe

► Löschen der gesamten Zeichnung

Ein damit geschaffenes »Kunstwerk« könnte zum Beispiel so aussehen wie das in Abbildung 10.1.

Abbildung 10.1 Erste geometrische Objekte

10.2.1   Grundeinstellungen

Zunächst müssen Sie einige Grundeinstellungen vornehmen:

```
using System.Drawing;
...
public partial class Form1 : Form
{
    ...
    private Graphics z;
    private Pen stift = new Pen(Color.Red, 2);
    private SolidBrush pinsel = new SolidBrush(Color.Red);
    private Color[] colorFeld =
        { Color.Red, Color.Green, Color.Blue };

    private void Form1_Load(...)
```

```
    {
        z = CreateGraphics();
        LstFarbe.Items.Add("Rot");
        LstFarbe.Items.Add("Grün");
        LstFarbe.Items.Add("Blau");
        LstFarbe.SelectedIndex = 0;
    }
...
```

Listing 10.1 Projekt »ZeichnenGrundformen«, Einstellungen

Zur Erläuterung:

▶ Den Namensraum System.Drawing müssen Sie, wie bei Positions-, Far-   **System.Drawing**
ben- oder Größenänderungen von Steuerelementen, bei allen Projekten
dieses Kapitels einbinden.

▶ Die Methode CreateGraphics() liefert einen Verweis auf das Graphics-
Objekt des Formulars. Sie können nun im gesamten Formular mithilfe
der Variablen z auf die Zeichenfläche des Formulars zugreifen.

▶ Diese sehr einfache Methode hat allerdings den Nachteil, dass die Zeichnung teilweise oder ganz gelöscht wird, sobald z. B. eine andere Anwendung über dem Formular eingeblendet wird.

Eine andere Möglichkeit wird in Abschnitt 10.5, »Dauerhaft zeichnen«,
vorgestellt.

▶ Es wird ein Zeichenstift zum Zeichnen von Linien und nicht gefüllten   **Pen**
Objekten in der Farbe Rot und der Dicke 2 festgelegt. Dieser steht nun im
gesamten Formular über das Objekt stift der Klasse Pen zur Verfügung.

▶ Ein einfacher Pinsel zum Füllen von Objekten wird ebenfalls in der Farbe   **SolidBrush**
Rot festgelegt. Dieser steht nun im gesamten Formular über das Objekt
pinsel der Klasse SolidBrush zur Verfügung.

▶ Das Feld colorFeld ist ein Feld von Objekten der Struktur Color. Es dient   **Color**
zum Ändern der Farbe des Pinsels.

▶ Ein Listenfeld ermöglicht einen Farbwechsel für Stift und Pinsel. Dieses
Listenfeld wird zu Beginn des Programms mit drei Farben gefüllt.

10.2.2   Linie

Zum Zeichnen einer Linie verwenden Sie die Methode DrawLine(). Die Er-   **DrawLine()**
eignismethode gestaltet sich folgendermaßen:

```
private void CmdLinie_Click(...)
{
    z.DrawLine(stift, 100, 40, 100, 60);
}
```

Listing 10.2 Projekt »ZeichnenGrundformen«, Linie

Zur Erläuterung:

▶ Die Methode DrawLine() erfordert in jedem Fall einen Zeichenstift.

▶ Anschließend werden die Start- und Endkoordinaten der Linie angegeben, entweder als Einzelkoordinaten (x,y) oder als Objekte der Klasse Point.

10.2.3 Rechteck

DrawRectangle(), FillRectangle()

Die Methoden DrawRectangle() und FillRectangle() erzeugen ungefüllte bzw. gefüllte Rechtecke. Sind beide Seiten des Rechtecks gleich lang, handelt es sich bekanntlich um ein Quadrat:

```
private void CmdRechteck_Click(...)
{
    if (ChkFuellen.Checked)
    {
        z.FillRectangle(pinsel, 10, 10, 180, 180);
        ChkFuellen.Checked = false;
    }
    else
        z.DrawRectangle(stift, 10, 10, 180, 180);
}
```

Listing 10.3 Projekt »ZeichnenGrundformen«, Rechteck

Zur Erläuterung:

▶ Der Benutzer legt über das Kontrollkästchen ChkFuellen fest, ob es sich um ein gefülltes oder um ein leeres Rechteck handeln soll.

▶ Das gefüllte Rechteck benötigt einen Pinsel, das leere Rechteck einen Zeichenstift.

Rechteck-koordinaten

▶ Anschließend gibt man entweder vier Werte für die x- und y-Koordinaten der oberen linken Ecke sowie für die Breite und Höhe des Rechtecks oder ein Objekt der Klasse Rectangle an.

▶ Falls der Benutzer das gefüllte Rechteck gewählt hat, wird das Kontrollkästchen für das nächste Objekt wieder zurückgesetzt.

10.2.4   Polygon

Polygone sind Vielecke und bestehen aus einem Linienzug, der nacheinander alle Ecken einschließt. Die Methoden DrawPolygon() und FillPolygon()
erzeugen einen geschlossenen Polygonzug, der ungefüllt bzw. gefüllt ist.
Falls der Benutzer das gefüllte Polygon gewählt hat, wird das Kontrollkästchen für das nächste Objekt wieder zurückgesetzt.

DrawPolygon(),
FillPolygon()

```
private void CmdPolygon_Click(...)
{
    Point[] point_feld = {new Point(90, 80), new Point(110, 80),
                        new Point(100, 120)};
    if (ChkFuellen.Checked)
    {
        z.FillPolygon(pinsel, point_feld);
        ChkFuellen.Checked = false;
    }
    else
        z.DrawPolygon(stift, point_feld);
}
```

Listing 10.4 Projekt »ZeichnenGrundformen«, Polygon

Zur Erläuterung:

▶ Ebenso wie das Rechteck kann auch das Polygon gefüllt (mithilfe eines
Pinsels) oder ungefüllt (mithilfe eines Zeichenstifts) erzeugt werden.

▶ Als zweiter Parameter wird ein Feld von Objekten der Klasse Point
benötigt. Die Anzahl der Elemente dieses Felds bestimmt die Anzahl der
Ecken des Polygons.

Point-Objekte

▶ Zwischen zwei Punkten, die in dem Feld aufeinanderfolgen, wird eine Linie gezogen. Vom letzten Punkt aus wird zuletzt noch eine Linie zum
ersten Punkt gezogen.

10.2.5   Ellipse

Die Methoden DrawEllipse() und FillEllipse() erzeugen ungefüllte bzw.
gefüllte Ellipsen innerhalb eines umgebenden Rechtecks. Sind beide Seiten

DrawEllipse(),
FillEllipse()

des umgebenden Rechtecks gleich lang, erhält man einen Kreis. Hier die Ereignismethode:

```
private void CmdEllipse_Click(...)
{
    if (ChkFuellen.Checked)
    {
        z.FillEllipse(pinsel, 10, 10, 180, 180);
        ChkFuellen.Checked = false;
    }
    else
        z.DrawEllipse(stift, 10, 10, 180, 180);
}
```

Listing 10.5 Projekt »ZeichnenGrundformen«, Ellipse

Zur Erläuterung:

Umgebendes Rechteck

▶ Der Aufbau der Ellipse entspricht dem Aufbau eines Rechtecks, das diese Ellipse umgibt.

10.2.6   Dicke und Farbe ändern, Zeichnung löschen

Hilfsroutinen   Einige Hilfsroutinen vervollständigen unser kleines Zeichenprogramm:

```
private void NumPenWidth_ValueChanged(...)
{
    stift.Width = (float)NumPenWidth.Value;
}

private void LstFarbe_SelectedIndexChanged(...)
{
    stift.Color = colorFeld[LstFarbe.SelectedIndex];
    pinsel.Color = colorFeld[LstFarbe.SelectedIndex];
}

private void CmdLoeschen_Click(...)
{
    z.Clear(BackColor);
}
```

Listing 10.6 Projekt »ZeichnenGrundformen«, Ändern, Löschen

Zur Erläuterung:

▶ Die Eigenschaft `Width` bestimmt die Dicke des Zeichenstifts. Das Zahlenauswahlfeld liefert eine Variable vom Typ `decimal`, die mithilfe des Casts (`float`) in eine `float`-Variable für die Stiftdicke umgewandelt wird.

▶ Die Eigenschaft `Color` bestimmt die Farbe des Zeichenstifts und des Pinsels. Der Index des ausgewählten Elements im Listenfeld wird bei einer Änderung unmittelbar übernommen, um das zugehörige Element des Felds `colorFeld` zu bestimmen.   **Color**

▶ Die Methode `Clear()` dient zum Löschen der Zeichenfläche. Eigentlich handelt es sich dabei um ein Auffüllen mit einer Einheitsfarbe. Hier wird die normale Hintergrundfarbe des Formulars zum Auffüllen genommen.   **Clear()**

10

10.3   Text schreiben

Texte werden mithilfe eines Pinsels und eines `Font`-Objekts auf die Zeichenfläche geschrieben. Das Beispielprogramm (Projekt *ZeichnenText*) beinhaltet folgende Möglichkeiten (siehe auch Abbildung 10.2):

▶ Schreiben eines eingegebenen Texts

▶ Ändern der Schriftart

▶ Ändern der Schriftgröße

▶ Ändern der Schriftfarbe

▶ Löschen der gesamten Zeichnung

Hier das vollständige Programm:

```
public partial class Form1 : Form
{
    ...
    private Graphics z;
    private Font f = new Font("Arial", 16);
    private SolidBrush pinsel = new SolidBrush(Color.Red);
    private Color[] colorFeld =
        { Color.Red, Color.Green, Color.Blue };

    private void Form1_Load(...)
    {
```

```csharp
        z = CreateGraphics();
        LstSchriftart.Items.Add("Arial");
        LstSchriftart.Items.Add("Courier New");
        LstSchriftart.Items.Add("Symbol");
        LstSchriftart.SelectedIndex = 0;

        LstFarbe.Items.Add("Rot");
        LstFarbe.Items.Add("Grün");
        LstFarbe.Items.Add("Blau");
        LstFarbe.SelectedIndex = 0;
    }

    private void CmdAnzeigen_Click(...)
    {
        z.DrawString(TxtEingabe.Text, f, pinsel, 20, 20);
    }

    private void LstSchriftart_SelectedIndexChanged(...)
    {
        f = new Font(LstSchriftart.Text, f.Size);
    }

    private void NumSchriftgroesse_ValueChanged(...)
    {
        f = new Font(f.FontFamily, (float)NumSchriftgroesse.Value);
    }

    private void LstFarbe_SelectedIndexChanged(...)
    {
        pinsel.Color = colorFeld[LstFarbe.SelectedIndex];
    }

    private void CmdLoeschen_Click(...)
    {
        z.Clear(BackColor);
    }
}
```

Listing 10.7 Projekt »ZeichnenText«

Abbildung 10.2 Text in Zeichnung

Zur Erläuterung:

▶ Die Zeichenfläche und ein Pinsel zum Schreiben von Text auf die Zeichenfläche werden klassenweit gültig bereitgestellt.

▶ Das Schriftformat für den Text wird im Objekt f der Klasse Font zur Verfügung gestellt.   **Font**

▶ Zu Beginn des Programms werden die beiden Listen für Schriftart und Farbe gefüllt.

▶ Die Methode DrawString() dient zum Schreiben des Texts. Sie benötigt den Text, ein Schriftformat, einen Pinsel und einen Ort zum Schreiben.   **DrawString()**

▶ Bei einem Wechsel der Auswahl im ersten Listenfeld wird eine neue Schriftart eingestellt.

▶ Bei einem Wechsel der Zahl im Zahlenauswahlfeld wird eine neue Schriftgröße eingestellt. Es findet eine Umwandlung von decimal zu float statt.

▶ Ein Wechsel der Farbe im zweiten Listenfeld führt zu einer Änderung der Schriftfarbe.

10.4   Bilder darstellen

Zum Darstellen eines Bilds auf einer Zeichenfläche benötigen Sie die Klasse Image. Die statische Methode FromFile() dieser Klasse lädt ein Bild aus einer Datei und stellt es zur Darstellung bereit. Außerdem stehen die Bildeigen-   **Image** schaften zur Verfügung. Die Zeichenmethode DrawImage() zeichnet das Bild schließlich auf die Zeichenfläche.

OpenFileDialog   Im nachfolgenden Programm wird über das Standarddialogfeld OpenFile-Dialog eine Bilddatei ausgewählt. Diese wird geladen, und das Bild wird dargestellt (siehe Abbildung 10.3).

Abbildung 10.3 Bild aus Datei »namibia.gif«

Der Programmcode für das Projekt *ZeichnenBild* lautet:

```
private void CmdAuswahl_Click(...)
{
    Graphics z = CreateGraphics();
    Font df = new Font("Verdana", 11);
    SolidBrush pinsel = new SolidBrush(Color.Black);

    OpenFileDialog ofd = new OpenFileDialog()
    {
        InitialDirectory = "C:\\Temp",
        Title = "Bitte eine Bilddatei wählen",
        Filter = "Bild-Dateien (*.jpg; *.gif)|*.jpg; *.gif"
    };
    Image bild;
    z.Clear(BackColor);
    if (ofd.ShowDialog() == DialogResult.OK)
    {
        bild = Image.FromFile(ofd.FileName);
        z.DrawImage(bild, 20, 40);
```

```
        z.DrawString("Breite: " + bild.Width + ", Höhe: " +
            bild.Height, df, pinsel, 20, 20);
    }
    else
        MessageBox.Show("Keine Bilddatei ausgewählt");
}
```

Listing 10.8 Projekt »ZeichnenBild«

Zur Erläuterung:

▶ Da es sich nur um eine einzelne Ereignismethode handelt, werden diesmal alle Variablen und Objekte nur lokal deklariert.

▶ Die Zeichenfläche wird wieder über die Variable z bereitgestellt.

▶ Die Schriftart und der Pinsel werden zur Ausgabe von Eigenschaften des geladenen Bilds benötigt.

▶ Anhand eines Standarddialogfelds werden die Bilddateien mit den Endungen *.jpg* und *.gif* im Ordner *C:\Temp* aufgelistet.

▶ Der Benutzer sucht eine Bilddatei in diesem oder einem anderen Verzeichnis aus. Der Name dieser Datei steht in der Eigenschaft FileName des Dialogfelds.

▶ Die statische Methode FromFile() der Klasse Image lädt das Bild und liefert einen Verweis, über den auf das Bild zugegriffen werden kann.   **FromFile()**

▶ Die Methode DrawImage() stellt das Bild anschließend dar. Eine der zahlreichen Überladungen dieser Methode benötigt die x- und y-Koordinaten der Stelle, an der sich die obere linke Ecke des Bilds befinden soll.   **DrawImage()**

▶ Bricht der Benutzer die Bildauswahl ab, wird das in einer Meldung ausgegeben.

10.5   Dauerhaft zeichnen

Die bisher vorgestellte Methode hat den Nachteil, dass eine Zeichnung teilweise oder ganz gelöscht werden kann, sobald zum Beispiel eine andere Anwendung über dem Formular eingeblendet wird.

Eine andere Methode arbeitet mit dem Paint-Ereignis des Formulars. Dieses Ereignis wird jedes Mal aufgerufen, wenn das Formular auf dem Bildschirm neu gezeichnet werden muss.   **Paint-Ereignis**

Im nachfolgenden Programm (Projekt *ZeichnenDauerhaft*) werden einige Elemente der vorgestellten Programme auf diese Weise gezeichnet (siehe Abbildung 10.4).

Abbildung 10.4 Drei dauerhafte Zeichnungselemente

Der zugehörige Code lautet:

```
private void Form1_Paint(object sender, PaintEventArgs e)
{
    Graphics z;
    Pen stift = new Pen(Color.Red, 2);
    Font f = new Font("Arial", 16);
    SolidBrush pinsel = new SolidBrush(Color.Red);
    Image bild;
    string filename;

    /* Holt Grafik-Objekt zum Zeichnen */
    z = e.Graphics;

    /* Rechteck, Text */
    z.DrawRectangle(stift, 20, 20, 30, 60);
    z.DrawString("Hallo", f, pinsel, 70, 20);

    /* Bild */
    filename = "namibia.gif";
    if (File.Exists(filename))
    {
        bild = Image.FromFile(filename);
```

```
        z.DrawImage(bild, 70, 70);
    }
    else
        MessageBox.Show("Datei nicht vorhanden");
}
```

Listing 10.9 Projekt »ZeichnenDauerhaft«

Zur Erläuterung:

▶ Es wird die Klasse File benötigt, daher müssen Sie in diesem Projekt den Namensraum System.IO einbinden.

▶ Das Objekt e der Klasse PaintEventArgs liefert Daten für das Paint-Ereignis.   **PaintEventArgs**

▶ Eine der Eigenschaftsmethoden des Objekts e ist Graphics. Sie liefert das Grafikobjekt zum Zeichnen.

▶ Mittels dieses Objekts werden nacheinander ein Rechteck, ein Text und ein Bild aus einer Datei auf dem Formular gezeichnet.

▶ Zur besseren Auffindbarkeit liegt die Bilddatei *namibia.gif* im Projekt-unterverzeichnis *bin\Debug*.

10.6 Zeichnen einer Funktion

Zum Abschluss dieses Kapitels sollen im Projekt *ZeichnenFunktion* die Verläufe von zwei mathematischen Funktionen gezeichnet werden. Es handelt sich um die Sinus- und die Kosinusfunktion, deren Verläufe von 0 bis 360 Grad gezeichnet werden (siehe Abbildung 10.5).

Zunächst der Code zum Button ZEICHNEN:

```
private void CmdZeichnen_Click(...)
{
    Graphics z = CreateGraphics();
    Pen stift;
    Point start, ende;

    stift = new Pen(Color.Black, 2);
    z.DrawLine(stift, new Point(20, 120), new Point(380, 120));
    z.DrawLine(stift, new Point(20, 220), new Point(20, 20));

    stift = new Pen(Color.Blue, 2);
```

```
start = new Point(20, 120);
for (int i = 1; i <= 360; i++)
{
    ende = new Point(20 + i,
        120 - (int)(Math.Sin(i * Math.PI / 180) * 100));
    z.DrawLine(stift, start, ende);
    start = ende;
}

stift = new Pen(Color.LightGray, 2);
start = new Point(20, 20);
for (int i = 1; i <= 360; i++)
{
    ende = new Point(20 + i,
        120 - (int)(Math.Cos(i * Math.PI / 180) * 100));
    z.DrawLine(stift, start, ende);
    start = ende;
}
}
```

Listing 10.10 Projekt »ZeichnenFunktion«

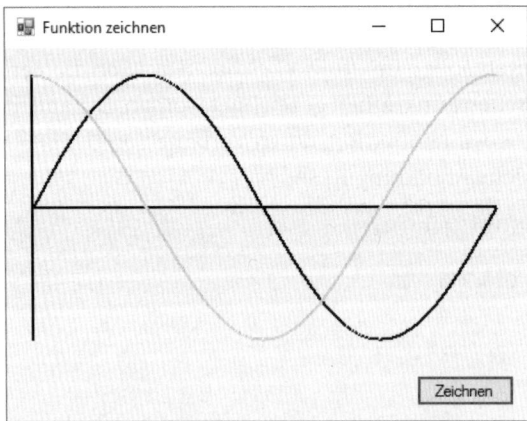

Abbildung 10.5 Projekt »ZeichnenFunktion«

Zur Erläuterung:

▶ Jede Funktionskurve besteht aus geraden Linienstücken mit einem Start- und einem Endpunkt. Diese Punkte sind vom Typ Point.

▶ Für die Achsen wird ein schwarzer Stift mit der Stärke 2 gewählt. Die x-Achse wird in der Mitte der Zeichnung von links nach rechts gezogen. Die y-Achse wird am linken Rand der Zeichnung von unten nach oben gezogen.

▶ Für die Sinuskurve wird ein blauer Stift mit der Stärke 2 gewählt. Der Startpunkt des ersten Linienstücks liegt mathematisch bei x=0 und y=sin(0)=0. Der y-Wert wird mit dem Skalierungsfaktor 100 malgenommen. Der resultierende Wert muss anschließend von 120 abgezogen werden, da y in der Zeichnung von oben nach unten gemessen wird und der Nullpunkt für y in der Zeichnung bei 120 liegt. Es ergeben sich x=20 und y=120.

▶ Die x-Koordinate des Endpunkts des ersten Linienstücks ergibt sich durch den Winkel in Grad: 1. Dazu muss noch der x-Versatz des Ursprungs addiert werden. Es ergibt sich also 21.

▶ Zur Berechnung der y-Koordinate des Endpunkts des ersten Linienstücks muss der Winkel zunächst von Grad in Bogenmaß umgerechnet werden, also mal der mathematischen Konstante PI durch 180. Die Sinusfunktion ergibt einen Wert zwischen 0 und 1. Auch dieser y-Wert muss mal 100 genommen und von 120 abgezogen werden, siehe oben.

▶ Zur Erzeugung eines Objekts vom Typ Point werden zwei ganze Zahlen benötigt. Daher wird der berechnete Wert mit dem Cast (int) entsprechend umgewandelt.

▶ Es wird eine Linie vom Startpunkt zum berechneten Endpunkt gezogen. Der Endpunkt wird anschließend zum Startpunkt für das nächste Linienstück und so weiter.

▶ Für die Kosinuskurve wird ein hellgrauer Stift mit der Stärke 2 gewählt. Der Startpunkt des ersten Linienstücks liegt mathematisch bei x=0 und y=cos(0)=1. Auch dieser y-Wert muss mal 100 genommen und von 120 abgezogen werden. Es ergeben sich x=20 und y=20.

▶ Die einzelnen Linienstücke werden wie bei der Sinuskurve erstellt.

10

Kapitel 11

Beispielprojekte

Als weiterführende Übungsaufgaben werden in diesem Kapitel zwei lauffähige Beispielprojekte vorgeführt. Haben Sie den geschilderten Aufbau erst einmal verstanden, können Sie später leicht eigene Verbesserungen oder Erweiterungen einbringen.

Bei den beiden Beispielprojekten handelt es sich zum einen um das bekannte Tetris-Spiel und zum anderen um einen Vokabeltrainer.

11.1 Spielprogramm Tetris

Im Folgenden wird das bekannte Spielprogramm Tetris in einer vereinfachten, leicht nachvollziehbaren Version für C# innerhalb von Visual Studio realisiert und erläutert. Das Programm beinhaltet:

- ein zweidimensionales Feld
- einen Timer
- einen Zufallsgenerator
- die Erzeugung und Löschung von Steuerelementen zur Laufzeit
- die Zuordnung von Ereignismethoden zu Steuerelementen, die erst zur Laufzeit erzeugt werden

Abbildung 11.1 zeigt die Benutzeroberfläche des Programms.

11.1.1 Spielablauf

Nach Programmstart fällt ein Steuerelement vom Typ Panel in einer von acht möglichen Farben so weit herunter, bis es auf den Rand des Spielfelds oder auf ein anderes Panel trifft. Es kann mithilfe der drei Buttons »Links« (Li), »Rechts« (Re) und »Drop« (Dr) bewegt werden. »Drop« bewirkt ein sofortiges Absenken des Panels auf die unterste mögliche Position.

Panel fällt herunter

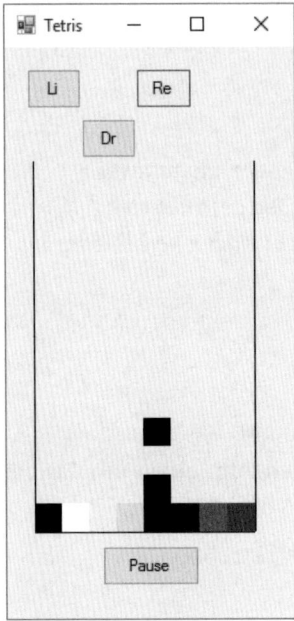

Abbildung 11.1 Tetris

Nächstes Level   Befinden sich drei gleichfarbige Panels unter- oder nebeneinander, verschwinden sie. Panels, die sich eventuell darüber befinden, rutschen nach. Anschließend wird die Fallgeschwindigkeit der Panels erhöht. Das bedeutet, dass die Schwierigkeitsstufe gesteigert wird, man gelangt also zum nächsten Level.

Ende   Sobald ein Panel nur noch in der obersten Zeile platziert werden kann, ist das Spiel zu Ende. Ziel des Spiels ist es, so viele Panels wie möglich zu platzieren. Mit dem Button PAUSE kann das Spiel unterbrochen werden, eine erneute Betätigung des Buttons lässt das Spiel weiterlaufen.

11.1.2 Programmbeschreibung

Hilfsfeld   Der Kasten, in dem sich die fallenden Panels befinden, ist 8 Spalten breit und 13 Zeilen hoch. Als Hilfskonstruktion steht das zweidimensionale Feld F mit 10 Spalten und 15 Zeilen zur Verfügung, in dem jedes existierende Panel mit seiner laufenden Nummer vermerkt ist.

Im Beispiel in Tabelle 11.1 wird der Inhalt des Felds F nach den Panels 0 bis 11, also nach zwölf gefallenen Panels angezeigt. Die Panels 1, 6 und 7 hatten die gleiche Farbe, standen über- oder nebeneinander und sind deshalb bereits verschwunden. Die Randelemente werden zu Spielbeginn mit dem Wert der Konstanten Rand=-2 besetzt. Alle Elemente des Felds F, die kein Panel enthalten, also leer sind, haben den Wert der Konstanten Leer=-1.

Ze/Sp	0	1	2	3	4	5	6	7	8	9
1	-2	-1	-1	-1	-1	-1	-1	-1	-1	-2
2	-2	-1	-1	-1	-1	-1	-1	-1	-1	-2
3	-2	-1	-1	-1	-1	-1	-1	-1	-1	-2
4	-2	-1	-1	-1	-1	-1	-1	-1	-1	-2
5	-2	-1	-1	-1	-1	-1	-1	-1	-1	-2
6	-2	-1	-1	-1	-1	-1	-1	-1	-1	-2
7	-2	-1	-1	-1	-1	-1	-1	-1	-1	-2
8	-2	-1	-1	-1	-1	-1	-1	-1	-1	-2
9	-2	-1	-1	-1	-1	-1	-1	-1	-1	-2
10	-2	-1	-1	-1	-1	-1	-1	-1	-1	-2
11	-2	-1	-1	-1	11	-1	-1	-1	-1	-2
12	-2	-1	-1	-1	3	8	9	-1	-1	-2
13	-2	-1	0	10	2	4	5	-1	-1	-2
14	-2	-2	-2	-2	-2	-2	-2	-2	-2	-2

Tabelle 11.1 Spielfeld

11.1.3 Steuerelemente

Es gibt zu Beginn des Programms folgende Steuerelemente:

▶ vier Buttons für links (LI), rechts (RE), Drop (DR) und PAUSE

▶ drei Panels als Begrenzungslinien des Spielfelds

▶ einen Timer, der das aktuelle Panel automatisch weiter fallen lässt (Startwert für das Zeitintervall: 500 ms)   **Timer**

Im Verlauf des Programms werden weitere Steuerelemente vom Typ Panel hinzugefügt bzw. wieder entfernt.

11.1.4   Initialisierung des Programms

Zuerst müssen Sie die Namensräume System.Collections.Generic (für eine generische Liste) und System.Drawing (für Positionsänderungen von Steuerelementen) einbinden.

Zu Beginn des Programms werden die klassenweit gültigen Variablen und Konstanten vereinbart, und die Form1_Load-Methode wird durchlaufen:

```
public partial class Form1 : Form
{
    ...
    private int PX;            // Index des aktuellen Panels
    private int[,] F =
        new int[15, 10];       // Spielfeld inkl. Randfelder
    private int PZ, PS;        // Zeile und Spalte des akt. Panels
    private int Stufe;         // Schwierigkeitsstufe

    /* Eine zunächst leere Liste von Spiel-Panels */
    private List<Panel> PL = new List<Panel>();

    /* Ein Feld von Farben für die Panels */
    private Color[] FarbenFeld = {Color.Red, Color.Yellow,
        Color.Green, Color.Blue, Color.Cyan,
        Color.Magenta, Color.Black, Color.White};

    /* Konstanten für Status eines Feldpunktes */
    private const int Leer = -1;
    private const int Rand = -2;

    /* Zufallsgenerator erzeugen und initialisieren */
    private Random r = new Random();

    private void Form1_Load(...)
    {
        /* Feld besetzen */
        for (int Z = 1; Z < 14; Z++)
        {
            F[Z, 0] = Rand;
            for (int S = 1; S < 9; S++)
                F[Z, S] = Leer;
            F[Z, 9] = Rand;
```

```
    }

    for (int S = 0; S < 10; S++)
        F[14, S] = Rand;

    /* Initialisierung */
    Stufe = 1;
    NaechstesPanel();
    }
...
```

Listing 11.1 Projekt »Tetris«, Variablen, Konstanten, Start

Zur Erläuterung der klassenweit gültigen Variablen und Konstanten:

▶ Die laufende Nummer (der Index) des aktuell fallenden Panels wird in der Variablen PX festgehalten.

▶ Das gesamte Spielfeld, das in Abschnitt 11.1.2 schematisch dargestellt ist, wird im zweidimensionalen Feld F gespeichert.   **Hilfsfeld**

▶ Die Variablen PZ und PS beinhalten die Zeilen- und Spaltenposition des aktuell fallenden Panels innerhalb des Spielfelds.

▶ Die Variable Stufe kennzeichnet den Schwierigkeitsgrad des Spiels. Jedes   **Level**
Mal, wenn drei Panels, die untereinander- oder nebeneinanderlagen, gelöscht werden, wird die Stufe um 1 erhöht. Das sorgt für ein kürzeres Timer-Intervall, die Panels werden schneller.

▶ PL ist eine generische Liste von Steuerelementen vom Typ Panel. Gene-   **Liste von Panels**
rische Listen können beliebige Objekte enthalten. Das können Variablen, Objekte eigener Klassen oder, wie hier, Steuerelemente, also Objekte vorhandener Klassen, sein. Zu Beginn ist die generische Liste leer.

▶ Das Feld FarbenFeld enthält insgesamt acht Farben. Die Farben der Panels werden per Zufallsgenerator ermittelt.

▶ Die Konstanten Leer und Rand werden erzeugt. Die Namen der Konstanten sind im Programm leichter lesbar als die Werte –1 bzw. –2.

▶ Für die Farbauswahl wird der Zufallsgenerator bereitgestellt.

Zur Erläuterung der Form1_Load-Methode:

▶ Die Elemente des oben beschriebenen Hilfsfelds F werden mit Leer bzw. Rand besetzt.

▶ Die Schwierigkeitsstufe wird auf 1 gesetzt.

Erstes Panel ▶ Es wird die Methode NaechstesPanel() aufgerufen. Sie ist in diesem Fall für die Erzeugung des ersten fallenden Panels zuständig.

11.1.5 Erzeugen eines neuen Panels

Die Methode NaechstesPanel() dient der Erzeugung eines neuen fallenden Panels. Das geschieht zu Beginn des Spiels und nachdem ein Panel auf dem unteren Rand des Spielfelds oder auf einem anderen Panel zum Stehen gekommen ist. Der Code lautet:

```
private void NaechstesPanel()
{
    int Farbe;
    Panel p = new Panel();

    /* Neues Panel zur generischen Liste hinzufügen */
    PL.Add(p);

    /* Neues Panel platzieren */
    p.Location = new Point(100, 80);
    p.Size = new Size(20, 20);

    /* Farbauswahl für neues Panel */
    Farbe = r.Next(0, 8);
    p.BackColor = FarbenFeld[Farbe];

    /* Neues Panel zum Formular hinzufügen */
    Controls.Add(p);

    /* Index für späteren Zugriff ermitteln */
    PX = PL.Count - 1;

    /* Aktuelle Zeile, Spalte */
    PZ = 1;
    PS = 5;
}
```

Listing 11.2 Projekt »Tetris«, Methode NaechstesPanel()

Zur Erläuterung:

▶ Zuerst wird ein Objekt vom Typ `Panel` neu erzeugt.

▶ Damit darauf auch außerhalb der Methode zugegriffen werden kann, wird mittels der Methode `Add()`der generischen Liste `PL` ein Verweis auf dieses Panel hinzugefügt. **Neues Listenelement**

▶ Es werden die Eigenschaften *Ort*, *Größe* und *Farbe* des neuen Panels bestimmt.

▶ Das Panel wird mithilfe der Methode `Add()` der Auflistung `Controls` hinzugefügt. Das ist eine Liste der Steuerelemente des Formulars. Dadurch wird das Panel sichtbar. **Neues Steuerelement**

▶ Seine laufende Nummer (der Index) wird durch die Eigenschaft `Count` ermittelt. Diese Nummer wird für den späteren Zugriff benötigt.

▶ Die Variablen `PZ` und `PS`, welche die Position des aktuell fallenden Panels im Spielfeld `F` angeben, werden gesetzt.

11.1.6 Der Zeitgeber

In regelmäßigen Zeitabständen wird das Timer-Ereignis erzeugt und damit die Ereignismethode `TimTetris_Tick()` aufgerufen. Diese sorgt dafür, dass sich das aktuelle Panel nach unten bewegt, insofern das noch möglich ist:

```
private void TimTetris_Tick(...)
{
    /* Falls es nicht mehr weiter geht */
    if (F[PZ + 1, PS] != Leer)
    {
        /* Oberste Zeile erreicht */
        if (PZ == 1)
        {
            timT.Enabled = false;
            MessageBox.Show("Das war's");
            return;
        }

        F[PZ, PS] = PX;        // Belegen
        AllePruefen();
        NaechstesPanel();
    }
    else
```

```
        {
            /* Falls es noch weiter geht */
            PL[PX].Top = PL[PX].Top + 20;
            PZ = PZ + 1;
        }
    }
}
```

Listing 11.3 Projekt »Tetris«, Zeitgeber

Zur Erläuterung:

- ▶ Zunächst wird geprüft, ob sich unterhalb des aktuellen Panels noch ein freies Feld befindet.
- ▶ Ist das nicht der Fall, hat das Panel seine Endposition erreicht.
- Endposition ▶ Befindet sich diese Endposition in der obersten Zeile, ist das Spiel zu Ende. Der Timer wird deaktiviert, anderenfalls würden weitere Panels erzeugt werden. Es erscheint eine Meldung, und die Methode wird unmittelbar beendet. Will der Spieler erneut beginnen, muss er das Programm beenden und neu starten.
- ▶ Befindet sich die Endposition nicht in der obersten Zeile, wird die Panel-Nummer im Feld F mit der aktuellen Zeile und Spalte vermerkt. Das dient der Kennzeichnung eines belegten Feldelements.
- Prüfen ▶ Die Methode AllePruefen() wird aufgerufen (siehe unten), um festzustellen, ob es drei gleichfarbige Panels über- oder nebeneinander gibt. Anschließend wird das nächste Panel erzeugt.
- Weiter fallen ▶ Befindet sich unterhalb des Panels noch ein freies Feld, kann das Panel weiter fallen. Seine Koordinaten und die aktuelle Zeilennummer werden entsprechend verändert.

11.1.7   Panels löschen

Rekursive
Methode
Die Methode AllePruefen() ist eine rekursive Methode, mit deren Hilfe festgestellt wird, ob es drei gleichfarbige Panels neben- oder übereinander gibt. Ist das der Fall, werden diese Panels entfernt, und die darüber liegenden Panels rutschen nach.

Möglicherweise befinden sich nun erneut drei gleichfarbige Panels neben- oder übereinander, es muss also wiederum geprüft werden. Das geschieht so lange, bis keine drei gleichfarbigen Panels mehr neben- oder übereinander gefunden werden.

Die Methode AllePruefen() bedient sich intern der beiden Methoden NebenPruefen() und UeberPruefen():

```
private void AllePruefen()
{
    bool Neben = false, Ueber = false;

    /* Drei gleiche Panel nebeneinander ? */
    for (int Z = 13; Z > 0; Z--)
    {
        for (int S = 1; S < 7; S++)
        {
            Neben = NebenPruefen(Z, S);
            if (Neben) break;
        }
        if (Neben) break;
    }

    /* Drei gleiche Panel übereinander ? */
    for (int Z = 13; Z > 2; Z--)
    {
        for (int S = 1; S < 9; S++)
        {
            Ueber = UeberPruefen(Z, S);
            if (Ueber) break;
        }
        if (Ueber) break;
    }

    if (Neben || Ueber)
    {
        /* Schneller */
        Stufe = Stufe + 1;
        TimTetris.Interval = 5000 / (Stufe + 9);

        /* Eventuell kann jetzt noch eine Reihe
            entfernt werden */
        AllePruefen();
    }
}
```

11

```csharp
/* Falls drei Felder nebeneinander besetzt */
private bool NebenPruefen(int Z, int S)
{
    bool ergebnis = false;

    if (F[Z, S] != Leer &&  F[Z, S+1] != Leer &&
            F[Z, S+2] != Leer)
    {
        /* Falls drei Farben gleich */
        if (PL[F[Z, S]].BackColor == PL[F[Z, S+1]].BackColor &&
                PL[F[Z, S]].BackColor == PL[F[Z, S+2]].BackColor)
        {

            for (int SX = S; SX < S + 3; SX++)
            {
                /* PL aus dem Formular löschen */
                Controls.Remove(PL[F[Z, SX]]);

                /* Feld leeren */
                F[Z, SX] = Leer;

                /* Panels oberhalb des entladenen
                   Panels absenken */
                int ZX = Z - 1;
                while (F[ZX, SX] != Leer)
                {
                    PL[F[ZX, SX]].Top = PL[F[ZX, SX]].Top + 20;

                    /* Feld neu besetzen */
                    F[ZX + 1, SX] = F[ZX, SX];
                    F[ZX, SX] = Leer;
                    ZX = ZX - 1;
                }

            }
            ergebnis = true;
        }
    }
    return ergebnis;
}
```

```
/* Falls drei Felder übereinander besetzt */
private bool UeberPruefen(int Z, int S)
{
    bool ergebnis = false;

    if (F[Z, S] != Leer && F[Z-1, S] != Leer &&
            F[Z-2, S] != Leer)
    {
        /* Falls drei Farben gleich */
        if (PL[F[Z, S]].BackColor == PL[F[Z-1, S]].BackColor &&
                PL[F[Z, S]].BackColor == PL[F[Z-2, S]].BackColor)
        {

            /* 3 Panels entladen */
            for (int ZX = Z; ZX > Z - 3; ZX--)
            {
                /* PL aus dem Formular löschen */
                Controls.Remove(PL[F[ZX, S]]);

                /* Feld leeren */
                F[ZX, S] = Leer;
            }
            ergebnis = true;
        }
    }
    return ergebnis;
}
```

Listing 11.4 Projekt »Tetris«, Panels löschen

Zur Erläuterung:

▶ Die Variablen Neben und Ueber kennzeichnen die Tatsache, dass drei gleichfarbige Panels neben- oder übereinanderstehen. Sie werden erst einmal auf false gesetzt.

▶ Zunächst wird geprüft, ob sich drei gleichfarbige Panels nebeneinander befinden. Das geschieht, indem für jedes einzelne Feldelement in der Methode NebenPruefen() geprüft wird, ob es selbst und seine beiden rechten Nachbarn mit einem Panel belegt sind und ob diese Panels gleichfarbig sind. Die Prüfung beginnt beim Panel unten links und setzt

Nebeneinander

sich bis zum drittletzten Panel derselben Zeile fort. Anschließend werden die Panels in der Zeile darüber geprüft usw.

Panels löschen ▶ Sobald eine Reihe gleichfarbiger Panels gefunden wird, werden alle drei Panels mithilfe der Methode Remove() aus der Auflistung der Steuerelemente des Formulars gelöscht, d. h., sie verschwinden aus dem Formular. Ihre Position im Feld F wird mit −1 (= Leer) besetzt. Nun müssen noch alle Panels, die sich eventuell oberhalb der drei Panels befinden, um eine Position abgesenkt werden. Die Variable Neben wird auf true gesetzt. Die doppelte Schleife wird sofort verlassen.

Übereinander ▶ Analog wird nun in der Methode UeberPruefen() geprüft, ob sich drei gleichfarbige Panels übereinander befinden. Ist das der Fall, werden sie aus der Auflistung der Steuerelemente des Formulars gelöscht. Ihre Positionen im Feld F werden mit −1 besetzt. Über den drei Panels können sich keine weiteren Panels befinden, die entfernt werden müssten.

Rekursiv ▶ Wird durch eine der beiden Prüfungen eine Reihe gefunden und entfernt, wird die Schwierigkeitsstufe erhöht und das Timer-Intervall verkürzt.

Nun muss noch geprüft werden, ob sich durch das Nachrutschen von Panels wiederum ein Bild mit drei gleichfarbigen Panels über- oder nebeneinander ergeben hat. Die Methode AllePruefen() ruft sich also so lange selbst auf (rekursive Methode), bis keine Reihe mehr gefunden wird.

11.1.8 Panels seitlich bewegen

Mittels der beiden Ereignismethoden CmdLinks_Click() und CmdRechts_Click() werden die Panels nach links bzw. rechts bewegt, sofern das möglich ist:

```
private void CmdLinks_Click(...)
{
    if (F[PZ, PS - 1] == Leer)
    {
        PL[PX].Left = PL[PX].Left - 20;
        PS = PS - 1;
    }
}


private void CmdRechts_Click(...)
{
```

```
    if (F[PZ, PS + 1] == Leer)
    {
        PL[PX].Left = PL[PX].Left + 20;
        PS = PS + 1;
    }
}
```

Listing 11.5 Projekt »Tetris«, Panels seitlich bewegen

Zur Erläuterung:

▶ Es wird geprüft, ob sich links bzw. rechts vom aktuellen Panel ein freies   **Seitlich**
  Feldelement befindet. Ist das der Fall, wird das Panel nach links bzw.
  rechts verlegt, und die aktuelle Spaltennummer wird verändert.

11.1.9 Panels nach unten bewegen

Die Ereignismethode CmdUnten_Click() dient zur wiederholten Bewegung
der Panels nach unten, falls das möglich ist. Diese Bewegung wird so lange
durchgeführt, bis das Panel auf die Spielfeldbegrenzung oder auf ein anderes Panel stößt. Der Code lautet folgendermaßen:

```
private void CmdUnten_Click(...)
{
    while (F[PZ + 1, PS] == Leer)
    {
        PL[PX].Top = PL[PX].Top + 20;
        PZ = PZ + 1;
    }
    F[PZ, PS] = PX;        // Belegen
    AllePruefen();
    NaechstesPanel();
}
```

Listing 11.6 Projekt »Tetris«, Panels nach unten bewegen

Zur Erläuterung:

▶ Es wird geprüft, ob sich unter dem aktuellen Panel ein freies Feldele-   **Nach unten**
  ment befindet. Ist das der Fall, wird das Panel nach unten verlegt, und
  die aktuelle Zeilennummer wird verändert. Das geschieht so lange, bis
  das Panel auf ein Hindernis stößt.

467

▶ Anschließend wird das betreffende Feldelement belegt. Es wird geprüft, ob nun eine neue Reihe von drei gleichfarbigen Panels existiert, und das nächste Panel wird erzeugt.

11.1.10 Pause

Spiel anhalten Abhängig vom aktuellen Zustand wird das Spiel durch Betätigen des Buttons PAUSE in den Zustand *Pause* geschaltet oder wieder zurück:

```
private void CmdPause_Click(...)
{
    TimTetris.Enabled = !TimTetris.Enabled;
}
```

Listing 11.7 Projekt »Tetris«, Pause

Zur Erläuterung:

▶ Der Zustand des Timers wechselt zwischen Enabled = true und Enabled = false.

11.2 Lernprogramm Vokabeln

In diesem Abschnitt wird ein kleines, erweiterungsfähiges Vokabel-Lernprogramm (Projekt *Vokabeln*) vorgestellt. Es beinhaltet:

▶ eine Datenbank als Basis

▶ ein Hauptmenü

▶ die Nutzung einer generischen Liste

▶ einen Zufallsgenerator

▶ eine Benutzerführung, abhängig vom Programmzustand

▶ das Lesen einer Textdatei

11.2.1 Benutzung des Programms

Nach dem Start erscheint die Benutzeroberfläche (siehe Abbildung 11.2).

Abbildung 11.2 Projekt »Vokabeln«, Benutzeroberfläche

Das Hauptmenü besteht aus:

Hauptmenü

▶ Menü ALLGEMEIN, dieses Menü besteht wiederum aus:

  – Menüpunkt TEST BEENDEN: vorzeitiger Testabbruch

  – Menüpunkt PROGRAMM BEENDEN

▶ Menü RICHTUNG: zur Auswahl und Anzeige der Richtung für Frage und
  Antwort

  – Menüpunkt DEUTSCH – ENGLISCH

  – Menüpunkt ENGLISCH – DEUTSCH (das ist die Voreinstellung)

  – Menüpunkt DEUTSCH – FRANZÖSISCH

  – Menüpunkt FRANZÖSISCH – DEUTSCH

▶ Menü HILFE

  – Menüpunkt ANLEITUNG: eine kurze Benutzeranleitung

Der Benutzer kann entweder die Richtung für Frage und Antwort wählen
oder sofort einen Vokabeltest in der Voreinstellung ENGLISCH/DEUTSCH
starten.

Nach der Betätigung des Buttons TEST STARTEN erscheint die erste Vokabel, der Button wird deaktiviert, und der Button PRÜFEN/NÄCHSTER wird
aktiviert, so wie in Abbildung 11.3 zu sehen.

Start

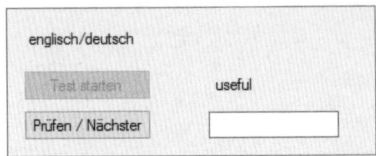

Abbildung 11.3 Test läuft, eine Vokabel erscheint

Nachdem der Benutzer eine Übersetzung eingegeben und den Button betätigt hat, wird seine Eingabe geprüft, und es erscheint ein Kommentar:

Richtig
▶ Falls er die richtige Übersetzung eingegeben hat, wird diese Vokabel aus den Listen entfernt. Er wird in diesem Test nicht mehr danach gefragt.

Falsch
▶ Wenn er jedoch nicht die richtige Übersetzung eingegeben hat, wird mit dem Kommentar die korrekte Übersetzung angezeigt, sodass der Benutzer sie lernen kann (siehe Abbildung 11.4).

Nächste Vokabel
Anschließend erscheint die nächste Vokabel. Diese wird aus der Liste der noch vorhandenen Vokabeln ausgewählt. Enthalten die Listen keine Vokabeln mehr, weil alle Vokabeln einmal richtig übersetzt wurden, ist der Test beendet. Der Button TEST STARTEN wird wieder aktiviert, und der Button PRÜFEN/NÄCHSTER wird deaktiviert.

Der Benutzer kann eine andere Richtung wählen und wiederum einen Test beginnen.

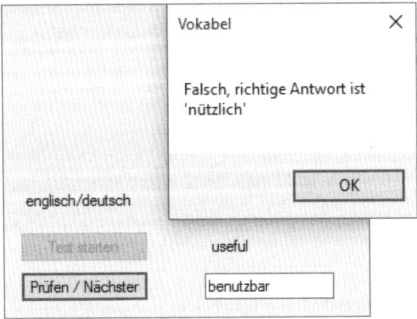

Abbildung 11.4 Falsche Antwort

11.2.2 Erweiterung des Programms

Dieses Programm kann sehr gut als Basis für ein größeres Projekt dienen. Es gibt viele Möglichkeiten zur Erweiterung des Programms:

- ▶ Der Benutzer soll die Möglichkeit zur Eingabe weiterer Vokabeln haben.
- ▶ Der Entwickler fügt weitere Sprachen und Richtungen für Frage und Antwort hinzu.
- ▶ Der Benutzer kann die Testauswahl auf eine bestimmte Anzahl an Vokabeln begrenzen.
- ▶ Der Entwickler kann die Vokabeln in Kategorien unterteilen.
- ▶ Der Benutzer kann Tests nur noch mit Fragen aus einer (oder mehreren) Kategorien machen.
- ▶ Es kann zu einer Frage mehrere richtige Antworten geben.
- ▶ Der Entwickler kann das Programm als ASP.NET-Anwendung internetfähig machen.
- ▶ Der Entwickler fügt eine Zeitsteuerung per Timer hinzu. Der Benutzer hat dadurch nur noch eine bestimmte Zeitspanne für seine Antwort.

Viele andere Erweiterungen sind denkbar.

11.2.3   Initialisierung des Programms

Es müssen die Namensräume System.Collections.Generic (zur Nutzung einer generischen Liste), System.Data.OleDb (für den Zugriff auf eine MS Access-Datenbank) und System.IO (für den Zugriff auf eine Textdatei) eingebunden werden.

Zu Beginn werden die klassenweit gültigen Variablen vereinbart, und die Form1_Load-Methode wird durchlaufen:

```
public partial class Form1 : Form
{
    ...
    /* Liste der Fragen */
    private List<string> frage = new List<string>();

    /* Liste der Antworten */
    private List<string> antwort = new List<string>();

    /* Zufallszahl für ein Element der beiden Listen */
    private int zufallszahl;
```

```
/* Richtung der Vokabel-Abfrage */
private int richtung;

/* Erzeugen und initialisieren des Zufallsgenerators */
private Random r = new Random();

private void Form1_Load(...)
{
    /* Startrichtung Englisch - Deutsch */
    richtung = 2;
}
...
```

Listing 11.8 Projekt »Vokabeln«, Initialisierung

Zur Erläuterung:

Zwei Listen
▶ Die beiden Listen frage und antwort beinhalten im weiteren Verlauf des Programms die Fragen und zugehörigen Antworten je nach gewählter Testrichtung. Die Zusammengehörigkeit von Frage und Antwort ergibt sich daraus, dass die beiden zusammengehörigen Elemente der beiden Listen mit dem gleichen Index angesprochen werden.

Zufallsgenerator
▶ Der jeweils aktuelle Index wird im weiteren Verlauf des Programms per Zufallsgenerator bestimmt und in der Variablen zufallszahl gespeichert.

▶ Die Richtung für Frage und Antwort kann der Benutzer über das Benutzermenü auswählen.

▶ Für die Auswahl der Frage wird der Zufallsgenerator bereitgestellt.

▶ Falls der Benutzer keine andere Richtung für Frage und Antwort auswählt, wird mit der Richtung Englisch – Deutsch begonnen.

11.2.4 Ein Test beginnt

Nachdem der Benutzer den Button START betätigt hat, beginnt der Test. Der Code der zugehörigen Ereignismethode lautet:

```
private void CmdStart_Click(...)
{
    OleDbConnection con = new OleDbConnection();
    OleDbCommand cmd = new OleDbCommand();
```

```
OleDbDataReader reader;

con.ConnectionString =
    "Provider=Microsoft.ACE.OLEDB.12.0;" +
    "Data Source=C:\\Temp\\lernen.accdb";

cmd.Connection = con;
cmd.CommandText = "SELECT * FROM vokabel";

frage.Clear();
antwort.Clear();

try
{
    con.Open();
    reader = cmd.ExecuteReader();

    /* Speicherung in den Listen gemäß
       der ausgewählten Richtung */
    while (reader.Read())
    {
        if (richtung == 1 || richtung == 3)
            frage.Add((string)reader["deutsch"]);
        else if (richtung == 2)
            frage.Add((string)reader["englisch"]);
        else
            frage.Add((string)reader["französisch"]);

        if (richtung == 2 || richtung == 4)
            antwort.Add((string)reader["deutsch"]);
        else if (richtung == 1)
            antwort.Add((string)reader["englisch"]);
        else
            antwort.Add((string)reader["französisch"]);
    }

    reader.Close();
    con.Close();
```

11

```
                        /* Buttons und Menü (de)aktivieren */
                        CmdStart.Enabled = false;
                        CmdPruefen.Enabled = true;
                        MnuRichtung.Enabled = false;
                        TxtAntwort.Enabled = true;

                        /* Erste Vokabel erscheint */
                        Naechste_Vokabel();
                    }

                catch (Exception ex)
                {
                        MessageBox.Show(ex.Message);
                }
            }
```

Listing 11.9 Projekt »Vokabeln«, Testbeginn

Zur Erläuterung:

Datenbank   ▶ Eine Verbindung zur MS Access-Datenbank *C:\Temp\lernen.accdb* wird geöffnet.

   ▶ Es wird eine Auswahlabfrage gesendet, die alle Datensätze der Tabelle vokabel anfordert.

OleDbReader   ▶ Die zurückgegebenen Datensätze werden einem OleDbReader übergeben. Beim Auslesen des Readers werden die beiden Listen frage und antwort mithilfe der Methode Add() mit den Inhalten der jeweiligen Felder gefüllt, abhängig von der jeweils eingestellten Richtung für Frage und Antwort. Dabei muss das Objekt aus dem Reader jeweils in eine string-Variable umgewandelt werden.

Button deaktivieren   ▶ Der Button TEST STARTEN und das Menü für die Richtung werden deaktiviert, damit sie nicht versehentlich während eines Tests bedient werden können.

   ▶ Der Button PRÜFEN/NÄCHSTER und das Eingabetextfeld werden aktiviert, damit der Benutzer seine Antwort eingeben und prüfen lassen kann.

Nächste Vokabel   ▶ Die Methode Naechste_Vokabel() dient dem Aufruf einer zufällig ausgewählten Vokabel aus der Liste frage.

11.2.5   Zwei Hilfsmethoden

Die beiden Hilfsmethoden Naechste_Vokabel() und Test_Init() werden von verschiedenen Stellen des Programms aufgerufen:

```
private void Naechste_Vokabel()
{
    /* Falls keine Vokabel mehr in der Liste: Ende */
    if (frage.Count < 1)
    {
        MessageBox.Show("Gratuliere! Alles geschafft");
        Test_Init();
    }

    /* Falls noch Vokabeln in der Liste: Nächste */
    else
    {
        zufallszahl = r.Next(0, frage.Count);
        LblFrage.Text = "" + frage[zufallszahl];
        TxtAntwort.Text = "";
    }
}


private void Test_Init()
{
    /* Buttons und Menü (de)aktivieren */
    CmdStart.Enabled = true;
    CmdPruefen.Enabled = false;
    MnuRichtung.Enabled = true;
    TxtAntwort.Enabled = false;

    /* Felder leeren */
    LblFrage.Text = "";
    TxtAntwort.Text = "";
}
```

Listing 11.10 Projekt »Vokabeln«, Hilfsmethoden

Zur Erläuterung der Methode Naechste_Vokabel():

▶ Bei einer richtigen Antwort werden Frage und Antwort aus der jeweiligen Liste gelöscht. Daher sind die Listen nach einiger Zeit leer. Dies wird durch die Eigenschaft Count geprüft.

Test bestanden ▶ Sind die Listen leer, erscheint eine Erfolgsmeldung über den bestandenen Test. Der Startzustand der Benutzeroberfläche wird wiederhergestellt.

▶ Sind die Listen noch nicht leer, wird eine Zufallszahl ermittelt. Der zugehörige Begriff wird eingeblendet, und das Eingabefeld wird gelöscht.

Zur Erläuterung der Methode Test_Init():

▶ Die Methode dient zum Wiederherstellen des Startzustands der Benutzeroberfläche.

Buttons (de)aktivieren ▶ Der Button TEST STARTEN und das Menü für die Richtung werden aktiviert, damit ein Test gestartet bzw. eine neue Richtung gewählt werden kann.

▶ Der Button PRÜFEN/NÄCHSTER und das Eingabetextfeld werden deaktiviert, damit sie nicht versehentlich außerhalb eines Tests bedient werden können.

▶ Die alten Einträge werden aus den Feldern für Frage und Antwort gelöscht.

11.2.6 Die Antwort prüfen

Nachdem der Benutzer den Button PRÜFEN/NÄCHSTER betätigt hat, wird die eingegebene Antwort überprüft. Der Code der zugehörigen Ereignismethode lautet wie folgt:

```
private void CmdPruefen_Click(...)
{
    /* Falls richtig beantwortet: Vokabel aus Liste nehmen */
    if (TxtAntwort.Text == (string)antwort[zufallszahl])
    {
        MessageBox.Show("Richtig", "Vokabel");
        frage.RemoveAt(zufallszahl);
        antwort.RemoveAt(zufallszahl);
    }
```

```
/* Falls falsch beantwortet: richtige Antwort nennen */
else
    MessageBox.Show("Falsch, richtige Antwort" +
        " ist\n'" + antwort[zufallszahl] +
        "'", "Vokabel");


/* Nächste Vokabel erscheint */
Naechste_Vokabel();
}
```

Listing 11.11 Projekt »Vokabeln«, Eingabe prüfen

Zur Erläuterung:

▶ Steht im Texteingabefeld dasselbe wie in dem Element der Liste antwort, das zum Element der Liste frage gehört, war die Antwort korrekt.

    Richtige Antwort

▶ Für den erfolgreichen Vergleich ist eine Konvertierung notwendig. In der generischen Liste steht der Verweis auf ein Objekt aus dem Datenbankreader. Dieser Verweis muss in einen Verweis auf eine Zeichenkette umgewandelt werden.

▶ Bei einer richtigen Antwort erscheint eine Erfolgsmeldung. Frage und Antwort werden mittels der Methode RemoveAt() aus ihren jeweiligen Listen gelöscht, sodass die Listen irgendwann leer sind.

    Elemente löschen

▶ Bei einer falschen Antwort erfolgt eine Meldung, die auch die richtige Übersetzung beinhaltet. Frage und Antwort werden nicht gelöscht. Auf diese Weise kann die gleiche Frage später erneut gestellt werden.

    Falsche Antwort

▶ Anschließend wird die nächste Frage gestellt, und die beschriebene Methode beginnt von vorn.

11.2.7   Das Benutzermenü

Die Bedienung des Benutzermenüs wird in insgesamt sieben kurzen Ereignismethoden und mittels einer Hilfsmethode realisiert:

```
private void MnuEndeTest_Click(...)
{
    /* Abbruch mit Rückfrage */
    if (MessageBox.Show("Test wirklich abbrechen?", "Vokabel",
            MessageBoxButtons.YesNo) == DialogResult.Yes)
```

```
            Test_Init();
    }

    private void MnuEndeProgramm_Click(...)
    {
        /* Beenden mit Rückfrage */
        if (MessageBox.Show("Programm wirklich beenden?", "Vokabel",
                MessageBoxButtons.YesNo) == DialogResult.Yes)
            Close();
    }

    private void MnuDE_Click(...)
    {
        /* Richtung wird geändert */
        richtung = 1;
        Check_False();
        MnuDE.Checked = true;
        LblRichtung.Text = "deutsch/englisch";
    }

    private void MnuED_Click(...)
    {
        richtung = 2;
        Check_False();
        MnuED.Checked = true;
        LblRichtung.Text = "englisch/deutsch";
    }

    private void MnuDF_Click(...)
    {
        richtung = 3;
        Check_False();
        MnuDF.Checked = true;
        LblRichtung.Text = "deutsch/französisch";
    }

    private void MnuFD_Click(...)
    {
        richtung = 4;
```

```
    Check_False();
    MnuFD.Checked = true;
    LblRichtung.Text = "französisch/deutsch";
}

private void Check_False()
{
    MnuDE.Checked = false;
    MnuED.Checked = false;
    MnuDF.Checked = false;
    MnuFD.Checked = false;
}

private void MnuAnleitung_Click(...)
{
    FileStream fs;
    StreamReader sr;
    string dateiname = "hilfe.txt";
    string ausgabe;

    if (!File.Exists(dateiname))
    {
        MessageBox.Show("Die Datei " + dateiname +
            " existiert nicht");
        return;
    }

    fs = new FileStream(dateiname, FileMode.Open);
    sr = new StreamReader(fs);

    ausgabe = "";
    while (sr.Peek() != -1)
        ausgabe += sr.ReadLine() + "\n";
    sr.Close();

    MessageBox.Show(ausgabe);
}
```

Listing 11.12 Projekt »Vokabeln«, Benutzermenü

Zur Erläuterung:

Beenden
- ▶ Im Hauptmenü ALLGEMEIN besteht die Möglichkeit, einen Test abzubrechen bzw. das Programm zu beenden. Zur Sicherheit wird in beiden Fällen noch einmal eine Rückfrage gestellt, damit kein Test versehentlich abgebrochen wird.

Sprachen wählen
- ▶ Im Hauptmenü RICHTUNG können insgesamt vier Ereignismethoden zur Auswahl der Richtung von Frage und Antwort aufgerufen werden.
  - – Dabei wird jeweils die klassenweit gültige Variable richtung auf einen neuen Wert gesetzt. Beim nächsten Start eines Tests werden die entsprechenden Inhalte aus der Datenbank in den beiden Listen frage und antwort gespeichert.
  - – Anschließend wird dafür gesorgt, dass nur die soeben ausgewählte Richtung im Benutzermenü mit einem Häkchen versehen ist.

Anleitung
- ▶ Im Hauptmenü HILFE wird über den Menüpunkt ANLEITUNG eine kleine Benutzeranleitung eingeblendet. Dabei wird der Text der Anleitung aus einer Datei gelesen. Die Existenz der Datei wird zuvor geprüft.

Kapitel 12

Windows Presentation Foundation

Lernen Sie, mit der WPF zu arbeiten, einer gänzlich neu entwickelten Klas-
senbibliothek zur GUI-Gestaltung mit vielen Multimedia-Komponenten.

WPF steht für *Windows Presentation Foundation.* Es handelt sich dabei um **WPF**
eine in 2006 gänzlich neu eingeführte Bibliothek von Klassen, die zur
Gestaltung von Oberflächen und zur Integration von Multimedia-Komponenten und Animationen dient. Sie vereint die Vorteile von DirectX,
Windows Forms, Adobe Flash, HTML und CSS.

Die WPF ermöglicht eine verbesserte Gestaltung von Oberflächen. Layout,
3D-Grafiken, Sprachintegration, Animation, Datenzugriff und vieles mehr
basieren auf einer einheitlichen Technik. Der Benutzer kann die Bedienung
dieser Oberflächen außerdem schnell und intuitiv erlernen.

WPF-Anwendungen können neben den klassischen Medien Maus, Tastatur
und Bildschirm auch auf Touchscreen und Digitalisierbrett zugreifen. Sie
können über Sprache gesteuert werden und selber Sprachausgaben erzeugen. Sie können Elemente aus Windows Forms in einer WPF-Anwendung
unterbringen und umgekehrt. So können Sie die Vorzüge aus beiden Wel-
ten nutzen.

Die Oberfläche einer WPF-Anwendung wird mithilfe von XAML entworfen. **XAML**
XAML steht für *eXtensible Application Markup Language.* Es handelt sich
dabei um eine XML-basierte Markierungssprache, die nicht nur in der WPF
zum Einsatz kommt. Innerhalb von Visual Studio können Sie die Oberfläche gleichzeitig in zwei Ansichten sehen: im grafischen Entwurf und im
XAML-Code.

Bei Erzeugung eines neuen Projekts innerhalb von Visual Studio müssen **Vorlage**
Sie die Vorlage WPF-APP statt der Vorlage WINDOWS FORMS-APP auswählen.

Eine Anwendung kann ausschließlich aus XAML-Code oder ausschließlich
aus Code in einer der Programmiersprachen bestehen, zum Beispiel Visual

12

Basic oder C#. Meist wird allerdings gemischt: Die Oberfläche wird in XAML entworfen, die Abläufe hingegen werden in einer Programmiersprache codiert. Die Übergänge sind jedoch fließend, es herrscht keine strenge Trennung wie in Windows Forms.

WPF-Buch

Die gesamte Vielfalt der WPF kann hier nur ansatzweise in einigen Beispielen gezeigt werden. Mehr zum Thema in dem Buch: Windows Presentation Foundation. Das umfassende Handbuch, ISBN 978-3-8362-3756-7, ebenfalls beim Rheinwerk Verlag erschienen.

12.1 Layout

Die Oberfläche einer Anwendung wird über das Layout festgelegt, sie sollte stufenlos skalierbar sein und unterschiedlichen Umgebungen angepasst werden können. Im nachfolgenden Projekt *WPFLayoutKombi* sehen Sie zwei der zahlreichen Möglichkeiten der WPF. Darin werden einige Buttons auf unterschiedliche Arten angeordnet (siehe Abbildung 12.1).

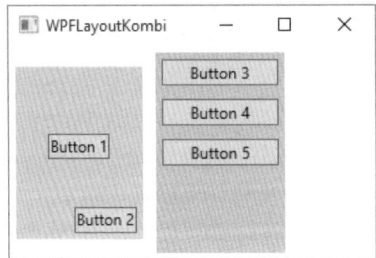

Abbildung 12.1 Projekt »WPFLayoutKombi«

MainWindow.xaml

Nach der Erstellung eines neuen Projekts erscheint u. a. das Hauptformular der Anwendung in der Datei *MainWindow.xaml* in zwei verschiedenen Ansichten:

▶ in der DESIGN-ANSICHT: als Oberfläche, zu der die Elemente aus dem WERKZEUGKASTEN hinzugefügt werden können, wie aus Windows Forms gewohnt

▶ in der CODE-ANSICHT: als XAML-Code, in dem die Elemente durch Codierung hinzugefügt werden können

Die Codezeilen für ein leeres Formular sind bereits vorhanden. Diese werden für unser Projekt in der CODE-ANSICHT ergänzt und angepasst:

```
<Window x:Class="WPFLayoutKombi.MainWindow" xmlns="..."
    Title="WPFLayoutKombi" Height="200" Width="300">
  <StackPanel Orientation="Horizontal">
    <Canvas Width="100" Height="130" Margin="5"
        Background="LightGray">
      <Button x:Name="B1" Canvas.Top="50" Canvas.Left="25"
        Click="B1_Click">Button 1</Button>
      <Button x:Name="B2" Canvas.Bottom="5" Canvas.Right="5"
        Click="B2_Click">Button 2</Button>
    </Canvas>
    <StackPanel Width="100" Margin="5" Background="LightBlue"
        Button.Click="Sp_Click">
      <Button x:Name="B3" Margin="5">Button 3</Button>
      <Button x:Name="B4" Margin="5">Button 4</Button>
      <Button x:Name="B5" Margin="5">Button 5</Button>
    </StackPanel>
  </StackPanel>
</Window>
```

Listing 12.1 Projekt »WPFLayoutKombi«, XAML-Code

XAML-Dokumente bestehen wie XML-Dokumente aus einer Hierarchie von Elementen mit Attributen. Das Hauptelement ist hier ein Fenster, welches vom Typ Window abgeleitet ist. Der Name des abgeleiteten Typs wird über x:Class angegeben, hier MainWindow.   **Window**

Bereits bei der Erstellung eines Projekts werden die wichtigsten Klassen der WPF mithilfe einiger Namespaces (hier nur mit xmlns=... angedeutet) automatisch zur Verfügung gestellt.   **xmlns**

Die XAML-Elemente haben verschiedene Eigenschaften, zum Beispiel Title, Height oder Background. Title ist vom Typ *Zeichenkette*, die Werte anderer Elemente werden gegebenenfalls mithilfe von *Type Convertern* umgewandelt, zum Beispiel in Zahlen, Farben oder boolesche Werte.   **Type Converter**

Ein Window darf genau ein Unterelement haben, hier ist es eines vom Typ *StackPanel*. Ein StackPanel ist ein Container mit einem »Stapel« von Unterelementen, in diesem Fall einem Canvas und einem weiteren StackPanel. Mit dem Wert Horizontal für das Attribut Orientation wird dafür gesorgt, dass die Unterelemente nebeneinander gestapelt werden.   **StackPanel**

Innerhalb eines Canvas können die Unterelemente absolut positioniert werden. Dieses Layout stellt einen Kompromiss innerhalb der WPF dar, da   **Canvas**

12

die Oberfläche so nicht mehr frei skalierbar ist. Der Canvas hat Breite, Höhe und Hintergrundfarbe. Über die Eigenschaft `Margin` stellen Sie den Abstand eines Elements zu seinem übergeordneten Element ein.

Ereignisprozedur

Eine Ereignisprozedur zu einem XAML-Element erzeugen Sie wie folgt:

► Markieren Sie das XAML-Element in der Design-Ansicht oder in der Code-Ansicht.

► Wechseln Sie im Eigenschaften-Fenster auf die Ansicht Ereignisse.

► Führen Sie bei dem betreffenden Ereignis einen Doppelklick aus.

Hat das Element im XAML-Code bereits einen Wert zum Bezeichner `x:Name`, heißt die Prozedur `Bezeichner_Ereignis()`, ansonsten heißt sie `Elementtyp_Ereignis()`, also zum Beispiel `B1_Click()` bzw. `Button_Click()`.

Attached Property

Die Position der Elemente innerhalb des Canvas wird über die Eigenschaften `Canvas.Top`, `Canvas.Left`, `Canvas.Bottom` und `Canvas.Right` eingestellt. Es handelt sich dabei um sogenannte *Attached Properties*. Diese sind eigentlich Eigenschaften anderer Elementtypen (und zwar des Canvas), welche aber hier (im Button-Element) benötigt werden.

Event Routing

Innerhalb des inneren StackPanels sind drei Buttons gestapelt, standardmäßig untereinander. Auch der Klick auf einen dieser Buttons führt zu einer Ereignisprozedur. Das liegt am sogenannten *Event Routing*: Falls bei einem Element zu dem ausgelösten Ereignis keine passende Prozedur registriert ist, wird das Ereignis zum übergeordneten Element weitergeleitet.

Attached Event

In diesem Fall findet sich im StackPanel das Event `Button.Click`. Dabei handelt es sich um ein sogenanntes *Attached Event*. Das sind eigentlich Ereignisse anderer Elementtypen (und zwar des Button-Elements), die aber hier (im StackPanel) benötigt werden. Eine Prozedur zu einem *Attached Event* muss »von Hand« erzeugt werden.

Registrierung von Hand

Der Eintrag der Registrierung im XAML-Code, also von `Button.Click="Sp_Click()"` kann wie folgt vorgenommen werden, damit man nicht von der Auto-Korrektur von IntelliSense überlistet wird: Kopieren Sie eine ähnliche Registrierung, zum Beispiel `Click="B1_Click"`, aus einem anderen Steuerelement an die betreffende Stelle. Verändern Sie anschließend den Code »von Hand«.

Es folgen die eingefügten Prozeduren aus der Datei *MainWindow.xaml.cs*:

```
private void B1_Click(object sender, RoutedEventArgs e)
{
    MessageBox.Show("B1");
}

private void B2_Click(object sender, RoutedEventArgs e)
{
    MessageBox.Show("B2");
}

private void Sp_Click(object sender, RoutedEventArgs e)
{
    Button b = e.Source as Button;
    MessageBox.Show(b.Name);
}
```

Listing 12.2 Projekt »WPFLayoutKombi«, Programmiercode

Es werden jeweils die Namen der geklickten Buttons ausgegeben. Im Fall der Buttons innerhalb des StackPanels muss zunächst der Auslöser ermittelt werden, das Objekt sender verweist auf das StackPanel. Die Eigenschaft Source des Objekts e verweist dagegen auf den tatsächlich auslösenden Button.

Während der Entwicklung wird in Ihrem WPF-Projekt eine zusätzliche Symbolleiste eingeblendet, siehe Abbildung 12.2. Sie benötigen sie nicht. Sie können sie mit einem Klick auf die doppelte Linie am unteren Rand verkleinern. In der ausführbaren Version ist sie nicht mehr zu sehen.

Abbildung 12.2 Symbolleiste, zur Entwicklungszeit

12.2 Steuerelemente

Der WERKZEUGKASTEN bietet zahlreiche Steuerelemente für die WPF, wenn auch noch nicht ganz so viele wie für Windows Forms. Im nachfolgenden Projekt *WPFSteuerelemente* werden einige Möglichkeiten gezeigt (siehe Abbildung 12.3).

Zunächst der XAML-Code:

```xaml
<Window x:Class="WPFSteuerelemente.MainWindow" xmlns="..."
    Title="WPFSteuerelemente" Height="200" Width="300">
  <StackPanel>
    <WrapPanel>
      <Label Margin="5">Beschriftung:</Label>
      <CheckBox x:Name="Cb" Margin="10" Checked="Cb_Checked"
        Unchecked="Cb_Unchecked" >CheckBox</CheckBox>
      <TextBox x:Name="Tb" Width="150"
        Margin="5">Das ist ein Text</TextBox>
      <Button Margin="5" Click="Bu_Click">markierter Text</Button>
    </WrapPanel>
    <ListBox x:Name="Lb" Margin="5" SelectionMode="Multiple"
        SelectionChanged="Lb_SelectionChanged">
      <ListBoxItem>Frankreich</ListBoxItem>
      <ListBoxItem Selector.IsSelected="True">Spanien</ListBoxItem>
      <ListBoxItem Selector.IsSelected="True">Italien</ListBoxItem>
    </ListBox>
    <Slider x:Name="Sl" Margin="5" TickFrequency="1"
      TickPlacement="BottomRight" IsSnapToTickEnabled="True"
      Value="5" ValueChanged="Sl_ValueChanged" />
  </StackPanel>
</Window>
```

Listing 12.3 Projekt »WPFSteuerelemente«, XAML-Code

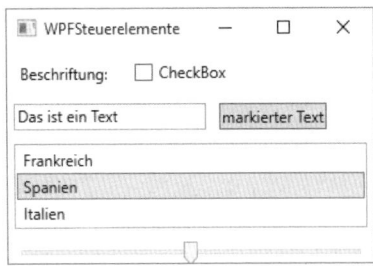

Abbildung 12.3 Projekt »WPFSteuerelemente«

WrapPanel Innerhalb eines StackPanels gibt es insgesamt drei Elemente: ein WrapPanel, eine ListBox zur Auswahl von mehreren Einträgen und einen Slider zur Auswahl eines Zahlenwerts. Innerhalb eines WrapPanels werden die Elemente nebeneinander aufgereiht. Ist nicht genügend Platz, wird in der nächsten Reihe fortgefahren. Beachten Sie die Anordnung dazu auch einmal nach einer manuellen Vergrößerung oder Verkleinerung des Fensters.

Das WrapPanel beinhaltet vier Elemente: ein Label zur Beschriftung, eine CheckBox zum Markieren, eine TextBox für die Eingabe und einen Button. Die Ereignisse Checked und Unchecked der CheckBox (Setzen und Löschen der Markierung) führen zu unterschiedlichen Prozeduren.

CheckBox, TextBox

Die Eigenschaft SelectionMode einer ListBox beinhaltet u. a. den Wert Multiple. Das führt dazu, dass jeder Klick auf einen Eintrag dessen Auswahlzustand umschaltet. Die Attached Property IsSelected des Typs Selector kann zur Vorauswahl eines Eintrags genutzt werden. Das Ereignis SelectionChanged tritt ein, sobald sich die Auswahl innerhalb der ListBox ändert.

ListBox

Die Eigenschaften Minimum und Maximum eines Sliders haben als Standard die Werte 0 und 10. Die Eigenschaften TickFrequency und TickPlacement legen die Häufigkeit und den Ort der Ticks, also der kleinen Markierungsstriche am Slider, fest. Falls die boolesche Eigenschaft IsSnapToTickEnabled auf True gestellt wird, können nur die Werte der Ticks erreicht werden. Das Ereignis ValueChanged tritt ein, sobald sich der Wert des Sliders ändert.

Slider

12

Es folgt der Programmcode:

```
private void Cb_Checked(object sender, RoutedEventArgs e)
{ MessageBox.Show("eingeschaltet"); }

private void Cb_Unchecked(object sender, RoutedEventArgs e)
{ MessageBox.Show("ausgeschaltet"); }

private void Bu_Click(object sender, RoutedEventArgs e)
{ MessageBox.Show(Tb.Text + " / " + Tb.SelectedText); }

private void Lb_SelectionChanged(object sender,
    SelectionChangedEventArgs e)
{
    if (IsLoaded)
    {
        string ausgabe = "";
        foreach (ListBoxItem lbi in Lb.SelectedItems)
            ausgabe += lbi.Content + " ";
        MessageBox.Show(ausgabe);
    }
}
```

```
private void Sl_ValueChanged(object sender,
    RoutedPropertyChangedEventArgs<double> e)
{
    if (IsLoaded)
        MessageBox.Show(Sl.Value + "");
}
```

Listing 12.4 Projekt »WPFSteuerelemente«, Programmcode

IsLoaded

Die Eigenschaft IsLoaded eines Window-Objekts liefert die Information, ob die Oberfläche bereits vollständig geladen ist. Erst im Anschluss daran wollen wir eine Reaktion sehen, wenn sich zum Beispiel die Auswahl der List-Box oder der Wert des Sliders ändern.

ListBoxItem

Die Eigenschaft Text beinhaltet den gesamten Text einer TextBox, SelectedText hingegen nur den aktuell markierten Text. Die einzelnen Einträge einer ListBox sind vom Typ ListBoxItem und stehen in der Auflistung Items. Diese Auflistung wird mithilfe einer foreach-Schleife durchlaufen. Die Eigenschaft Content beinhaltet den Text eines Eintrags.

12.3 Frame-Anwendung

Navigation

Im Projekt *WPFNavigationFrame* kann sich der Benutzer zwei verschiedene Seiten in beliebiger Reihenfolge anzeigen lassen.

Ablauf

Nach dem Start erscheint erst einmal nur die Steuerung (Abbildung 12.4).

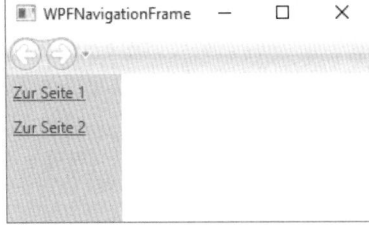

Abbildung 12.4 Steuerung

Von hier aus kann der Benutzer beide Seiten über Hyperlinks erreichen. Als Beispiel sehen Sie in Abbildung 12.5 die Seite 2.

Abbildung 12.5 Anzeige von Seite 2

Die Klasse NavigationWindow (siehe unten) stellt eine browserähnliche Navigation mit Vorwärts- und Rückwärts-Buttons und einer History (Verlauf) zur Verfügung. Für die Anwendung benötigen Sie die fünf XAML-Dateien *MainWindow.xaml*, *Aufbau.xaml*, *Steuerung.xaml*, *Seite1.xaml* und *Seite2.xaml*, jeweils mit Programmcodedatei (siehe Abbildung 12.6).

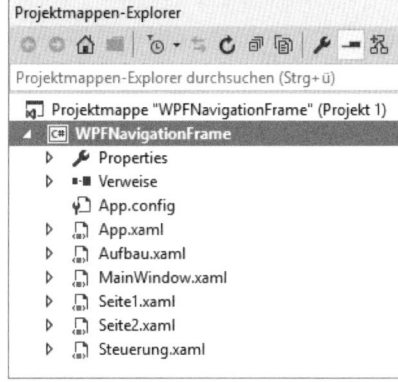

Abbildung 12.6 Projektdateien

Navigationsdatei

Zunächst der Aufbau der Navigation in der Datei *MainWindow.xaml*:

```
<NavigationWindow x:Class="WPFNavigationFrame.MainWindow"
  xmlns="..." Title="WPFNavigationFrame"
  Height="200" Width="300" Source="Aufbau.xaml" />
```

Listing 12.5 Projekt »WPFNavigationFrame«, MainWindow.xaml

Es wird eine Standard-WPF-Anwendung erzeugt. Allerdings wird das Hauptelement vom Typ Window auf den Typ NavigationWindow geändert. Die Eigenschaft Source verweist auf den URI (*Uniform Resource Identifier*) der

NavigationWindow

ersten Seite, die nach dem Start im `NavigationWindow` angezeigt wird. Der Titel der Anwendung wird hier mithilfe der Eigenschaft `Title` festgelegt.

In der Datei *MainWindow.xaml.cs* muss die Klasse `MainWindow` ebenfalls von der Klasse `NavigationWindow` und nicht von der Klasse `Window` abgeleitet werden. Zudem muss der Namespace `System.Windows.Navigation` eingebunden werden.

Page   Alle weiteren Seiten sind vom Typ `Page`. Einzelne Pages fügen Sie über den Menüpunkt PROJEKT • SEITE HINZUFÜGEN hinzu.

Aufbauseite

Es folgt das Layout der Aufbauseite in der Datei *Aufbau.xaml*:

```
<Page x:Class="WPFNavigationFrame.Aufbau" xmlns="..." ...>
  <Grid>
    <Grid.ColumnDefinitions>
      <ColumnDefinition Width="90" />
      <ColumnDefinition />
    </Grid.ColumnDefinitions>
    <Frame Grid.Row="0" Grid.Column="0" Source="Steuerung.xaml" />
    <Frame x:Name="Fr" Grid.Row="0" Grid.Column="1" />
  </Grid>
</Page>
```

Listing 12.6 Projekt »WPFNavigationFrame«, Aufbau.xaml

Grid   Innerhalb eines Layouts vom Typ `Grid` wird eine Seite aufgeteilt wie eine Tabelle, nämlich in Zeilen (engl. *Rows*) und Spalten (engl. *Columns*). Die Nummerierung der Zeilen und Spalten beginnt bei 0.

Hier sind es zwei Spalten, eine davon mit fester Breite. In beiden Spalten wird ein Steuerelement der Klasse `Frame` erzeugt. Die Eigenschaft `Source` des linken Frames verweist auf den URI der Page, die links angezeigt wird.

Der rechte Frame bekommt einen Namen, damit er später als Ziel für die Navigation dienen kann. Zunächst wird im rechten Frame aber noch keine Seite angezeigt.

Steuerungsseite

Es folgt der Code der Steuerungsseite in der Datei *Steuerung.xaml*:

```
<Page x:Class="WPFNavigationFrame.Steuerung" xmlns="..."
    Background="LightGray">
  <StackPanel Grid.Row="0" Grid.Column="0">
    <TextBlock Margin="5">
      <Hyperlink NavigateUri="Seite1.xaml"
        TargetName="Fr">Zur Seite 1</Hyperlink>
    </TextBlock>
    <TextBlock Margin="5">
      <Hyperlink NavigateUri="Seite2.xaml"
        TargetName="Fr">Zur Seite 2</Hyperlink>
    </TextBlock>
  </StackPanel>
</Page>
```

Listing 12.7 Projekt »WPFNavigationFrame«, Steuerung.xaml

Die Eigenschaft NavigateUri der beiden Hyperlinkobjekte verweist auf den **Hyperlink** URI der Seiten, die nach der Betätigung angezeigt werden sollen. Ein Hyperlink-Objekt muss immer innerhalb eines umgebenden Steuerelements stehen.

Über die Eigenschaft TargetName wird festgelegt, dass die Seiten im rechten Frame erscheinen sollen. In *Seite1.xaml* und *Seite2.xaml* steht jeweils eine einfache Page ohne besondere Elemente. Als Beispiel wird *Seite2.xaml* gezeigt:

```
<Page x:Class="WPFNavigationFrame.Seite2" xmlns="..."
    Background="DarkGray">
  <Label Foreground="White">Seite 2</Label>
</Page>
```

Listing 12.8 Projekt »WPFNavigationFrame«, Seite2.xaml

12.4   Zweidimensionale Grafik

Es gibt verschiedene Möglichkeiten, mithilfe der WPF zweidimensionale **Pfadgeometrie** Grafiken zu erstellen. Eine davon bedient sich der Klasse PathGeometry. Eine solche *Pfadgeometrie* besteht aus einer einzelnen Figur (Typ PathFigure) oder aus einer Auflistung von Figuren (Typ PathFigureCollection). Eine Figur wiederum besteht aus einem einzelnen Segment oder aus einer Auflistung von Segmenten (Typ `PathSegmentCollection`). Es gibt verschiedene Arten von Segmenten:

▸ einfache Segmente wie Linie (Typ `LineSegment`), Bogen (Typ `ArcSegment`) und Gruppen von Linien (Typ `PolyLineSegment`)

▸ quadratische oder kubische Bézierkurven der Typen `QuadraticBezier-Segment` und `BezierSegment`

▸ Gruppen von quadratischen oder kubischen Bézierkurven der Typen `PolyQuadraticBezierSegment` und `PolyBezierSegment`

Bézierkurven werden im CAD-Bereich verwendet. Sie lassen sich mithilfe weniger Parameter aus (relativ) einfachen mathematischen Formeln erstellen.

Nachfolgend wird im Projekt *WPFGeometriePfad* ein Beispiel für eine Pfadgeometrie dargestellt (siehe Abbildung 12.7). Sie besteht aus zwei Figuren mit jeweils zwei Segmenten.

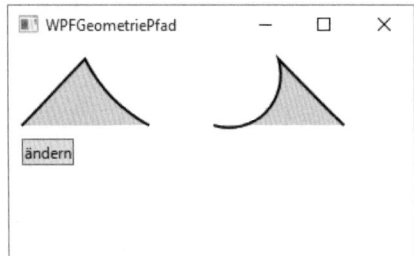

Abbildung 12.7 Pfadgeometrie

Hier der XAML-Code:

```
<Window x:Class="WPFGeometriePfad.MainWindow" xmlns="..."
    Title="WPFGeometriePfad" Height="200" Width="330">
  <Canvas>
    <Path x:Name="Pt" Fill="LightGray" Stroke="Black"
        StrokeThickness="2">
      <Path.Data>
        <PathGeometry>
          <PathFigureCollection>
            <PathFigure StartPoint="10,60">
              <PathSegmentCollection>
                <LineSegment Point="60,10" />
                <ArcSegment Point="110,60" Size="120,120" />
```

```
        </PathSegmentCollection>
      </PathFigure>
      <PathFigure StartPoint="160,60">
        <PathSegmentCollection>
          <ArcSegment Point="210,10" Size="40,40" />
          <LineSegment Point="260,60" />
        </PathSegmentCollection>
      </PathFigure>
    </PathFigureCollection>
  </PathGeometry>
</Path.Data>
</Path>
<Button Canvas.Top="70" Canvas.Left="10"
  Click="aendern">ändern</Button>
</Canvas>
</Window>
```

Listing 12.9 Projekt »WPFGeometriePfad«, XAML-Code

Füllfarbe, Umrissfarbe und Umrissdicke sind Eigenschaften des umgebenden Elements Path. Die Eigenschaft Data beinhaltet eine Instanz der Klasse PathGeometry. Diese beinhaltet wiederum in der Eigenschaft Figures (vom Typ PathFigureCollection) die Auflistung der Figuren.   **Path, Data**

Die Umrisslinie einer Figur startet bei den Koordinaten, die durch die Eigenschaft StartPoint vom Typ Point gegeben werden. Sie durchläuft die einzelnen Segmente in der Auflistung Segments (vom Typ PathSegmentCollection). Sie wird geschlossen, wenn die boolesche Eigenschaft IsClosed den Wert True hat. Die im umgebenden Element definierte Füllung wird dargestellt, wenn die boolesche Eigenschaft IsFilled den Standardwert True hat.   **Umriss**

Die Segmente sind im vorliegenden Fall vom Typ LineSegment und ArcSegment. Diese haben gemeinsame Eigenschaften: Die Umrisslinie läuft in jedem Segment zu den Koordinaten, die durch die Eigenschaft Point vom Typ Point vorgegeben werden. Die im umgebenden Element definierte Umrisslinie wird dargestellt, wenn die boolesche Eigenschaft IsStroked den Standardwert True hat.   **Line, Arc**

Size vom Typ Size ist dagegen nur eine Eigenschaft eines ArcSegment. Damit wird die Größe der Ellipse bestimmt, die den Bogenradius festlegt: je größer der Radius, desto flacher die Kurve (siehe Abbildung 12.7).

Für die Steuerung per Programmcode ist zusätzlich der Namespace `System.Windows.Media` notwendig. Die Methode zum Ändern einer Pfadgeometrie lautet:

```
private void aendern(object sender, RoutedEventArgs e)
{
    PathGeometry pg = Pt.Data as PathGeometry;
    ArcSegment asg = pg.Figures[1].Segments[0] as ArcSegment;
    asg.Size = new Size(asg.Size.Width + 5, asg.Size.Height + 5);
}
```

Listing 12.10 Projekt »WPFGeometriePfad«, Programmcode

Damit wird der Bogenradius des ersten Segments der zweiten Figur vergrößert.

12.5 Dreidimensionale Grafik

3D-Körper

Zum Verständnis von dreidimensionalen Grafiken in WPF-Anwendungen ist ein wenig Theorie nicht zu umgehen. In diesem Abschnitt wird daher erläutert, wie ein *3D-Körper* auf die zwei Dimensionen eines Bildschirms oder eines Buchs abgebildet wird, sodass die dritte Dimension für den Betrachter erkennbar wird.

Koordinaten

Im Projekt *WPFDreiDWuerfel* wird ein Würfel im dreidimensionalen Raum dargestellt. Die Kantenlänge des Würfels ist 2, das Zentrum des Würfels ist der Nullpunkt des Koordinatensystems. Das Koordinatensystem hat eine x-Achse von links nach rechts, eine y-Achse von unten nach oben und eine z-Achse, die »hinter dem Bildschirm« beginnt und auf den Betrachter zuläuft. Der Betrachter sieht die drei vorderen Seiten des Würfels, wie in Abbildung 12.8 gezeigt.

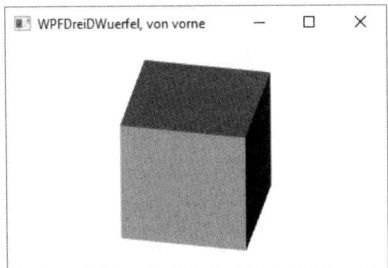

Abbildung 12.8 Drei Seiten eines Würfels

Die Seiten des Würfels sind jeweils aus zwei Dreiecken aufgebaut. Dreiecke sind die Grundelemente zur Erstellung von 3D-Körpern in der WPF. Der Betrachter kann sich den Würfel per Tastendruck auch von hinten anschauen (⟨V⟩ = vorne, ⟨H⟩ = hinten).

Der Aufbau im XAML-Code:

```xml
<Window x:Class="WPFDreiDWuerfel.MainWindow" xmlns="..."
    Title="WPFDreiDWuerfel, von vorne"
    Height="240" Width="360" KeyDown="Window_KeyDown">
  <Viewport3D>
    <Viewport3D.Camera>
      <OrthographicCamera x:Name="Oc" Position="1,3,5"
        LookDirection="-1,-3,-5" Width="6" />
    </Viewport3D.Camera>

    <Viewport3D.Children>
      <ModelVisual3D>
        <ModelVisual3D.Content>
          <DirectionalLight x:Name="Dl" Color="White"
            Direction="-1,-3,-5" />
        </ModelVisual3D.Content>
      </ModelVisual3D>

      <ModelVisual3D>
        <ModelVisual3D.Content>
          <GeometryModel3D>
            <GeometryModel3D.Material>
              <DiffuseMaterial Brush="LightGray" />
            </GeometryModel3D.Material>
            <GeometryModel3D.BackMaterial>
              <DiffuseMaterial Brush="Red" />
            </GeometryModel3D.BackMaterial>

            <GeometryModel3D.Geometry>
              <MeshGeometry3D Positions="-1,1,1 -1,-1,1 1,-1,1
                1,1,1 1,1,1 1,-1,1 1,-1,-1 1,1,-1 -1,1,-1
                -1,1,1 1,1,1 1,1,-1" TriangleIndices="0,1,2
                2,3,0 4,5,6 6,7,4 8,9,10 10,11,8" />
            </GeometryModel3D.Geometry>
```

```
        </GeometryModel3D>
      </ModelVisual3D.Content>
    </ModelVisual3D>
  </Viewport3D.Children>
 </Viewport3D>
</Window>
```

Listing 12.11 Projekt »WPFDreiDWuerfel«, XAML-Code

Falls innerhalb des Fensters eine Taste heruntergedrückt wird, reagiert darauf die Ereignismethode Window_KeyDown.

Kamera
Zunächst muss eine Kamera aufgestellt werden, mit deren Hilfe die 3D-Körper gesehen werden. Dabei sind die Position und die Blickrichtung wichtig. In diesem Projekt »schwebt« die Kamera an der Position 1/3/5, also schräg rechts oben vor der Blattebene. Die Blickrichtung (LookDirection) wird mit -1/-3/-5 angegeben. Die Kamera blickt also zum gegenüberliegenden Punkt hinter der Blattebene durch den Nullpunkt hindurch. Der Würfel selbst liegt um den Nullpunkt herum, also kann der Betrachter ihn sehen. Innerhalb des Projekts können Position und Blickrichtung per Tastendruck geändert werden.

Licht
Es wird ein gerichtetes Licht vom Typ DirectionalLight verwendet. Es strahlt aus einer bestimmten Richtung, die über die Eigenschaft Direction vom Typ Vector3D angegeben wird. In diesem Beispiel wird die gleiche Richtung wie die Blickrichtung genommen. Die drei sichtbaren Seiten des Würfels werden von diesem Licht aus unterschiedlichen Winkeln beleuchtet, daher erscheinen sie für den Betrachter in verschiedenen Farbtönen. Die Farbe des Lichts ist Weiß (Eigenschaft Color), das ist das Licht mit der höchsten Intensität.

Material
Das Material für die Vorderseite ist diffus und hellgrau. Über die Eigenschaft BackMaterial wird eine rote Farbe für die Rückseite gewählt. Der Betrachter kann den 3D-Körper somit auch von hinten sehen.

MeshGeometry3D
Die Form wird über ein Objekt des Typs MeshGeometry3D bestimmt. Darin stehen die Dreiecke, aus denen eine dreidimensionale Form aufgebaut wird. Wichtige Eigenschaften sind:

▶ Positions, vom Typ Point3DCollection, beinhaltet eine Auflistung von Point3D-Objekten, also Punkten im dreidimensionalen Raum. Jedes Point3D-Objekt besteht aus einer Gruppe von drei double-Zahlen für die x-, y- und z-Koordinate des Punkts. Wie in einer Auflistung üblich, sind die Elemente nummeriert, beginnend bei 0. Diese Nummern werden für die Eigenschaft TriangleIndices benötigt.

▶ TriangleIndices, vom Typ Int32Collection, besteht aus Gruppen von drei ganzen Zahlen. Eine Gruppe ergibt jeweils ein Dreieck. Die drei ganzen Zahlen geben an, welche Point3D-Objekte der Auflistung Positions für das Dreieck verwendet werden.

Die Auflistung der Point3D-Objekte für die Eigenschaft Positions umfasst in diesem Projekt zwölf Elemente. Aus diesen Elementen werden mithilfe der Eigenschaft TriangleIndices sechs Dreiecke gebildet. Der Umlaufsinn jedes Dreiecks wird so gewählt, dass der Betrachter immer alle Vorderseiten sieht. Jeweils zwei Dreiecke bilden eine der drei sichtbaren Seiten des Würfels. Im Einzelnen sind das:

Dreiecke

▶ die hellgraue vordere Seite, Indizes 0 (links oben), 1 (links unten), 2 (rechts unten) und 2, 3 (rechts oben), 0

▶ die schwarze rechte Seite, Indizes 4 (vorne oben), 5 (vorne unten), 6 (hinten unten) und 6, 7 (hinten oben), 4

▶ die dunkelgraue obere Seite, Indizes 8 (links hinten), 9 (links vorne), 10 (rechts vorne) und 10, 11 (rechts hinten), 8

Für die Steuerung per Programmcode sind zusätzlich die Namespaces System.Windows.Media.Media3D und System.Windows.Input notwendig. Die Ereignismethode lautet wie folgt:

```
private void Window_KeyDown(object sender, KeyEventArgs e)
{
    if (e.Key == Key.V)
    {
        Oc.Position = new Point3D(1, 3, 5);
        Oc.LookDirection = new Vector3D(-1, -3, -5);
        Dl.Direction = new Vector3D(-1, -3, -5);
        Title = "WPFDreiDWuerfel, von vorne";
    }
    else if (e.Key == Key.H)
    {
        Oc.Position = new Point3D(-1, -3, -5);
        Oc.LookDirection = new Vector3D(1, 3, 5);
        Dl.Direction = new Vector3D(1, 3, 5);
```

12

```
                    Title = "WPFDreiDWuerfel, von hinten";
            }
    }
```

Listing 12.12 Projekt »WPFDreiDWuerfel«, Programmcode

Key Die Eigenschaft Key liefert das Element der Enumeration Key zu der betätigten Taste. Nach dem Betätigen einer der beiden Tasten [V] oder [H] werden die Position und die Blickrichtung der orthografischen Kamera und die Richtung des gerichteten Lichts geändert.

12.6 Animation

Storyboard, Trigger Das nachfolgende Projekt *WPFAnimDreiDRotation* zeigt eine Kombination aus verschiedenen Elementen. Das sind: die *Animation* einer dreidimensionalen *Rotationstransformation*, ein *Storyboard* als Ressource und einen *Event Trigger*.

Eine Transformation ist die Veränderung eines 3D-Körpers, zum Beispiel eine Verschiebung, Größenänderung oder Drehung. Ein Storyboard (dt. Drehbuch) beinhaltet den Ablauf einer Animation. Eine Ressource entspricht einem Werkzeug, das einer Anwendung zur Verfügung steht. Ein Event Trigger kann bei einem bestimmten Ereignis eine Animation starten.

Rotation Mit der Rotationstransformation dreht sich der bereits bekannte Würfel nacheinander um drei verschiedene Achsen, sobald das Fenster geladen wird: In den ersten zehn Sekunden von 0 auf 180 Grad um die x-Achse und wieder zurück auf 0 Grad, in den nächsten zehn Sekunden ebenso um die y-Achse, anschließend ebenso zehn Sekunden um die z-Achse. Dieser Ablauf wird endlos fortgesetzt.

Zunächst der Würfel mit Event Trigger und Transformation in XAML:

```
<Window x:Class="WPFAnimDreiDRotation.MainWindow" xmlns="..."
    Title="MainWindow" Height="200" Width="300">
  <Window.Resources>
    <Storyboard x:Key="SbRes" ...> ... </Storyboard>
  </Window.Resources>
  <Window.Triggers>
    <EventTrigger RoutedEvent="Loaded">
      <BeginStoryboard Storyboard="{StaticResource SbRes}" />
```

```
      </EventTrigger>
  </Window.Triggers>
  <Viewport3D>
    <Viewport3D.Camera>
      <OrthographicCamera Position="1,3,5"
          LookDirection="-1,-3,-5" Width="6"/>
    </Viewport3D.Camera>
    <Viewport3D.Children>
      <ModelVisual3D>
        <ModelVisual3D.Content>
          <DirectionalLight Color="White" Direction="-1,-3,-5" />
        </ModelVisual3D.Content>
      </ModelVisual3D>
      <ModelVisual3D>
        <ModelVisual3D.Content>
          <GeometryModel3D>
            <GeometryModel3D.Geometry>
              <MeshGeometry3D Positions =
                "-1,1,1 -1,-1,1 1,-1,1 1,1,1
                 1,1,1 1,-1,1 1,-1,-1 1,1,-1
                 -1,1,-1 -1,1,1 1,1,1 1,1,-1"
                TriangleIndices="0,1,2 2,3,0 4,5,6
                                 6,7,4 8,9,10 10,11,8" />
            </GeometryModel3D.Geometry>
            <GeometryModel3D.Material>
              <DiffuseMaterial Brush="LightGray" />
            </GeometryModel3D.Material>
            <GeometryModel3D.BackMaterial>
              <DiffuseMaterial Brush="Red" />
            </GeometryModel3D.BackMaterial>
            <GeometryModel3D.Transform>
              <RotateTransform3D x:Name="Rt3d" >
                <RotateTransform3D.Rotation>
                  <AxisAngleRotation3D />
                </RotateTransform3D.Rotation>
              </RotateTransform3D>
            </GeometryModel3D.Transform>
          </GeometryModel3D>
        </ModelVisual3D.Content>
      </ModelVisual3D>
```

12

```
      </Viewport3D.Children>
    </Viewport3D>
  </Window>
```

Listing 12.13 Projekt »WPFAnim3DRotation«, XAML-Code, Teil 1

Loaded   Die Ressource hat als Bezeichnung den Schlüssel Sbres. Der Event Trigger reagiert, sobald das Ereignis Loaded des Fensters eingetreten ist, und startet das Storyboard aus der Ressource sbres.

Axis, Angle   Es folgt der bekannte Aufbau von Szene und Würfel – mit Kamera, Licht, Geometrie und Material. Als neues Element von GeometryModel3D folgt die Transformation. Die Art der Transformation (hier: RotateTransform3D) ist das Zielelement der Animation (TargetName). Die Art der Rotation (hier: AxisAngleRotation) ist hingegen die Zieleigenschaft der Animation (Target-Property). Es werden hier noch keine Werte für die Drehachse (Axis) oder den Drehwinkel (Angle) eingetragen, diese folgen erst im Storyboard.

Nun zum Storyboard innerhalb der Ressource:

```
<Window.Resources>
  <Storyboard x:Key="SbRes" RepeatBehavior="Forever">
    <Rotation3DAnimation Storyboard.TargetName="Rt3d"
        Storyboard.TargetProperty="Rotation" Duration="0:0:5"
        AutoReverse="True">
      <Rotation3DAnimation.From>
        <AxisAngleRotation3D Axis="1,0,0" Angle="0" />
      </Rotation3DAnimation.From>
      <Rotation3DAnimation.To>
        <AxisAngleRotation3D Axis="1,0,0" Angle="180" />
      </Rotation3DAnimation.To>
    </Rotation3DAnimation>
    <Rotation3DAnimation Storyboard.TargetName="Rt3d"
        Storyboard.TargetProperty="Rotation" Duration="0:0:5"
        BeginTime="0:0:10" AutoReverse="True">
      <Rotation3DAnimation.From>
        <AxisAngleRotation3D Axis="0,1,0" Angle="0" />
      </Rotation3DAnimation.From>
      <Rotation3DAnimation.To>
        <AxisAngleRotation3D Axis="0,1,0" Angle="180" />
      </Rotation3DAnimation.To>
    </Rotation3DAnimation>
```

```
<Rotation3DAnimation Storyboard.TargetName="Rt3d"
    Storyboard.TargetProperty="Rotation" Duration="0:0:5"
    BeginTime="0:0:20" AutoReverse="True">
  <Rotation3DAnimation.From>
    <AxisAngleRotation3D Axis="0,0,1" Angle="0" />
  </Rotation3DAnimation.From>
  <Rotation3DAnimation.To>
    <AxisAngleRotation3D Axis="0,0,1" Angle="180" />
  </Rotation3DAnimation.To>
</Rotation3DAnimation>
  </Storyboard>
</Window.Resources>
```

Listing 12.14 Projekt »WPFAnim3DRotation«, XAML-Code, Teil 2

Das gesamte Storyboard wird aufgrund des Werts Forever für die Eigenschaft RepeatBehavior endlos wiederholt.

Jede der drei Animationen vom Typ Rotation3DAnimation hat als Zielelement (TargetName) die Art der Transformation und als Zieleigenschaft (TargetProperty) die Art der Rotation. Eine Animation dauert jeweils 5 Sekunden und wird anschließend wieder rückgängig gemacht – macht insgesamt zehn Sekunden. Jede verläuft vom Winkel 0 Grad bis zum Winkel 180 Grad (Animationseigenschaften From und To). — **Ziel der Animation**

Die drei Animationen unterscheiden sich in der Drehachse: Erst ist es die x-, es folgt die y-, als letztes die z-Achse. Außerdem starten sie dank der unterschiedlichen Werte der Eigenschaft BeginTime zeitversetzt, im Ergebnis also nacheinander. Die Werte werden im Format hh:mm:ss angegeben. — **Zeitversetzt**

12.7 WPF und Windows Forms

Sie können die Vorteile der WPF nutzen, ohne dafür all Ihre Windows Forms-Anwendungen vollständig neu programmieren zu müssen. Es ist nämlich leicht möglich, WPF-Elemente in eine Windows Forms-Anwendung einzubetten.

Andersherum gibt es in der WPF aber noch nicht alle Elemente, die Sie aus Windows Forms kennen. Sie können eine WPF-Anwendung jedoch durchaus mit Elementen aus Windows Forms erweitern.

12.7.1   Windows Forms in WPF

Verweise hinzufügen

In diesem Abschnitt wird ein Steuerelement aus Windows Forms in ein Projekt vom Typ WPF-ANWENDUNG eingesetzt. Zur Arbeit mit Windows Forms müssen Sie dem WPF-Projekt einen Verweis auf System.Windows.Forms aus dem Bereich ASSEMBLYS • FRAMEWORK hinzufügen. Daraus muss der gleichnamige Namespace im XAML-Code zur Verfügung gestellt werden. Außerdem wird aus dem Bereich ASSEMBLYS • FRAMEWORK ein Verweis auf WindowsFormsIntegration für die Nutzung im Programmcode benötigt.

WindowsFormsHost

Anschließend können Sie im XAML-Code ein WPF-Element des Typs WindowsFormsHost einsetzen. Dabei handelt es sich um einen Container für Windows Forms-Elemente. Die Eigenschaft Child enthält ein Steuerelement aus Windows Forms.

Im nachfolgenden WPF-Projekt *WPFFormsInside* werden zwei Buttons dargestellt: ein WPF-Button und ein Windows Forms-Button:

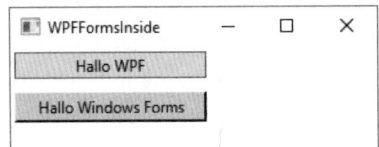

Abbildung 12.9 Windows Forms-Button in WPF-Anwendung

Der XAML-Code lautet wie folgt:

```
<Window x:Class="WPFFormsInside.MainWindow" xmlns="..."
    xmlns:wfalt="clr-namespace:System.Windows.Forms;
    assembly=System.Windows.Forms"
    Title="WPFFormsInside" Height="200" Width="300">
  <Canvas>
    <Button Width="150" Margin="3"
      Click="WPF_Click">Hallo WPF</Button>
    <WindowsFormsHost x:Name="Wfh" Canvas.Top="30"
        Width="150" Height="23" Margin="3"
        Background="LightGray" Foreground="Black">
      <wfalt:Button Click="WFO_Click"
        Text="Hallo Windows Forms" />
```

```
    </WindowsFormsHost>
  </Canvas>
</Window>
```

Listing 12.15 Projekt »WPFFormsInside«, XAML-Code

Der Namespace System.Windows.Forms aus der gleichnamigen .NET-Kompo-
nente bekommt hier den lokalen Namen wfalt. Damit ist es möglich, einen
Windows Forms-Button mit seinen spezifischen Eigenschaften (zum Beispiel Text) zu erzeugen. Achten Sie darauf, dass zwischen dem Semikolon
und assembly = ... kein Leerzeichen steht. Hier ist das wegen des Umbruchs
im Buch notwendig. Die Click-Ereignisse der beiden Buttons führen zu folgenden Ereignismethoden:

```
private void WPF_Click(object sender, RoutedEventArgs e)
{ MessageBox.Show("Hallo WPF"); }
private void WFO_Click(object sender, EventArgs e)
{ MessageBox.Show(Wfh.Child.Text); }
```

Listing 12.16 Projekt »WPFFormsInside«, Programmcode

Die Eigenschaft Child des WindowsFormsHost beinhaltet den Windows
Forms-Button. Dessen Eigenschaft Text wird ausgegeben.

12.7.2   WPF in Windows Forms

In diesem Abschnitt werden Steuerelemente aus der WPF in einem Projekt
vom Typ WINDOWS FORMS-ANWENDUNG eingesetzt. Zur Arbeit mit der
WPF müssen Sie dem jeweiligen Windows Forms-Projekt folgende Verwei-
se aus dem Bereich ASSEMBLYS • FRAMEWORK hinzufügen: Presentation-
Core, PresentationFramework, WindowsBase, WindowsFormsIntegration und
System.Xaml.

Verweise hinzufügen

In einer Windows Forms-Anwendung kann ein Steuerelement vom Typ
ElementHost ein WPF-Element vom Typ UIElement enthalten. Das kann ein
Steuerelement oder auch ein Layoutobjekt sein.

ElementHost

Im nachfolgenden Projekt *WPFInForms* werden ein Windows Forms-Button, ein WPF-Button und ein WPF-Expander mit drei WPF-TextBlock-Objek-
ten eingesetzt (siehe Abbildung 12.10). Expander- und TextBlock-Objekte
stehen bekanntlich unter Windows Forms ohne die WPF nicht zur Verfügung.

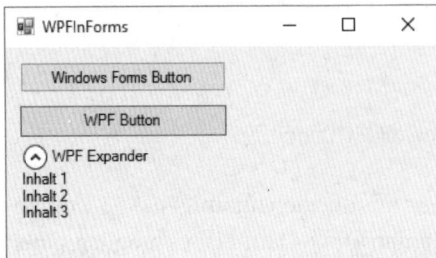

Abbildung 12.10 Windows Forms-Anwendung mit WPF-Elementen

Zuerst wird ein neues Projekt vom Typ WINDOWS FORMS-ANWENDUNG erzeugt. Das Formular bekommt die Größe 350 × 200. Anschließend werden
aus dem WERKZEUGKASTEN ein Button und zwei Steuerelemente vom Typ
ElementHost aus der Kategorie WPF-INTEROPERABILITÄT hinzugefügt. Der
Button bekommt den Namen WFO_Button und die Größe 160 × 23. Die beiden ElementHost-Objekte bekommen die Namen EHost1 und EHost2 und die
Größen 160 × 23 und 160 × 80. Das Ergebnis im Entwurfsmodus sehen Sie
in Abbildung 12.11.

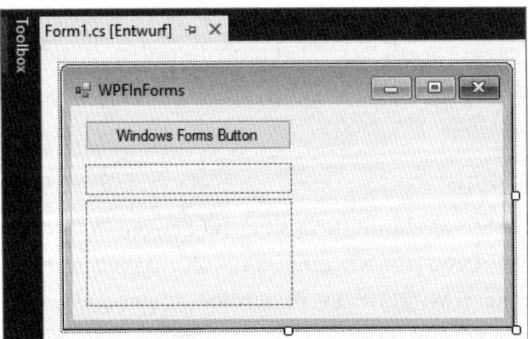

Abbildung 12.11 Windows Forms-Anwendung im Entwurf

Es folgt der Code zum Formular in der Datei *Form1.cs*:

```
using System;
using System.Windows;
using System.Windows.Forms;
using System.Windows.Controls;

namespace WPFInForms
{
```

```csharp
public partial class Form1 : Form
{
    public Form1()
    {
        InitializeComponent();
        System.Windows.Controls.Button nb =
            new System.Windows.Controls.Button()
            {
                Content = "WPF Button"
            };
        nb.Click += new RoutedEventHandler(Nb_Click);
        EHost1.Child = nb;
        StackPanel sp = new StackPanel();
        for (int i = 1; i <= 3; i++)
        {
            TextBlock tb = new TextBlock()
            {
                Text = "Inhalt " + i
            };
            sp.Children.Add(tb);
        }
        Expander ep = new Expander()
        {
            Header = "WPF Expander",
            Content = sp
        };
        EHost2.Child = ep;
    }

    private void nb_Click(object sender, RoutedEventArgs e)
    {
        System.Windows.Forms.MessageBox.Show((sender as System.
            Windows.Controls.Button).Content + "");
    }

    private void WFO_Button_Click(object sender, EventArgs e)
    {
        System.Windows.Forms.MessageBox.Show(
            "Windows Forms Button");
    }
```

```
        }
      }
    }
```

Listing 12.17 Projekt »WPFInForms«, Programmcode

Einige Klassennamen müssen mit dem vollständigen Namen des jeweiligen Namespace angegeben werden. Ansonsten würde aufgrund der gleichen Klassennamen aus verschiedenen Namespaces ein Konflikt bestehen.

Es wird ein WPF-Button erzeugt. Dem Button werden ein EventHandler und eine Ereignismethode zugeordnet. Der Button wird der Eigenschaft Child des ersten ElementHost-Objekts zugeordnet.

Außerdem wird ein StackPanel mit drei TextBlock-Objekten erzeugt. Dieses StackPanel wird der Inhalt eines Expander-Objekts. Das Expander-Objekt wird der Eigenschaft Child des zweiten ElementHost-Objekts zugeordnet. Das Button-Objekt, das TextBlock-Objekt und das Expander-Objekt werden erzeugt und erhalten ihre Startwerte mithilfe einer Objektinitialisierung.

Anhang A
Installation und technische Hinweise

In diesem Kapitel wird die Installation von Visual Studio, das Arbeiten mit Vorlagen und die Erstellung eines Installationsprogramms zur Weitergabe eigener Programme erläutert.

Auf der Webseite zum Buch (*www.rheinwerk-verlag.de/4351*) unter »Materialien zum Buch« und im Downloadangebot, das den elektronischen Ausgaben des Buchs beigegeben ist, finden Sie alle Beispielprojekte.

A.1   Installation von Visual Studio Community 2017

Zur Installation von Visual Studio rufen Sie zunächst die entsprechende Seite bei Microsoft auf: *https://www.visualstudio.com/de-de*. Dort können Sie die kleine ausführbare Datei *vs_Community.exe* für die frei verfügbare Version »Visual Studio Community 2017« herunterladen. Nach einem Doppelklick auf diese Datei erscheint ein Dialogfeld, in dem Sie die Auswahl zwischen der Community-Version, der Enterprise-Version oder der Professional-Version haben.

Nach Auswahl der Community-Version erscheint ein Dialogfeld zur Auswahl der Komponenten. Zur Erstellung der Beispiele dieses Buchs genügen die beiden Komponenten .NET-Desktopentwicklung und Webentwicklung. Anschließend steht Ihnen *Visual Studio Community 2017* im Startmenü zum Lernen, Testen und Programmieren zur Verfügung.

Durch einen erneuten Aufruf der Datei *vs_Community.exe* können Sie die beiden Dialogfelder (siehe Abbildung A.1 und Abbildung A.2) jederzeit wieder aufrufen und einzelne Komponenten nachinstallieren.

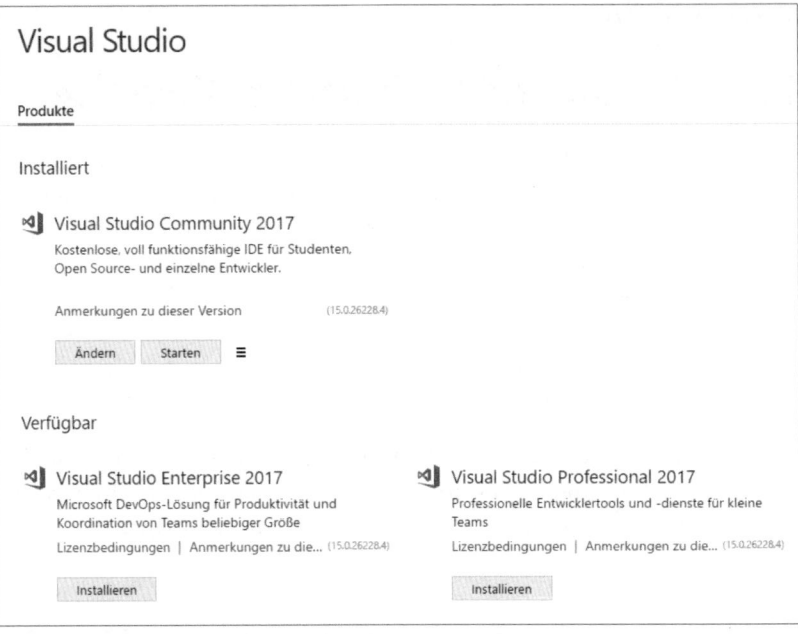

Abbildung A.1 Auswahl der Version

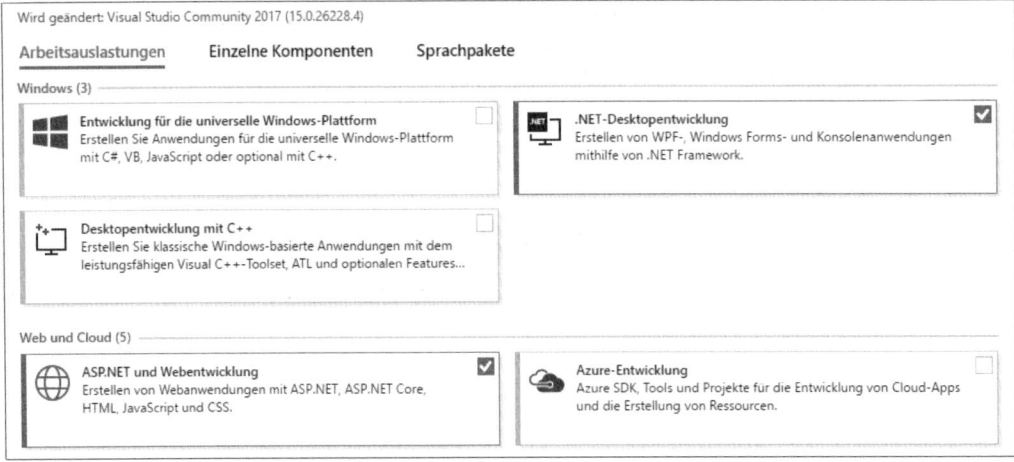

Abbildung A.2 Auswahl der Komponenten

Kurz nach der Installation des Produkts erscheint ein Dialogfeld. Von dort aus gelangt man zur (kostenfreien) Registrierung bei Microsoft. Das betreffende Dialogfeld können Sie auch jederzeit über das Menü HILFE • PRODUKT REGISTRIEREN erreichen, siehe Abbildung A.3.

Sollten Probleme während der Registrierung auftreten, kann das an der Einstellung Ihres Browsers bezüglich Cookies liegen. Sie sollten ihn so einstellen, dass Cookies (auch von Drittanbietern) akzeptiert werden.

Abbildung A.3 Registrierung

A.2   Arbeiten mit einer Formularvorlage

In diesem Abschnitt wird ein weiteres nützliches Feature der Entwicklungsumgebung beschrieben. Es wird häufig vorkommen, dass Sie neue Formulare mithilfe eines bereits vorhandenen Formulars aufbauen wollen. Zu diesem Zweck müssen Sie zunächst das ursprüngliche Formular als Vorlage speichern.

Wählen Sie hierzu in einem geöffneten Projekt den Menüpunkt PROJEKT • VORLAGE EXPORTIEREN. Anschließend hilft Ihnen ein Assistent bei den nächsten Schritten. Im ersten Dialogfeld wird der Vorlagentyp ausgewählt, in diesem Fall der Typ *Elementvorlage*.

Vorlage exportieren

Im zweiten Dialogfeld wird das Element ausgewählt, das als Vorlage exportiert werden soll, hier müssen Sie das Formular (*Form1.cs*) ankreuzen.

Im nächsten Dialogfeld sollen die Verweise angekreuzt werden, die beim Export der Vorlage miteingeschlossen werden sollen. In diesem Fall ist das nicht nötig, es wird also nichts angekreuzt.

Im letzten Dialogfeld werden die Vorlagenoptionen ausgewählt, u. a. der Name der Vorlage. Es wird der Name des aktuellen Projekts vorgeschlagen, den Sie zur einfacheren späteren Zuordnung beibehalten sollten. Die Vorlage wird in einer komprimierten Datei abgelegt.

Formular löschen	Möchten Sie später ein Projekt auf Basis des vorhandenen Formulars aufbauen, erstellen Sie dafür zunächst ein neues leeres Projekt. Anschließend entfernen Sie das Standardformular (*Form1.cs*), indem Sie es im PROJEKT-MAPPEN-EXPLORER mit der rechten Maustaste auswählen und über das Kontextmenü löschen.
Importieren	Nun fügen Sie über den Menüpunkt PROJEKT · NEUES ELEMENT HINZU-FÜGEN die Vorlage ein. Die soeben erstellte Vorlage erscheint im nachfolgenden Dialogfeld in der obersten Kategorie (INSTALLIERT · VISUAL C#-ELEMENTE). Sie können den Namen des Elements noch ändern, zum Beispiel auf *Form1*.
	Nach dem Hinzufügen des neuen Elements werden Sie gefragt, ob Sie dieser Vorlage vertrauen, da es sich auch um eine Onlinevorlage aus einer unbekannten Quelle handeln könnte. Nach der Zustimmung steht das Formular inklusive des Codes zur Erweiterung bzw. Veränderung zur Verfügung.
Startformular	Falls Sie das neu eingefügte Formular nicht *Form1* genannt haben, müssen Sie den Namen des Startformulars des Projekts neu setzen. Dazu müssen Sie die Datei *Program.cs* des Projekts editieren. In der Methode `Main()` ersetzen Sie beim Aufruf der Methode `Application.Run()` den Namen der Formularklasse durch den Namen der Klasse des neu eingefügten Formulars.

A.3   Arbeiten mit einer Projektvorlage

Möchten Sie nicht nur ein einzelnes Formular, sondern ein ganzes Projekt, das eventuell aus mehreren Formularen besteht, als Vorlage speichern, ist das auf ganz ähnliche Art und Weise möglich.

Speichern	Wählen Sie dazu wiederum den Menüpunkt PROJEKT · VORLAGE EXPOR-TIEREN. Im ersten Dialogfeld wählen Sie diesmal jedoch als Vorlagentyp *Projektvorlage* aus. Die Vorlage wird ebenso in einer komprimierten Datei abgelegt.
Benutzen	Möchten Sie später ein Projekt auf Basis des vorhandenen Projekts aufbauen, gehen Sie zunächst wie gewohnt über den Menüpunkt DATEI · NEUES PROJEKT. Die soeben erstellte Vorlage erscheint in diesem Dialogfeld in der Hauptkategorie VISUAL C# in der Liste der Projekttypen. Der Name des Projekts entspricht dem Namen der Vorlage, um eine Ziffer verlängert. Sie können den Namen natürlich Ihren Vorstellungen entsprechend ändern.

A.4   Weitergabe eigener Windows-Programme

Nach dem Kompilieren eines Visual Studio-Programms mit C# in eine *.exe*-Datei erhalten Sie ein eigenständiges Programm, das Sie unabhängig von der Entwicklungsumgebung ausführen können.

Das gilt aber nur für den eigenen Rechner und nicht für einen Rechner, auf dem z. B. kein .NET Framework installiert ist. Es muss also dafür gesorgt werden, dass die notwendige Umgebung auf dem Zielrechner existiert.

Die einfachste Lösung für dieses Problem ist eine *ClickOnce*-Verteilung. Dabei werden alle benötigten Dateien zusammengestellt, und ein vollständiges und einfach zu bedienendes Installationsprogramm wird erzeugt.

ClickOnce

Dieses Installationsprogramm wird auf dem Zielrechner ausgeführt. Je nach Art des Installationsprogramms wird die neue Windows-Anwendung im Windows-Startmenü eingetragen. Dem Benutzer wird es auch ermöglicht, die neue Windows-Anwendung bei Bedarf wieder über die Systemsteuerung zu deinstallieren.

A.4.1   Erstellung des Installationsprogramms

Die einzelnen Schritte der Erstellung:

▶ Sie öffnen innerhalb der Entwicklungsumgebung zuerst das Projekt, welches weitergegeben werden soll, z. B. *MeinErstes*.

▶ Danach rufen Sie das Dialogfeld mit den Projekteigenschaften über den Menüpunkt PROJEKT · MEINERSTES-EIGENSCHAFTEN auf. Dort wechseln Sie in das Register VERÖFFENTLICHEN.

Veröffentlichen

▶ Für dieses Beispiel soll ein Installationsverzeichnis mit den notwendigen Dateien erstellt werden. Daher wird die Schaltfläche ... neben dem Feld SPEICHERORT DES VERÖFFENTLICHUNGSORDNERS das Dialogfeld geöffnet, und ein vorhandenes Verzeichnis wird ausgewählt bzw. ein neues Verzeichnis wird angelegt, z. B. *C:\Temp\MeinErstes*.

Installationsverzeichnis

▶ Unter INSTALLATIONSMODUS UND -EINSTELLUNGEN wählen Sie DIE ANWENDUNG IST AUCH OFFLINE VERFÜGBAR ... Dadurch ist es später möglich, die Anwendung über das Startmenü aufzurufen.

Startmenü

▶ Im Dialogfeld ANWENDUNGSDATEIEN ist die *.exe*-Datei zu sehen.

▶ Im Dialogfeld ERFORDERLICHE KOMPONENTEN sind die Komponenten (z. B. das .NET Framework) bereits angekreuzt, die für diese Anwendung benötigt werden. Die Option ERFORDERLICHE KOMPONENTEN VON DER

WEBSITE DES KOMPONENTENHERSTELLERS HERUNTERLADEN sorgt dafür, dass bei einer Installation der Anwendung das passende .NET Framework aus dem Internet geladen und installiert wird, falls dies notwendig sein sollte.

▶ Die Nummer der Veröffentlichungsversion wird automatisch mit jeder Veröffentlichung des gleichen Programms erhöht.

▶ Der Button JETZT VERÖFFENTLICHEN erstellt das Installationsprogramm im Installationsverzeichnis. Dieses kann anschließend (inklusive aller Unterverzeichnisse) auf ein geeignetes Transportmedium übertragen werden.

A.4.2   Ablauf einer Installation

Setup-Datei   Das Programm *setup.exe* wird vom Transportmedium aus gestartet. Auch hier gilt: Vor Aufruf sollten Sie alle Anwendungen schließen, die nicht unbedingt geöffnet sein müssen, um den Zugriff auf alle Dateien zu erleichtern. Die *.exe*-Datei läuft selbsttätig und erstellt einen Eintrag im Windows-Startmenü.

A.5   Konfigurationsdaten

Anwendung konfigurieren   Konfigurationsdaten und andere Einstellungsdaten einer Anwendung werden in einer XML-Datei mit dem Namen *App.config* dauerhaft gespeichert. Die Anwendung kann auf diese Daten zugreifen und sie benutzen. Der Vorteil: Die Daten können verändert werden, ohne die Anwendung erneut übersetzen zu müssen.

Ein Beispiel: Nehmen wir an, Ihre Anwendung benutzt eine Datenbank. Den Speicherort der Datenbank wollen Sie auf jedem Rechner, auf dem Ihre Anwendung eingesetzt wird, individuell einstellen, siehe auch das Projekt *Konfigurationsdaten*.

XML-Datei   Sollte die XML-Datei noch nicht vorhanden sein, müssen Sie sie zunächst dem Projekt hinzufügen:

▶ Markieren Sie dazu im PROJEKTMAPPEN-EXPLORER das Projekt.

▶ Klicken Sie mit der rechten Maustaste, und wählen Sie HINZUFÜGEN • NEUES ELEMENT.

▶ Wählen Sie die Vorlage ANWENDUNGSKONFIGURATIONSDATEI aus.

▶ Behalten Sie den vorgeschlagenen Namen *App.config* unbedingt bei.

▶ Betätigen Sie abschließend den Button HINZUFÜGEN.

Es erscheint die Datei mit dem festgelegten Namen *App.config*. Sie sollten **App.config**
Sie beispielsweise wie folgt verändern:

```
<?xml version="1.0" encoding="utf-8" ?>
<configuration>
    <appSettings>
        <add key="DBVerzeichnis" value="C:\Temp"/>
    </appSettings>
</configuration>
```

Listing A.1 Projekt »Konfigurationsdaten«, Datei App.config

Es gibt in der Datei nun den Abschnitt für die Konfigurationsdaten mit **appSettings**
dem festgelegten Namen appSettings. Darin wird dem Schlüssel DBVerzeichnis der Wert C:\Temp zugeordnet. Der Name (key) des Schlüssels kann
frei gewählt werden, der Wert (value) des Schlüssels entspricht in unserem
Beispiel dem gewünschten Verzeichnisnamen. Sie könnten der XML-Datei
weitere Konfigurationsdaten hinzufügen, indem Sie weitere Zeilen erzeugen mit:

```
<add key=... value=...
```

Nun soll innerhalb einer Anwendung der Zugriff auf die Konfigurationsdaten ermöglicht werden. Im Projekt müssen Sie (neben dem Namespace
System.Data.OleDb für die Verbindung zur MS Access-Datenbank) zwei weitere Namespaces mithilfe der using-Anweisung einbinden:

```
using System.Configuration;
using System.Collections.Specialized;
```

Der Zugriff auf die Konfigurationsdaten kann zum Beispiel wie folgt aussehen:

```
private void CmdAnzeigen_Click(...)
{
    /* Konfigurationsdatei lesen */
    NameValueCollection appset = ConfigurationSettings.AppSettings;

    /* Verbindung einrichten */
    OleDbConnection con = new OleDbConnection();
```

```
con.ConnectionString =
    "Provider=Microsoft.ACE.OLEDB.12.0;Data Source=" +
    appset["DBVerzeichnis"] + "\\firma.accdb";
```

Listing A.2 Projekt »Konfigurationsdaten«, Nutzung

NameValue-
Collection

Es wird der Verweis appset erzeugt. Das ist ein Verweis auf ein Objekt der Klasse NameValueCollection aus dem Namespace System.Collections.Specialized. In einem solchen Objekt können Sie eine Auflistung von Schlüssel-Wert-Paaren speichern.

Configuration-
Manager

Dem Verweis appset wird der Wert der statischen Eigenschaft AppSettings der Klasse ConfigurationSettings aus dem Namespace System.Configuration zugewiesen. Dadurch werden alle Schlüssel-Wert-Paare aus dem Bereich appSettings der Konfigurationsdatei *App.config* zugreifbar. Beim Herstellen der Verbindung zur Datenbank wird das Element DBVerzeichnis aus der Auflistung gelesen. Angehängt wird der Dateiname *firma.accdb*, und schon haben Sie Zugriff auf die Datenbankdatei. Soll die Datenbankdatei in einem anderen Verzeichnis stehen, müssen Sie nur noch den Inhalt der XML-Datei *App.config* ändern und nicht die gesamte Anwendung.

Lassen Sie sich nicht durch eine eventuell auftretende Warnung bezüglich der Klasse ConfigurationSettings irritieren.

Anhang B
Lösungen der Übungsaufgaben

Die Bearbeitung der Beispiele, das Verständnis für ihren Aufbau sowie das selbstständige Lösen der Übungen sind ein wichtiger Schritt beim Erlernen der Programmierung.

In diesem Abschnitt finden Sie jeweils eine Lösungsmöglichkeit zu jeder Übung. Lassen Sie sich nicht irritieren, wenn Ihre Lösung anders aussieht. Es ist in erster Linie wichtig, dass das Ergebnis stimmt. Vielleicht bietet Ihnen die hier vorliegende Lösung aber auch einen Denkanstoß zur Verbesserung.

B.1 Lösung der Übungsaufgabe aus Kapitel 1

B.1.1 Lösung UName

```
using System;
using System.Windows.Forms;
namespace UName
{
    public partial class Form1 : Form
    {
        public Form1()
        {
            InitializeComponent();
        }

        private void CmdMeinName_Click(object sender, EventArgs e)
        {
            LblMeinName.Text = "Claus Clever";
        }

        private void CmdEnde_Click(object sender, EventArgs e)
```

```
        {
            Close();
        }
    }
}
```

B.2   Lösungen der Übungsaufgaben aus Kapitel 2

B.2.1   Lösung UDatentypen

```
private void CmdAnzeigen_Click(...)
{
    string nachname, vorname, strasse, plz, ort;
    int alter;
    double gehalt;

    nachname = "Clever";
    vorname = "Claus";
    strasse = "Bergstraße 34";
    plz = "09445";
    ort = "Brunnstadt";
    alter = 32;
    gehalt = 2852.55;

    LblAnzeige.Text = "Adresse: " + "\n" + vorname
        + " " + nachname + "\n" + strasse + "\n"
        + plz + " " + ort + "\n" + "\n" + "Alter: "
        + alter + "\n" + "Gehalt: " + gehalt;
}
```

B.2.2   Lösung UGueltigkeitsbereich

```
public partial class Form1 : Form
{
    ...
    private double x = 0.0;

    private void CmdAnzeigen1_Click(...)
    {
        double y = 0.0;
```

```
        y = y + 0.1;
        x = x + 0.1;
        LblAnzeige.Text = "x: " + x + "\n" + "y: " + y;
    }

    private void CmdAnzeigen2_Click(...)
    {
        double z = 0.0;
        z = z + 0.1;
        x = x + 0.1;
        LblAnzeige.Text = "x: " + x + "\n" + "z: " + z;
    }
}
```

B.2.3 Lösung URechenoperatoren

```
private void CmdAnzeigen1_Click(...)
{
    double x;
    x = 3 * -2.5 + 4 * 2;
    LblAnzeige.Text = "Ergebnis: " + x;
}

private void CmdAnzeigen2_Click(...)
{
    double x;
    x = 3 * (-2.5 + 4) * 2;
    LblAnzeige.Text = "Ergebnis: " + x;
}
```

B.2.4 Lösung UVergleichsoperatoren

```
private void CmdVergleich1_Click(...)
{
    bool p;
    p = 12 - 3 >= 4 * 2.5;
    LblAnzeige.Text = "Ergebnis: " + p;
}
```

```
private void CmdVergleich2_Click(...)
{
    bool p;
    p = "Maier" != "Mayer";
    LblAnzeige.Text = "Ergebnis: " + p;
}
```

B.2.5   Lösung ULogischeOperatoren

```
private void CmdAnzeigen1_Click(...)
{
    bool p;
    p = 4 > 3 && -4 > -3;
    LblAnzeige.Text = "Ergebnis: " + p;
}
```

```
private void CmdAnzeigen2_Click(...)
{
    bool p;
    p = 4 > 3 || -4 > -3;
    LblAnzeige.Text = "Ergebnis: " + p;
}
```

B.2.6   Lösung UOperatoren

Eine Lösung mithilfe des Rechners:

```
private void CmdAnzeige_Click(...)
{
    int a = 5, b = 10;
    int z = 10, w = 100;
    double x = 1.0, y = 5.7;
    int n1 = 1, n2 = 17;
    LblAnzeige.Text = "Ergebnis:" +
        "\n1: " + (a > 0 && b != 10) +
        "\n2: " + (a > 0 || b != 10) +
        "\n3: " + (z != 0 || z > w || w - z == 90) +
        "\n4: " + (z == 11 && z > w || w - z == 90) +
        "\n5: " + (x >= .9 && y <= 5.8) +
        "\n6: " + (x >= .9 && !(y <= 5.8)) +
```

```
    "\n7: " + (n1 > 0 && n2 > 0 || n1 > n2 && n2 != 17) +
    "\n8: " + (n1 > 0 && (n2 > 0 || n1 > n2) && n2 != 17);
}
```

Sie ergibt Folgendes:

1: false, 2: true, 3: true, 4: true,

5: true, 6: false, 7: true, 8: false

B.2.7   Lösung UPanelZeitgeber

```
private void CmdStart_Click(...)
{
    TimBewegung.Enabled = true;
}

private void TimBewegung_Tick(...)
{
    Pan1.Location = new Point(Pan1.Location.X - 5,
                              Pan1.Location.Y - 5);
    Pan2.Location = new Point(Pan2.Location.X + 5,
                              Pan2.Location.Y - 5);
    Pan3.Location = new Point(Pan3.Location.X - 5,
                              Pan3.Location.Y + 5);
    Pan4.Location = new Point(Pan4.Location.X + 5,
                              Pan4.Location.Y + 5);
}
```

B.2.8   Lösung UKran

Bezeichnungen: f: Fundament, s: senkrechtes Hauptelement, a: waagerechter Ausleger, h: senkrechter Haken am Ausleger

```
private void CmdHakenAus_Click(...)
{
    h.Height = h.Height + 10;
}
private void CmdHakenEin_Click(...)
{
    h.Height = h.Height - 10;
}
```

```
private void CmdAuslegerAus_Click(...)
{
    a.Width = a.Width + 10;
    a.Location = new Point(a.Location.X - 10, a.Location.Y);
    h.Location = new Point(h.Location.X - 10, h.Location.Y);
}
private void CmdAuslegerEin_Click(...)
{
    a.Width = a.Width - 10;
    a.Location = new Point(a.Location.X + 10, a.Location.Y);
    h.Location = new Point(h.Location.X + 10, h.Location.Y);
}
private void CmdKranRechts_Click(...)
{
    f.Location = new Point(f.Location.X + 10, f.Location.Y);
    s.Location = new Point(s.Location.X + 10, s.Location.Y);
    a.Location = new Point(a.Location.X + 10, a.Location.Y);
    h.Location = new Point(h.Location.X + 10, h.Location.Y);
}
private void CmdKranLinks_Click(...)
{
    f.Location = new Point(f.Location.X - 10, f.Location.Y);
    s.Location = new Point(s.Location.X - 10, s.Location.Y);
    a.Location = new Point(a.Location.X - 10, a.Location.Y);
    h.Location = new Point(h.Location.X - 10, h.Location.Y);
}
private void CmdKranAus_Click(...)
{
    s.Height = s.Height + 10;
    s.Location = new Point(s.Location.X, s.Location.Y - 10);
    a.Location = new Point(a.Location.X, a.Location.Y - 10);
    h.Location = new Point(h.Location.X, h.Location.Y - 10);
}
private void CmdKranEin_Click(...)
{
    s.Height = s.Height - 10;
    s.Location = new Point(s.Location.X, s.Location.Y + 10);
    a.Location = new Point(a.Location.X, a.Location.Y + 10);
    h.Location = new Point(h.Location.X, h.Location.Y + 10);
}
```

B.2.9   Lösung USteuerbetrag

```
private void CmdBerechnen_Click(...)
{
    double gehalt, steuersatz, steuerbetrag;
    gehalt = Convert.ToDouble(TxtGehalt.Text);

    if (gehalt <= 12000)
        steuersatz = 12;
    else if (gehalt <= 20000)
        steuersatz = 15;
    else if (gehalt <= 30000)
        steuersatz = 20;
    else
        steuersatz = 25;

    steuerbetrag = gehalt * steuersatz / 100;
    LblSteuerbetrag.Text = "Steuerbetrag: " + steuerbetrag;
}
```

B.2.10   Lösung UKranVerzweigung

Bezeichnungen: f: Fundament, s: senkrechtes Hauptelement, a: waagerechter Ausleger, h: senkrechter Haken am Ausleger

```
private void CmdHakenAus_Click(...)
{
    if (h.Location.Y + h.Height + 5 < f.Location.Y)
        h.Height = h.Height + 10;
}
private void CmdHakenEin_Click(...)
{
    if (h.Height > 15)
        h.Height = h.Height - 10;
}
private void CmdAuslegerAus_Click(...)
{
    if (a.Location.X > 15)
    {
        a.Width = a.Width + 10;
        a.Location = new Point(a.Location.X - 10, a.Location.Y);
```

```
            h.Location = new Point(h.Location.X - 10, h.Location.Y);
        }
    }
    private void CmdAuslegerEin_Click(...)
    {
        if (a.Width > 30)
        {
            a.Width = a.Width - 10;
            a.Location = new Point(a.Location.X + 10, a.Location.Y);
            h.Location = new Point(h.Location.X + 10, h.Location.Y);
        }
    }
    private void CmdKranRechts_Click(...)
    {
        if (f.Location.X < 215)
        {
            f.Location = new Point(f.Location.X + 10, f.Location.Y);
            s.Location = new Point(s.Location.X + 10, s.Location.Y);
            a.Location = new Point(a.Location.X + 10, a.Location.Y);
            h.Location = new Point(h.Location.X + 10, h.Location.Y);
        }
    }
    private void CmdKranLinks_Click(...)
    {
        if (f.Location.X > 15 && a.Location.X > 15)
        {
            f.Location = new Point(f.Location.X - 10, f.Location.Y);
            s.Location = new Point(s.Location.X - 10, s.Location.Y);
            a.Location = new Point(a.Location.X - 10, a.Location.Y);
            h.Location = new Point(h.Location.X - 10, h.Location.Y);
        }
    }
    private void CmdKranAus_Click(...)
    {
        if (s.Location.Y > 15)
        {
            s.Height = s.Height + 10;
            s.Location = new Point(s.Location.X, s.Location.Y - 10);
            a.Location = new Point(a.Location.X, a.Location.Y - 10);
            h.Location = new Point(h.Location.X, h.Location.Y - 10);
```

```
    }
}
private void CmdKranEin_Click(...)
{
    if (h.Location.Y + h.Height + 5 < f.Location.Y)
    {
        s.Height = s.Height - 10;
        s.Location = new Point(s.Location.X, s.Location.Y + 10);
        a.Location = new Point(a.Location.X, a.Location.Y + 10);
        h.Location = new Point(h.Location.X, h.Location.Y + 10);
    }
}
```

B.2.11   Lösung UKranOptionen

Bezeichnungen: f: Fundament, s: senkrechtes Hauptelement, a: waagerechter Ausleger, h: senkrechter Haken am Ausleger

```
private void CmdStart_Click(...)
{
    TimKran.Enabled = true;
}
private void CmdStop_Click(...)
{
    TimKran.Enabled = false;
}
private void TimKran_Tick(...)
{
    if (OptHakenAus.Checked)
        if (h.Location.Y + h.Height + 5 < f.Location.Y)
            h.Height = h.Height + 10;
        else
            TimKran.Enabled = false;

    else if (OptHakenEin.Checked)
        if (h.Height > 15)
            h.Height = h.Height - 10;
        else
            TimKran.Enabled = false;

    else if (OptAuslegerAus.Checked)
```

```
    if (a.Location.X > 15)
    {
        a.Width = a.Width + 10;
        a.Location = new Point(a.Location.X - 10, a.Location.Y);
        h.Location = new Point(h.Location.X - 10, h.Location.Y);
    }
    else
        TimKran.Enabled = false;

else if (OptAuslegerEin.Checked)
    if (a.Width > 25)
    {
        a.Width = a.Width - 10;
        a.Location = new Point(a.Location.X + 10, a.Location.Y);
        h.Location = new Point(h.Location.X + 10, h.Location.Y);
    }
    else
        TimKran.Enabled = false;

else if (OptKranRechts.Checked)
    if (f.Location.X < 215)
    {
        f.Location = new Point(f.Location.X + 10, f.Location.Y);
        s.Location = new Point(s.Location.X + 10, s.Location.Y);
        a.Location = new Point(a.Location.X + 10, a.Location.Y);
        h.Location = new Point(h.Location.X + 10, h.Location.Y);
    }
    else
        TimKran.Enabled = false;

else if (OptKranLinks.Checked)
    if (f.Location.X > 15 && a.Location.X > 15)
    {
        f.Location = new Point(f.Location.X - 10, f.Location.Y);
        s.Location = new Point(s.Location.X - 10, s.Location.Y);
        a.Location = new Point(a.Location.X - 10, a.Location.Y);
        h.Location = new Point(h.Location.X - 10, h.Location.Y);
    }
    else
        TimKran.Enabled = false;
```

```
    else if (OptKranAus.Checked)
        if (s.Location.Y > 15)
        {
            s.Height = s.Height + 10;
            s.Location = new Point(s.Location.X, s.Location.Y - 10);
            a.Location = new Point(a.Location.X, a.Location.Y - 10);
            h.Location = new Point(h.Location.X, h.Location.Y - 10);
        }
        else
            TimKran.Enabled = false;

    else if (OptKranEin.Checked)
        if (h.Location.Y + h.Height + 5 < f.Location.Y)
        {
            s.Height = s.Height - 10;
            s.Location = new Point(s.Location.X, s.Location.Y + 10);
            a.Location = new Point(a.Location.X, a.Location.Y + 10);
            h.Location = new Point(h.Location.X, h.Location.Y + 10);
        }
        else
            TimKran.Enabled = false;
}
```

B.2.12   Lösung UForSchleife, Teil 1

```
private void CmdSchleife1_Click(...)
{
    LblAnzeige.Text = "";
    for (double d = 35; d >= 20; d = d - 2.5)
        LblAnzeige.Text += d + "\n";
}
```

B.2.13   Lösung UForSchleife, Teil 2

```
private void CmdSchleife2_Click(...)
{
    int count = 0;
    double summe = 0.0, mw;
```

```csharp
LblAnzeige.Text = "";
for (double d = 35; d >= 20; d = d - 2.5)
{
    LblAnzeige.Text += d + "\n";
    count = count + 1;
    summe = summe + d;
}

mw = summe / count;
LblAnzeige.Text += "Summe: " + summe + "\n";
LblAnzeige.Text += "Mittelwert: " + mw;
}
```

B.2.14   Lösung UHalbierung

```csharp
private void CmdAnzeigen_Click(...)
{
    double d = Convert.ToDouble(TxtEingabe.Text);

    LblAnzeige.Text = "";
    while (d >= 0.001)
    {
        d = d / 2;
        LblAnzeige.Text += d + "\n";
    }
}
```

B.2.15   Lösung UZahlenraten

```csharp
public partial class Form1 : Form
{
    ...
    private Random r = new Random();
    private int zahl = -1;

    private void CmdErzeugen_Click(...)
    {
        zahl = r.Next(1, 101);
    }
```

```csharp
private void CmdPruefen_Click(...)
{
    int eingabe;
    if (zahl == -1)
        LblAnzeige.Text = "Zuerst eine Zahl erzeugen";
    else
    {
        eingabe = Convert.ToInt32(TxtEingabe.Text);
        if (eingabe > zahl)
            LblAnzeige.Text =
                "Die Zahl " + eingabe + " ist zu groß";
        else if (eingabe < zahl)
            LblAnzeige.Text =
                "Die Zahl " + eingabe + " ist zu klein";
        else
            LblAnzeige.Text =
                eingabe + " ist die richtige Zahl";
    }
}
```

B.2.16   Lösung USteuertabelle

```csharp
private void CmdAnzeigen_Click(...)
{
    double steuersatz, steuerbetrag, netto;

    LblAnzeige.Text = "";
    for (double gehalt = 5000; gehalt <= 35000;
        gehalt = gehalt + 3000)
    {
        if (gehalt <= 12000)        steuersatz = 12;
        else if (gehalt <= 20000) steuersatz = 15;
        else if (gehalt <= 30000) steuersatz = 20;
        else                      steuersatz = 25;

        steuerbetrag = gehalt * steuersatz / 100;
        netto = gehalt - steuerbetrag;
```

```
        LblAnzeige.Text += gehalt + " €, " + steuersatz + " %, "
            + steuerbetrag + " €, " + netto + " €" + "\n";
    }
}
```

B.2.17   Lösung UListenfeld

```
private void Form1_Load(...)
{
    LstLinks.Items.Add("Malta");
    LstLinks.Items.Add("Zypern");        ...
    LstRechts.Items.Add("Belgien");
    LstRechts.Items.Add("Spanien");      ...
}

private void CmdRechts_Click(...)
{
    foreach (string s in LstLinks.SelectedItems)
        LstRechts.Items.Add(s);
    for (int i = LstLinks.SelectedItems.Count - 1; i >= 0; i--)
        LstLinks.Items.RemoveAt(LstLinks.SelectedIndices[i]);
}

private void CmdLinks_Click(...)
{
    foreach (string s in LstRechts.SelectedItems)
        LstLinks.Items.Add(s);
    for (int i = LstRechts.SelectedItems.Count - 1; i >= 0; i--)
        LstRechts.Items.RemoveAt(LstRechts.SelectedIndices[i]);
}
```

B.3   Lösungen der Übungsaufgaben aus Kapitel 4

B.3.1 Lösung UEnabled

```
private void Form1_Load(...)
{
    LstLand.Items.Add("Liechtenstein");
    LstLand.Items.Add("Malta");          ...
}
```

```
private void LstLand_SelectedIndexChanged(...)
{
    if (LstLand.SelectedItems.Count > 0)
        CmdLoeschen.Enabled = true;
    else
        CmdLoeschen.Enabled = false;
}

private void CmdLoeschen_Click(...)
{
    LstLand.Items.RemoveAt(LstLand.SelectedIndex);
}
```

B.3.2   Lösung UDatenfeldEindimensional

```
public partial class Form1 : Form
{
    private Random r = new Random();
    ...
    private void CmdMinima_Click(...)
    {
        int[] a = new int[10];
        int MinWert;

        LstZahl.Items.Clear();
        for (int i = 0; i < a.Length; i++)
        {
            a[i] = r.Next(20, 31);
            LstZahl.Items.Add(a[i]);
        }

        MinWert = a[0];
        for (int i = 0; i < a.Length; i++)
            if (a[i] < MinWert)
                MinWert = a[i];

        LblAnzeige.Text = "Minimum: " + MinWert + "\n";
        for (int i = 0; i < a.Length; i++)
            if (a[i] == MinWert)
```

```
                        LblAnzeige.Text += "an Position: " + i + "\n";
            }
    }
```

B.3.3   Lösung UDatenfeldMehrdimensional

```
public partial class Form1 : Form
{
    private Random r = new Random();
    ...
    private void CmdMinima_Click(...)
    {
        int[, ,] c = new int[6, 3, 4];
        int MinWert;

        LblFeld.Text = "";
        for (int i=0; i<=c.GetUpperBound(0); i++)
        {
            for (int j=0; j<=c.GetUpperBound(1); j++)
            {
                LblFeld.Text += "( ";
                for (int k=0; k<=c.GetUpperBound(2); k++)
                {
                    c[i, j, k] = r.Next(20, 31);
                    LblFeld.Text += c[i, j, k] + " ";
                }
                LblFeld.Text += ") ";
            }
            LblFeld.Text += "\n";
        }

        MinWert = c[0, 0, 0];
        for (int i=0; i<=c.GetUpperBound(0); i++)
            for (int j=0; j<=c.GetUpperBound(1); j++)
                for (int k=0; k<=c.GetUpperBound(2); k++)
                    if (c[i, j, k] < MinWert)
                        MinWert = c[i, j, k];

        LblAnzeige.Text = "Minimum: " + MinWert + ", an Position:\n";
        for (int i=0; i<=c.GetUpperBound(0); i++)
```

```
        for (int j=0; j<=c.GetUpperBound(1); j++)
            for (int k=0; k<=c.GetUpperBound(2); k++)
                if (c[i, j, k] == MinWert)
                    LblAnzeige.Text +=
                        "Zeile " + i + ", Gruppe "
                        + j + ", Element " + k + "\n";
    }
}
```

B.3.4   Lösung UMethoden, Teil 1

```
private void CmdMittelwert1_Click(...)
{
    double[] a = { 3, 9.3, -7.2 };
    LblAnzeige1.Text = "Ergebnis: " + Mittelwert(a);
}


private void CmdMittelwert2_Click(...)
{
    double[] b = { -5, 6.2, 8.5, -5, 9 };
    LblAnzeige2.Text = "Ergebnis: " + Mittelwert(b);
}


private double Mittelwert(double[] x)
{
    double summe = 0, wert;
    if (x.Length == 0)
        return 0;
    foreach (int z in x)
        summe += z;
    wert = summe / x.Length;
    return wert;
}
```

B.3.5   Lösung UMethoden, Teil 2

```
private void CmdFelder_Click(...)
{
    double[] a = { 3, 9.3, -7.2 };
    double[] b = { -5, 6.2, 8.5, -5, 9 };
```

```
double[] c;

Vereinigen(a, b, out c);
LblAnzeige1.Text = "";
foreach (double z in c)
    LblAnzeige1.Text += z + " ";

Vereinigen(b, a, out c);
LblAnzeige2.Text = "";
foreach (double z in c)
    LblAnzeige2.Text += z + " ";
}

private void Vereinigen(double[] x, double[] y, out double[] z)
{
    z = new double[x.Length + y.Length];

    for (int i = 0; i < x.Length; i++)
        z[i] = x[i];
    for (int i = 0; i < y.Length; i++)
        z[i + x.Length] = y[i];
}
```

B.4   Lösungen der Übungsaufgaben aus Kapitel 8

B.4.1   Lösung zur Übung Projektverwaltung

Primärschlüssel   Primärschlüssel der Tabelle projekt_person ist die Kombination aus Projekt-ID, Personen-ID und Datum. Dadurch wird gewährleistet, dass ein Mitarbeiter nur *einmal* Stunden, die er an einem bestimmten Tag für ein bestimmtes Projekt geleistet hat, einträgt. Ein solcher Primärschlüssel wird erzeugt, indem Sie im Tabellenentwurf alle betreffenden Zeilen markieren und das Symbol PRIMÄRSCHLÜSSEL anklicken.

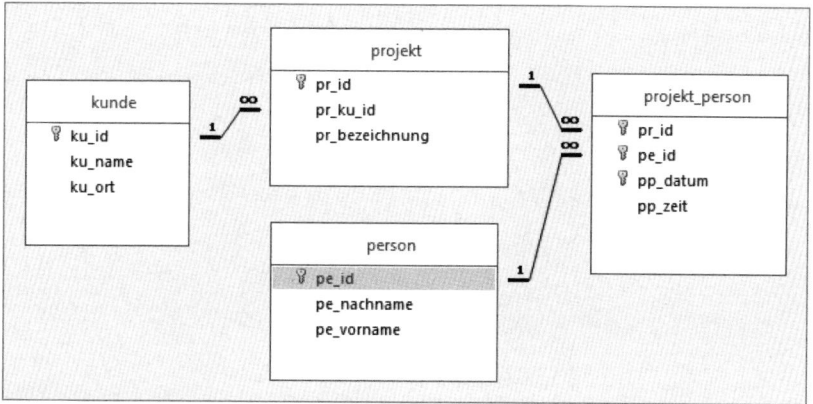

Abbildung B.1 Tabellen und Beziehungen in projektverwaltung.accdb

B.4.2   Lösung zur Übung Mietwagen

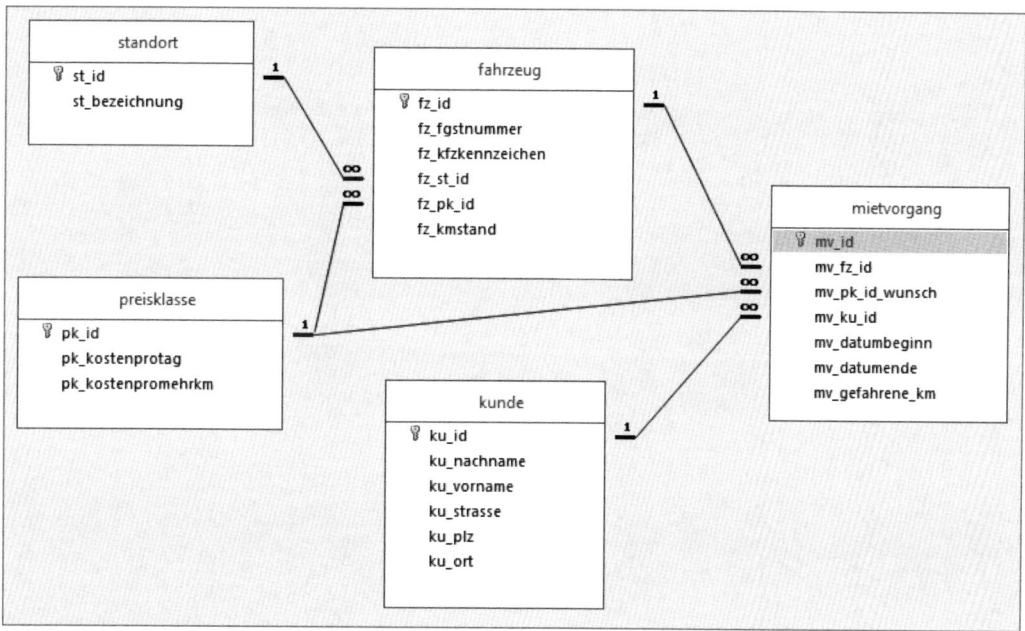

Abbildung B.2 Tabellen und Beziehungen in mietwagen.accdb

Index

D

- Objektorientierte Programmierung verständlich erklärt

- Von den Prinzipien über den Entwurf bis zur Umsetzung

- Viele Praxistipps, UML-Diagramme und Codebeispiele

Bernhard Lahres, Gregor Rayman, Stefan Strich

Objektorientierte Programmierung
Das umfassende Handbuch

Sie möchten sich von Grund auf in die objektorientierte Programmierung einarbeiten? In diesem Buch werden Ihnen alle Prinzipien anschaulich und verständlich an vielen typischen Beispielen erklärt. Ein größeres Projekt dient dabei der Orientierung, so dass Sie die Prinzipien der objektorientierten Programmierung in Zukunft konsequent umsetzen werden.

688 Seiten, gebunden, 49,90 Euro
ISBN 978-3-8362-3514-3
www.rheinwerk-verlag.de/3775

- Ohne Vorkenntnisse 2D- und 3D-Spiele entwickeln

- Mit C#-Programmierkurs für Unity

- 15 vollständig entwickelte Spiele aus verschiedenen Genres

Thomas Theis

Einstieg in Unity

2D- und 3D-Spiele entwickeln

Nutzen Sie die geniale Game Engine Unity 5, um eigene Computerspiele zu entwickeln! Wie es geht, von der ersten Scene bis zu komplexen Multiplayer-Spielen, zeigt Ihnen dieses Einsteigerbuch von Erfolgsautor Thomas Theis. Sie brauchen keine Vorkenntnisse mitzubringen – mit dem integrierten C#-Programmierkurs lernen Sie alle Objekte und Befehle direkt kennen. Über 15 vollständig entwickelte 2D- und 3D-Games aus verschiedenen Genres erwarten Sie.

448 Seiten, broschiert, in Farbe, 29,90 Euro
ISBN 978-3-8362-4292-9
www.rheinwerk-verlag.de/4211

- Spracheinführung, OOP und Programmiertechniken

- Windows-Programmierung mit WPF und Model View ViewModel (MVVM)

- Inkl. LINQ, Task Parallel Library (TPL), ADO.NET und Entity Framework

Andreas Kühnel

C# 6 mit Visual Studio 2015
Das umfassende Handbuch

Der ideale Begleiter für Ihre tägliche Arbeit mit C#! In diesem Buch finden Sie geballtes C#-Wissen: von den Sprachgrundlagen und der Objektorientierung über Klassendesign, LINQ und Multithreading bis zur Oberflächenentwicklung mit WPF, Model View ViewModel (MVVM) und zur Datenbankanbindung mit ADO.NET und Entity Framework. Typische Praxisbeispiele helfen Ihnen bei der Umsetzung.

1.482 Seiten, gebunden, 49,90 Euro
ISBN 978-3-8362-3714-7
www.rheinwerk-verlag.de/3819

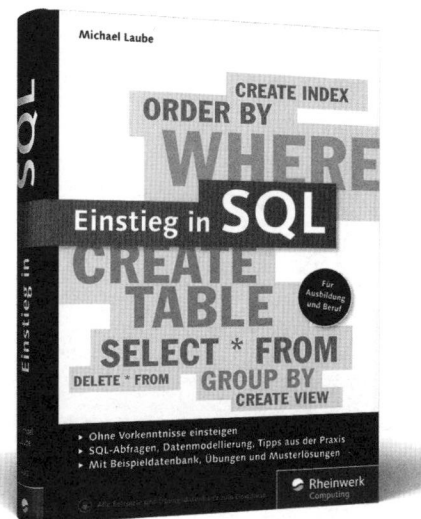